序

撰写毕业论文是高等教育必不可少的基本教学环节。实施这一教学环节，训练从事科学研究的基本技能，有利于培养学生的创新精神和实践能力。高质量的毕业论文，固然与学生是否较好地掌握本专业知识和是否拥有较高的实践能力有直接关系，也和学生是否熟练地掌握毕业论文写作的知识、方法和技巧关系密切。

英国科学家詹姆斯·马丁推测，人类科学知识在19世纪每50年增长一倍，20世纪中叶每10年增加一倍，目前已发展到每3年翻一番。20世纪60年代末到70年代末，10年中的科技成果比以往2 000年的总和还要多，人类已经进入知识爆炸的时代。面向21世纪的学生要有理论联系实际，培养自己初步的科研能力的紧迫感。撰写好毕业论文——大学学业结束的标志性作业——就显得十分重要。

高校学生的毕业论文是总结科学研究、描述科研成果、进行学术探讨的载体。一般说来，高校学生有比较丰富的社会实践锻炼，不少学生的毕业论文文思敏捷、题材新颖、笔调活泼，有的毕业论文被评为优秀论文并被结集出版或刊发。但多数学生没有受过系统的毕业论文写作的基本训练，不善于运用规范的语言表述自己的科研成果，有的学生撰写毕业论文时捉襟见肘，难以充分表现出高校学生经过实践训练后应有的理论素养。

在论文写作的过程中，教师主要是对毕业论文的选题方向、论文写作方法进行必要的指导，教师不可能告知每个选题的全部材料和论点。更主要的是，教师越俎代庖，反而会削弱学生的独立研究能力。为此，论文选题的确定、材料的选择、研究方向的确定以至写作方法的掌握，都要求学生进行独立的思考。李炎清同志在多次论文写作专题讲座的基础上，结合长期的教育教学与管理的实践，注意从毕业生实际出发，帮助青年人了解和掌握撰写论文的基本常识和方法，并尽量从计算机文字处理系统使用的角度加以论述，力求提高学生的论文写作能力。因此，我认为撰写这本毕业论文指导用书是很有意义的。

论文写作一要有科研的基础，二要有写作的能力，两者缺一不可。在知识经济初见端倪的今天，每一位有为的高校毕业生，一定要学会运用所学的理论知识，写出有较高学术价值和较高写作水平的毕业论文，为开创知识经济的美好未来打下坚实的基础。

（第二版）

毕业论文写作与范例

李炎清 编著

图书在版编目(CIP)数据

毕业论文写作与范例/李炎清编著.—厦门:厦门大学出版社,2006.10(2020.12 重印)
ISBN 978-7-5615-2720-7

Ⅰ.毕…　Ⅱ.李…　Ⅲ.①高等学校-毕业论文-写作②高等学校-毕业论文-汇编
Ⅳ.G642.477

中国版本图书馆 CIP 数据核字(2006)第 122975 号

厦门大学出版社出版发行
(地址:厦门市软件园二期望海路 39 号　邮编:361008)
http://www.xmupress.com
xmup @ public.xm.fj.cn
厦门市金凯龙印刷有限公司印刷
2008 年 9 月第 2 版　2020 年 12 月第 10 次印刷
开本:787×1092　1/16　印张:22.25　插页:2
字数:570 千字　印数:35 501～40 500 册
定价:50.00 元

目　录

下编　优秀范文示例

上编

论文写作基础知识

论文是人类智慧最艳丽的花朵，人们把发表论文看作走向成功的重要标志。本科毕业论文是大学毕业的重要标志，撰写毕业论文是培养创新能力、提高素质卓有成效的途径。但是，不少人都曾有过想写又怕写的心态，许多人在不了解论文体式的情况下开始论文处女作的尝试，匆忙动笔。

论文写作不同于一般的议论文写作。本编将全面介绍论文选题原则与方法、论文材料整理与分析、论文修改的范围、论文答辩的技巧、投稿须知乃至论文写作的全过程，以及计算机文字处理系统在论文写作过程中的运用等方面，掌握好这些必备的基础知识和基本技巧，可以少走弯路，全面提高“读、想、写、说”能力，为今后的科研工作打好坚实的基础。

第一章　怎样对待论文写作

毕业论文是大学生完成学业标志性的作业。许多出色的专家、学者在其毕业论文中就崭露敏锐的学术眼光和难能可贵的创新精神。对大学生来说，毕业论文的写作是一个重要的机会，可以检验自己的能力，为从事专门性的工作打好基础，每个毕业生都应该以积极健康的心态完成好人生的“第一篇”。

第一节　论文写作的意义

毕业论文(设计)是实现本科培养目标的重要教学环节，这一环节既是培养学生运用所学知识解决实际问题能力的教育过程，也是对学生全面素质的检验。近年来，许多高校开展了评选校级优秀论文的活动，发现了不少同学的毕业论文能做到理论联系实际，不少论文的材料典型贴切、语言洗练、分析入情入理。

在国外，本科生科研已成为大学教育的重要组成部分。许多大学非常重视培养本科生的科研能力，甚至设立了科研学分。美国麻省理工学院创设了“本科研究机会计划”；加州大学洛杉矶分校设立了“本科生研究中心”，伯克利分校成立了“本科生研究办公室”，科研学分是16分；耶鲁大学也为一年级的本科新生设立了“指导研究”项目，这也为学生后续硕士论文写作或科研工作埋下一个伏笔。同时，不少高校的研究生课程中开设有“项目报告”课程，学生每周需要完成一篇论文，除了收集资料、制成幻灯片之外，还要上讲台进行论文演讲。它们在培养运用知识解决问题能力方面还特别注意从初等教育抓起。一位留美学者的孩子在美国读小学五年级，老师布置写关于美国南北战争的论文。孩子的父母听了目瞪口呆，而孩子们却丝毫没有怯意，认认真真地查阅资料，最后向老师提交了自己的论文。

我们的大学里也有越来越多的学生要求开设学术论文写作选修课，有的院系开设“学术论文写作”选修课，选修者多达97%。国内不少重点高校十分注重研究性课程的学习，教师在讲课过程中提出一个主题，请同学们查找资料，写出专题论文。希望自己能写好论文已普遍成为广大学生获取学位和进一步深造的强烈需求。通过毕业论文(设计)的教学训练，同学们应该能进一步理解毕业设计(论文)的目的和意义。本科教育所学课程不多，也缺乏深厚的知识积累，撰写论文时一定要针对自身特点，确定论文的选题，围绕课题搜集有关资料，解决某个问题，以训练自己的科研能力。

撰写毕业论文时要注重培养自己的创新意识和能力，每一个创新的“火花”都将是一个引以为荣的里程碑。同学们不妨有意识地选读名家的论文，阅读一些指导毕业论文写作方面的书籍，注意学习掌握论文写作的规律和技巧，牢固树立论文写作方面的信心，尽快取得零的突破。这“第一篇”的成功与否并不重要，而是要通过尝试积累经验，为以后从事深入的科研活动打下基础。教学实践表明：勤学是学习论文写作的最佳切入点，苦练是提高论文写作能力最便捷的途径。

第二节　认识自己的优势与不足

2005年9月，某省教育行政部门对2005届高校毕业生毕业设计（论文）进行了检查。专家们抽查了38所院校172个专业2005届毕业生的毕业设计（论文）860篇。从总体上看，各高校不同程度加强了毕业设计（论文）教学环节，制订了较为明确的管理规章制度及具体的措施办法，合理安排毕业设计（论文）各个教学环节，把好质量关。纵观多年论文教学实际并结合本次抽查的情况分析，笔者以为，高校学生毕业论文写作具有以下的优势。

系统性：同学们经过几年本科高等教育，较系统地学习了理论知识，撰写毕业论文时大多数能够立足本身专长，联系自身实习实践，运用所学的理论知识分析解决问题，对生产工作实践有较强的指导意义。

深刻性：经过扎实的实践训练，拥有一技之长，他们的理解能力、组织能力、分析能力较强，能够在一个较高的层次来审视、解析所选定的课题。每年都有不少同学写出了优秀论文，有的还获得毕业论文优秀奖，其文章被出版社收进论文集或在各类刊物上发表。

多样性：同学们来自五湖四海，对各种选题有着广泛的兴趣。论文涉猎的学科门类广泛，同一课题也能自出机杼，另辟蹊径。

但是，高校学生毕业论文也存在不容忽视的问题，主要表现在对毕业论文的重要性认识不足。不少人认为，大学生就业难，找工作与完成（设计）论文有冲突，还有人觉得本科生的理论水平毕竟有限，与其拼凑、抄袭或网上“克隆”，不如取消这个多余的累赘，有的同学还有“宁做十万利润，不写毕业论文”的偏见。归纳起来有以下10个方面现象：

（1）部分高校学生毕业论文定位不当，针对性不强。选题盲目追求高、大、全，超出了学生的能力和专业知识的范围。比如：有的学生考虑欠周，误选了“论现代企业制度”、“论精神文明建设战略”之类选题，真的写起来，无非东抄西拼，成了一篇浓缩式的教科书。

（2）论文分量不足，雷同于杂感、随笔。学术论文要求周密的思考，广泛地收集材料，经过严谨而富有逻辑的论证，提出令人信服的科学结论。比如，有的学生选题《试析〈西厢记〉中“长亭送别”的语言特点》，“长亭送别”只是《西厢记》中的一个片段，其语言特色虽然可以代表整部戏曲的成就，只是作为一篇毕业论文的论述对象，未免显得过于单薄，充其量只能算为一篇作业。

（3）所选课题脱离所学专业内容。毕业论文写作，实际上是训练学生运用所学的理论知识，培养分析问题、解决问题的能力，为今后进一步提高自身的研究水平打基础。有的学生选题时突发奇想、另起炉灶，选择了与专业毫无关系的专题，原先专业知识优势荡然无存。学法律专业的选择汉语言文学专题；学化学专业的选择房地产专题……撰写此类论文，缺乏扎实的理论功底，其质量效果可想而知。

（4）未能与从事的工作实践相结合。结合实践进行论文写作是学生最大的优势，这也是论文成功的秘密武器。但有的学生往往忽略自身的最大优势，理论不联系实际，众多实践和体会不能体现在论文中。

(5)选题内容陈旧、重复。比如，报纸杂志上发表了不少关于“国有企业的困难与出路”类型的文章，有的学生亦从此入手，内容大同小异，实在是一种意义不大的重复性劳动。

(6)选题草率，信手拈来，结果误选了不适合自己的选题。此类选题似乎很快，但是论文的写作受阻，无法向纵深发展，等到写了一半再另起炉灶反而浪费了大量宝贵的时光。

(7)部分毕业生注重求职或考研活动，对毕业论文写作重视不够，投入的时间和精力严重不足，影响了毕业论文(设计)的质量。

(8)毕业设计(论文)不够规范。如格式方面，有的排版和装订不符合规定要求；有的论文只有正文，没有摘要、关键词和参考文献等；有的论文逻辑结构不合理。

(9)部分高校毕业设计(论文)指导教师力量不足。一些高校教师指导的学生数严重超出了规定，少数热门专业指导教师与学生的比例甚至高达 1∶49；部分指导教师评语、评阅人评语、答辩委员会意见不能客观反映学生的毕业设计(论文)水平，一些学校成绩评定偏高。

(10)少数毕业论文作者学风不正，抄袭之风严重。此次教育行政部门抽查的论文，经网上初步检索发现，有 17 所院校部分毕业设计(论文)存在抄袭现象，占抽查总数的 44.7%。

产生上述现象的原因是多方面的，有的是作者忽视高等学校学生的自身特点，忘记了学用结合与学以致用；有的凭自己的主观兴趣，生搬硬套其他学校学生的毕业论文，将他人的特色当作自己的特色；有的态度不够认真，应付学习任务；有的则出于不了解论文写作的文体特点，信心不足。检查工作表明：进一步加强学风建设，杜绝毕业设计(论文)剽窃、抄袭等不良现象，切实提高毕业设计(论文)的质量和水平，是一项十分紧迫的任务。

第三节　论文的文风

文风，是文章体现的思想作风。毕业论文写作中表现出来的作风就是毕业论文的文风。文如其人，有怎么样的思想、立场、作风，就表现什么样的文风。内容虚伪、空洞、陈旧是恶劣文风的三大表现。至于论文风格，我们提倡百花齐放。每个人的个人经历、资历以及社会实践不同，论文的特色和流派上的多样性是必然的，它是学生创新能力与个体成熟的表现。要求每位学生风格相同，反而是异常的。

当下，剽窃抄袭、学术造假成风，学术界的诚信危机时有所闻。一桩桩“造假”事件的背后，是一些人对科学研究的急功近利。学术之心、道德之心的缺失正在危及我们的学术殿堂，重建这一神圣的科学殿堂需要每位同学从现在做起，从自己做起。

靠学术造假，从国家口袋里圈钱；不静下心来苦心钻研学术，而是弄虚作假，他们从事科研的动力当然不是追求真理，不是对科学的渴求，而是名利。有人分析这种现象时说，一些人对科学研究的态度是急功近利，基础研究工作所需要的“十年磨一剑”的氛围已经荡然无存，由此滋生投机取巧、弄虚作假等学术不端行为也就不足为奇了。谈到目前出现的学术腐败、学术造假的问题，科技部副部长马颂德说，解决这个问题，关键还是在于科学家的诚信道德，科技部将建立一个“科学家诚信数据库”，每个科学家的学术研究、参与的科技评审都会在这个系统中留下记录。这个系统能够帮助衡量科学家曾经的学术行为是否得当。毕业论文虽然不是重大的学术成果，但同样要重视严谨，养成习惯，防微杜渐。毕业论文的文风应该是时代精神和社会风尚在论文中的反映，在此，我们不作更多的论述，仅举恶劣文风之两例，引以为鉴。

一、剽窃来的"大作"

1989 年，淮北煤炭师范学院一位讲师因为急于参加职称评定需要发表论文，几乎是逐字逐句地抄袭了土耳其安卡拉大学工程物理系 Z 教授和另一位意大利学者 1988 年联合发表在意大利《新试验》杂志上的一篇论文。他仅仅更换一个标题，换上自己的名字便将文章寄给国际著名刊物《瑞士物理学报》。该杂志于 1990 年第 63 卷上发表了这位讲师的"大作"。尝到甜头的他，在不长的时间内连续当了几回"文抄公"。正当他庆幸自己高产之际，一封封揭露他剽窃行为的信件接踵而至。土耳其科学家谴责他"完全违背了物理学者所信奉的科学与诚实的宗旨"；《瑞士物理学报》编辑部公开发表声明，愤怒谴责这种国际学术界最不能容忍的剽窃论文、侵犯著作权的行为；美国的《数学物理杂志》也发表声明，决定从记录中撤销那篇剽窃的文章；我国海外访问学者、留学生亦纷纷向国家有关部门反映此事在国际学术界所造成的恶劣影响；国务委员宋健和国家自然科学基金委员会出国访问期间，外国学者也多次向他们反映此事。

1993 年 1 月 12 日，国家自然科学基金委员会发而处理公告，严厉谴责这种严重败坏科学道德、丧失科学工作者最起码品质的行为。决定撤销该讲师的国家自然科学基金项目，并无限期取消其申请国家自然科学基金的资格。

二、"巴尔的摩事件"丑闻

科学研究的过程来不得半点凭空臆造，更不能为了达到主观愿望的结果而改动其中的数据。"巴尔的摩事件"就是取得实验数据后按照主观期望修改数据而酿出的丑闻。

1986 年 4 月，巴尔的摩与助手丽萨·今西加里合作，在美国的学术刊物《细胞》上发表了一篇长达 13 页的科学论文，题为"在含重排 Mu 重链基因的转基因小鼠中内源免疫球蛋白基因表达程式的改变"。宣称发现小鼠的内源基因在导入的外源抗体基因的影响下，会仿效外源基因业已重组的结构进行表达。这一发现打破了关于基因在个体发育的过程中固定不变的传统观念。巴尔的摩本人在 1970 年就因发现了一种病毒中的逆转录酶而轰动世界，因此获得诺贝尔奖。戴上诺贝尔桂冠的巴尔的摩被世俗"例外"地蒙在鼓里，坚信今西加里篡改实验数据一手编造的科学骗局。在长达 5 年的指控和反调查的斗争中，巴尔的摩一直利用自己的声望和权威庇护助手今西加里，压制揭露真相的小人物玛戈特·欧图勒，甚至借用科学神圣之名，威胁调查人员，反对国会和外界的干预，最终酿成了美国科学史上最令人伤心的悲剧。

后经反复调查证实，记录本上的关键性数据是实验之后篡改的。1991 年 3 月，巴尔的摩宣布撤回《细胞》杂志上的那篇论文。

第四节　上网"克隆"有悖于科学研究道德

计算机网络是信息获取、处理与交流的工具，运用现代科技工具，可以大幅度提高工作效率。但是，近来有人说，上网之后，敲动几下键盘，所需资料尽收眼底，下载后稍加剪裁拼装，组装式论文便问世了。运用电脑进行剪裁拼装，似乎可以进入批量生产的地步。这种"克隆"式的论文写作，笔者实在不敢恭维。

2006 年 2 月，央视《焦点访谈》为互联网上的"论文黑市"做了个专访，揭露了"蜂巢网"网站公开制造、贩卖和发表论文的"一条龙"服务，该网站提供的合约样本写明，8 万字的博士论文叫价 65 000 元。大学校园里也有人聘请枪手的广告，有的应届毕业生会到网上寻找获取毕业论文的"捷径"，有的交钱成了"论文网站"的会员。一些学生认为，一个导师要同时指导好几个学生的毕业论文，利用网络进行东拼西凑，导师一般不易发现。

网上买论文，必然会引发与著作权相关的法律问题和学术道德问题。在相关法律规范还不健全的情况下，网络上的论文抄袭还有一定的生存空间，从提倡学术自律和加强立法规范的角度来看，应当制止通过网络售卖论文。这种交易关联方包括卖家、网站和买家。网站是最大的获利方，他们迫不及待地打出"电子商务领域的创新"的旗号，省去了资料合法转载所必须付出的成本，取得了丰厚的利润。受到网站的误导，买家毕业生则是最容易受到伤害的一方。在网上买论文，看起来方便快捷，买家误以为自己合法地买到了论文的著作权，但在这种无效交易中，权益得不到任何保障，不仅可能损失金钱，更可能伤害名誉和个人前程。

电脑与因特网为人们提供了极大的方便，但是它们只能储存和复制人脑的成果，永远代替不了人类大脑创新性的思维。论文写作是创造性的科研劳动，要在研究新情况、发现新问题的基础上进行科学思考与论证。仅从网上东抄一点，西凑一点，这种拾人牙慧的低层次重复，在短时间内虽然可以组装出"论文作品"，但这样的作品没有任何的价值，应该坚决摒弃。

论文写作当然不可能"前无古人，后无来者"，一切从零开始，它必须在参考和借鉴前人成果的基础上进行，这也是科研工作的基本功。对于他人论点，可以进行进一步的探索，倘若是无法超越原有的论点，可以在理性的思考之后，使用自己的语言，把思考的结果表述出来。虽然此举没有什么创新可言，但却训练了思维能力和概括能力，培养了正确的论文写作方法。最忌讳的是，把参考和借鉴变成死搬硬套、生吞活剥，把别人的科研成果拿来改头换面拼凑成自己的东西，这是剽窃抄袭的侵权行为，显然有悖于科学研究的道德。

第二章　论文概说

撰写毕业论文是每个大学生必须完成的重要必修课。许多高校相当重视学生的毕业论文(或毕业设计、毕业作业)教学环节,进行了扎扎实实的训练,一些中等职业学校也相继开展了以毕业交流为形式的论文写作活动,旨在提高学生理论联系实际的能力,培养学生科学研究的基本素质。写好论文,首先要了解论文的基本概念、基本特征以及论文写作的意义。

第一节　论文的基本概念

论文是学术论文、科学论文或研究论文的简称。它是科学研究成果的书面表达方式。论文包括两大类:一是科研工作中的研究报告、科学论文、学术专著;二是高校的学年论文、毕业论文、学位论文。前者着重阐述作者的新发现、新见解,不重复一般的知识和成果;后者可以在已有成果的基础上提出自己的新见解。论文旨在探求科学规律、发展科学理论、指导工作实践。

一、学位论文的三个层次

(一)学士论文

学士论文要求作者运用所学的知识和技巧解决学科内的基本问题,一般选择本学科某一重要问题的一个侧面或一个难点,可以重复或综合前人的工作,但要求有一定的创见性,其目的主要是为学生毕业后的科学研究和论文写作打下一个坚实的基础。大专毕业论文篇幅在5 000字左右,本科毕业论文篇幅在6 000 字以上。优秀的本科毕业论文可以作为学士学位论文。论文完成后,经论文答辩,由答辩委员会或答辩小组(由 3～5 名讲师以上职称的教师组成)评定成绩,写出审核意见。

(二)硕士论文

硕士论文是硕士学位研究生的学位论文。它要求体现作者掌握的本学科坚实的基础理论和系统的专门知识,充分体现专业的深度和广度,就本专业的基本问题或疑难点提出独立的新见解,有较强的学术价值或应用价值。硕士学位论文的篇幅在 2 万～4 万字。论文完成后,由答辩委员会(由 5～7 名硕士研究生导师组成)评定成绩,写出审核意见。按照有关规定申请授予相应的硕士学位的在职人员也需要撰写硕士学位论文。

(三)博士论文

博士论文是博士学位研究生的学位论文。它要求反映作者掌握的本专业领域内的渊博系统的知识和独立从事科学研究的工作能力,论文具有较高学术价值,所提出创造性的成果,对学科的发展有重要的推动作用。博士学位论文是水平最高的一种学位论文,其篇幅在 5 万字以上,有的多达10万～20万字,规模相当于学术专著。博士论文完成后,由答辩委员会(由5～7名博士生导师组成)评定成绩,写出审核意见。

学位论文在学术领域有一定的地位,广受同行的关注和重视。在国际图书情报工作中,许多机构都把学位论文作为重要的文献加以收集,不少国家还专门出版了《学位论文国际目录》。

二、论文的分类方法

论文有多种分类方法。以研究领域、对象来划分,可分为自然科学论文、社会科学论文(或者是自然科学论文、社会科学论文、思维科学论文);以写作目的和社会功能来划分,可分为一般学术论文、学位论文;以内容性质和研究方法来划分可分为理论型论文、实验型论文、描述型论文和设计型论文;以篇幅和字数来划分,可分为单篇论文和学术专著;以论文性质来划分,可分为立论文和驳论文;以研究问题的大小来划分,可分为宏观论文和微观论文。

三、论文写作的四个阶段

(1)准备阶段。包括选题,围绕选定的题目查阅有关文献、法规及资料并做好资料的收集工作。

(2)科学研究。确定研究方法,制定研究计划;通过观察、实验、调查搜集文献资料;对数据、资料进行分类整理;在研究分析资料之后提炼出论点。

(3)写作阶段。拟定提纲,分步骤进行论文写作。

(4)结束阶段。主要包括论文的答辩和归档。

第二节　论文的基本特征

论文是论说文的高级形式。国家标准GB7713－87这样界定学术论文:"学术论文是某一学术课题在实验性、理论性或观测性上具有新的科学研究成果或创新见解和知识的科学记录;或是某种已知原理应用于实际中取得新进展的科学总结,用以提供学术会议上宣读、交流或讨论;或在学术刊物上发表;或作其他用途的书面文件。"因此,论文不但具备论说文的基本要素,而且具有创新性、学术性、科学性和平易性等四大特征。

一、论文的创新性

论文要体现创新的特征,即论文要有新意,不要给人似曾相识的感觉。较高层次的论文必须有新颖独到的见解:

(1)填补空白的新发现、新发明、新理论。在前人未开拓的处女地上进行探索的研究,提出填补空白的新发现,如居里夫人发现镭;新发明,如音乐家杰思罗·塔尔,把风琴传声结构的原理用于播种机,解决了种子落地的速度问题,发明出世界上第一台实用的播种机;新理论,如牛顿经过一系列的实验、观测和演算,发现了著名的"万有引力定律"。

(2)更正前说错误。论文的研究成果能更正前人错误的认识。如伽利略推翻了亚里士多德的物体下落学说;李四光否定了中国大陆无石油的所谓权威定论。

(3)弥补前说不足。与前人论述同一事物或现象,但从新的角度研究,补充完善前说观点、内容，在继承的基础上发展和完善。

科学研究的生命在于创造，论文写作也不例外。创新是论文的生命，没有创新，论文写作也就失去了意义。上述三个方面是对论文理想化的要求，由于科学研究的复杂和艰难，不论是学年论文还是毕业论文，能够在其中一个方面有所增益都很有意义。我们并不要求每篇论文都能有新的发现、新的发明，但要求论文要有新意，即新观点、新论据（如调查结论、实验结果、典型数据）、新方法或新角度。比如，有人写关于“成语新说”的论文，就从新的角度进行思考。“放虎归山”，通常的解释是：“把老虎放回山林，比喻自留祸根。”今天，从保护生态环境，保护珍稀动物的角度来看，解释这句成语就应该加上有悖原意的另一面，倡导放虎归山的环保意识。“对牛弹琴”通常被解释成贬义词，而现在，“对牛弹琴”已成为科学养牛的新技术。笔者以为，创新是对毕业论文的最低要求：论文中要有自己的东西，在某些方面有所强化和深入，或是就前说的不妥之处提出争鸣。

二、论文的学术性

所谓学术，是指较为专门、有系统的学问。学术性是毕业论文的本质特征。论文一般是针对某一个专门学科的建设和发展过程中，揭示事物或现象的本质规律，有一定的理论高度，分析带有学术价值的问题，引述各种事实和道理去论证自己的新见解。其学术性具体体现在：

(1)论点的正确。论点正确是论文的生命力，它必须经得起实践的检验。因而，它要求作者立论要客观，不能带有个人的偏见。

(2)论据的真实。论文中的引用材料、数据、事实必须符合客观实际，论文作者必须通过实验、观察、调查、研究，最大限度地占有材料，事实要充分而且要有足够的说服力。

(3)论证周密。论文的论述过程符合人们推理规律，层次清楚、首尾连贯、结构严谨。论证就是用论据来证明论点，其目的在于揭示论点和论据之间必然的逻辑关系。

三、论文的科学性

科学性是论文的灵魂，失去科学性的论文将给社会带来危害。坚持论文的科学性，就要坚持实事求是，切忌感情用事，更不能凭空臆造、随意发挥。论文的科学性表现在：

(1)论文的观点客观、正确、鲜明、集中。无论是证明还是反驳，论点必须正确。在论证过程中，紧紧围绕论点进行论述，得出令人信服的结论。

(2)论据要确凿、翔实，足以支撑作者观点。观点要能做到无可挑剔，就必须以充分有力的、真实可靠的论据来支持，这就要求作者充分掌握第一手资料，查阅大量相关数据，认真核实每个论据，为立论打下良好的基础。

(3)论证要合乎逻辑。用证据说明论点，要善于用科学的方法，充分阐述论点与论据之间内在的逻辑，做到论文结构严谨、推理严密。

四、论文的平易性

平易性是论文，尤其是理工科论文，在形式与表达方面必不可少的特点。鲁迅曾经说过：“可惜中国现在的科学家不大做文章，有做的，也过于高深，于是就很枯燥。”[①]这的确说出了不

---

① 鲁迅.华盖·集通讯二.鲁迅全集.第3卷.北京：人民出版社，1963.

少理工类文章的通病，试想，如果写出的论文佶屈聱牙，必然极大地影响到论文的社会效益。论文的平易性要求论文做到四点。

(1)论文的结构要有条理性，主次有别，言而有序。不求章法奇特，但求顺理成章。

(2)做到概念准确，判断正确，事物与事物、事理与事理之间的联系同异分明，说明事物、事理的内容、属性和存在形式时要恰如其分，如实反映客观事物、事理的面貌。

(3)论文文句流畅，叙述深入浅出，把深奥的问题尽可能明白无误地表达出来。要求论文写作语言具有明确、简洁、周密、规范的特点，遣词造句不仅要合乎语法规范，而且要注意词汇的精确性和单一性，避免产生歧义。

(4)要将自然语言和人工语言(图像、照片、表格、符号、公式等)配合使用，形成独特的书面语言表达体系，这不仅可以节省篇幅，提高直观性、形象性，还便于读者理解，增添阅读的兴趣。

第三章 选题

何时选定课题，从何处选题，选怎样内容的课题，这是论文写作遇到的第一个问题。对于大多数同学来说，毕业前一年选定自己的论文课题为好。太早，看不清楚自己的优势；太晚，可能措手不及。当然，原先已有专业工作基础，也可以适当提早。

第一节 课题与标题

课题是需要研究、探讨的特定问题，是研究人员想要获取结果的具体项目，有着明确的研究方向与范围。

标题是研究人员概括研究内容确定而成的论文题目。可以在论文写作之前确定，也可以在论文写成之后再确定，还可以根据论文的内容进行更换，具有某种范围的自由度。

一般说来，经过研究后的课题可产生三种结果：(1)获得预测的结论，可将研究过程的目的、对象和范围写成论文，此时倘若将课题作为论文标题，显然是宽泛有余。(2)没有获取任何结果，论文自然也就无从写起。(3)全部或是某些部分偏离原先设想，获得新的结论，论文标题与课题产生不同程度的偏离。

由此可见，论文的标题一定包含在课题的内涵与外延之中。课题的研究结果，可以写成一篇以上论文，但也可能因课题研究未果而无法写出论文(可以写出研究报告)。不少人认为，一篇论文反映的只是课题研究中的某个专题、某一侧面或是该课题最精彩的片段。比如，对于"证据法律制度"这一课题的研究，可以从刑事诉讼中的证据制度、民事诉讼中的证据制度、行政诉讼中的证据制度中选题；也可以从证据的性质、特征、种类、举证责任等方面选题，把课题中的有关问题具体化。如"诉讼证明要求"、"论民事诉讼中的证明责任"、"论刑事证据的特征"、"论口供"、"论刑事诉讼证明对象"、"论证据的审查和判断"等，就是"证据法律制度"这个课题研究中的具体标题。

当人们获取了大量的信息资料，在分析研究的基础上确定的科学研究方向和目标便称为选择课题，也就是人们通常所说科研中围绕进行并力求获得结果的问题。选择好课题是写作成功的重要环节。培根说过："跛足而不迷路能赶过虽健步如飞但误入歧途的人。"实践表明，少数学生不能体会选择课题的重要性，课题的选定并不是自己深思熟虑的结果，完全依赖于教师出课题、定题目，有的则是信手拈来，题目的确定随机性太大。这样选题必然会极大地限制主观能动性的发挥，甚至陷入束手无策的困境。因此，选题上防止误入歧途和摆脱完全依赖教师的思想同样重要。

第二节　选题的若干原则

选题是确定研究方向的重要突破口，它标志着具体的科研的开始。为了避免走弯路，选题必须充分考虑各方面的综合因素。进行科学研究就是找问题，探索现有的理论没有表述、无法解释的现象。有的题目前人没有涉及过，有较大的难度，这属于开辟新领域的探索性研究；有的前人已经做过，某些结论欠妥，或者有进一步探讨的余地，这属于发展性研究；有的题目许多人探讨过，但是众说纷纭，如有突破性的新解，这属于争鸣性研究。无论是哪种研究，都必须遵循创新性、科学性、必要性和可行性原则。

一、创新性原则

江泽民同志指出："创新是一个民族进步的灵魂，是国家兴旺发达的不竭动力。"①创新体现了科学研究的价值原则。中国科学院院长路甬祥提出："要建设国家创新体系，提高国家创新能力；在知识经济时代，国家的创新能力，包括知识创新和技术创新能力，是决定该国在国际竞争和世界总格局中的地位的重要因素。"②二战之后，日本和联邦德国之所以能在短时间内从废墟上站起来，并把自己的小汽车和电子产品打入美国市场，原因正如一位日本学者所说的："创新能力是国家兴亡的关键所在。"号称"电脑帝国的拿破仑"的世界首富比尔·盖茨，11岁办公司，13岁研发了第一个软件，他的公司从900美元起家，1998年创造了580亿美元财富。他的荣誉和财富来自他和公司的创新能力。他虽然已经誉满全球，富甲天下，但至今仍然保持着"永远先人一步"旺盛的创新能力。创新性的课题在理论研究中突出表现为新发现、新观点、新见解，在应用开发研究中表现为新技术、新工艺、新产品。美国的学生，从小学开始就训练独立写研究报告，独立探讨和解答自然与社会的问题，小学生说得最多、也最让人吃惊的一个词就是"研究"(Research)。老师经常会提出一个问题，然后由学生去"研究"找出答案。美国大学各门课程的教学，普遍注重培养学生的批判性思维，鼓励学生提出挑战问题。美国高校学生写的各类文章和论文，都要求必须有引文注释或文献综述，以便在前人已有研究成果的基础上有新的进展。③ 大学生在论文选题上，应当把创新性原则放在首位，刻意培养自身创新的个性，创新观察能力、思维能力和实践能力。可以肯定地说，21世纪的成功者，一定是勇于创新的人。

创新可以体现在以下三个方面。

(一)新发现、新结论

科学工作者都有一个相同的特点：有异常敏锐的观察能力。他们善于抓住微小的现象，进行持之以恒的深入研究，做出卓越的贡献。鲁班从草叶划破手指受到启发发明锯子；瓦特受壶盖跳动的启发发明了蒸汽机；英国医生琴纳观察到挤牛奶姑娘不会感染天花的现象，发现牛痘能够预防天花；英国病理学家弗莱明从培养基上一丛青霉素菌提炼出青霉素。

科学发展的前沿往往也是科学新发现的高产区。李政道在展望21世纪科学发展前景时

---

① 1996年4月4日江泽民同志在《高技术研究发展计划纲要》实施十周年工作会议上的讲话

② 路甬祥.中国面临十二大挑战[N].中国科技画报，1999(6)：8

③ 唐景莉.高等教育：应对知识经济挑战[N].中国教育报，1999-03-15

指出，宇宙中一个大问题是暗物质，从引力现象知道暗物质的存在，可是用光看不见，红外线、紫外线、X光都看不见。他说："宇宙里90%以上是暗物质。暗物质存在的证明很简单。这些暗物质是什么我们不知道。所以在宇宙中有90%以上的物质我们不知道。"①

宇宙中有一种叫类星体的东西，但不是普通的星。我们也不知道它是什么，不知道它的能量来源，每个类星体的能量可以是太阳的10的15次幂的倍数，估计宇宙里约有100万个类星体。科学工作者正在研究其中的1 000个。1961年时，发现了两个，其中一个是3C273，3C是英国剑桥目录的第三本，273是其中第273颗星。李政道说："这个类星体在1982年2月，一天之内能量增加一倍，这是非常稀奇的，不仅能量大，而且可以一天之内增加一倍。宇宙中还有很大能量的来源是我们不知道的。"②

（二）推翻旧说

几十年来，物理学中"宇称守恒定律"被尊为金科玉律，年轻的李政道和杨振宁教授，详细地研究了与这条定律相矛盾的现象，经过多次实验，提出质疑："宇称守恒定律"并不是普遍适用的定律，它只适用于基本粒子强的相互作用和电磁作用中。数十年来，人们近乎迷信的"宇称守恒定律"被推翻了。1957年，李政道和杨振宁获得爱因斯坦奖和诺贝尔奖，人们对他们的评价是：可以和爱因斯坦打破牛顿力学万能理论相媲美。

"德国化学之父"李比希(Justus Von Lie-dig 1803—1873)一生写过318篇科学论文，对19世纪后期化学在德国的巨大发展起了重要作用。在李比希的《自传》中留下了这么一段名言："化学正在取得异常迅速的发展，而希望赶上它的化学家们则要处于不断脱毛的状态。不适于飞翔的旧羽毛从翅膀上脱落下来，代之以新生的羽毛，这样才能飞起来更有力量、更轻快。"

要推翻旧说谈何容易！社会学家马寅初曾说过："言人之所言那很容易，言人之欲言就不大容易，言人之不能言就更难了。我就要言人之欲言，言人之不能言。"在人口论问题上，他敢于坚持自己正确的学术观点，开展学术争鸣，历史已经证明他的见解是正确的——"错批一学者，多生几亿人"。

（三）补充完善现行观点

英国皇家学会的会徽上嵌着一行醒目的文字——"不要迷信权威，人云亦云。"事实表明，由于历史局限性等多方面原因，很多研究结论都存在失误、漏洞和不妥之处，或者比较粗糙，很有精耕细作的必要。随着社会的进步和科学的发展，科研工作既要继承前人已有的劳动成果，更要创新，有所前进。将原有的理论知识开创性、推广性地运用在工作实践中，不失为一种实践运用上的创新。

法、英、德、美四国对论文都有明文的或约定俗成的规定，包括论文的内容构成、格式、版式、字数等等，核心内容是对论文的创新要求，尤其是博士论文创新要求，德国规定：博士论文必须是博士生独立完成的科研成果，必须具有相当程度的学术价值。论文应该能够证明作者的个人科研能力和具有继续从事科学研究的潜力，所以它绝不是各种数据、资料和科学观点的简单罗列和堆积，而应该在科学研究的基础上提出自己的观点，并且对某一领域的科学发展做出贡献。英国教授菲利普斯曾将博士论文"独创性贡献"的表现归纳为如下15种：

(1)第一次把信息的主要部分用文字记载下来。

(2)继续已经确定的独创性工作。

---

① 李政道.展望21世纪科学发展前景[N].中国改革报，1999年5月

② 李政道.展望21世纪科学发展前景[N].中国改革报，1999年5月

(3)进行导师设计的独创性工作。

(4)提供单一的独创性的技术或观察,或在一个非独创性的,但却充足的研究工作中得到独创性的结果。

(5)有许多由其他研究生来实际进行的独创性设想、方法和解释。

(6)在检测他人的设想中表现了独创性。

(7)进行以前没有人做过的实验性工作。

(8)合成一个以前没有人做成的化合物。

(9)利用已知材料得出新的解释。

(10)在本国做出某些只在他国做过的研究工作。

(11)把一个特殊技术应用到一个新的研究领域。

(12)为一个老问题提供新的证据。

(13)进行交叉学科的工作并用不同的方法论。

(14)着眼于本学科中还没有开始过的新的研究领域。

(15)以一种前人没有做过的方式增进人类的知识。①

二、科学性原则

选题必须符合科学性原则,必须符合基本的科学原理。唯其如此才能保证科研工作成功。科学性原则似乎凭借人们的直觉便可,其实,在命题真假未被证实之前,把握选题的科学性并非一件易事。

不少享有盛名的大科学家都曾经致力于一些不符合自然规律的课题研究。这种科学家愚行的“滑铁卢现象”从古至今绵绵不绝。开普勒是一个职业的占星师。牛顿曾经费尽心机地想把铁、铅一类金属变成黄金白银。发明了对数的约翰·内皮尔设计了一种愚蠢透顶的圣经《启示录》的诠释法。天王星的发现者威廉·赫谢尔居然认为在太阳光焰万丈的大气之下,一定是阴暗凉爽、宜于居住的地方。美国天文学家珀西瓦尔·洛厄尔坚持说他看到火星上的运河。一贯严谨的美国化学家罗伯特·黑尔“发明”了一种能与死者互通信息的装置。

人类曾狂热地追求发明永动机。德国博士奥尔菲留斯自称发明了一个“永动机”——自动轮,骗局被他的女仆人揭穿。美国人约翰维勒尔·基利宣称发明了一种“发电机与电动机组合”的永动机,居然鼓动了10多位工程师和资本家集资,成立了基利永动机开发公司。在发现能量守恒定律之前,欧洲的许多科学家热衷于制造永动机。英国皇家学会和法兰西科学院每年都要收到成千上万个永动机的设计方案,但是没有一个方案能够制造出真正的永动机。当达·芬奇在理论上宣判了永动机“死刑”之后,还有人在监狱里从事此项目的研究,有的甚至扬言要彻底打破能量守恒定律,为此而耗去不少的人力、物力和财力。

中国也有这样的闹剧,被人鼓吹为“中国第五大发明”的“水变油”就是一个违背最基本科学原理的所谓发明。这个闹剧的高潮是1993年6月28日王洪成在哈尔滨市的表演,他宣布哈尔滨市67路公共汽车全部使用洪成燃料,一时之间颂歌大起:“洪成时代开始了!”“他的发明是具有50亿年地球历史上最先进、最伟大的发明,使我们跨越200年时空而跻身于世界民族之林。”在鼓乐声中副省长、副市长剪了彩,十几辆灌满洪成燃料的67路公共汽车披红挂彩驶到大街上。不到几个月,带有碱性的洪成燃料腐蚀了全部的汽车发动机,国家为此支付大量

① 陈学飞.传统与创新:法、英、德、美博士生培养模式演变趋势的探讨[J].高等教育,2001(6):89

的修理费。[①] “水变油”事件在社会上喧闹了近十年，造成思想的混乱——信假不信真，在各地骗取了大量投资甚至建厂，对经济建设也造成了破坏性后果。赵忠贤、蔡睿贤等41名著名专家、学者曾建议“应调查‘水变油’的投资情况及对经济建设的破坏后果”。[②]

三、必要性原则

（一）注意选取与社会发展和经济建设息息相关的课题

恩格斯说：“社会一旦有技术上的需要，则这种需要就会比十所大学更能把社会推向前进。”撰写论文应当根据现实需要来选题，论文的选题一定要切合社会实际，有利于社会的进步和科学技术的发展，并且对社会发展和经济建设有一定的指导意义。

（二）注意选取学科自身发展需要的课题

从科学发展的内在矛盾中选择课题，注意选取较有学术价值的课题，这不仅是科学理论自身发展的需求，一定程度上也折射出人类认识的发展水平，这样的论文才有学术价值。为此要研究学科的“动态行情”，选择有一定研究价值的、有一定新意的论题。

（三）注意选取符合教学规范化要求的课题

专业培养目标是国家培养人才的规格要求，也是院校进行教学活动的依据。论文写作作为教学工作一个重要的环节，自然要符合教学规范化的要求。

（四）注意选取以专业课内容为主的课题

毕业论文是学生总结学习成果，培养综合运用已有知识解决问题能力，接受科学研究的最基本的训练。这样的教学目的自然要求学生尽量能在自己最熟悉的专业课内容中选题。

四、可行性原则

（一）从大的方面考虑，课题研究的时代条件是否成熟

选择课题应该选择现有技术条件可以解决的课题，这方面有个典型的例子。爱因斯坦在晚年犯了个错误，他的后半生（1923—1955年）都投入到“统一场论”的研究中，直至逝世没能获得具有物理意义的成果。人们的认识和实践受到时代的社会生产力和科技水平的制约，时代的条件不成熟，失败就在所难免了。毋庸置疑，统一场论课题是相对论内在逻辑发展必然引出的问题，就选题的创新性、必要性、科学性而言，无疑都是正确的，它显示了爱因斯坦把握世界统一性的哲学智慧以及不惜代价追求科学真理的献身精神。但就可行性而言，统一场论课题在当时还是尚未孕育成熟的胚胎，催产助生，势必造成流产。正如爱因斯坦的合作伙伴柏格曼所说：“统一引力和电磁力没有成功的原因在于这种努力为时过早了。当时对弱力和强力不是毫无所知也是知道很少。”当然，也不是说所有超越时代的课题都不可问津，最重要的是要冷静地分析课题是否具备了最基础的基本条件。

（二）要适合自己实际，难易适中，注意扬长避短

应该选择自己有能力完成的课题。同一个课题的难易程度也因人而异，有的人可能觉得轻车熟路、唾手可得，这样的课题不利于作者充分发挥自身的水平实力；有的人也许一开始便寸步难行、成功无望，容易使人失去信心以至半途而废。知己知彼、百战不殆。课题的难度相当于篮球网的高度，投中它，需要经过努力。要综合考虑自己各方面情况，诸如业务基础、兴趣

---

① 郭正谊．科海求真[M]．南京：江苏教育出版社，1997. p100

② 郭传杰、李士主编．维护科学尊严[M]．长沙：湖南教育出版社，1996. 23

爱好、经费条件等。毕业生选择的课题尤其要紧密围绕着自己的专业，唯有如此，才能取得事半功倍的效果。

（三）可以考虑自己的兴趣

论文写作是一项艰辛的劳动，不少时候需要作者经受失败的考验。对研究的课题有无兴趣，兴趣的程度如何，是一个重要的心理因素。感兴趣的课题会激发起强大的潜在动力，使研究课题成为自觉的行动，专心致志、乐此不疲，乃至废寝忘食。论文写作是创造性的劳动，它与发明项目的选定类似。电话发明家贝尔出生在语音学世家，祖父和父亲都是有名的语音学家，受环境的熏陶，贝尔从小对语音学产生了浓厚的兴趣，这为他日后发明电话打下了良好的基础。

（四）要权衡自己的经济条件、时间宽裕情况

倘若缺乏必要的经费和时间保证，课题研究便成为海市蜃楼，论文写作必将是无源之水、无本之木。选题宜小不宜大，与其大题大做，不如小题大做。福州高校的一位毕业生原想写《论三曹》，觉得力不从心，改为《论三曹的诗歌》仍嫌太大，最后改定为《论曹丕对诗歌形式的贡献》。还可以采用限定课题的方法，就是层层划小、划分具体。如：应用文写作研究—现代应用文写作研究—现代公文写作研究—现代启告类公文写作研究。经过这样逐层限定，可以综合考虑诸方面因素，选定适宜自身写作的课题。

此外，论文选题还可以考虑指导教师的专长，若是自己选的题目恰是指导教师的专长所在，可以少走弯路，获得最好的指导效果。

第三节　选题的途径与方法

一般地说，凭空臆造出来的课题是不可取的。即使完成论文，也难有实际的意义。毕业论文只能从自身相适应的范围内去寻找。课题不会从天上掉下来。有价值的课题应当从自己熟悉的社会实践中、从文献资料中、从自己感兴趣的课程中去寻找。科学研究工作者往往在自身专业领域进行科研课题的研究，选择一些久负盛名的世界性科研难题。1900 年 8 月 8 日，在巴黎召开的第二届国际数学家大会上，38 岁的德国数学家希尔伯特以高昂的姿态作了数学史上著名的《数学问题》报告，在报告中，他提出 23 个有待 20 世纪数学界解决的难题。希尔伯特问题都是近代数学中最关键也是最困难的课题，解决其中任何一个问题，都可能使整个数学获得较大的进展，甚至会导致一门分支学科的创立，由此而获得国际数学界的至高荣誉，“数学界普遍认为他是历史上最后一个数学全才”。[①] 1966 年，33 岁的中国青年数学家陈景润在难题八——哥德巴赫猜想的研究上获得突出成绩，他的研究成果至今仍是国际领先。检阅希尔伯特 23 个数学难题，目前已圆满解决的尚不足一半，有的已被做出在某种条件下的否定解决，大约有一半的问题还是悬而未解。

一、从自己熟悉的社会实践中寻找

社会实践是人们永恒的科研源泉。高校学生有一定的社会实践经验，只要注意观察周围的事物，做有心人，随时都可能发现新课题。一个人要想在研究方面取得成果，在论文方面获

---

① 陆启铿.21 世纪的数学[N].南方周末，2001-10-25

得成功，除了要有理想的知识广度，还要有认识问题的深度。只要对某一领域的问题经常进行深入思考、敢于质疑、不断探索，就有可能写出见地深刻的好论文。

一些学校要求第四学年上学期的十月份之前完成选题安排；文科类的选题需突出现实性，是现实生活中的热点、难点、焦点问题；理科类的选题尽可能是正在进行的科研立项课题；工科类专业应使工程类型的课题占80%以上，强化工程训练。在选题的过程中，大力倡导“真题真做”，提倡选题为论文型学生同时再进行部分工程设计工作；选题为工程设计型的毕业生同时要进行一定内容的实验研究。本书下编的优秀毕业论文示例绝大部分出自2001级毕业班同学之手，由于他们的课题能够紧密结合自身的优势，最大限度地发挥专业优势，论文写作取得了较大的成功。

二、从文献资料中寻找

在阅读和研究大量资料的基础上继承和发展前人的成果，丰富自身的科学知识，并进行积极的思考，这不但可以从中获得启迪，发现问题并找到我们所需要的课题，还可以在深刻理解资料的基础上发现并选取尚未解决的前沿课题。

三、从自己兴趣的课程中去寻找

不少院校在布置毕业论文时都要求学生在教师的指导下，根据所学专业的要求选定论文题目。绝大部分学生比较熟悉自己所学的课程知识，比较了解专业的历史演变、研究现状、学科问题以及那些亟待解决的问题。熟能生巧，我们要在学习中动脑筋，发现问题和提出问题。此类选题的论文要注意避免材料的堆砌以及无创见性的介绍性表述。

四、从热门话题或人们普遍关注的焦点问题上选题

这类问题的研究和解决具有很大的现实意义，往往具有良好的社会效益或经济效益。选取此类课题的有利因素有三：(1)普遍为人关注，作者本人亦容易激发出兴趣。(2)热门问题容易在新闻媒介上获取文字、数据和音像资料。(3)作者可在实地调查中取得第一手的资料。此类论文要避免在罗列现象中空泛议论，要注意运用理性的分析，探索问题深层次的原因并从中做出带有前瞻性的结论。

五、从冷门中或处女地上选题

在科学研究工作中，由于客观事物发展本身以及人们对其认识的局限，或是由于某种原因产生研究力量投入的不平衡，出现了研究的冷门或空白区域，这些地方非常需要研究人员去开垦和耕耘。在这些空白区和薄弱环节进行“大胆假设，小心求证”，有时往往需要异想天开的猜测。歌德说过：“幻想是诗人的翅膀，假说是科学家的天梯。”向科学的冷门或是处女地进军需要有顽强的拓荒精神。

一些高校为学生开设了开题讲座，有的院系将本专业相关的学术研究论文参考题目罗列出来，作为毕业论文选题指导，以启发学生的选题思路。采用开题指导下的定题方式要注意消除完全依赖教师的不良倾向。学生在教师的指导下，可对论题进行进一步的限定或调整，以适合个体的主客观具体条件。学生也可以结合自己所在实习单位的研究课题，选择其中一个子课题作为自己的选题。这样的课题，谈不上个人的特别兴趣，但学用结合紧密，既有任务压力，又有专家带领，是一个很好的锻炼成长的机会，这种机遇难得，要好好把握。

第四章　材料——论文写作成功的基础

“巧媳妇难为无米之炊”，一语道破了占有资料对于论文写作的重要性。根据美国科学基金委员会、美国凯斯工学院研究基金会调查统计，科研人员用于各项研究活动的时间如下表。

表 4-1　科研人员研究活动的时间分配表

	选定课题	情报搜集与信息加工	科学思维科学实验	学术观点的形成（论文）
社会科学	7.7%	52.9%	32.1%	7.3%
理工科学	9.7%	30.2%	52.8%	7.3%

日本国家统计局的调查数字大体与此相同。这个时间分配比例不是绝对的，但它可以说明科研工作中搜集、整理资料所用的时间需要占全部科研时间的三分之一乃至一半以上。同学们进行科学研究，总是要在继承已有的成果或知识的基础上，通过吸收、借鉴、创新，从而有所发明、有所创造。这里的关键是，要建立起大容量、高效率的信息资料库，收集材料时要体现一个“广”字，选择材料时要体现一个“精”字。

第一节　搜集材料的途径

材料是论文的基础。要搜集、占有尽可能多的资料。一篇 1 万～2 万字的论文，没有收集到几十万字的材料，是无法形成论点的。要想占有大量全面的材料，要靠平时的日积月累，注意收集不同时期、不同观点、不同角度的论著，以防止偏差。

一、要广泛地阅读与选题相关的图书、资料和文件，掌握研究课题方方面面的情况

据了解，国外学生写学士论文、硕士论文时，阅读文献资料需要 60 天，每天精读数量不少于 50 页。的确，要想写一篇比较有质量的论文，没有相当的阅读量无法保证。在浩如烟海的文献中，克服大海捞针般的无效劳作，更为经济更为高效地找到自己所需要的资料必须熟练地掌握检索文献的步骤和方法。这正如柏林图书馆大门上所镌刻的：“这里是人类知识的宝库，如果您掌握了它的钥匙，这里的全部知识就是您的。”

（一）查阅“一次文献”

一次文献是在社会实践中形成，以文字、图片形式出现并流通的各种原始文献。一次文献具有信息新颖的特点，很有利用价值。一次文献可以分为四种类型：

（1）报纸、期刊。报纸的内容覆盖面大、信息传递迅速，适应社会各行业部门的需要。在报

纸上搜集信息，要注意报纸的权威性；期刊具有较强的专业性指向，如管理类期刊有《管理现代化》、《现代管理》、《企业管理》、《质量管理》等等，只要选定数种，持之以恒地查阅，就不难发现需要的信息。

(2)图书、专著。图书蕴藏着人类智慧，是作者阐述各种系统观点，传播信息的载体。而专著是图书的一种，它是对某学科或某专题进行的研究和总结，具有论述系统、观点鲜明、内容成熟等特点，作为各类经典教材的专著，上述特征尤为明显。搜集信息时要注意读书方法。

(3)政府出版物。主要指各级党组织和政府机关的文件、政报、公报及参考资料，《全国人民代表大会常委会公报》、《国务院公报》及各省、市、自治区的政报都属此类。政府出版物一般都能站在战略的高度发现社会问题，引导社会朝健康的方向发展。查阅此类出版物，无疑是获取信息的捷径。

(4)档案资料。对于一些较为清晰的研究目标，查阅文书档案或科技档案是了解问题来龙去脉的可靠途径。由于档案的信息比较分散和繁杂，一般情况下，人们不愿花太多的时间从中寻找信息。

(二)查阅“二次文献”

“二次文献”的重要形式是文摘报刊，它是对一次文献再加工的产品。文摘报刊较为全面地汇集了某一领域公开发表的文献，并用选择的手段对原始文献进行间接的评价，保持了学科的统一性和系列性，极大地节省了人们获取信息的时间，人们可用最少的时间从中获取尽可能多的信息。如人民出版社主办的《新华文摘》、中国人民大学书报资料中心的《复印报刊资料》等。此外，还可以注意另一种称作“综述性文献”的资料。它是一定时间内，对某一问题或某些问题，就选定的原始文献或其他情报来源中摘取要点进行综述，其特点就是将散见于各处的有价值的材料加以分类、评价，因而包含着大量的信息。

(三)查阅“三次文献”

“三次文献”是在一、二次文献的基础上，经过分析、研究、综合而形成的文献，是高度浓缩的信息，具有很强的综合性、评述性和预测性。“三次文献”的重要作用在于，着手某个专题研究之前，可以通过“三次文献”了解学科研究的历史和当今的现状，并通过三次文献进而深入到一、二次文献中。综述、动态、专题述评、科学年度总结、年鉴、手册、字典、辞典、百科全书等都是“三次文献”。

要充分利用目录、索引、文摘等检索工具查找文献资料，可查阅《全国总书目》、《全国新书目》、《科技新书目》等；索引方面查阅《全国报刊索引》、《国内内部期刊索引》、《内部期刊篇名索引》、《内部资料索引》、《国外社会科学论文索引》、《国外科技资料索引》、《中国现当代文学研究论文索引》、《中国古典文学研究论文索引》等；文摘方面可查阅《新华文摘》、《经济学文摘》、《科技文摘》、《半导体文摘》、《农学文摘》、《专利文摘》、《化学文摘》(国外版)、《生物文摘》(国外版)、《科学文摘》(国外版)等。有条件的话，还可以使用光盘，直接在电脑上查阅资料。

二、要深入地进行社会调查，注重研究，并注意获取“零次情报”

现成的文字资料是第二手材料，要想获取丰富的第一手材料，必须进行调查、实地考察。这是搜集资料的常用方法。调查研究，一要拟定计划，不论是针对大自然的历史和现状的调查，还是对社会现象进行有目的的调查，都要事先拟定调查计划，做到心中有数。二要确定调查方式。如采用全面调查、典型调查、抽样调查、追踪调查。三要明确调查方法。诸如座谈会、个别访问、问卷调查等。达尔文写的《物种起源》，从1837年起，不断地从动植物的选种、育种的实践中广泛地收集材料，到 1842 年脱稿后，他还是坚持到各地考察，用具体的实例进行验证，一直到了 1859 年，发表了震惊世界的科学巨著，创立了进化论。值得一提的是，调查之前一定要明确调查目的，确定调查范围，拟定调查提纲，安排调查日程，才能达到预期效果。

调查不注重研究也会导致失败。日本两家公司的推销员到太平洋的一个岛屿去开拓市场，两人到达目的地后对市场情况进行调查，他们发现一个非常奇怪的现象：岛上的人没有一个穿皮鞋。于是两人分别给自己的公司发了一份电报。甲公司推销员的电文是：岛上没有人穿皮鞋，我明天将搭首次航班回去。乙公司推销员的电文是：太好了，我将住在此岛，这个岛上没有一个穿皮鞋的。后来，甲公司与该岛无缘，乙公司的产品很快地占领了该岛市场，大发其财。

调查研究是调查与研究的结合。调查就要大量地占有材料，把情况弄清楚；研究就是对于调查的材料进行加工整理，从中找出事物的规律和本质，使感性的认识得到理性的升华。同样发现没人穿皮鞋，却得出无生意可做与市场大有潜力可挖的相反结论。引起我们注意的是：调查研究不仅仅是为了占有材料，更要注重下气力搞好研究。

不要忽视“零次情报”中的选题信息。“零次情报”这个概念是日本人提出来的。它是指人们在接触、交往的过程中产生、传播和被接收的不具有确定载体的信息。它具有零碎、分散、易被理解、准确度不高等特点。人际交往中的“零次情报”往往包含有对未来预测性的信息。比如，我们常常听到这样的谈话，“此事得到重视，肯定……”，“照此下去，我看不出数月就会……”其中可能含有一定量的预测性信息。会议场所、信息市场、技术市场、贸易市场、宾馆、餐厅、影院、旅途等公共场合的谈话，不易受到等级、专业、年龄、职位方面等的束缚，人们的畅所欲言中流动着众多的“零次情报”，这些包罗万象的议论内容中，也许就有您要的选题。

三、通过实验，有目的地观察和统计获取资料

实验要尽可能排除外界的影响，人为地变革、控制研究对象（或模拟研究对象），以便对其进行观察和研究，它是检验科学理论的实践基础。实验不仅普遍运用在自然科学领域，也广泛运用于教育学、心理学、语言学等社会科学领域。学科不同，目的不同，可以分别采用定性实验、定量实验、析因实验、对照实验、模拟实验等方法，通过观察和统计取得我们所需要的资料。

四、运用计算机检索，快速、准确地掌握选题相关资料

计算机检索又称电脑检索，它是以电子计算机为工具的科技文献信息检索。计算机检索可分为 Internet（因特网）检索和光盘检索。随着电子计算机的日益普及和通讯设备的现代化，Internet（因特网）检索已成为了科技文献信息检索最为方便、快捷的现代化手段。有关计算机检索内容，可参见本书第五章。

第二节　材料的阅读与记录

文森特·谢费是美国的大气科学家，被誉为“人造雨之父”，他成功的秘诀是：大量阅读。谢费是靠自学而成为大科学家的。书本在他的科学实践中所起的作用，也许比心脏的搏动还要重要。许多杰出人物，终身嗜书如命，难怪有人说，伟大的人物同时也是伟大的读者。由于

知识更新的周期缩短，即使学问非常渊博的人，在论文写作的过程中也会遇到“书到用时方恨少”的切肤之痛。

一、读书的三种方法及其延伸

全世界平均每天有将近1.4万篇论文诞生，平均每天有800～900件专利问世。每年出版55万种图书，平均每一分钟就出版一种新书。近20年来，每年形成的文献资料页数，美国约1 750亿页，前苏联约600亿页。据联合国教科文组织统计，科学知识的增长率，从20世纪60年代以来的9.5%发展到70年代的10.6%，80年代则达到12.5%。过去每隔10～15年人类知识就要翻一番。化学杂志参考文献的实用期，约有50%不到8年就得更新，而物理杂志参考文献半数以上都是近5年内发表的。有人统计，人类全部科技知识总量的80%都是20世纪产生的。①

一个人每天读50页的书，一生大约能读2 000～3 000册书，这已经是一个很高的标准了。按当前的出版速度计算，一个人的一生大约也只能读3 000册书——两天内出版的数目。就是阅读本专业的书籍，在读法上也要有所选择和侧重。知识无穷，生命有限，学而不专，见啥读啥，到头来只能像俄国人的一句俏皮话所说的：“同时追两只兔子——将会一无所获。”

法国启蒙思想家伏尔泰曾说过：“大多数人不会读书。”俄国文学批评家皮萨列夫也说过：“世界上有许多好书，这些书是为那些会读书的人准备的。”在茫茫的书海中，使用哪种读书方法才能取得最佳的效果？笔者以为，这要根据读者与学习的任务来确定。有的为了查找资料，有的为了获取信息，有的为了研究问题，有的为了陶冶性情，有的为了消闲解闷。目的不一，读法便有多种。一般说来，使用频率最高的有以下三种方法。

(1)浏览。就是用较少的时间看较多的书籍，其特点是快而不深，仅是涉猎、浏览梗概。可以看目录、简介，或翻阅了解书刊文献资料的总体概貌，以决定对自己的学习有无用途。这种浏览可以扩大知识面、了解最新信息、启发思路，从而发现自己需要的书籍资料，有的还可以解决面上初步的问题。

(2)通读。在浏览的基础上确定重点阅读的书籍，将该书提要、序言、正文、后语从头到尾快读一遍，注意书中提出的问题和结论，在了解其梗概、分清其主次、掌握其中心与要点的基础上，明确该书与自己学习或研究课题的关系，并对其重点章节进行仔细阅读。

(3)精读。不遗余力地精心攻读，要逐段、逐句、逐字地读，对于文中的论点、论据或是定理、推论、公式进行深入的思考。读写、读想并举，抓住精髓、触类旁通，消化吸收书本的知识，变为自己的血肉。

培根在他的《随笔记》中说过：“有些书籍可尝味，有些书籍可吞食，而少数书籍则应细嚼消化。”在上述三种学习性的读书方法的基础上，可以延伸出两种研究应用性的读书方法。

(1)评读。对书中的若干观点进行剖析评价。在精读若干本同类书籍之后，很自然地进入了一种境界，有了自己的体会或是某些质疑，提出与作者相左或者高于作者的观点，这往往是论文的起点。正如宋代大学者朱熹所说：“读书无疑者须教有疑，有疑者却要无疑，到这里方是长进。”

(2)研读。在精读书上的内容，熟练掌握书本内容的基础上，进行探索性阅读。扩开拓深书本内容，还要读懂书“前后左右”的内容，讨论书中尚未涉及或是悬而未决的问题，以取得突破性的研究成果。

---

① 郭力宜等.哈佛智业[M].海南国际新闻出版中心，1997.346

二、读书笔记的意义

记录资料是论文写作的基础性工作。俗话说，最淡的墨水胜过最强的记忆。徐特立老人有一句读书名言："不动笔墨不看书。"读书就好比渔人撒网，写读书笔记就好比收网。

不少学者对于读书笔记的作用都有极为深刻的体会：

(一)好记性不如烂笔头

整理、归纳学过的内容，离不开读书笔记。平时浏览、阅读所得，如发人深省的哲理、趣味横生的妙语、迷惑不解的疑问……必将加深对知识的记忆，进一步充实、丰富论文资料宝库。

(二)在笔记中可以写出自己的感想、心得或质疑，借以加深对知识的理解，激发联想和创造性思维

达尔文写《物种起源》前就积累了大量的读书札记，马克思的记忆力十分惊人，在谈到他的学习方法时曾经讲到："从我所有读过的书籍中做出提要，已成为我的习惯。"他写《资本论》时，读过的 1 500 本书都做了笔记。

(三)有利于资料的积累，为成果的创造打下牢固的基础

著名的法国科学幻想小说作家儒勒·凡尔纳，一生写了 104 部小说。当时传闻有一个写作公司在为他效力，不然怎么会有如此渊博的知识？有个记者执意要揭开这个写作公司的秘密便登门采访。凡尔纳微笑地指着好多的柜子说："喏！这就是您要找的写作公司。"记者好奇地打开其中一个柜子，里面分门别类地放满了两万多张卡片。

著名历史学家吴晗从学生时代就养成了做读书笔记的良好习惯。他总结的经验是：读书是学习，摘抄是整理，写作是创造，只有把这三步紧密结合起来，才能不断地提高，不断地熟练。

俗话说，眼过千遍不如手过一遍。因此，不少人认为，读书笔记是大脑的外储器，是启发思维的催化剂，是激发灵感的聚宝盆。在阅读的过程中，养成写读书笔记的良好习惯，通过手脑并用，更好地吸收、掌握论文写作所需要的信息资料，这是复印机等现代文明工具无法替代。

三、怎样写好读书笔记

一般说来，读书笔记不宜全抄。全抄，除了加深印象之外，仅只能起复印机的作用。比较实用的，应采用摘录式的读书笔记。根据阅读目的、书籍类别选择不同的形式。

(1)索引式。只记录作者、书名、出版者、出版日期、页码。可运用于阅读数量较大的阅读，供日后检索时使用。

(2)眉批式。这是一种简便而且易于保存的读书笔记。阅读的过程中可以在重要的地方随手用红蓝笔画线、标注记号(注意保持前后记号的一致性)，并在空白处写下自己的批语，内容可包括自己的见解、质疑等。这种方法适用于自己的藏书，尤其是经常翻阅的书籍，在复习或重读时使用，能节约大量的时间。

(3)摘录式。摘录需要的材料，可以是一段精辟的论述、警句格言、典型事例、数据结论等。在通读理解的基础上进行摘录，摘录的部分要能代表作者的观点，不要曲解原意，更不能断章取义。此外，要注明书名、作者、版别，以便日后引用。

(4)问题式。阅读之后，归纳出某个或某些问题，一一列出答题的要点。这种笔记有较强的针对性，有比较简洁的效果。就是问题偏少时覆盖面欠佳。

(5)缩写式。这种笔记很适合研究某个专题。在深入研究原文的基础上，把原文分解成几个部分，分别用几个小标题准确地概括出部分内容，并列出内容要点。

(6)批注式。在阅读材料上加上。所谓批语，就是在书刊材料的空白处，写出自己的见解或质疑；所谓记号，是在重点、难点、疑点或精辟之处做不同的标志。可使用“－－”表示重要，“——”表示特别重要，“oooo”表示精辟，“?”表示质疑，“!”表示精彩，“△△△△”提醒注意。此外，还可以使用双线、箭头、红线、蓝线等等进行标注，但这种方法只能限于在自己的书刊资料上使用。

(7)心得式。针对原文或其某个段落，写出自己的心得体会，可以是补充、扩展作者的观点，也可以是对某观点进行商榷、批驳、质疑等。

读书笔记的形式不一，一般有笔记、札记和卡片等三种。读到精彩之处，时有闪过的思想、跳跃的灵感，如不及时捕捉，事后往往无法回想。此时，不妨可用札记的形式，记录下当时闪念的想法，并在此基础上进一步深入探讨和挖掘，最后整理成对某一专题的论述和分析，或是某一问题的引申和发挥。一篇见地新颖的札记往往就是一篇好的学术论文的有机组成部分。

四、资料卡片使您受益无穷

卡片是读书笔记的一种形式，是自学中积累资料的常用方法。有时一张卡片就是一篇出色的文章。卡片与笔记不同，卡片采取单项的形式，每张卡片记一个问题，使用时可以把几十张，甚至几百张卡片放在一起，便于对比和研究。活页纸、专用卡片纸可以用来制作卡片，各有千秋。传统的方法使用专用卡片纸为，它便于分类、查找、保存。日积月累，就成了一个贮藏知识的宝库，用卡片整理阅读资料，是中外学者经常采用的方法。著名历史学家吴晗，治学严谨，读有所得，随手录下，曾经做过几万张卡片。他说过：“一个人要在学业上有所建树，一定得坚持做卡片摘记，一发现有价值的资料，就要如获至宝，用卡片准确地记录下来。”德国著名哲学家黑格尔从 14 岁开始把阅读的内容记在一张张的活页纸上，按照美学、史学、神学、语言学、心理学、几何学，分门别类地进行归纳。

卡片有三种常见类型：心得卡片，记下阅读的心得体会；摘录卡片，记录下有价值的资料，要注意记下材料的出处和时间；书目卡片，记下书名、作者、版别以及内容要点。需要注意的是：一，要勤于记录，长年累月所积累的卡片就是一个小型的图书室；二，要经常分类，并且不断地补充新的内容；三，要选用大小适中的材料制作卡片，太大不便携带和存放，太小不好记录。

值得注意的是，不论是传统式的卡片还是电子卡片，其制作要注意三个要点：一，要有选择地定向积累，盲目摘抄将造成时间和精力的浪费；二，要养成持之以恒的习惯，切不可三天打鱼两天晒网，高兴则记，扫兴则弃；三，经常地调整、复习、运用卡片。

第三节　材料的整理与分类

随着材料的增加，对原先的材料印象的淡化程度也与日俱增，所以要整理材料，将其分类，便于回忆。本节以计算机文字处理系统为例说明这一过程(若是使用资料卡片亦可类似处理)。

一、思考性阅读

收集好材料，脑海中一定有了较为深刻的印象，将其录入计算机，印象会进一步加深。在适当的时候，打开计算机进行阅读，可将零碎的资料联系起来。

二、按子文件夹分类

在经常阅读的基础上，可以将相互关联的资料放在一个子文件夹下，可以写出它的小论点，作为该子文件夹的名称，照此方法可产生多个子文件夹。比如说要写一篇题为“高考模式改革研究”的毕业论文，不妨在“资源管理”中建立一个名为“高考模式改革研究”的子文件夹，在材料阅读、整理过程中，在所设的子文件夹内再设“高考改革的教育及社会背景子文件夹 1、“高考及其模式改革的现实要求子文件夹 2”、“高教改革多种模式分析子文件夹 3”……有关高考的竞争的演变(1955 年、1962 年、1979 年、1995 年高中毕业生数及同年招生数)、片面追求升学率的现状(片面追求升学率对教学工作的影响、片面追求升学率对学生素质的影响)、家庭对考生的高考压力、素质教育的提出与高考应试等资料、数据可以形成单独文件(即文章片断)存放在子文件夹 1，也可以在子文件夹 1 内再设下一级子文件夹，分类存放。经过考虑、类推，就容易归纳出中心论点，创新思维往往就隐含在对资料的分类、比较、整理之中。

三、增补与删除

对材料进行阅读、分类的过程，实际上也是思考的过程。名称不妥的子文件夹可以更名，存放错的材料可以调整，缺乏的材料可以补充，无关的材料或者与论点关系不大的材料，可在删除后放入回收站。

通过以上三个步骤对材料的梳理、比较、提炼、分析，以期做到：

真实性——不是偶然发生的事例，是客观的、必然的。

代表性——属于典型的事实，足以揭示事物本质属性。

新颖性——新鲜有说服力的事例，使人看后有面目一新的感受。

第四节　材料的选择与使用

选择材料重在一个“精”字。进一步加工提炼初选出来的材料，精心选择出更充实、更丰富、更适合研究和写作的材料。这实际上是对材料的优选和精选。

一、选择材料的条件：确凿、切题、典型、新颖

材料繁多，未必条条有用。选择的次序是：在充分的材料中，要选择确凿的；在确凿的材料中，要选择切题的；在切题的材料中，要选择典型的；在典型的材料中，要选择新颖的。

所谓确凿，要求所选的材料既要真实又要准确。它是材料的生命力所在，也是科学立论的基础。真实，就是要实事求是，不胡编乱造，经得起实践的检验。失实的东西再多，也无法支撑论点，写出的论文往往不攻自破。准确，就是确实无疑、可靠无误，这里既有量方面的界定，又有程度方面的要求。不使用道听途说的小道消息，核实第一手材料，不要想当然，不能凭想像扩充，更不能把可能、估计当成现实；对第二手材料的考证要充分，弄清出处，求真务实，切不可歪曲其原意。

所谓切题，要求所选的材料有明确的目的和定向性，能切合主题。契诃夫说过：“要知道在大理石上刻出人的脸来，无非把这块石头上不是脸的地方都剔掉罢了。”围绕主题选择材料，要使主题和材料和谐地融合在一起。能够充分表现主题的材料要留下，无法表现主题，与主题关

系甚微或无关的材料应该割爱，以免喧宾夺主。

所谓典型，要求所选的材料最具有代表性，能深刻揭示事物的本质，能够把道理具体化、把过程形象化。材料典型能很好地表现主题、切中要害，以少胜多，以一当十。材料平庸，论点的信度会降低，此类材料再多也只能使读者感到厌烦乏味。要保证材料的典型性必须占有大量的材料，才能有较大的选择空间。为此，我们提倡要深入挖掘、广泛收集、认真比较、精心选择。

所谓新颖，要求所选的材料体现时代精神，能更生动地反映新的思想、新的风貌。绝大多数人没有见过、没有听过、没有用过的新动态、新信息、新事物都能让人耳目一新。新颖的材料能为产生新见解提供更好的条件。新颖的材料有三种：(1)材料和研究方法都是新的；(2)材料是新的，研究方法是已有的；(3)材料是常见的，研究方法是新的。材料要有新意，主要还是靠作者的开拓和创新。若是材料都是些令人厌倦的老面孔，哪还有什么新颖的主题可言？

请看案例分析小论文：

白兰地扳倒美国法律

1958年，美国总统艾森豪威尔67岁寿辰时，法国的白兰地生产厂家把据说是贮藏了67年的陈年美酒送给了总统。事后，总统和法国客人在宴会上碰杯的照片和画面，频频地出现在美国的种种报刊和电视上。对于美国大众来说，白兰地成了一种诱惑。可是，当时的美国法律规定，禁止各种酒类进口，白兰地当然也不能例外。于是，美国人高呼着“我们也要白兰地”的口号，向政府示威。当局无可奈何，只好给每人供应一瓶白兰地。这一瓶白兰地不仅没有把事件平息下去，反而更大地吊起了美国人的胃口，更多的美国人参加了游行。这一次，他们喊的口号是：“我们还要喝白兰地。”最后，美国政府被迫修改了法律条文，开始允许酒类进口。法国的白兰地源源不断地运到大洋彼岸，迅速占领了美国市场。

这篇小论文说明白兰地公司成功了。这个策划的成功在于：(1)白兰地公司以奇制胜。在艾森豪威尔67岁寿辰时，送佳酿作为贺礼，既然美国总统可以喝，老百姓当然也可以喝！(2)以质取胜。白兰地风味确实独特，促使人们走上街头，喊出了还要喝白兰地的心声。白兰地公司就是这样轻而易举地占领了广阔的美国市场。

二、选择材料的方法

(1)宏观掂量，比较筛选。材料搜集，多多益善。但课题一经选定，选材时就要宏观把握、全面分析，权衡比较，筛选出那些同课题观点关系密切的材料，包括论点、论据、论证方法等材料，从新的角度挖掘，阐发新的见解。

(2)微观推敲，逐个精选。对较为重要、关键的材料，要认真进行推敲，沙里淘金。要逐个地进行分析、严格审视，认真研究材料的真和伪、优和劣、主和次、新和旧、重和轻等等。力求精益求精，避免因判断失误而选用失效、失真、失实的材料。

(3)综合提炼，认真挑选。动手写作时，未必能用上每件材料。有可能选一个或几个论点，有可能选一个或几个数据。有的仅节选精彩的一个细节，有的可能选其整个过程而不求细节。诸如此类，需要作者对材料进行认真的提炼剪裁。

第五章　如何使用计算机检索

计算机检索又称电脑检索，它是以电子计算机为工具的科技文献信息检索。计算机检索可分为 Internet（因特网）检索和光盘检索。

第一节　Internet（因特网）检索的几个基本概念

要利用 Internet 进行科技文献信息检索，首先必须弄清楚与 Internet 有关的几个基本概念。

一、因特网

因特网是信息网络，它为人们提供丰富的信息服务。按计算机联网的区域大小，可将网络分为局域网和广域网。一个房间、一座大楼或一个校园内的网络就称为局域网，而跨省市、跨国家的网络则是广域网。我们平常所说的 Internet 就是最大、最典型的广域网。为满足日益增长的需求，美国正在计划建设速度更快、地址空间更大的第二个 Internet。

二、TCP/IP

计算机之间实现通信，要严格遵守协议。如同两个聋哑人，他们之所以能交流，原因就在于他们之间遵循了共同的“手语”协议。TCP/IP 即传输控制协议/互联网协议，是 Internet 上的标准连接协议。它其实是一些协议集合，包括 TCP 协议、IP 协议和其他一些相关协议。它规范了网络上的所有通信设备，尤其是主机与主机之间数据往来格式及传输方式。它是 Internet 计算机之间通信遵循的同一个最基本的标准，是一个非国际标准的国际标准，是最成功的网络体系结构和协议规范。

三、IP 地址

如同每一部电话都有一个号码一样，为了在网络环境下实现计算机之间的通信，网络中的每台计算机也有一个“号码”——IP 地址，同一网络中的地址不允许重复。Internet 中的所有计算机均称为主机，每台主机必须有一个地址，它是 Internet 主机的一种数字标识。一个 IP 地址分为 4 段，每段为 8 位，共 32 位。在 Internet 里，每台主机的 IP 地址，不论属于哪类网络，均与其他主机处在平等的地位。

四、域名

在计算机网络中，IP 地址作为主机的数字型标识是最有效的，但它的缺点是不便于记忆。于是，人们又提出一种字符型的标识，这就是域名。一般地说，一个完整的、通用的层次型主机域名由四部分组成：主机名、本地名、组名、网点名。域名所使用的合法字符（包括字母、数字和连字符)，总长度不得超过 255 个字符。一台计算机可以为了不同的目的而有多个域名，但只能有一个 IP 地址。为便于记忆，域名尽量用有意义的符号来表示。

五、域名管理系统

简称 DNS，是指装有域名系统的主机。它的主要作用是用来实现子网上所有主机的 IP 地址和域名并进行两者之间的双向转换，用文字表达的域名比用数字表达的 IP 地址容易记忆。IP 地址主要供网络标识和处理，两者可通过域名服务进行自动转换。

六、Internet 地址分配

所有 Internet 的最高层域名都由 Internet 网络信息中心分配。目前全世界有三个网络信息中心：INTERNIC 负责北美地区、RIPENIC 负责欧洲地区、APNIC 负责亚太地区。

它们负责登记和管理网中的每个计算机网。负责为加入 Internet 网的每一个计算机网分配一个唯一的 IP 地址。中级和低级域名则由所属的计算机网络中心依照 DNS 的命名规则对本网内的计算机进行命名，负责完成由域名到 IP 地址的转换。

七、中国互联网络的域名规定

中国互联网络中心 CNIC(China Network Information Center)负责我国境内的互联网络域名注册、地址分配、自治系统号分配、反向域名登记等注册服务。中国互联网络的域名体系最高级为 cn(中国)。二级域名共 40 个，分为 6 个“类别域名”和 34 个“行政区域名”。类别域名包括 ac(科研院所及科技管理部门)、com(工、商、金融等企业)、edu(教育机构)、gov(政府部门)、net(互联网络、接入网络的信息中心和运行中心)和 org(各种非赢利性组织)，全国任何单位都可以作为三级域名登记在相应的二级域名之下。

第二节　搜索引擎查询基本方法

在因特网世界里，信息的获取是通过对网上主机的访问来实现的。为了避免在这个信息海洋里“大海捞针”，人们开发出有效的工具——搜索引擎。搜索引擎是一种导航工具，用于快速查询自己需要的信息内容，它能引领我们到达正确的地方。但当登录到某搜索引擎网站查询信息时，常常会很失望，搜索引擎会提供数千个相关网址或网页，或者给出和所信息相去甚远的网址。这种情况出现，可能是因为采用的查询方式不当，或是使用了不准确的关键词。利用搜索引擎查找信息，首先要了解搜索引擎的查询方式。

搜索引擎都提供两种查询方式——简单查询和复杂查询。简单查询就是对输入的关键词不加限地进行查询，得到的查询结果非常广泛，可是并不一定准确。现以 Yahoo！为例作一简介。

一、明确搜索目标

要想准确地找到所需信息，电脑操作者必须给出具体的搜索信息。给出的搜索信息越具体，找到所需信息的可能性就越大。电脑操作者最好能确切告诉搜索引擎要查找什么。例如，如果想要了解 Office XP assistant 的信息，那么应让引擎查找“Offiee XP assistant”，而不是“Office XP”。

二、使用“交”和“差”

(一)“交”的使用

有时想让搜索引擎找到包含所有输入字符的页面。“交”就是数学符号“+”,它可以帮助实现这一目的,但“+”之前必须留一空格。例如,要找到同时提及 Jack 和 Shirley 的页面,可以通过这种方式查询:

+Jack+Shirley

这样得到的搜索结果是同时包含“Jack”和“Shirley”的页面。

当发现自己被大量信息淹没时,使用“+”号就特别有意义。想像一下,某一天准备到加利福尼亚国家公园的深谷中野营,要先从网上搜集一些这方面的信息,只简单地输入:

yousemite

就会发现自己被一大堆查询结果淹没。这时,不妨试试输入作用更多的关键词:

+yousemite+camping+reservations

再次得到的查询结果就会准确、精练得多。

(二)“差”的使用

另一些时候,可能希望返回的结果中不包含特定的单词,这时可以使用“差”,数学符号“-”即可完成这种功能,但“-”之前必须留一空格。

例如,想得到一些 Jack 的信息,但又不想被网上大量关于 Jack 和 Shirley 的信息淹没,可以查找:

Jack-Shirley

这就告诉搜索引擎,想得到页面中应只包含有“Jack”而没有“Shirley”。

与此类似,可能要查找关于 Windows XP 的信息,但却不想要 Windows 98 或 Windows 2000 的信息,可以用这样的搜索去滤掉它们:

Windows-98-2000

一般地,“差”号能精简许多与主题无关的内容,在发现搜索中有许多不感兴趣的内容时,使用“差”号就能得到较好的结果。

三、使用短语搜索

大部分搜索引擎都支持短语搜索,同学们可以指定一个按一定顺序排列的短语,并加上引号进行查找。例如,前面我们想要得到有关加利福尼亚国家公园深谷野营的页面,使用“+yousemite+camping+reservations”,查找到的页面中虽然都包含这些词,但不能保证这些词相邻,就可能出现这种情况:得到的某页面在首段提及深谷,但随后却在 Grand Canyou 中谈论预订露营地。这样,尽管所有加在一起的词都会出现在这一页,但它仍可能不是要查找的页面。

使用短语搜索,要求搜索引擎返回的页面中包含与给定短语精确匹配的字符串,就避免了出现这样的问题。同学们可以像下面例子一样使用引号来标记短语:

yousemite camping reservations

现在,搜索引擎返回的结果中只列出与这个短语精确匹配的页面。这样的查询比只简单地将这些单词叠加起来更有目的性。

掌握了上面的基本操作,就不妨使用搜狐中文检索或 Google 基本搜索来实践一下。

第三节　搜狐中文检索和Google基本搜索

一、搜狐中文检索简介

（一）如何使用搜狐中文检索

如果很清楚要找的网站（或新闻）主题，可以在检索框内键入关键字并单击旁边的搜索按钮，搜狐中文检索引擎会返回以下五方面的检索结果。可以在以下五个分类中任意切换，得到需要的检索结果。

(1)如果从搜狐类目中检索。检索结果页列出相关的搜狐中文检索类目。

(2)从网站搜索中检索。检索结果页列出搜狐分类搜索数据库中，在网站名称、网站简介或网站关键字中含有与键入的关键字相匹配的内容的所有相关网站。

(3)从网页搜索中检索。除了相关检索的一些链接之外，检索结果页列出整个 Internet 上与键入的关键字相匹配的内容的所有相关网页。

(4)从新闻搜索中检索。检索结果页列出三个月内出现在搜狐新闻库中，包含您输入的关键字的相关新闻。

(5)从中文网址搜索中检索。检索结果页列出 3721 网站的数据库中，在网站名称中含有与键入的关键字相匹配的内容的所有相关网站。

如未特别指定，系统会默认从搜狐网站中进行检索。搜狐中文检索的默认检索方式是精确查询方式，查询包含完全符合关键字串的网站。

（二）检索结果的排列

搜狐中文检索系统引擎会根据分类类目及网站信息与关键字串的相关程度来排列出相关的搜狐中文类目和网站。相关程度越高，排列位置越靠前。“网页搜索”的结果页面中，还有相关检索的一些链接，最下部是一个搜索框，可以在其中输入新的字串，按“重新搜索”按钮进行另一次新的搜索；按“在结果中搜索”按钮在结果中搜索，以对原先搜索的内容进行精确化。例如第一次查找“计算机”时返回了太多网页，可以在此框中输入“家用电脑”在结果中查询，本引擎会查出更为相关的内容。如果此时还得不到满意的结果，可点击“搜狐高级搜索按钮”，进行更加智能和专业的搜索。

（三）如何使用搜狐的高级检索

搜狐中文检索系统目前支持的运算符有：“－”、“&”、“|”、“()”、空格。这些运算符既可以是英文，也可以是中文（全角或半角）。

使用空格、“&”，来指定查询串必须出现在结果中。例如：输入“modem 鼠标”，搜索结果是包含“modem”并且包含“鼠标”的所有网页。

使用“－”来限定“－”后的查询串不出现在结果中。例如：输入“宗教－伊斯兰教”，会找到包含“宗教”且不包含伊斯兰教的网页。

使用“|”来指定“|”两边的查询串中有一个一定出现在结果中。例如：输入“计算机|软件”，搜索结果是含有“计算机”或“软件”的所有网页。

使用“()”或““””，来指定“()”或““””内的表达式是一个整体单元。例如：输入“计算机－(软件硬件)”，会查询到包含“计算机”且不包含“软件”与“硬件”的所有网页。

可以指定查询结果的编码类型,即希望返回的网页是"简体(国标码)"、"繁体(大五码)",还是两者都要("简体及繁体"为默认选择)。每种编码类型前有一个圆框,只需点击其一即可。

可以指定查询结果的类聚方式,即希望返回的网页是"内容类聚"、"站点类聚",还是两者都要("站点类聚及内容类聚"为默认选择)。每种类聚方式前有一个圆框,只需点中其一即可。所谓"内容类聚"是指同一个内容的网页只出现一次,而不管整个 Internet 上有多少个不同的 URL 指向该网页。也就是说,"内容类聚"屏蔽掉了同样内容的网页,只提供其中一个 URL 供用户浏览使用。而"站点类聚"则只给用户提供相关网站的主页的 URL,屏蔽掉了同一个网站中各个不同的页面。

还可以指定查询结果中网页的生成时间,目前有四种选择:"任何时间的网页"(默认选择)、"三个月内的网页"、"六个月内的网页"、"一年内的网页"。生成时间可以在下拉菜单中选择。

二、Google 基本搜索简介

Google 是互联网上最著名的搜索引擎,每天要接受来自全球的 1.5 亿份查询。Google 现存有超过 30 亿份网络文档,如果用传统人工的方法查找这么多资料,24 小时不停地工作,需要 5 700 多年才能完成,而在 Google 上,只需不到 1 秒。[①]

(一)基本搜索与"AND"的使用

(1)基本搜索。Google 查询简洁方便,仅需输入查询内容并敲一下回车键(enter),或者点击视窗内的"Google 搜索"按钮即可得到相关资料。Google 要求查询"一字不差"。例如:搜索"贵宾饭店"和搜索"贵宾酒店",会出现不同的结果,搜索时可以试用不同的关键词。

(2)"AND"的使用。在 Google 查询时不需要使用"AND",因为 Google 会在关键词之间自动添加"AND"。Google 提供符合全部查询条件的网页。如果想逐步缩小搜索范围,只需输入更多的关键词。例如:想去庐山度假,只需在搜索框中输入

庐山　度假	Google 搜索

然后单击 Google 搜索按钮,而不必输入"庐山 and 度假"。

(二)搜索中常见问题

(1)缩小搜索范围。有时查询会得到过多的结果。为得到最实用的资料,需要进行"缩小搜索"或"在结果中搜索"。此时,只要输入更多的关键词筛选查询出来的资料,或者在想删除的内容前加上减号"-"(切记要在减号前留一个空格位),即可缩小搜索范围。

(2)不使用"OR"或"AND"。Google 在搜索中既不使用"AND"也不使用"OR"。由于 Google 不支持"OR"搜索,所以 Google 无法接受"或者包含词语 A,或者包含词语 B"的网页。如:您要查询"牛奶"或"鸡蛋",就必须分两次查询。一次查牛奶,一次查鸡蛋。

(3)需要输入完整的词语。为提供最准确的资料,Google 不使用"词干法",也不支持"通配符"(*)搜索。也就是说 Google 只搜索完全一样的字词。例如:查询"googl"或"googl*",不会得到类似"googler"或"googlin"的结果。

(4)所有字母均作为做小写字母处理。Google 搜索不区分英文字母大小写。所有的字母均当作小写处理。例如:输入"georgewashington"(乔治·华盛顿)或是"GeOrgeWashington"以及"gEoRgEwAsHiNgToN"结果都是一样的。

---

① 风端文. 一个绝对"媚俗"的排行榜[N]. 南方周末,2002-01-17

（三）高级搜索窍门

（1）专用语查询。只要在专用词语上加上双引号，就可以准确地进行查询。这一方法在查找名言警句或专有名词时格外有用。此外，一些标点符号如"—"、"\"、"＋"、"＝"、"，""“"也可作为短语连接符。例如：尽管没有加引号，mother-in-law 仍作为专用语处理。

（2）忽略词语。Google 忽略"http"和"com"等字符以及数字和单字，此类字词在网页上出现过于频繁，无助于查询，而且大大降低搜索速度。"＋"可将这些字词强加于搜索项，但"＋"之前必须留一空格。例如要查询关于"Star Wars，Episode I"（星球大战，第一部分）的资料必须输入：

Episode＋I	Google 搜索

（3）减除无关资料。Google 支持"－"功能，用以有目的地删除某些无关的网页，但减号之前必须留一空格。例如，要搜寻关于太阳神，但不含足球的资料，可使用如下查询：

太阳神－足球	Google 搜索

（4）特殊功能。某些词后面添加冒号，在 Google 中便具有了特殊功能。Google 支持这样的特殊操作符。查询 link:〈网址〉，可以得到所有链接到此网址的网页。例如，link：www.google.com 可以知道所有链接到 Google 主页的网页。但这种方法不能与关键字查询联合使用。

（四）查询结果阅读指南

下图中的每个字母及其注解如下所述：

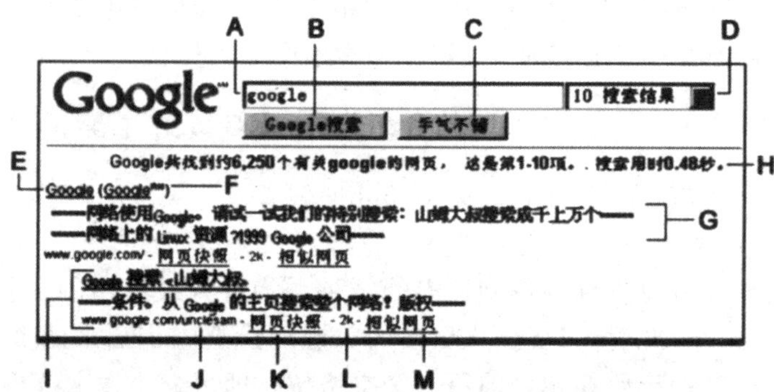

A. 检索框。这里输入查询内容并敲回车键（enter），即可得到相关资料，这里还可以用双引号进行专用语搜索。

B. Google 搜索按钮。只要点击此按钮，或敲回车键（enter），Google 便开始查询。

C. 手气不错。"手气不错"按钮自动进入 Google 推荐的网页。无须查看其他结果，省时方便。例如，要查找北京大学只需输入：

北京大学	手气不错

再点击"手气不错"按钮，Google 就直接带您到"www.pku.edu.cn"——北京大学的正式主页。

D. 结果数量设定菜单。可以自定义每页显示的结果数量，选择为 10、30 或 100。Google 默认值为 10。

E. 网页标题。第一行是已查询到网页的标题，有时会显示为网址。这表明 Google 还未将此页编入索引，或此页作者还没给它定标题。

F. Google 和 RealNames。在查询结果中有时会出现 RN(RealNames)标志，它反映了 RealNames 公司与 Google 的合作关系。RealNames 使 Google 搜索更加准确。RealNames 是一家网络关键词管理公司。网络关键词是指可以连接到网站的商标、产品、服务或者公司名称，其作用就是网络中的注册商标。例如：Jeep Grand CherokeeRN 连到 Jeep 公司正式网站中有关 Grand Cherokee 汽车的网页。只有当关键词与 Google 的推荐网站匹配时，关键词和 RN 标记才会出现在标题末尾。

G. 标题下文本。通常是网页摘要(不一定是网页的头一段)，其中的原始查询字词都用粗体字高亮显示以便阅读。

H. 统计行。这是有关查询结果及搜索时间的统计数字。

I. 缩进显示的查询结果。当 Google 在同一网站找到大量的资料时，首先显示最合适的结果，其他的就以缩进的形式排在下方。

J. 网址。这是该网页的网址。

K. 网页快照。单击"网页快照"可见 Google 保存的该网页的快照内容。Google 为用户贮存大量的应急网页。对于随时更新的网站(如新闻网站)来说，快照内容不可能跟得上其更新速度。然而对于其他类型网站来说，保存快照的好处却是不容置疑的：不仅下载速度快，而且经 Google 处理后，搜索项均用不同颜色标明，还有标题信息说明其存档时间日期，并提醒用户这只是存档资料。

L. 文本大小。这个数字是这一网页文本部分的大小。未被 Google 编入索引的网站不会有此项资料。

M. 相似网页。点击"相似网页"连接时，Google 侦察兵便开始寻找与这一网页性质类似的同一级别网页。例如：若这页是某大学的首页，那么 Google 侦察兵就会寻找其他大学的首页；如果这页是某大学计算机科学系，Google 侦察兵就去找其他大学的计算机科学系。Google 侦察兵可以"一兵多用"。如果对某一网站的内容很感兴趣，但又嫌消息不够，Google 侦察兵会帮助找到其他有类似资料的网站；如果寻找某种产品的信息，Google 侦察兵会提供相关信息，以供比较、选择；如果在某一领域做学问，Google 侦察兵会成为助手，帮助快速找到大量资料。

Google 侦察兵已为成千上万网页找到相似网站，但越是有个性的网页，其相似页就越少。例如：独树一帜的个人主页就很难有相似页。同样，如果某公司有多个网址(如 company. com 和 www. company. com)，Google 侦察兵可能无法针对某一网址提供足够的信息。

第四节　光盘检索

光盘(CD-ROM)检索是计算机检索的又一种形式。目前，一片光盘可存储 500～600MB 的数据，相当于 1 600 多张 360KB 的 5 英寸软盘的存储容量。有资料显示，国外已出现可贮存 12.8 万 MB 信息的光盘。由于 CD-ROM 光盘系统是面向微机的，这将给信息资料的处理、传播和利用带来极大的方便。目前光盘资料的种类已超过 1 300 种，我国已有数百家图书信息部门和高校图书馆订购和使用了国外的 CD-ROM 数据库系统，各高校图书馆充分认识到光盘检索这一有力的信息服务形式,投资购买了大量的光盘数据库,越来越多的人喜欢上这快捷的检索工具。CD-ROM 光盘数据库和联机数据库的一个重大的区别在于,CD-ROM 是一种真正的最终用户数据库,它是一种独立的计算机系统,在检索过程中不涉及远程通讯网络,因而其操作相对简单,CD-ROM 是一种非限制性检索工具,使用时的心理压力小,CD-ROM 允许用户自己进行检索。

一、《中国学术期刊光盘数据库》检索方法简介

该光盘数据库由清华大学光盘国家工程研究中心学术电子出版物编辑与北京清华信息系统工程公司联合编辑制作。全文检索管理系统(简称 CAJR),采用传统和智能化全文检索相结合的方案,保留结构化数据库检索的优点,设计了多入口、多检索点。在全文任意词检索的框架下,采用多重嵌套结构,设计了包括整刊目录、篇名、关键词、作者、作者单位(机构)、中英文摘要、引文(参考文献)、资助基金等专项特性检索功能;利用人工分类编辑,又设计了分类目次族性检索;引入主题词、同主词库,产生了具有词义分析功能的蕴涵和关联检索;考虑到光盘涉及学科范围很广,又设计了多库检索,方便用户灵活地选择学科范围检索,较好地解决快速、准确、全面检索交叉学科、相关学科文献的难题。以上各种检索方式的检索条件均可按布尔逻辑关系组合使用,且均可支持模糊查询,使输入信息量减至最低限度。CAJR 支持逐步逼近检索,即所谓二次检索,能在一次检索结果中再次给出新的检索条件进行目标逼近检索。CAJR 的主要功能:

(1)整刊检索。在刊名目录下选任一期刊,即可显示该刊目次,并由此切入全文。

(2)分类检索。选择"栏目"或输入"栏目(分类)号",检索出该"栏目"下的文章。

(3)篇名检索。输入字或词,检索出所有在篇名中出现该字或词的文章。

(4)关键词检索。输入某个字或词,检索出含该关键词的文章,可自动建立光盘中作者索引库。

(5)作者检索。输入作者姓名,检索出该作者的全部文章,可自动建立光盘中作者索引库。

(6)机构检索。输入机构名称,检索出所有该机构所属作者发表的文章。

(7)中文摘要检索。输入字或词,检索出所有中文摘要中出现该字或词的论文。

(8)英文摘要检索。输入英文单词,检索出所有在题目、作者、机构、关键词、摘要中出现该单词的文章。

(9)引文检索。输入作者姓名或出版物名称,检索出所有引用其文章的论文。

(10)基金检索。输入资助基金项目名称,检索出所有标明由该基金资助发表的文章。

(11)全文检索。输入任意字或词,检索出所有在任一处出现该字或词的论文。

(12)蕴涵检索。输入词,检索出任何一处出版该词和该词含义范畴词的文章。

(13)关联检索。输入词,检索出所有在任一处出现该词和该词同义词的文章。

不论用何种方式检索,全文均按原版方式在屏幕或打印机上输出。输出方式有三种:一是选题输出文章题目、作者、机构、关键词、中英文摘要;二是选页输出全文印刷版页面;三是对文章做剪辑,并打印输出。

二、《复印报刊资料》全文数据库(系列光盘产品)使用方法简介

《复印报刊资料》电子版由中国人民大学快报资料中心出版发行,该系列光盘,由专家学者精选、分类,加工整理学术文献,汇集成以专业性、学术性为代表的百余种系列刊物。《复印报

刊资料》全文数据库的数据为《复印报刊资料》系列刊(1995—)的全部原文,其中部分专题可以回溯到1978年。光盘数据库将《复印报刊资料》系列刊物分成四大类:

(一)马列、哲学、政治、法律、社科总论类

(二)经济类

(三)文化、教育、体育类

(四)语言文字、文学、艺术、历史、地理及其他类

该数据库可以全文检索,检索结果可以复制、拷贝、打印,或者根据需要进行再编辑。《复印报刊资料》系列产品均采用"CGRS"检索系统,一般用户通过启动中文Windows 95、Windows 2000或Windows XP等均可使用该中心的数据库系列产品。

第六章　论文的写作过程

写毕业论文不像写散文，根据一则材料，信手拈来，随感而发便可表达一种思想、一种感情，毕业论文要求用大量的资料、较多的层次、严密的推理开展论述。因此，整个论文的构思谋篇就显得十分重要。为此，必须制定计划，编写提纲，拟定初稿，整个过程若是能够使用计算机进行处理，则可以取得事半功倍的成效。

第一节　制定计划

正式写作之前，把目标、设想用视觉化的计划表示出来，有利于把计划变成自觉的行为，对于作者本人也更具约束力。制定一个科学、具体、可行的写作计划，对完成论文的帮助很大。

一、计划的内容

计划的核心包括目标、措施、步骤，这就是通常所说的计划的三要素。目标——做什么？本篇毕业论文所要完成的主要任务和重要的指标。措施——怎么做？要求确定执行计划的具体办法和途径。步骤——何时做？制定毕业论文写作的整个进度和安排。这部分是论文写作计划的主体，其中包括获取材料的途径、方式及需要的时间，阅读方式、整理研究方法和期限，拟定提纲、撰写初稿的进度。此外，还应考虑研究经费，进行物力、财力的预算。

二、写作日程表

编列协作日程表的主要目的在于全面筹划，避免前松后紧。院校专业的不同，水平、经验方面也有差异，很难有一个统一的时限，也没有什么统一的格式。某学校的写作日程表安排如下：

确定选题	2 周
实践、实习，搜集材料	4 周
制定提纲，拟定论文框架	1 周
完成初稿	1 周
征求意见，修改论文	1 周
定稿、誊清、装订	4 天
做好参加答辩的准备	3 天

总体上需要 10 周时间，若是从 4 月上旬开始，可在 6 月中下旬结束。

现以某校计算机应用专业的物业管理系统、图书管理系统毕业设计计划示例如下：

题目一：物业管理系统

用于住宅小区的事务管理。设计该系统的目的是运用计算机，对小区内的水电费、物业管理费收付款、住宅小区住户等信息进行管理，以实现物业管理的规范化，提高物业管理工作效率。

系统功能分为数据采集、信息查阅、数据库维护等模块。

题目二：图书管理系统

用于图书借还日常数据的微机处理。设计该系统的目的是运用计算机，对图书馆的图书借阅、图书归类管理、还书进书处理、罚款登记处理等信息进行管理，以实现图书馆管理的规范化，提高工作效率。

系统功能分为数据采集、数据更新、信息查阅、数据库生成与维护等模块。

时间安排：

1. 系统需求分析确定系统的规模目标。(1 周)

2. 系统设计阶段确定开发系统的语言环境及管理模块结构，各人按所分工的模块开始设计。(3 周)

3. 各学员按设计的模块实现编程、调试。(4 周)

4. 进行总体合并，形成系统，由各小组负责人进行全面调试并检测各模块的兼容性。(1 周)

5. 完成毕业论文编写，准备答辩。(1.5 周)

制定计划时可不急于拟定论文的标题，只草拟一个试用题目，用它整理论述思路，明确写作中心，取舍论据素材。这样可以有效避免由于草率敲定标题造成的写作思路受阻的尴尬局面。

第二节　编写提纲

一、编写提纲的意义

(一)提纲的含义

提纲，体现论文的总体构思。从整体着眼，先对观点和材料进行编排，使之成为次序清楚、思路清晰、足以说明某一问题的论文轮廓。然后用文字依照顺序将其记录下来，就成了提纲。

(二)提纲的作用

(1)有利于论文的谋篇布局。实际上，论文最初可能仅是零星的想法，或者仅有模糊、粗糙的轮廓，此时直接入手写作，一气呵成，往往可能因整体的结构问题造成返工，先拟提纲，提纲可以反复修改。

(2)有利于论文的整体进程。构思全面、布局合理的提纲无疑是论文写作“施工”中的蓝图，便于自行检查：是否围绕论点选择材料，结构是否完整，层次是否清楚。这样写作起来，胸有成竹、思路畅通、得心应手。可以有效地杜绝“东一榔头，西一棒子”、“下笔千言，离题万里”等不良现象的发生。当然，在写作过程中发觉不妥之处，可以修改提纲。

(3)有利于论文写作安排。有了总的纲要之后可以灵活安排写作时间。既可以从头到尾按自然顺序来写，也可以先写本论部分，再写开头、结尾。还可以写全文的任一部分，再写其他部分，最后组合成篇。具体做法，因人而异，大家都可以试试。

有的同学没有拟定提纲的习惯，有的觉得拟定提纲浪费时间。经常写作的同志却深知“磨刀不误砍柴工”。初写论文，若是能将自己的思路写成提纲，再去请教行家，人家也比较容易提出修改意见。这往往会得到卓有成效的指导。

二、编写提纲的步骤

（一）确定提要，加入材料，形成概要

读了书籍上的内容提要便可大体了解书的主要内容。毕业论文写作也要先写好论文提要，有了这个提纲的雏形，分别列出论文题目、大标题、小标题，尔后把选定的材料穿插进去，就形成了毕业论文的概要。

（二）稿纸页数的总体大致分配

写作前对于文章篇幅的总体安排要做到心中有数。比如有一位同学是这样估算的，他打算以 6 000 字完成论文，大概使用 20 页 300 格稿纸，根据论文的各个部分大体的字数，总体可大致分配为：序论约 1 页，本论约 17 页，结论约 2 页。本论共有几项，每项页数多少可再作估算。这样做的目的无非是对于各部分的长短做到心中有个大数，避免论文篇幅结构上的盲目性。

三、编写提纲的常用方法

（一）提纲的类型

（1）简要提纲。有人称之为粗纲。简要地概括论文项目要点，排队列序，用粗线条描绘论文的总体轮廓。

（2）详细提纲。有人称之为细纲。将各级论点、主要论据、论证方法等结构项目开列出来，体现论文基本骨架和总体面貌。

（二）提纲的写法

（1）标题式。即以标题形式将该部分主要内容概括为标题式的短句或词语。此法的优点是：简洁、一目了然，提纲写作便捷。缺点是：内容过于简单，作者自己明白，别人不易看得懂，日久之后作者也容易遗忘。

如《高考模式改革研究》标题式提纲可写为：

（一）序论

（二）本论

1. 高考改革的教育及社会背景

2. 高考及高考模式改革的现实要求

3. 高考改革多种模式分析

（三）结论

（2）句子式。即以能够表达完整主题的形式将该部分概括为一个完整的句子。此法的优点是：具体、明确。由于提纲为论文的各个段落层次提供了主题句，方便于起草成文。缺点是：文字量较大，写起来比较费时费力。

如《高考模式改革研究》句子式提纲可写为：

（一）序论

1. 提出中心论题

2. 说明写作意图

（二）本论

1. 高考改革的教育及社会背景

(1)高考竞争的演变

(2)片面追求升学率的现实状况

(3)家庭对学生的高考压力

(4)素质教育的提出和高考应试

2. 高考及高考模式改革的现实要求

(1)高考要体现国家的意志

(2)高考要符合对人的认识规律

(3)高考要有正确的导向作用

3. 高考改革多种模式分析

(1)全国统一高考与分省命题考试

(2)两次考试,分别录取模式

(3)3+X 的考试模式

(4)外语+相关科目+综合科目考试

(5)以高校组合形式命题考试

(6)国家组织考试,学校自定科目

(三)结论

总结和比较上述六种高考模式,提出改进的意见,呼应序言。

(3)段落式。即以一段话将该部分内容概括成内容提要。这种方法比较详细,可为论文写作打下好的基础,但花费时间甚多,只可在论文的重点部分使用。

以上几种方式可以单独使用,也可以混合选用。提纲详略自便,可以从简略的提纲入手,反复修改,逐步完成。详细的提纲开列出来之后,作者就有了比较清晰的思路,可以"下笔如有神"。

(三)提纲结构图

下图将论点的逻辑关系视觉化,用简单的图表展示论点之间的逻辑结构。

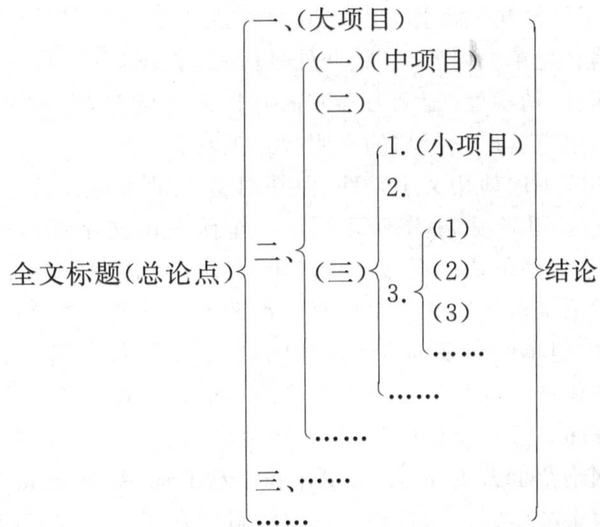

图中一、二、三……表示分论点,即大项目;(一)、(二)、(三)……表示从属论点,即中项目;1、2、3……表示再从属的小论点或论据材料,即小项目,以下类推。

第三节　拟定初稿

一、初稿的写作方法

编写好提纲之后可着手起草论文。较短的论文草稿可一气呵成，不要中途停顿而使思路中断，不要为了斟酌一个词句而停滞不前，需要推敲之处，不妨在初稿完成之后，回头再来精心修改；较长的论文可依照提纲，分标题或按照论点来写，哪一部分考虑清楚，就写哪一部分，不必按照先后顺序；完成一个部分，稍事整理，便转入其他部分，各部分写完连接起来便可成篇；全文完稿后，进行精读修改。写作次序可按绪论、本论、结论的先后来写，也可以写本论、结论，最后再写绪论；如果本论部分有的论点是经过深思熟虑的，也可先写这一部分。

二、初稿写作的注意事项

首先，要保持最佳的写作状态。在大脑最清醒、精神最充沛的时候动笔，把兴奋点集中在写作的论题上，克服中断写作的心理障碍，坚定地按照计划写下去，写不出来时，要找出原因，对症下药。

其次，恰当地调整提纲。写作过程可以深化原来的思考，发现提纲中的不足之处，产生新的认识，此时适当调整提纲非常必要。

再次，尽量把头脑中涌现出来的内容写进初稿。修改稿应提供尽量丰富、充分的内容。

最后，注意文面的干净、清楚，四周留足空白处，便于日后的修改。

第四节　电脑写作及常用的几种方法

电脑，是人们对电子计算机的爱称，它是20世纪人类最大的科技成果之一。以计算机的出现和发展为标志的信息化革命，经历了数据处理阶段、数据库阶段，现已进入了信息网络化阶段。计算机在运算速度、精确度、记忆力等方面有惊人的优势，有人说，计算机是继语文、数学之后第三个对人的一生有着广泛影响的通用智力工具。

许多同学都能得心应手地使用文字软件，但却对文字录入不胜其烦。电脑写作一般要经历三个阶段：扫盲阶段、运用阶段、熟练阶段。第一个阶段的文字录入速度每分钟少于10个字，会感到用电脑写作不如手工快。第二个阶段录入速度可达到每分钟20字左右，初步体会到电脑写作的速度不比手工慢。第三个阶段每分钟的录入速度超过30个字，这时候习惯依赖电脑来处理文字工作，再简单的文字也希望用电脑录入，就好像尽管只有很近的一段路程，会骑车的人还是喜欢以车代步。电脑强大的文字处理功能还体现在长篇论著的资料收集、起草、整理、修改、保存等多方面。熟练使用电脑以后，还可以用它编写电子词典，保存自己的文字资料卡片……计算机和网络全面改变了学习、工作和生活的面貌。*China Daily* 报导，美国前总统布什每周要上一到两次电脑课。布什说他学习的目的在于“扫电脑盲”，证明“什么时候开始学电脑也不晚”这个道理。

为提高毕业论文（设计）的质量和规范，不少院校都要求学生用计算机来完成中英文文献资料查询、图纸设计、数据的处理与计算以及论文的撰写。有的学生还能利用多媒体进行论文(设计)表述与答辩。有的学校的土建学院、机械系全部实行无纸化毕业设计，还建有“土建毕业设计网站”和“机械毕业设计网站”，极大提高了毕业论文的质量。

论文的材料收集、提纲、草稿、修改和定稿提倡使用计算机文字处理系统。仅以收集资料与文字处理为例，使用 Word 文字处理系统来进行就方便多了。可在根目录下专门建立一个文件夹，并在此文件夹内收录资料，分门别类标注名称，日积月累，真正动手写作的时候，可以在资料上进行编辑，这会避免重新抄录等不必要的辛劳。

调整文章内容是计算机文字处理系统的一大优势，要在文章中移动某些文字，可以对该段落文字进行块移动；要想从其他地方调用资料，可以打开目标资料所在的文件，块复制，移到需要的位置。

论文初稿和修改中经常使用三种方法：

一、反复修改的文档如何长时间妥善保存

毕业论文、书稿等文档需要反复修改，有时是白天在一个地方写作，晚上在家里修改，需要不断拷录。这类文稿的名称不宜多变，否则会弄不清楚哪个是最后的文档。新旧版本的稿子若是混淆了，精心修改却做了无用功。最好在文稿名称后面加注日期，如，2006 年 9 月 22 日写的《论文写作与范例》稿子可标识为“论文写作与范例(2006－9－22)”，第二天又补充或修改了，可另存为“论文写作与范例(2006－9－23)”，前些天写的稿子可酌情删除。文件夹的命名亦可照此类推。这样做之后，即使文件保存在多个地方，即使天长日久，也不必担心自己无法识别自己需要的文档。

二、使用 Word“常规”工具栏上的剪切、拷贝和粘贴按钮，将同一文件名称的文稿中某些段落文字、图形进行整体移动或拷贝

其具体操作方法如下：

(1)选择想要移动或拷贝的文字、图形(可使用拖动鼠标或用 Shift 键＋箭头键，使选择对象在屏幕上以反白显示)。

(2)完成下列两项中的一项：

要移动某一对象，单击“常规”工具栏上的剪切按钮，取走所选定的对象，放在剪贴板上。

要复制(拷贝)某一对象，单击“常规”工具栏上的复制按钮。所选定的对象仍保留在原位上，但文字或图形已拷贝在剪贴板上。

(3)用鼠标将光标移动至插入位置并单击鼠标左按钮。

(4)用鼠标将光标移动至“常规”工具栏上的粘贴按钮，单击鼠标左按钮，原想要移动或拷贝的文字、图形会出现在新的位置上。

使用 Word“常规”工具栏上的剪切、拷贝和粘贴按钮，将文件中的需要的段落文字、图形整体移动或拷贝到另一个文件名称的文稿中，其方法同上述基本相同，不同之处在于要同时打开几个文件，用鼠标点击“窗口”，便可在下拉菜单中进行切换。

三、在文稿中插入某文件名文字资料

其具体操作方法如下：

(1)将光标移动至需要补充(或插入)文字的位置上，单击鼠标左按钮。

(2)将光标移动至“插入(I)”,单击鼠标左按钮。

(3)在下拉菜单中点击“文件(F)”,屏幕上会出现插入文件窗口。

(4)在“查找范围”中选择目标文件所在的文件夹,打开。

(5)将光标移动至文件名上,双击鼠标左按钮。所需文字资料便插入到目标位置上了。

需要进一步系统了解 Word 操作方法的读者,可查阅相关书籍。

论文可以根据需要打印数份,分头征求导师等人的意见。综合他人提出的意见直接在计算机上调整、增补、删除、改动,最后定稿。在正式打印之前,还需进行版面的编辑处理。

第七章　论文的构成形式

论文的结构，即论文的组织和构造。通用论文格式常见结构包括：标题、署名、摘要、关键词、前言、正文、结论、致谢、参考文献、附录、结尾11项，基本形式为三段式：绪论、本论、结论。

第一节　标题与署名

一、标题

标题是论文内容的精练概括，能准确、生动地展示论文主旨，给读者留下深刻的印象。标题要简短（一般不要超过20个字），做到多一字不必要，少一字不达意，标题不足以表达论文内容时可以增加副标题，副标题的作用是解释、补充或限定正题，突出重点，含义更加明确。用于国际交流的论文应该有外文标题，外文标题一般不超过10个实义单词。

标题的作用在于准确地揭示论文的基本内容，可分为以下两种类型：第一，揭示论文基本论点的标题。如《堵塞跑漏是钢铁企业节约能源的重要途径》、《实践是检验经济理论的唯一标准》。第二，揭示论文研究范围的标题。如《科索沃问题的历史透视》、《经济特区税收优惠的国际比较》。

标题的基本要求是：(1)直接明了。标题应该揭示论文的基本论点或研究范围，不要拐弯抹角，也不适宜用比喻、象征手法。(2)突出鲜明，引人注目。标题应具有很强的吸引力，激发读者的阅读兴趣，不可模棱两可或拖泥带水。标题不用体现论文的所有内容，这样太冗长。如《关于小白鼠在所给予的不同营养条件下和人为创造的环境条件下，其生长发育状况以及记忆能力的变化情况的初步研究结果》即是如此，可以改为《小白鼠在不同营养条件下生长发育情况的研究》。(3)简练。不宜过长而给人以累赘之感觉。事实上，让读者经久不忘的标题大多是简短有力的，如《反杜林论》、《矛盾论》等。

标题可选用以下不同的词语。如“论……”、“略论……”、“试论……”、“再论……”、“浅谈……”、“浅议……”、“刍议……”、“浅说……”、“浅析……”、“……初探”、“……思考”、“……体会”、“……断想”、“……设想”、“……构想”、“……方略”、“……纪实”、“……之我见”、“……再认识”、“……探讨”、“……研究”等等。倘若论文的分量不足，不要轻易使用“论”字，用“谈”字更为恰当。

论文研究的对象、内容、目的可以用副标题来说明。商榷性的论文一般就会添加“与×××商榷”之类的副标题。强调论文研究的某个侧重面也可使用副标题。

论文标题还可在定稿之后再确定，这样可以更贴切地概括文章的内容，确定标题可以向富有冲击力和新意倾斜，但要防止语义晦涩和哗众取宠。

下面提供20个论文题目以作参考。这些题目出自教育部和国务院学位委员会1998年评定的首届优秀博士论文，这些论文基本完成于1995—1997年。

经济发展中金融的贡献与效率

论清朝对西藏地方的治理

信息加工速度发展的研究

十五世纪前后蒙古政局、部落诸问题研究

随机删失模型中的渐近理论

中国主要海岸平原未来环境变化的趋势与效应研究

我国几个典型地点的古地震细研究和大地震重复行为探讨

材料断裂过程的宏微观研究

机械合金化产物的微观结构及相变研究

电力变压器电磁场分析与验证

离散事件动态系统的PN机理论与方法研究

黄河下游洪水模型相似律的研究

商空间下的遥感图像分析理论探讨

船舶大幅运动非线性水动力研究

大白菜核基因雄性不育性的研究

巨噬细胞局部增生在肾脏疾病中的作用

培养人肝细胞用于生物人工肝治疗肝衰竭的实验研究

谷氨酸载体在脑缺血及针刺抗脑缺血中的作用

酶性核酸的机理研究

20世纪西方大国战争计划研究

二、署名及工作单位

论文署名一般要求真实姓名，并标明工作单位。论文不宜使用笔名，署名位置在论文总标题之下。为了便于同学们今后发表论文署名，现将有关署名常识介绍如下：

论文署名表示作者是论文的法定主权人，并对其内容负责，便于读者与作者交流联系。直接参加主要工作，做出主要成果，可以对论文内容负责者，均应署名；仅仅完成次要工作的人员不应署名，可以致谢或说明，表明其责任和贡献。

个人的研究成果个人署名。集体研究成果，个人只能以执笔人身份署名。集体的科研成果，应当共同署名。依照惯例，第一作者通常对论文内容负有全部责任，是论文的写作者。其他人员按照贡献大小依次排列。署名中既要防止名实不副，即不按照贡献大小，而按资历新老为序；也要防止挂名，即利用职权、名气沽名钓誉，尽量避免争名、借名等不良现象。

在不少学者的心目中，论文的署名不仅意味着宣示参与人员的贡献，更包含着同行之间合作、友谊和高尚的情操。著名粒子物理学家韦斯科夫(Weisskopf)年轻时曾师从物理大师维格纳(Wigner)学习。他们共同发表第一篇文章时，维格纳坚持把韦斯科夫的名字排在前头，因为他们姓的第一个字母相同，第二个字母韦斯科夫在前，维格纳在后。韦斯科夫深受感动，并立下誓言，今后遵守此原则。他与学生勃拉脱合著出版《原子核理论》时，坚持把学生的名字放在前面，并以此说服出版社，否则宁可不出书。在一些国际研究机构中有一条不成文的“法则”，导师与学生发表文章时，导师名字必须放在后头。

不少学者认为，多人署名应当国际化、规范化，其顺序以姓氏笔画，或以汉字的拼音字母顺序排列为好。何祚庥院士就认为："论文的署名以按姓氏笔画为序，或以阿拉伯字母(或汉语拼音)为序为好，在很多科学领域中常用的一种做法，也是更为民主或更为先进一些的做法。"① 不少学者认为，同行之间的贡献大小，不能简单地以署名的先后认定。

第二节　摘要与关键词

一、摘要

摘要即提要，又称内容提要。它是对论文内容不加注释和评论的简短叙述，位置在作者姓名与前言之间，一般在论文完稿之后提取。摘要的特点是短小精悍，少则数十字，一般在200～300字，最多不超过400字。硕士学位论文摘要只需500～600字，博士学位论文摘要需900～1 200字。摘要主要是为了让读者用少许的时间了解论文的主要内容，决定是否阅读论文。精彩的摘要是吸引读者跨入的大门，同时也可方便二次文献工作编制文摘刊物时引用。摘要应能全面反映论文的要点，简洁、明确，能独立成文。摘要的字体和正文字体应区别开。

(一)摘要的内容

(1)研究课题的前提、目的、范围、研究对象的特征以及与其他同行研究的相异之处。

(2)研究内容和采用的原理与方法。

(3)主要结果及其实用价值。

(4)一般结论及后续研究方向。

摘要只能用第三人称来写，摘要中不应出现图表、公式，也不应出现注释和评论。

(二)摘要的翻译

联合国教科文组织规定："公开发表的科技论文，不管用何种文字写成，都必须附有短小精悍的英文摘要。"把论文摘要译成英文，方便对外交流，体现科技成果的资源共享。

外文摘要一般出现在摘要后面，亦可放在正文后面。其内容为题名、作者、单位及原中文摘要内容。中文摘要译成英文时，可以原文照译，也可以扩充或压缩后翻译，篇幅不超过250个实词，动词时态通常用现在时，常用被动语态。

二、关键词

关键词是从论文中选取出来的，从写作程序上来看，应当是先写出初稿，经修改，到了最后定稿阶段，才正式选取全文的关键词。关键词是用以表示中心内容或主题的自然语言，它可以是词、词组或者术语，具有意义单一、指向性强，体现论文特征等特点，方便编制二次文献，也可以用于计算机检索。论文中的大小标题往往是论文主题的"关键"所在，不少论文的大小标题中就含有关键词。

关键词不考虑文法结构，一篇论文中可选择3～8个关键词，但未必能表达一个完整意思。关键词与主题词有所不同(主题词经过规范化处理)。同一篇论文中的关键词不能有同义词。

关键词列于摘要的下方。

---

① 何祚庥.论文署名应国际化、规范化.摘自维护科学尊严[M].长沙：湖南教育出版社，1996.197

第三节　前言与正文

一、前言

前言又称引言、绪论、导言或序言。它是论文的开头部分，主要交代课题的由来、目的、意义及其结论，文字应简明扼要。

（一）前言的主要内容

（1）课题研究目的、范围以及他人在相关领域的研究概况。

（2）课题的研究过程、方法及其理论基础与实验依据。

（3）研究结果及其意义。

（二）前言写作应当注意的事项

（1）开门见山，简明扼要，以200～300字为宜。

（2）顺序井然、条理清楚、表述客观。慎用“首创”、“开辟新领域”等字词，也不要写“不吝赐教”、“抛砖引玉”等俗套话。

（3）不要把前言变成提要的“克隆”或是提要的扩充。

（4）介绍文献时，要用自己的语言进行概述，不宜大段地引用别人的原文。

二、正文

这是论文的核心部分，应当多占些篇幅。必须做到论点准确、论据有力、论证充分。

（一）论点的表述要准确、简洁

这方面除了与作者的表达能力有关外，最关键的因素还在于研究工作的深度和广度。论点要准确，应当体现在文字的严谨上，如“实践是检验真理的唯一标准”，丢掉“唯一”两字就失去科学意义。如果发现自己的论点别人早已陈述过，可有两种做法：一是综合别人的意见，用不同的材料佐证，二是更换材料，变化论述角度，形成新观点。

（二）论据要典型、有力

无论理论或是事实论据都要做到两点：一要典型，能深刻地揭示事物的本质规律，足以使人信服；二要准确，引用的事例、名言、数据、文献等等必须出处明确，引用完整，避免产生歧义。

（三）论证可分为直接论证和间接论证

直接论证主要从正面进行论述。如果用演绎法，可从一般往特殊进行推导，由公认的原理为依据，推出它与论点的内在联系，从普遍性上证明论点的成立。如果用归纳法，可从特殊往一般进行推导，由具体的事实为依据，归纳出它们论点的共同点，从而证明一般性的结论成立。

间接论证主要从论点的反面或侧面入手，运用反证法、类比法。反证法是通过证明相反的论点不能成立从而证明自己的观点成立。类比法是从侧面论述，通过比较相同或相类似事物某些属性后得出结论。其形式有：（1）通过同类事物来比较，由已知的相同属性推导出另一属性相同；（2）通过设喻来类比，以喻体来形象地证明本体（即自己）的观点正确。

论证中要根据具体的论点、论据灵活地使用论证方法，进行综合分析，才能达到论点论据的高度统一。论文篇幅主要还要依内容而定。不少专家认为，我国文科或理科学士学位论文1万字左右为宜，硕士论文约3万字，博士论文约6万字。

第四节　结论、致谢、参考文献、附录与结尾

一、结论

结论也可以称为结束语，它是正文最后的部分。结论往往强调或提示本论的重点，或者对全文分论点进行扼要的综述，还可以补充说明论点、论据及论证方法。体现论文分量的文字往往出现在结论部分，它反映了作者经过概念、判断、推理所要表述的观点，这是课题完成的答案。结论对全文起了概括、总结、强调和提高的重要作用。

由于时间、知识基础等多方面的原因，即使是对比较熟悉的课题的研究，大学生取得的成果也难以突出。这就要求结论的措词切忌浮夸，"已经达到世界领先水平"、"填补国内空白"等等词语最好不要出现。结论可以提出对本课题研究的展望，或是对尚未解决的遗留问题提出可能解决的途径与判断。

二、致谢

致谢是感谢对论文做出贡献的组织和个人的文字记载。当用论文发布科研成果，肯定与感谢他人的劳动，写上几句谦词并非仅仅出于礼节，而是同行之间团结、合作和友谊的象征。

致谢人员应包括：参与指导、讨论及协助过论文工作的人员；论文中采用的图文及数据资料的提供者；为研究工作提供经费和物资支持的单位、个人；撰写过程中提出建议乃至批评意见的人员；提供过某种信息或帮助收集、整理资料的人员。

三、参考文献

参考文献也称参考书目，罗列论文参考过的主要著作及报纸杂志，一般出现在论文末尾。其作用有三：(1)便于作者自己校对引文内容；(2)便于论文读者查阅相关的观点资料；(3)便于论文答辩委员会(或答辩小组)了解论文作者阅读资料的深广程度。

参考文献一般要标明作者、书名或篇名、出版者、出版年份。参考文献应当是与论文密切相关并有重要参考作用的论著资料，切忌轻重不分、盲目罗列。参考文献的引用方法及排列方式可以查阅有关标准，如国际标准 ISO 690-DIS《期刊与连续出版物的参考文献》、中国国家标准 GB 7714-87《文后文献的著录规则》。

四、附录

附录不是论文必备的项目，视论文内容的具体情况确定。与正文联系密切，为保持正文的条理性未编入正文的资料；一般读者不必阅读或兴趣不大但对于专业同行有参考价值的资料；不便编入正文的珍贵资料等都可以编入附录，附录使用正文的连续页码，另起一页开始。

五、结尾

结尾不是论文必备项目，视论文内容的具体情况确定。提供有关计算机输入数据；编排分类索引、著者索引、关键词索引等。

第五节　国家标准的论文编写格式

为了方便科学技术报告、学位论文和学术论文的收集、存储、处理、加工、检索、利用、交流、传播，国家于 1987 年制定了国家标准《科学技术报告、学问论文和学术论文的编写格式》。此格式明确了制定该标准的目的、学位和学术论文的定义、编写要求、编写格式。

现将该标准中规定格式引录如下（具体内容可查本书附录四）：

前置部分：
- 封面、封二（学术论文不必要）
- 题名页
- 序或前言（必要时）
- 摘要
- 关键词
- 目次页（必要时）
- 插图和附表清单（必要时）
- 符号、标志、缩略语、首字母缩写、单位、术语、名词等
- 注释表（必要时）

（章）（条）（款）（项）

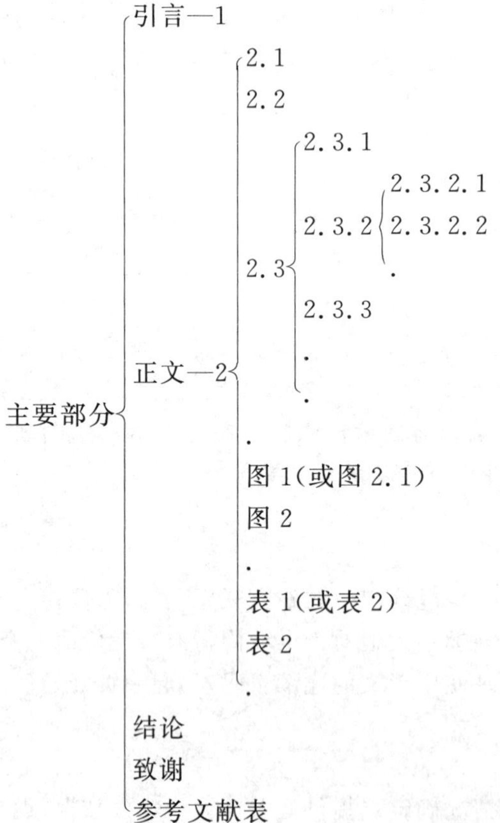

附录部分（必要时）
- 附录 A
- 附录 B
  - B.1
    - B.1.1
    - B.1.2—B.1.2.1
  - B.2
  - .
  - 图 B1
  - 表 B2

结尾部分（必要时）
- 可供参考的文献题录
- 索引
- 封三、封底

第八章　论文的修改

人们对事物的认识有一个循序渐进的过程，毕业论文写作不可能一次性达到完美境界。论文初稿起草过程中更不可能做到滴水不漏。

第一节　修改

人们常说，文章是改出来的。据说，托尔斯泰的《战争与和平》前后经过七次修改，才正式出版。它能成为一部不朽的名著，修改方面精益求精是重要的因素之一。巴金曾经说过："写到死，改到死，用辛勤的修改来弥补自己作品的漏洞。"古今中外的文学大师，以自己苦心孤诣的写作实践，为后人留下了"文不厌改"的经验之谈。

论文的修改过程也是作者再思考、认识深化的过程。对事物、对真理的认识不可能一次性完成，要经过实践、认识、再实践、再认识，经过若干次过程的重复才能完成。论文的选题，也常常要经历从朦胧到清晰、从肤浅到深刻的认识过程。论文的总体结构、布局谋篇，也有一个从不尽恰当到比较合理的优化过程。论文写作中时常见到的毛病是：论点不明确、论据不充分，缺乏说服力、推理不够严谨、分析不够客观、题目不恰当、结构欠合理、文字不够流畅、评价失当等等。这是论文初稿中常见的毛病。认真仔细的论文修改，不仅是对读者负责的表现，也是提高自身写作能力的重要手段。因此，论文修改是完成论文的最后一个不可缺少的重要环节。

第二节　修改的范围

修改是写作过程中的一个重要环节，论文写作更是如此。论文修改要围绕着下列几个方面来进行：主题，是否准确鲜明；结构，是否合理均衡；材料，是否翔实典型；语言，是否流畅精练等等，通过增加、删除、调换这三种方法，进行修改。论文修改的范围主要包括以下四个方面。

一、推敲论点

论点是论文的灵魂。要从事实方面和逻辑方面反复推敲，看看论点能否成立，是否正确；要注意检查论据能否充分支持自己的论点；此外，还要看看论点表述的准确性。这方面常见的毛病是论点不明确。读了论文，仍然不知道作者究竟要说明什么问题。有的论点与论据相脱节，有的论据虽然很生动，但是无法从中推导出作者的论点。反过来说，论文中的论点无法统帅论据。

二、调整结构

结构是指论文内容的组织和安排形式。编写提纲时已确定好文章的整体结构，一般不轻易进行大的变动。小的结构调整是常见的，诸如层次、段落的重新划分，开头、结尾以及文章各部分之间的呼应、衔接等方面，反复推敲与合理调整能充分解决这些细碎的问题。结构失当会让读者感到论文中推理不够严谨。有的论文缺乏严密的推理，没有充分的已知条件即做出判断；有的判断语句或是含糊其词，或是因果关系失当。

三、更换材料

论文中引用的材料可以进行必要的增加、删除、调换，使材料更准确、合适，恰到好处。这方面常见的毛病是论据不充分，使论点失去了产生结论的基础，无法使人信服。唯一的办法只能补充典型的论据，以增强论文的说服力。

四、修饰语言

毕业论文固然不能苛求语言美，但也不能出现语句含糊不清的现象。

通常人们把准确、鲜明、生动、简洁作为对文章用语的普遍要求。论文的语言也不能例外。

(1)准确。要写好一篇论文，确定论题和论点固然非常重要，但是，炼词、造句也不可等闲视之。论文语体的准确性与论文内容的科学性、思维的逻辑性以及反映客观事物的真实性是紧密联系在一起的。

(2)鲜明。论文的语言应当精确明白、严密清晰，这与文学作品中作家的思想倾向从情节和场面中自然地流露出来，有着很大的区别。

(3)生动。论文的生动体现在运笔灵活得体，自然流畅。为了表达得更加深入浅出、通俗易懂，也可以借用生动的文学语言来提高读者的阅读兴趣。

(4)简洁。论文写作要文约而事丰。避免陈词滥调、套话空话，要删繁就简、力求精美。准备发表的论文，一般要求内容充实且篇幅适当，能运用最简练的文字说明尽可能多的问题。

第三节　修改的方法

同学们可根据自己的实际，选择以下行之有效的修改方法。

一、同行指导法

俗话说：当局者迷，旁观者清。由于作者个人知识的局限性，对于客观事物的认识必然存在着程度不同的片面性，更为可怕的是，作者难以发现自己作品的不足之处。自己的头发还要别人理，最佳的办法是请同行从另外的角度冷静挑出一些“刺”来，这样直率的意见也许比较尖锐、逆耳，但对于论文的修改来说，是一种难得的机遇。作者应该有放下架子、虚心求学的精神。

有一位学生写了一篇关于机关文书工作改革方面的论文，在绪论中，作者在阐述了机关文书工作内容及其重要性之后，对机关文书工作改革问题提出若干构想。显然，作者论及的这一问题，切中机关文书工作的要害之处，若是论证得当，很有实用意义。可是作者在本论中长篇累牍地介绍机关文书工作中诸如“规章制度不健全、协调不力、文件处理不符合规范要求、办公硬件设备落后、人员素质不高”等问题，而真正写到改革方案时，作者却草草数笔用“强化机构、健全制度、加大投入、组织培训”一带而过，并未展开论述，便引出论文的结论，这样让人觉得仓促突然、牵强附会。此类论文的毛病在于，作者凭自己熟悉的事物取材，没有把握好论文的重心所在，该出手时没出手，没有把机关文书工作改革构想写深写透。此时，导师若是给予一针见血的指点，便可及时补充，克服结构失当的毛病。

当然，对别人的建议或意见，作者应该潜心思考，通盘考虑，不能什么都“言听计从”，防止人云亦云也是必要的。

二、冷改法

由于思维定势的作用，原先的思路在脑海中留下很深的烙印，而且初稿完成之后通常会疲惫不堪，若是紧接着修改，可能力不从心。因此，论文写好之后可先搁一搁，淡化原来思路，稍事休息。经过一段时间的“冷却”，兴许阅读了有关资料，思考了相关问题，对于客观事物有了进一步的认识。此时，回头再看会发现不少问题。此时作者的思维比较容易跳出原有的圈子，从另外一种角度冷静地审视自己的论文。只要时间允许，写好的论文改后可搁一搁，再改后再搁一搁，这样反复数次，有益于提高论文的写作水平。

三、热改法

指初稿完成之后，立即着手修改。有的作者正处于兴奋状态，精力充沛、情绪高昂。作者比较熟悉全文内容，此时若能一鼓作气，趁热打铁，初稿中的毛病（如遣词造句是否准确，论述推理是否合理……）都比较容易发现。但此时的作者正处于写作的亢奋状态，需要修改的部分不易看出来，即使觉察出来，亦难以割爱。

四、读改法

这要求作者一边朗读，一边思考。语句方面的毛病往往不易看出，容易读出。字词遗漏、错字别字、书写错位，一经朗读，便原形毕露。朗读过程中，发现词不达意或文句不通的地方，即可随手修改。

第四节　论文修改的符号与定稿

论文修改可在原稿上进行。为了正确无误地标记修改符号，必须养成使用国家颁发的专业标准 GB/T—81《校对符号及其用法》的良好习惯，在规定的 22 种标准符号中，删除号、增补号、调位号、提行号、压行号、复原号、离空号、连续号、空行号等 9 种最为常用。它能有效地防止因为修改而造成文字上的混乱。作者如果是用计算机文字处理系统进行大范围的修改，可以节约大量抄写时间。在电脑上改稿子要注意对原稿进行软盘备份，并注明“×年×月×日稿”，这样可以避免前后稿子的混淆，也可以防止数据意外丢失。此外，为了把握论文的整体结构，克服计算机屏幕面积的限制，整篇论文的修改，还可以打印出来，每改一遍用一种颜色的笔，最后统一处理数遍的修改稿子。有关校对符号的具体内容参阅本书附录三“校对符号及其用法”。

定稿，论文经过认真修改之后阶段性的终止，是对论文内容和文字表述的最后定夺。既然是定稿，从内容到形式上应当尽善尽美，做到论点正确、论据翔实、论证严谨、层次清楚、语言洗练、文面整洁。定稿中如留下更改之处，要用规范的修改符号表示。若是需要装订封面、封底，可按统一规格进行装订。封面上要注明论文题目、学校、专业、指导老师姓名、论文提交日期等。

从人们认识问题的过程而言，定稿并不意味着永久不变，随着作者认识的深入和发展，不少论著仍然会有改动，这也是十分正常的现象。

第九章　理(工)科毕业论文写作要点

理(工)科毕业论文的撰写除了必须遵循论文的基本规则之外,还要遵守理(工)科论文自身的规范。本章介绍理(工)科五种类型的毕业论文的特点和写作要求以及毕业设计说明书的写作,供同学们学习参考。

第一节　科学体系的分类与理(工)科毕业论文的含义

科学体系分类方法涉及人们对于整个知识体系的认知和建构,至今为止它的分类方法仍是众说纷纭。当前学术界较为普遍的一种看法认为现代科学体系划为自然科学、社会科学和技术科学三大门类,通常人们称为理、文、工科。

自然科学是指以自然界为对象,研究自然界的物质形态、结构、性质和运动规律的科学。联合国教科文组织公布的基础科学分类法,将自然科学划分为数学、逻辑学、天文学和天体物理学、物理学、化学、生命科学、地球科学和空间科学等七大类。一般地说,现代自然科学既包括探索自然界诸方面事物的本质和规律的基础科学,如数学、物理学、化学、天文学、地质学、生物学等学科;又包括将基础理论转化为应用的技术科学,如材料学、能源科学、电子技术科学、空间科学、农业科学等;还包括直接应用于生产和生活的技术和工艺性质的应用科学,如机械工程、电子计算机工程、建筑工程、遗传工程、环保工程等等。这三大学科相互联系、相互促进,共同发挥着自然科学的社会功能,形成了一个完整的现代自然科学体系。

理(工)科毕业论文,也称自然科学毕业论文,它属于科技论文的一大类别。理(工)科毕业论文是高校理科各专业、部分工科毕业生,根据培养目标,在教师的指导下,综合运用基础理论、专门知识和基本技能,撰写出表述科研成果、阐明学术观点的论说性文章,它是理(工)科毕业生必须完成的标志性作业,其目的在于检测学生综合运用所学的知识理论,解决本专业的实际问题,以培养其独立从事科学研究的能力。自然科学毕业论文可以按照不同的功能和角度进行分类。根据自然科学的学科特点和社会功能的区别,一般可分为基础学科毕业论文、技术学科毕业论文和应用学科毕业论文。为了便于同学们了解和掌握自然科学毕业论文的写作要领,下面将根据自然科学毕业论文研究方式和写作方法的区别,将其分为理论型毕业论文、实验型毕业论文、观测型毕业论文、报告型毕业论文、评述型毕业论文五大类别具体介绍。

第二节　实验型毕业论文的写作

为了检验某一理论或假说,或者解决某一实际问题和创造发明,有些理(工)科专业毕业生有计划、有目的地进行科学实验,对于特定条件下的事实或现象进行系统的观察、分析、综合和判断，并将实验过程写成书面的表述形式，这种反映实验研究成果的论文就是实验型毕业论文。这类论文的核心是设计实验以及通过对实验结果的观察和分析形成结论或提出观点。它在自然科学和技术科学中的运用极为广泛。

一、实验型毕业论文的特点

(一)复检性

这是实验型毕业论文最本质的特点。它要求实验过程中排除一切非科学的主观因素，尤其不能夹带实验者的个人偏见，要经得起他人在相同的实验条件下，在任何时间和地点进行重复性的实验检验，并取得完全相同的结果。

(二)纪实性

忠实于客观事实，真实、准确地表述实验的目的、对象、仪器、方法、步骤、现象、数据、结果等实验的全过程及其重要的细节，深入分析各种现象发生的原因。撰写实验型毕业论文要讲究实事求是。倘若是为了印证某一实验结果而去改动数据，伪造实验现场，那是极其错误的。

(三)创见性

创见性是实验型毕业论文区别于科技实验报告的显著特点。它是科学实验创造性成果的书面形式，论文表述的内容一定要有作者独到的科学见解。实验型的毕业论文不必包括实验过程的详细叙述，也不必描述烦琐的具体观察所得。因为所有的实验工作都可以写成实验报告，至于能否写成论文最终要取决于其见解是否具有独创性。

二、实验型毕业论文的结构

实验型毕业论文内容比较丰富，总体上可分为四个部分。

(一)实验原理

简述实验依据的基本原理、实验方案、实验装置的设计原理。尤其要注意的是，凡在实验原理、方案、装置方面有自行设计部分，实验内容新颖，实验条件比较复杂，读者难以理解掌握的，都要进行必要的说明。

(二)实验材料和方法

通用的材料、设备和传统方法只需简单提及。改进、仿制的部分，应对变动部分详细介绍。自选设计制作的装置、新的实验方法，必须详细说明设计和方法的理论依据、原理、结构、条件以及设备型号、原材料规格、性能、测试手段和操作步骤，所有装置、仪器的精密度应进行必要的检验和标定。考虑到对外交流的需要，国外读者不熟悉的我国原材料、设备的通用标号和不易查找的内容，需要标明成分，并对照外国标号做出相应说明。不少人认为，这部分是实验型毕业论文的核心内容。

(三)实验过程

实验过程也称实验方法、操作步骤、实验经过等。主要说明设定的实验方案和选择的技术路线以及实验的具体操作步骤，有的还要说明实验条件变化的原因及其依据。叙述实验过程，通常使用实验工作的逻辑顺序，不采用自己的时间顺序。注意要抓住主要环节，对于实验中的成功与失败要进行分析，但不必将实验过程一一罗列。

(四)实验结果分析

对于实验结果进行逐项的分析探讨，突出本课题研究的新发现和已被证实了的新见解，让读者通过数据估价该判断和推理的正确性。众所周知的议论应当压缩，实验结果中出现的某一方面无法解释的异常情况，尽管不至于影响论文的主要观点，也要进行必要的说明。

有人说，这一部分是论文的心脏，也是最难写的部分。可根据各个问题所处的地位、相关性及因果关系对下列内容做出合乎逻辑的说明。

(1)主要原理、概念。

(2)实验条件(注意说明人力未能控制的环节)。

(3)实验结果的新发现、新发明(并说明与他人同类结果的异同)。

(4)实验因果关系的解释及需要进一步探讨的问题。

三、实验型毕业论文的写作要求

(一)准确地表述实验设计

实验的三个步骤：设计、实施、解释。实验设计包括：提出实验任务、分析实验中需要控制的一切因素、实验系统与控制两者间的协调、可以使用的技术手段与工具、需要获取的实验资料种类、规定达到的准确度等等。为此，要根据实验目的、要求，运用有关原理、定律，预先制定研究的方法和步骤。在撰写论文的过程中，必须准确表述实验设计，注意准确描述实验设备、方法方面的新的设计以及对旧设计所进行的改进、补充。

(二)科学地解释实验结果

实验得到的成果要进行理性的思考，即在实验数据、资料分析与推导的基础上科学解释实验的结果，这是极为重要的一个步骤。一篇无法科学解释实验结果的论文，只能停留在实验过程和实验数据上，不会有太大的价值。

撰写自然科学论文时，要正确处理交流与保密之间的关系，严格区分学术上的馈赠性与科学技术上的专利性以及国防、经济上的保密性之间的界限。涉及保密、专利的内容均不允许明确、无保留地写进论文中。其要害之处只能含而不露，这也是任何国家和科研单位的惯例。

第三节　理论型毕业论文的写作

理论型毕业论文，是指理(工)科专业的毕业生，对于所学专业学科范围的某个问题，通过严密的理论推导和理论分析，得到理性的升华，并概括和总结研究成果，提出自己观点的论理性论文。

理工医农等学科门类中，数学、物理、化学、生物等基础学科及所属专业的理论型毕业论文占了较大的比重。

一、理论型毕业论文的特点

(一)论文内容的概括性

论文内容的概括性是理论型毕业论文的本质特点。概括性是指论文表述的内容要进行高度的理论探索，纳入一定的理论体系范畴。

(二)论文具有严密的逻辑性

理论型的毕业论文主要通过概念、判断的逻辑思维展开论证，必须对客观的事物进行周密的理论推导与分析，力求做到言之有理、言之有据，把握好事物的内部规律以及相互之间的联系，进行缜密的分析与综合，并从中导出科学的结论。推导、分析的过程中必须坚持同一律、矛盾律、排中律等逻辑法则。论文结构上务求条理清楚、前后呼应、严谨无隙。

(三)直言不讳地表述自己的思想观点

论文应鲜明地表达作者的思想、观点和见解，是赞成还是反对，是肯定还是否定，是支持还是批判，切不可模棱两可或隐晦曲折。

二、理论型毕业论文的写作要求

(一)善于提出问题

理论型毕业论文选题涉及发现和提出具有现实意义和学术价值的问题，表述过程中要尽量消除概念的模糊性和符号的歧义性，弄清问题的历史概况和基本特征，正确地选择分析问题和解决问题的途径和方法，有的还可以按照逻辑次序或难易程度，将问题分解成若干个简单的小问题分别论述。

(二)大胆地运用假说

假说又称假设，它可分为两类：一是关于事物现象的假说，称之为经验假说；二是事物本质的假说，称之为理论假说。依据科学认识和理论，对未知对象进行推测性的理论解释。假说经过实践证明是正确的，便成为了理论。大胆运用假说，修正旧的假说，推导新的假说，运用科学理论和科学事实进行严谨的求证，不断推动学科的进步。

(三)注意表述方法

为了表述的准确、简洁，以较少的篇幅表达较多的内容，理论型毕业论文要求使用大量的非自然语言符号系统。如使用公式语言表述科学的内容，爱因斯坦的质量和能量关系公式 $E=c^2m$；建立数学模型，对相关的问题进行定量分析，使所论述的问题更加精确化和严密化；由于图表语言的使用，使得论文的叙述更加准确、精细。

第四节　观测型毕业论文的写作

一、观测型毕业论文的特点

(一)直观性

“直观”一词来自拉丁文，原意为视线、外形。英文为“intuition”，有直观、直觉的意思。所谓直观，就是不经过中介直接反映客观事物的认识形式。观测型毕业论文是在观察、测量对象中获得感性直观映象的写实性记录。第一，直接接触对象，通过亲自听、看、闻、尝、摸，感受对象，不能由他人代劳；第二，通过人的感官从观察对象的直观形象上直接获得认知，无须经过逻辑判断和理性思维。

(二)客观性

在科学观测与论文写作过程中，要始终如一地坚持客观性原则，尽最大努力将因主观因素造成的误差缩小到最低限度，以获取经得起反复验证的唯一结论。为此，一要坚持辩证唯物论的观点和求真务实的科学态度，排除各种个人偏见。二要坚持在自然状态下进行观测，以取得真实反映事物本来面目的真实信息。三要系统、全面地进行立体观察，善于发现对象区别于其他事物细微的异同点。

（三）选择性

科学的观测，是有准备、有目的、有指向的科研行为，观测对象、环境条件、观测工具以及观测方法都要做到心中有数、有所选择，才能达到预期目标。正如达尔文所说：选择是科学观测乃至整个科学研究的重要一环；没有选择、没有自觉性和目的性，就根本谈不上科学观测和科学研究。

二、观测型毕业论文的写作要求

（一）认真完成观测记录

观测过程中使用的技术手段、环境条件、过程变化等有关数据必须做好记录，所获取的第一手资料，要认真、准确、及时地做好观测记录。观测记录可采用快速记录、观测卡片、观测日志等方式进行，必要时还可以使用录音、录像等设备。

（二）运用好专业知识

观测是专业人员有意识地进行的科研活动。内行看门道，外行看热闹。掌握好本专业知识是从事科学观测和撰写观测型论文的必要前提。

第五节　报告型毕业论文的写作

报告型毕业论文是理（工）科毕业生对本专业某一课题进行研究后写出的科研成果的书面报告。它具有很高的学术资料价值和一定的学术价值。有些科学技术报告本身就是学术论文。但两者在撰写目的、内容深广度、表述方式等方面有着轻微的差异。

一、报告型毕业论文的特点

（一）告知性

所谓告知性，即告诉使人知道。这也是报告型毕业论文区别于其他文体的最大特点。它告知的对象有：上级主管部门、科研资助单位，让其了解最新的科研成果与进展，以便取得指导与支持；同行、合作者及社会，以便交流学术思想，促进科技进步；师长，通报自己科研的最新动态，以便取得指导。

（二）真实性

报告型毕业论文以告知事实为主，反映事实本来的面目。要尽可能提供自己所见、所闻、所做的第一手材料，文中使用的间接材料要注重核查落实，科研工作的目的、条件、手段、过程、结果等内容，要注意使用规范化的科学语言和专业术语来表述。

（三）快报性

对于非保密的科学技术报告，大多数以小册子形式公之于世，因而有撰写快，传播也快的特点。在学术论文激增、知识更新周期日益缩短的今天，快报性有着很大的现实意义。

二、报告型毕业论文的写作要求

（一）适应面要宽

俗话说，隔行如隔山。报告型毕业论文若是写给非本专业的广大读者或上级部门看的，要尽量写得通俗易懂，尽可能少用专门术语和数学公式，必要时对于某些内容要辅以通俗的解释。

（二）以事实说话，切忌空发议论

报告型毕业论文要以事实为依据，在事实的梳理、分析、归纳中阐明道理、说明问题。对为什么研究、研究什么、怎么研究、研究途径、研究结果等都要进行具体的叙述。

（三）浓缩论文，扩大附录和附件

工作生活节奏大大加快，花费大量的时间阅读上百页的非专业科学技术报告意义不大。适应形势发展的需求，现代科学技术报告的结构形式近年来有了新变化，即压缩正文内容，将各种资料、数据、图表、公式推导放在附录或附件中，后者的篇幅大大地超过正文本身，使得论文的信息密度更大，中心突出。非专业读者只需阅读论文本身即可。专业人员确有需要，可同时阅读论文的附录和附件。

第六节　评述型毕业论文的写作

评述型毕业论文就是对于特定时域里的某学科、专业或产品、技术、技术经济的研究成果以及科技发展动向进行综合性叙述和评论的一种论文形式。它要求作者全面搜集与课题相关的国内外科技资料文献，在认真分析已有研究成果的基础上阐述当前研究尚未解决的问题以及发展方向，通过归纳和提炼，对该课题做出评论，阐明作者自己的观点。

一、评述型毕业论文的特点

（一）综合性

撰写评述型毕业论文或科技述评，就是综合已有的研究成果，并对其进行进一步的研讨。为此，要全面搜集有关科技文献，整理、鉴别、分析、综合、提炼之后给人提供一个总体的认识，尔后，再评价和评论。不怕不识货，只怕货比货。评述型毕业论文强调的是纵横比较。纵的方面，要全面系统地反映研究对象的历史、现状及其发展趋势；横的方面，要完整地反映主要国家、科研机构、学术团体流派、生产单位以及著名科研人员研究动态，准确地把握目标课题的发展主流及其新的生长点。

（二）浓缩性

写作评述型毕业论文时会搜集到许多有价值的资料，但决不能所有的知识照录无遗。应当剔除陈旧的、非本质的信息，选取那些新鲜的、本质的、有代表性的信息，并对其进行提炼和浓缩。最终反映出的原始科技文献的主要思想、基本观点——原始科技文献的精髓。有人说，评述型毕业论文涉及的前后时间长度，覆盖横向专业的跨度，体现出的信息量之广度，是其他学术论文无法比拟的。

（三）评论性

评论性是评述型毕业论文最本质的特征。一方面，它要全面系统地介绍课题情况；另一方面，要根据国家关于科技发展的方针政策，结合社会、经济的实际情况，做出针对性的分析和评论，提出预测和合理化建议。因此，学术界有人称评述型毕业论文和科技述评是“指导科研的科研”、“评价科研的科研”。

二、评述型毕业论文的写作要求

（一）作者要具有深厚的专业基础并且掌握必要的情报学知识

撰写评述型毕业论文，既要做到专深，也要做到广博，要有较高的学术造诣，了解掌握本学科、本专业以及相近学科、边缘学科的最新动态，紧密结合自身专业内容，选择具有重大学术价值和重大现实意义的课题。切不可把众人皆知的理论知识和过时的工艺技术作为新成果、新发现推荐给读者。与此同时，作者还要懂得相关科技情报学知识，了解科技情报的传递和服务程序，掌握科技文献检索的途径和方法，善于捕捉科技信息。唯有如此，才能在总体上把握材料与评论观点的有机统一。

（二）必须做好综合分析

课题涉及的文献内容，可分别采用列举法、阶段法、层次法、典型法等多种方法进行综合分析，梳理出文献资料中相同、大致相同、分歧的意见，探寻产生分歧的主要矛盾，正确地把握评论的焦点，为表述作者评论性意见打下良好的基础。

（三）评论要中肯

评论是评述型毕业论文的重中之重。撰写评论时可以先述后评，亦可边述边评，还可以评述结合、层层递进。论文中发表的见解，提出的建议，观点要新颖、见地要深刻，具有作者独到的特色。撰稿过程中，既不可混淆科技文献的观点和作者自身的观点，也要防止不自觉地将自己的研究成果放入其中进行自我评价、自我吹捧。

第七节　毕业设计说明书的写作

一、毕业设计说明书的概念

毕业设计说明书是毕业设计成果的文字反映。它是毕业设计的重要组成部分。作为自然科学学科的毕业生，不仅要获得科学研究的基本训练，把科学研究写成论文，还必须通过毕业设计来统一学习过的基础理论、专业知识、技术工艺和管理知识。这是工程技术人员常规训练必不可少的环节。

毕业设计说明书一般是在教师的指导下，由学生自行观察、构思、设想、制定方案，并在独立完成方案设计的基础上撰写的。毕业设计要求学生在设计上有新的改进、新的进展，其目的是培养学生的创新能力。

二、毕业设计的特点

（一）目的性

科技工作者接受设计任务时，首先要考虑此项任务对于经济建设、人们生活将起什么样的作用，将要达到什么目标，这是设计说明书要明确的设计目的。

（二）制约性

具体设计过程会受到各种现实条件的制约。首先，自然科学理论对于违背自然科学规律的技术设想起着制约的作用。其次，经济规律的制约。对于那些经济效益小于自身成本投入的产品设计、工程设计，经济规律也要将它无情地淘汰。再次，生产制造能力的制约。某项设计构想虽然很好，但是设备材料、技术能力均不具备，这种设计也不能成为现实。因而，不考虑客观现实条件的盲目设计或强行设计，到头来也只是一张废纸。

(三)最优性

对于某种产品或某项工程，一般可有多种方法、多种方案，这就要求设计人员多方设想，在众多的方案中选择最优方案。

三、设计步骤及毕业设计说明书的写法

(一)设计步骤

设计步骤需要经过四个阶段：编制技术任务书、设计构思、绘制工作图、编制设计说明书。

技术任务书内容包括：新产品用途、使用范围与要求，工程布局、建设规模；产品或工程达到的技术经济指标。

设计构思是设计人员查阅文献资料，吸收先进技术及科研成果，根据需要和可能，采取新工艺、新材料，提出新颖的、有价值的设计构想。

绘制工作图，是设计工作的最后阶段。设计人员按照工程制图的规范，将设计绘制成图。其中包括总图、装备图、专用零件图纸，有的还包括产品包装图和安装图。

设计说明书，是设计思想的全面解说。毕业设计说明书通常要求写得详尽一些。

(二)设计说明书的写法

设计说明书由以下几个部分组成：绪论、方案论证、主要参数计算、使用说明书、结束语、附录(工作图通常独立出来另作要求)。

(1)绪论。又叫概述，它包括：①设计的意义；②设计项目发展简况(客观地介绍本项设计在国内外已达到的水平)；③设计原理和规模(对于设计的规模和具体技术问题必须做出具体说明，对于设计的原理，若是认为无必要，可以不作说明)。

(2)方案论证。采用新旧纵向比较，或是同时几种方案横向对比的方式，用设计方案结合图纸，用文字说明设计本方案的理由。

(3)主要参数计算。这部分要列出各零部件的工作条件，给定的参数，理论公式及详细的计算步骤、计算结果。

(4)使用说明书。这部分要写明操作程序、操作要领，容易损坏的部件要具体说明。

(5)结束语。本部分对于自己的设计工作要做出符合实际的评价，可以就设计中遇到的问题进行讨论或展望，并对协助完成设计的有关人员表示谢意。

(6)附录。篇幅较大的表格、详细的附图、计算机程序、参考文献等材料均可附录于此。

四、毕业设计说明书写作注意事项

要分清主次。设计说明书阐述的设计依据原理要略写，理论展开部分也不宜过多。技术方面问题是设计的重点，要写得详细、明确，即使是细小的环节也不可马虎，零部件计算部分的说明尤其要详尽无遗。

毕业设计说明书在叙述上要避免绝对化。在介绍自己的设计构思时，要留有余地；在分析他人方案时，不能主观武断地否定。

第十章　论文的语言风格

语言是交流思想的工具。新颖的观点、深刻的主题、严谨的推理、准确的数据，都必须通过人们相互约定的交流思想的符号——语言来表达。书面语言的表达水平直接影响着论文的表现力和感染力。因此，研究和把握论文语言风格就成为作者的一项基本功。

第一节　论文语言的基本功

一般而言，毕业论文语言不仅要准确、科学，还要简捷、明快，进一步的要求就是要生动、形象。没有掌握语言文字，缺乏起码的语言修养，动笔起来，词不达意、文理不通，说不清自己的研究成果，将是一大遗憾。

一、字、词、句是基本功

汉字必须按照现代汉语普通话标准音来读音。如在论文答辩等场合，宣读者用“南腔”来读，其他人用“北调”来听，不仅会产生障碍，而且还会笑话百出。汉字书写要规范，不要滥用异体字和繁体字，更不可以自行生造“简化字”。同时，还要注意同音字、多音字和近义字的区别。

二、词，是造句的基础

遣词造句，积句成章，积章成篇，汉语词汇极为丰富。用词上刻意求新能使论文的语言新鲜些、生动些。选定一个完美的词语来准确地叙事、言物、表情、达意，可以准确无误地表达自己的思想，入木三分地刻画事物的原貌，这是一项艰苦卓绝的劳动。字词用得是否恰到好处，将直接影响到句子、段落的优劣乃至整篇论文的水平。论文写作实践表明，积累词汇是遣词的基础，只有仔细品味、鉴别每个词的准确含义及其与其他词的搭配功能，遣词才能运用自如、游刃有余。比如说，“责备”、“责怪”、“指责”、“斥责”这几个词的词义，逐个加重，使用时必须注意区别。

三、句，是论文的“基本部件”

在内容结构方面，句子要符合语法和逻辑，文章才能流畅。简单地说，其一，句子成分要完整。如“同学们认真地讨论了下周的工作和学习”，这里就缺少了宾语“内容”或“计划”。其二，词语搭配要得当。比如“他的学习态度一向认真努力”，“学习态度”与“努力”配搭不当，应改为“踏实”为好。其三，逻辑要合乎规范，有些句子成分不缺，搭配也合理，就是不合思维逻辑，如“小李的母亲很像小李”。一般地说，长句严密、细致，短句简洁、明快，散句丰富、多样，整句平稳、和谐。此外，还有主动句、被动句、倒装句、肯定句、否定句、单句等等，也各具特征。应根据不同的表达内容和语言环境选用，以获得最佳的表述效果。

四、字、词、句的基本功力最终要体现在论文的语言效果上

(1)语言所围绕的中心明确，主次得当。做到篇的主题明确，章的中心突出，段的大意清晰。

(2)语言之间的逻辑关系清楚。在谋篇布局上要层次分明。随着时间推移、空间变换、事物发展、认识深入，在语言表达上，要符合客观事物和主观认识的规律。

(3)语言表述要选择最佳的方法、方式。选择叙述、论证、说明等等，力求真实、准确、明了地把事物的性质、状况和规律表述得淋漓尽致。

第二节　论文自然语言的特征

论文的语言以内容的科学性、概念的准确性、判断的严密性、推理的逻辑性、用词的规范性为主要特征。

一、准确性

作为科学研究成果的载体，论文的语言讲究准确。它表明论文语言表述事物的精确度，具体体现在：语言表述同客观事物良好的相吻合程度，它要求作者在撰写的过程中语言表述概念清楚、推理严谨、结论明确，避免产生歧义。比如说，在使用形容词或副词修饰名词或动词时，务必采取实事求是的态度，介绍科研成果的重要性方面注意区分“比较重要”、“非常重要”、“极其重要”等字眼；说明课题价值慎用“填补空白”、“国内首创”、“国际水平”等字眼。同时，论文在句法上要求严密、完整。运用多重复合长句时，必须做到意义完备、结构严密、无懈可击。表达时要讲究清晰直接，尽量不使用倒装、委婉等手法。

数量表述上要精确，关键的量化数字不宜采用经过四舍五入后的近似值。尽量避免使用“可能”、“大约”、“也许”、“差不多”、“左右”等不确定的词语。

二、简明性

论文应该言简意赅、文约而事丰，能用一句话说明的问题就不用两句话。叙述或介绍事例时必须使用概括性的语言，但它不用像文艺作品一般一唱三叹地抒发感情，细致入微地刻画事物。

例如，“我们发扬了百折不挠、坚韧不拔的精神，经过几十昼夜的连续奋战，进行了几百次实验，终于弄清了下面一系列的问题：”可以改为“试验结果表明：”，由 48 字变为 6 字，节省 42 字。

此外，论文切忌口语化。如“就是说”可用“即”，“像上面所说”，可用“如上述”等。

在充分传达科技信息的前提下尽量简约。很多科技论文都在 3 000～6 000 字范围内。中国科学院主办的《中国科学》要求“每篇论文(包括图表)不得超过8 000字”；《科学通报》要求“‘研究简报’包括图表在内，每篇不得超过3 000字；‘研究通讯’每一篇字数限制在 70 字以内”。以论证中心论点为准绳，有价值的内容要着力泼墨；反之则惜墨如金。

三、规范性

论文的遣词造句要合乎规范，语序的安排要体现事物先后次序，标点符号的使用也要合乎规范(详见附录)。此处用一则小幽默说明标点符号的正确使用是不可忽视的重要环节：在一次公司干部会上，某经理正在宣读文件。当读到“已经取得文凭的和尚未取得文凭的干部”时，他读成了“已经取得文凭的和尚，未取得文凭的干部”。会场上顿时笑声四起，经理生气了：“有什么可笑的，现在连和尚也得有文凭，在座的如不抓紧学习，何以胜任工作？”

使用专业名词、术语、图表、公式、符号、缩略语、计量单位、数字以及外文字母时要严格遵守有关标准、规定和共同要求。

与论文写作有关的国家标准有：

GB 2808—81《全数字式日期表示法》

GB 3358—8《统计学名词及符号》

GB 3860—33《文献主题标引规则》

GB 3100—86《国际单位制及其使用》

GB 3101—86《有关量、单位和符号的一般原则》

GB 7713—87《科学技术报告、学位论文和学术论文的编写格式》

GB 7714—87《文后参考文献著录规则》

GB 8170—87《数值修约规则》、《关于出版物上数字用法的试行规定》

初学写作时就必须养成自觉遵守执行有关标准、规定的良好习惯。

四、平易性

学术论文，似乎写得越深奥越难懂就越有水平，其实这是一种误解。学术论文写得晦涩难懂，谁都看不明白，那么它的价值就值得怀疑。深入浅出、平易近人、明白如话，不仅专家能懂，就是具有一定文化程度的外行人也可以大体了解，要做到这一点却是十分不容易的。

第三节　论文的人工语言

论文常用的人工语言有符号语言、公式语言、图形语言、表格语言。

一、符号语言

由于专业工作表达的需要，人们约定一些公认的符号。论文写作时正确使用这些符号，能够精确而深刻地表述要讨论的概念、方法和内在规律，使论文做到语句深刻而又简洁。这种情况若是改用文字语言表述，文句冗长还可能表述不清。如数学中的极限符号、求和符号。

二、公式语言

公式能够准确而又深刻地揭示事物的内在规律，具有言简意赅的独特功能。有些公式改用文字表述后会增加许多篇幅。有的公式表达的内容用再多的文字语言也难以表述清楚。如高等数学中拉格朗日中值定理。

三、图形语言

指用几何图形或者美术手段把文字表述的内容视觉化和形象化，使人一目了然，从而达到增强直观形象的目的。图形语言还有便于理解记忆的独特效果。

论文插图常见的有线条图（曲线图、直方图、构造图、示意图）和照片图两大类。部分论文还用到流程图、框图和地图等。

（1）曲线图。曲线图以坐标的形式标明事物的变化关系。它是数据直观的表达，反映两个变量之间的函数关系，表示事物之间连续变化的数量关系。曲线图首要的要求是准确无误，纵坐标、横坐标应当标明量、标准符号和单位（如图 10-1）。若是同一图上有多条曲线，画法上应有所不同（如图 10-2）。不连续变量之间的数据关系可用直条坐标图（又称条形图）表示（如图 10-3）。这种图用宽度相同而长度不一的竖方块表示量的大小，对比效果强烈。绘制线条图时，既要考虑线条图的尺寸大小，又要考虑线条的粗细、线间距离以及图内文字大小。

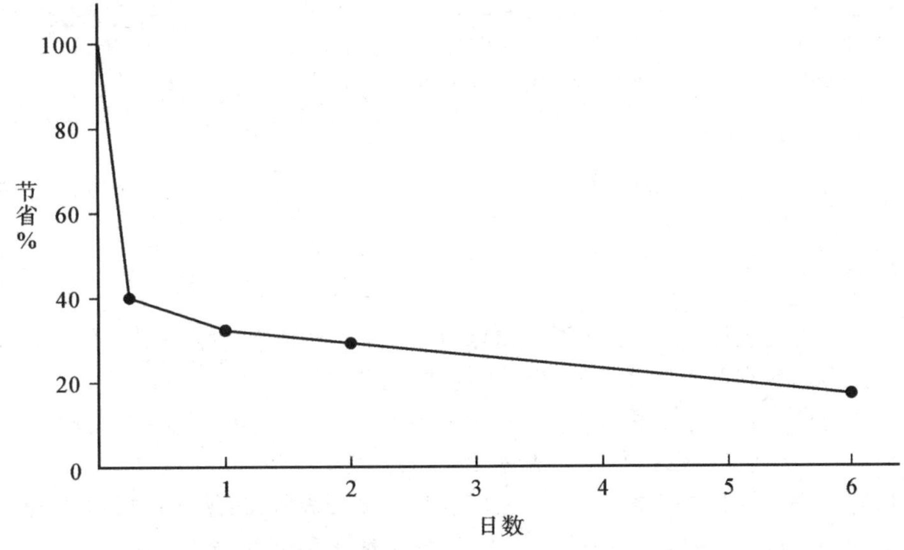

图 10-1　艾宾浩斯遗忘曲线

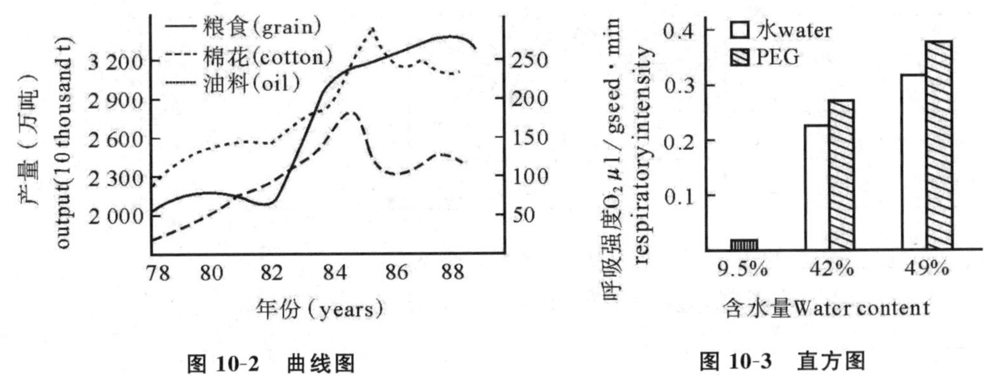

图 10-2　曲线图　　**图 10-3　直方图**

(2)示意图。可用于比较事物不同的量(如图 10-4)。

(3)照片图。有的时候,照片是一个无法轻易否定的强有力的证据。1895 年 12 月 28 日,德国维尔茨堡大学伦琴教授把一篇发现 X 射线的论文初稿送到了维尔茨堡物理医学学会,立即获准付印出版,并于 1896 年 1 月开始发行。论文的发表引起了轩然大波,全球舆论哗然,人们怀疑 X 射线能够穿透任何物体,甚至是人的骨骼。论文中附上的人手的 X 光照片击溃了这些疑虑。[①]

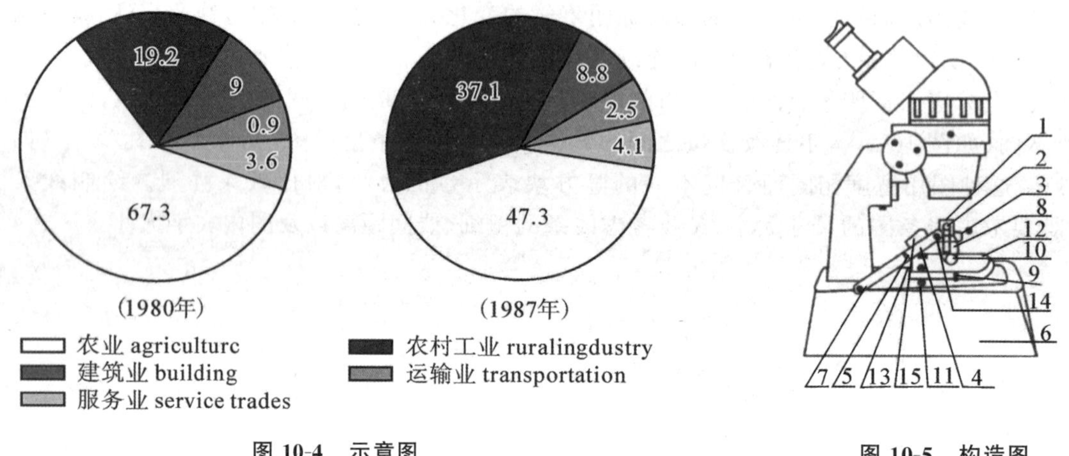

图 10-4 示意图

图 10-5 构造图

四、表格语言

设计正确、科学的表格,可使论文更加精炼,使论文中的量化数据一目了然。从整篇论文的角度来看,要考虑所有的表格是否能进一步合并、简化,能用文字叙述的尽量不使用表格语言,能用插图表达的尽量不用表格。此外,表格中的内容不应与插图及文字部分重复。如果重复,只能选取其一,做到表内数据与文内表述无矛盾。

按内容划分,表格可分为数据表、统计表、文字表、流程表等;按结构形式划分,表格可分为有线表、无线表、系统表。这里介绍有线表、无线表、系统表和流程表。

(1)有线表。是横线和竖线排成的表格,它由表号、表名、表身及各个部分组成,这些部分组合在一起,使表格本身不依赖于正文就能被读者理解。有线表的基本格式如下:

表号 **表名** 表题

<table>
<tr><td colspan="2" rowspan="2">总　题</td><td colspan="2">列　题</td><td rowspan="2">备　注</td><td rowspan="2">表头</td></tr>
<tr><td>副列题</td><td>副行题</td></tr>
<tr><td rowspan="2">行题</td><td>副行题</td><td></td><td></td><td rowspan="2"></td><td rowspan="2">表身</td></tr>
<tr><td>副行题</td><td></td><td></td></tr>
</table>

凡是项目比较复杂的内容,均可考虑用有线表来表达。

如表 10-1:一些发达国家和发展中国家居民文化构成简表[②]

---

① 王平等编著.诺贝尔奖史话[M].武汉:湖北人民出版社,1997.65

② 选自中国人民大学报刊资料复印中心 G4,1999(6):39

表 10-1　一些发达国家和发展中国家居民文化构成简表　　(%)

国　别	大　学	中　学	小　学	文盲和文化程度不明者
美　　国	32.2	64.4	3.3	
以色列	23.1	36.6	30.6	9.7
日　　本	21.2	44.5	34.3	0.0
加拿大	19.3	59.5	19.9	1.2
韩　　国	13.4	53.9	21.7	11.0
菲律宾	15.2	18.9	54.1	11.7
新加坡	4.7	31.3	64.0	
泰　　国	2.9	6.8	69.7	20.5
印　　度	2.5	13.7	11.3	72.5
缅　　甸	2.0	14.5	27.7	55.8
巴基斯坦	1.9	10.5	8.7	78.9
孟加拉	1.3	11.6	16.7	70.4
越　　南	1.2	27.7	42.8	28.4
斯里兰卡	1.1	34.1	48.9	15.9
中　　国	1.39	31.3	37.1	30.2

资料来源：何祚庥."适度发展"高等教育，还是大力发展高等教育[J].真理的追求，1997(4)：18。所列数字取自1996年《国际统计年鉴》。

(2)无线表。无线表是以空间来隔开的表格，适用于项目简单的内容，它的前面往往有一句或一段引导性的文字，句末用一个冒号，如表10-2。

表 10-2　口服补液溶质的配方

药名	用量(克)
氯化钠	3.5
碳酸氢钠	2.5
氯化钾	1.5
葡萄糖	20.0

(3)系统表。系统表是用横线、竖线、大括号把各个项目连贯起来的表格，它适合于表达上下位置关系和隶属关系，从图中可以基本了解研究的全貌及其项目之间的关系，给读者一个具体形象的认识，如10-3。

表 10-3　论证方法分类表

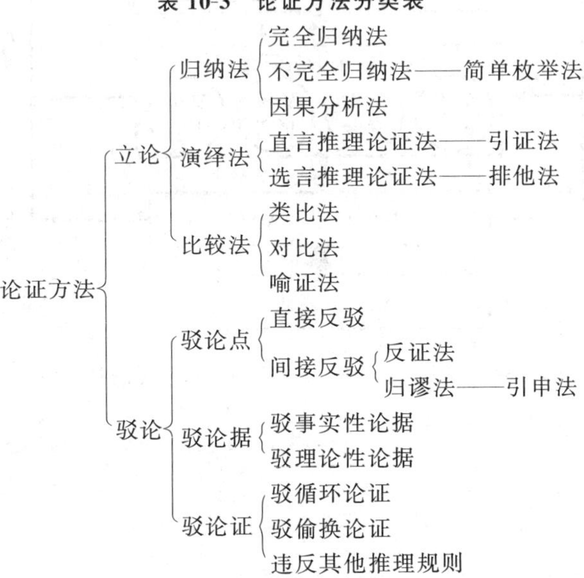

- 论证方法
  - 立论
    - 归纳法
      - 完全归纳法
      - 不完全归纳法——简单枚举法
      - 因果分析法
    - 演绎法
      - 直言推理论证法——引证法
      - 选言推理论证法——排他法
    - 比较法
      - 类比法
      - 对比法
      - 喻证法
  - 驳论
    - 驳论点
      - 直接反驳
      - 间接反驳
        - 反证法
        - 归谬法——引申法
    - 驳论据
      - 驳事实性论据
      - 驳理论性论据
    - 驳论证
      - 驳循环论证
      - 驳偷换论证
      - 违反其他推理规则

(4)流程表。

表 10-4　自然科学基础研究的一般过程图

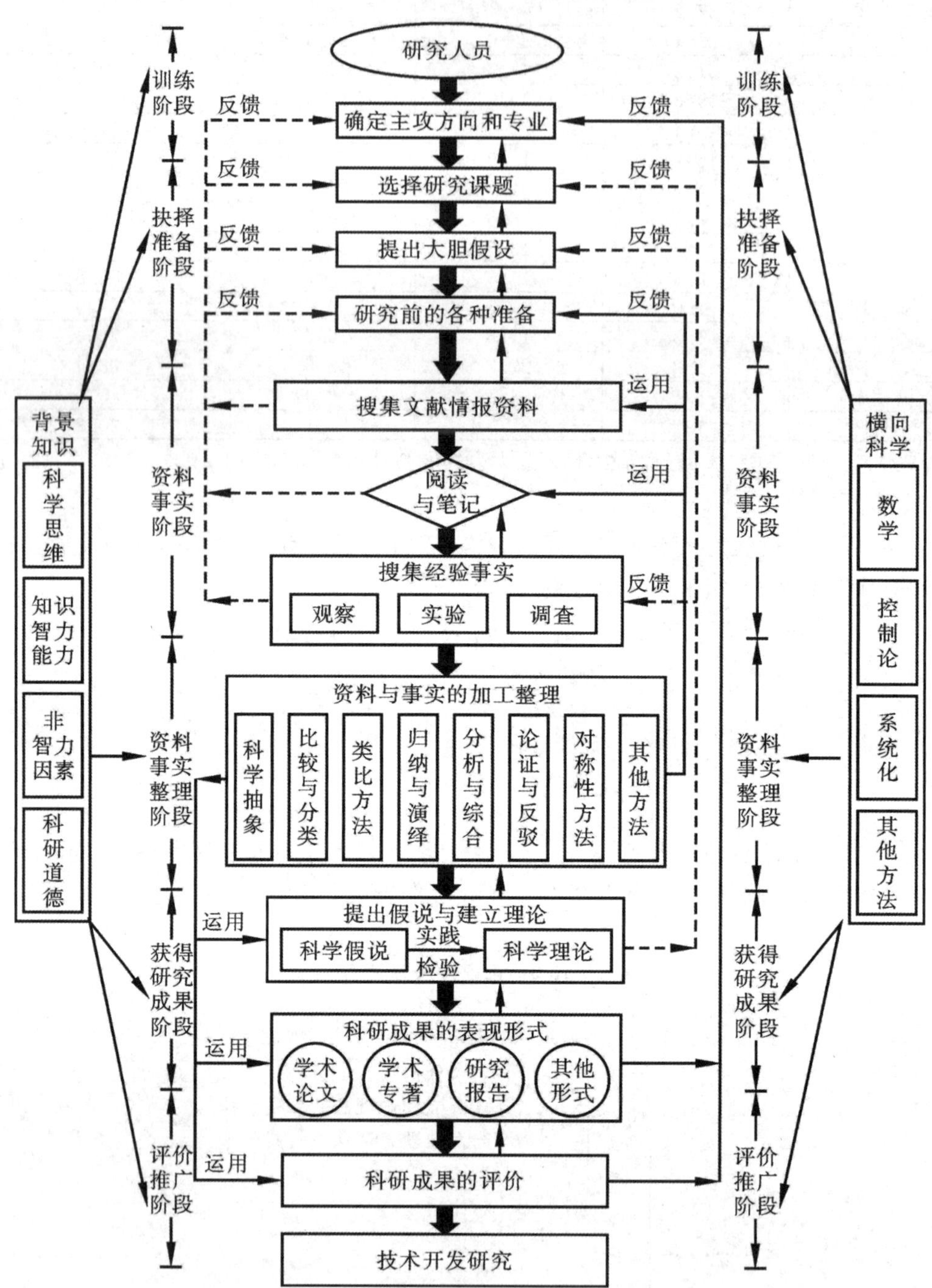

注:该表出处:吴岱明.科学研究方法[M].长沙:湖南人民出版社,1987.37

第十一章　毕业论文的几个技术性问题

论文要用于交流，就要讲究规范，规范的论文，不仅说明论文自身的价值，也体现作者严谨的治学态度和良好的写作素养。论文的语言风格第九章已有说明，本章主要介绍技术细节方面的规范要求——数字、符号、名称、缩略语及外文字体。

第一节　缮写要求

一、打印文稿的要求

论文的行款格式是人们在长期写作中约定俗成的，也是论文写作过程中共同遵守的准则。

(1)标题。论文标题或是分标题可占两行居中。

(2)摘要。起段前空两格，其标题“摘要”前空两格或四格。

(3)起段。每一自然段前空两格，回行顶格。

(4)标点。一般每个标点符号占一格，另行时，除破折号、省略号、引号前半部分可放在另一行开头外，其他标点符号一律随文写在字后，不可移行。

(5)落款。作者姓名可以写在标题的下一行正中，也可以放在论文末尾。论文写作时间应放在文末。

打印可以使论文文面整洁、美观。设计和美化的重点主要考虑以下三个方面。

(一)版面设置

用计算机文字处理系统处理的论文，可在 Word“文件(F)”的下拉菜单中选择“页面设置(U)”。要求论文版面应留足边白，以便复制和读者批注。具体地说，每页论文纸的上方(天头)和左侧(订口)的留边应不小于 25 mm，下方(地脚)和右侧(切口)留边应不小于 20 mm。论文行间距可在 Word“格式(O)”的下拉菜单中选择“段落(P)”进行设定。将“行距(N)”设为固定值，“设置值(A)”调到 22～26 之间，使用 A_4 标准纸打印，每张页面按 800～1 000 个四号宋体汉字设计。

(二)字体选用

论文字体、字型和字号以清楚、简洁为原则，不宜变化过多。论文封面标题宜选用醒目大字，对称并居中，字号大小与标题字数成反比。论文内页标题用字以 1～4 号宋体为宜，题下的内容可以用四号楷体，以示与下方用字区别。论文的正文一般使用四号宋体。文中标题可用加粗字，以获得提示性的阅读效果。参考文献可用五号宋体。

(三)纸墨选择

毕业论文需要长期保存，供多人评阅、查看，因此要选择质量较好的纸张。一般考虑选用

60～80 g/m^2 的胶版印刷纸或者 A_4 复印纸，墨迹方面要求着色均匀、墨迹实在，具有较好的视觉效果。

二、抄写文稿的要求

抄写文稿必须使用质地好的、行空大的方格文稿纸，每页 400 字(20×20)或 300 字(20×15)为宜，最好不用红色格子稿纸，不能使用无格稿子。缮写稿子用蓝色或黑色墨水钢笔，最好不用圆珠笔，并忌用红色笔修改。

缮写时字体要工整，切忌潦草。字形容易混淆的文字更要注意书写规范。不用非正规的简化字，防止错别字、异体字。行款格式与打印文稿要求相同。

三、文稿的保存

使用计算机撰写的毕业论文(或毕业设计)可以保存在硬盘里，保存时不妨以论文的“题目(××××年××月××日)”作为文件名称便于日后查找使用和更新。为防止硬盘资料的意外丢失，同时还要备份。为了方便随手翻阅，不少人还习惯打出一份文稿存档备用，这也是一种十分直观的保存方法。

第二节　引文与注释

一、引文

论文写作过程中会摘引他人论著的原文以增强说服力。或是引用公认的经典结论，或是引用文献资料，或是引用反面观点作为批驳的焦点。引用是为了充实毕业论文的内容，增强论述的力度，强化理论的色彩。

引文种类分为直接引文、间接引文、综合引文三类。

(一)直接引文

照引原文中的字、词、句、段。引用的内容前后需加上引号，引文中的每一个字(包括标点符号)均不得改动。直接引文的目的是为论证提供论据，充实加强论文的内容，借以表达作者的思想观点。

(二)间接引文

只引原意，不引原文。就是对原文经过加工改写，只引用原文的意思。间接引文的前后不加引号，但是要显示其起止界限。间接引文的目的多数在于文字表述的流畅，便于读者的阅读。这种引法必须注意完整理解原文，切忌曲解原意或是断章取义。

(三)综合引文

综合使用直接引文和间接引文，直接引文部分加上引号，间接引文部分不加引号，两者不可混淆。其目的也在于表述流畅，方便阅读。

引用文章的时候必须注意以下两点。

(1)忠于本意，准确无误。引用文章自然是为了强化自己的观点，摘引与自己观点相吻合的部分，但是不能为了自己的需要进行断章取义式的引用。不论使用何种引法，引文的内容都要完整、准确，要忠实于原文的本意。这是一个严肃的问题，不能有半点的主观随意性。引用文字、数据必须仔细核对，保证引用内容准确无误。

(2)少而得当，融会贯通。引文要注意出处的权威性，一般摘引自经典著作。引文是论述的辅助手段，连篇累牍地引用他人的语句，不仅会喧宾夺主，也会给读者带来阅读上的不便。必须注意的是，引文作为论据、论证使用时，要给予必要的阐释，使引文内容与论文思想合拍，使其语气与全文和谐。

二、注释

注释也称注解。注明引文的出处不但是对原著作者的尊重，也方便读者查考和理解引文。注释也可是单纯地对引文稍作简要的解释。

书写引文注释时必须注意统一。

(1)引用经典著作中的文句，要依次标注作者姓名、书名、集名、卷数、出版社名、出版年份、页码。引用报刊文章则可依次标注作者姓名、篇名、报刊名称、年月日或期数、页码。

(2)引用古籍原则上注明作者名、书名、篇名，没有篇名的注明卷数，篇名写在引号内。其间加“·”。词牌名附有题目的也可以用“·”分隔。

(3)引文注释分为：页末注(脚注)、文末注(篇后注)、文内注(夹注)三类。页末注与正文之间一条界线，称之为注线，注释内容排在本页的最下方。文末注(篇后注)排在文章之后，使用①、②等来标序。文内注一般用小号字体，穿插在引文后面。

近来，期刊编辑部对于论文注释规范化要求较高，读者可查阅本书第十三章第三节相关内容。

第三节　名词名称和数字的使用

一、名词名称的使用规则

学术名词术语以国家标准局公布和全国自然科学名词审定委员会审定的为准，新兴学科以及未有通用译名的名词术语，在论文中首次出现时，可依照该学科通常惯例给予注释或附原文。论文中如有使用自拟的名词术语，首次出现时均须说明。

外国人名可使用原文，已有通用译名，按习惯书写。中国人名若是用汉语拼音拼写，一般按照先拼写姓，后拼写名的顺序，但也有人仿效外国名在前，姓放后的习惯。少数民族姓名按照民族语拼写。

地名涉及外交政策，必须慎重对待，符合有关规定。外国国名、地名应以地图出版社出版的中外文对照外文地名手册为准，不能随意音译，产生混乱，必须注意新近变化，以最新资料为准。我国地名以地图出版社出版的《中国地名录》为准。如有与现今地名不同或位置不同的古地名，必须加注现代地名。

国内机关部门、社会团体、科研机构等单位名称，在论文中首次出现时必须使用全称，重复使用时可用约定俗成的简称。国外机关部门、社会团体、科研机构等单位名称，在论文中首次出现时，除了必须按照全称译成中文之外，还必须用括号附注原文和缩写外文，重复出现时，可以直接使用其外文缩写。

必须指出，同一篇论文中的名词名称，必须前后一致。

二、数字使用规则

论文的写作涉及数字。数字的使用可以给读者以量的概念,并由此上升为质的感觉。它可以使内容表述更为准确、醒目、简练。

阿拉伯数字的用法和写法:

公历世纪、年代、年、月、日、时刻。如:20 世纪 80 年代,公元前 380 年,法国天文学家、数学家拉普拉斯(1749.3.23—1827.3.5),屈原(约公元前 340—前 278)。

记数和计量(含正负数、百分比等)。如:45/46 次特别快车,比尔·盖茨资产达 544 亿美元。

小于 1 的小数必须写出小数前的“0”,即 0.618 不能写为.618;尽可能避免使用分数。

汉字数字用法的几种情况:

夏历和中国清代以前历史纪年用汉字。如:正月十五、太平天国庚申十年九月二十四日(清咸丰十年九月二十日)。

数字作为词素构成定型的词语、词组、惯用语、缩略语等用汉字。如:“十五”规划、五氧化二磷、二万五千里长征、一元二次方程、飞流直下三千尺、华东六省一市、星期三。

连续的两个数字并列连用表示概数,或者表示统一意义的计量,可用汉字。如:七八天、三五百人、十之八九。

数字使用规则的详细内容,可查阅本书附录二:《出版物上数字用法的规定》。

第四节 论文的装订

毕业论文缮清之后要装订成册,还可以加上封面,使其整洁、美观、结实。论文的装订应包括如下几项内容。

一、理好顺序

依照毕业论文标准格式项目的顺序,排列好全部文稿,注意顺序不要颠倒,项目不要遗漏。核实无误后,可在全部稿纸下部标明统一的连续页码,以免发生阅读或排印的混乱。若是使用 Word 文字处理系统写作,可将分部分写成的几个文件统一拷成一个文件,使用“插入”,点击“页码”,任选居中、左下角、右下角中一种格式,再选择“确定”,计算机便会自动依照您的意愿全文打印好文稿。

二、重阅全文

不论是手工缮写还是计算机打印的毕业论文,都必须再次审阅,以避免因手工抄写、手指误打等因素造成的疏漏而影响毕业论文的质量。

以下是毕业论文(毕业设计)封面内容示例:

＊＊大学

本科毕业论文

题　　　目：________________________

　　　　　　________________________

学　　　院：________________________

系　　　别：________________________

专　　　业：________________________

年　　　级：________________________

姓　　　名：________________________

学　　　号：________________________

指导教师：________________________

　　　　　　________________________

________年______月______日

第十二章　论文答辩

参加论文答辩，必须进行认真的准备，保持良好的精神状态，力争圆满完成答辩任务。

第一节　论文答辩的目的与意义

论文答辩是审查论文的一种补充形式。论文经过审查委员会（答辩小组）审查后，还必须进行论文答辩，它有问，有答，还有辩。其目的在于：

（1）进一步考查作者对所论述的问题及相关问题是否具备比较扎实的知识基础或是有创新的见解，它可以探测学生专业理论水平的深度和广度。

（2）审查委员会可以通过口头询问论文中的基础知识和基本理论以及论文中欠完备、欠确切、欠具体的地方检测学生独立完成论文的真实性。

（3）测试作者的思维能力、应变能力和口头表达能力。

（4）评定答辩成绩，引导学生进一步思考与研究论文选题或是相关选题。

毕业论文的答辩委员会应有一定的权威性，一般是由本专业的相关教研室的3～5名指导教师组成，最多不超过9名，为了便于统一评定，小组人数以单数为宜。主持委员会者应具备一定的资历，以讲师以上职称为好，论文作者的直接指导教师，一般不宜参加该学生的论文答辩。在法国，博士论文答辩委员会由校长指定，一般由5～6名组成，不得少于3名，其中包括指导教师和一名校外人士，但导师不能担任答辩委员会主席。英国的博士论文答辩（亦称口试）则拒绝导师参加。

在论文写作实践的基础上，同学们有了许多感性的经验体会。通过自己的答辩，或是听取其他同学的问、答、辩，作者不但可以发现论文写作中出现的疏漏和存在的问题，更加明确自己今后的努力方向，而且还能从中启迪选题思路，拓宽思维空间，开阔学术视野。为此，不少人都真切地感受到论文答辩实在是人生中一次难得的学习机遇。

第二节　答辩中应当注意的几个问题

毕业在即，有些学生缺乏临场经验，有的学生因为角色变换，在答辩表述中常常会出现以下一些问题。

一、怯场

怯场可能是由场面生疏引起的，也可能是由于论文内容不够熟练产生紧张而引起的，还可能是由于担心失败引起的。怯场可表现为：面红耳赤、手足无措（两手不自觉地在摆弄衣角或其他物品);语言障碍,好像话在嘴边,可就是一时说不出来;目光不自然,往哪儿瞧也不行。怯场时会发生表述论文内容与动作手势乃至面部表情完全脱节的情况。

怯场大致有以下三种心理动因:(1)由于时间、地点、环境或角色变换,产生的一种心理现象;(2)期望过高,精神压力太大,过多地考虑个人得失;(3)信心不足,特别是看到排在自己前面的答辩学生水平较高时,担心自己相形见绌,或是当众出丑。想在答辩中获得成功就要下苦功夫,克服怯场的毛病。

(一)正确对待论文答辩

把论文答辩看作学习和提高的机会,不妨借鉴"只问耕耘,不问收获"这一成语,把自己的兴奋点转移到答辩的准备上来。

(二)树立坚定的信心

自信心,是人们的精神支柱和必备的基本素质,心理学家曾提出一个公式:害羞同信心有关,信心来自成功,成功来自实践。因此,参加答辩的学生要对论文中阐述的观点、自身水平充满信心。

(三)做好充分的准备

"不打无准备之仗。"答辩之前做好充分准备,熟练地掌握所写论文的内容,有可能的话,不妨试讲一次,这样以后步入答辩场地,必然是踌躇满志,信心十足。

二、情绪紧张

情绪紧张也是答辩时的常见现象。它跟怯场既有联系又有区别。生理学证明,人情绪紧张时会导致一系列心理变化,从而影响行为举止,这会对答辩产生消极影响。情绪紧张的学生呼吸次数每分钟从正常20～25次上升到40次左右。呼吸次数的成倍增加使学生在演讲时难以保持正常的语言频率,产生语言节奏变态,语句中的重音、停顿难以体现,语言平淡乏味,甚至会上气不接下气;由于心跳加快,有的学生会全身肌肉紧张,或者是四肢肌肉轻度颤抖。循环系统的变化会使其手势、姿态失去协调,不需要手势和辅助语言时却有一些多余的动作。同时,不少人的面部表情也比较紧张,目光亦显得呆滞;情绪紧张还可能引起腺体与内脏器官的某些变化,身上大量出汗,唾液分泌减少,声音干哑,甚至出现临场健忘,平时熟悉的数据、公式怎么也想不起来。

实践中有几种做法可以克服情绪紧张。

(一)深呼吸放松法

答辩前深呼吸放松神经系统和肌肉。具体的方法是:站立,目视远方,排除杂念,什么也不想,做腹部深呼吸,心中默数1、2、3……

(二)活动放松法

答辩前适当地走动,甩手放松,以缓和紧张情绪,把身体内那些多余的能量释放出来,排除外界的不良刺激,保持心理卫生,临场前不要与人争论,不要阅读令人心烦的信件或接听电话,以免增加额外的精神负担。

(三)自我暗示法

进行自我鼓励,增强自信心。答辩前可以这样暗示自己:答辩的准备已经很充分,参加答辩的老师和同学以及答辩地点都是熟悉的,没有必要紧张。

(四)集中注意法

答辩前还可以有意识地观察茶杯或其他物品,欣赏其颜色与造型,推测其质量与品牌,以对一种事物产生新的兴趣来缓解大脑的紧张。

(五)回避目光法

采取流动式虚视方法,有意识地回避熟悉或前排人的目光。尤其是与前排听众距离太近时,或是熟悉的同学做恶作剧的动作或鬼脸时,要视而不见,以保持良好的心境。

三、口头语

有些人在说话过程中经常会不自觉地说出口头语,这些词语没有什么实际的意义,但会造成语音的停顿。若是闲聊倒也无关紧要,答辩时高频率出现口头语和"哼哈"的腔调就会严重损害表述的连贯性,直接影响答辩的效果。

口头语可分为两类:(1)句首口头语:在句首出现"这个,这个……"、"嗯,嗯……"等等;(2)句末口头语:在句末出现"……啊,啊"、"……是不是?"等等。

有人称口头语为答辩的病毒,平时有此毛病的同学,除了平时要注意养成良好的习惯之外,还要注意:一,用停顿代替口头语。口头语多是出现在语音停顿的间隙,干脆就停顿空出一拍或半拍,反而显得抑扬顿挫,口齿清楚。二,预先征求其他同学意见。在模拟答辩中现场订正,往往有一针见血的功效。

此外,在答辩过程中,还要防止临场卡壳时吐舌头、抓脑袋、抬肩膀等有损形象的奇怪动作,也要防止情绪压抑、语气激动等不良现象。

第三节　答辩前的准备及答辩的一般程序

在答辩之前,可从以下几个方面进行必要的准备:

一、备好答辩报告

一般地说,答辩以作者简要地报告论文主要内容为开始。为了在15～25分钟内把论文的核心内容报告清楚,必须拟好答辩报告。毕业论文的内容虽然是答辩报告的基础,但不一定适合介绍论文或宣读论文,因此,经过充分准备的答辩报告能较好地提高学生介绍论文时的口头表达能力,其内容可包括:

(1)选择本课题的目的是什么?

(2)研究本课题的意义及其学术价值,主要的研究途径及采用的方法。

(3)本课题已有的研究成果有哪些?论文中有哪些创新的观点?解决了什么问题?

(4)论文的基本思路、基本观点,以及立论的依据,论文中所用的典型资料、数据的出处,哪些还要进行补充说明。

(5)论文中涉及的重要引文、定义、公式、定理或典故的出处。

(6)论文中存在的未能深入研究的问题以及论文的不足之处。

随着科学技术的发展,运用PowerPoint制作答辩报告的演示文稿,具有强烈的视觉冲击力,演示文稿不仅有形象、直观、生动等方面的优势,它还有以下特点:(1)学生可以按照计算机演示的内容有条不紊地介绍自己的论文。(2)借助计算机演示,能帮助参加答辩会的委员们理解毕业论文中内容抽象或复杂问题的表述。(3)借助计算机演示的图表、曲线、统计数据以及相互比较的内容,强化答辩学生的口头表述。(4)对于科研中的某些现象、运动状态以及结构图,如实验装置等,应用计算机演示可以达到不讲自明的效果。对于老师的提问,同学们不妨换位思考——假如自己作为主辩老师,我会如何提问?

二、预备答题

要熟悉论文涉及的相关学术问题。比如：相关基础知识的温习，有关结论的分析、比较，关键性数据和要点的掌握与记忆。如果时间允许，还可以进一步查阅有关资料以作为补充之用。此外，答辩时还要带好论文稿子——这是上交论文正稿时自留的备份，笔和笔记本——以便记录老师提问，论文写作过程中用的卡片和主要参考资料——以便随时查阅回答提问。

答辩的程序是：学生介绍论文；答辩教师提出问题，学生记录问题（对于听不清的问题应及时询问，防止错记、漏记）；学生经过 30 分钟准备之后回答问题，或是即席回答提问；委员会合议答辩情况，综合打分。

(1)学生介绍论文。论文作者在答辩席上就位，并用 15～25 分钟简要介绍自己的论文内容。其内容包括：选题依据、意义，论文框架、主要观点以及重点和关键问题，取得主要成绩以及仍需探讨的问题。要用明晰的语言给人以清晰的印象。

(2)答辩教师提出问题。老师一般针对论文内容提出 2～4 个问题，其范围主要是：论文中关键性的问题；论文中使用过的概念、公式、数据、材料等请作者进行说明；或是作者在论文中未能充分展开或是对作者比较模糊的某个问题进行设问，一些老师的问题实际上是在考查学生独立完成论文的真实性。

(3)学生记录问题并准备答题。老师提问时，答辩人要集中注意力把问题迅速记录下来，如有听不清的地方或是疑问之处，应有礼貌地请求老师重述一遍。此时答辩人要做出迅速思考与反应：老师的问题是针对哪一方面，要分几个层面回答问题，按照先后次序提纲式地记录下答案要点。若是要运用参考资料说明的，还应当查好资料，以便随手牵出。

(4)作者答辩。回答的方式有两种：限时回答，学生记录下所提出的问题，在限定的 20～30 分钟的时间内准备，尔后作答，即席作答。根据问题当场立即作答。答辩过程中应该冷静、大方、有礼貌。对于审查委员会提出的问题，能够回答的问题，要做出明确、简明的回答；回答不了的问题，可以实事求是地说明，切不可抱着侥幸心理胡乱作答。尤其要注意的是，在答辩过程中，在场的某位老师也许会就论文中某一个局部或细节临时提出问题，此时要特别注意从容作答，灵活应变。

(5)老师小结。一般是由主辩提问老师对答辩人的论文以及答辩情况下结论性的意见，作者应当认真听取，根据审查委员会的意见进一步思考，总结论文写作过程中的经验和教训。一方面，要总结自己进行独立的科学研究方面取得的可喜的进步，分析存在的问题，作为自己今后论文写作时的参考；另一方面，对于提出的问题，要作深入的研究，以取得更大的发展。答辩结束之后，学生可以有礼貌地向在座的师长表示谢意后退场。

第四节　论文评价

毕业论文的成绩不仅反映学生的学习水平，一定程度上也反映了学校的教学质量。论文的成绩评价有以下三个环节。

(1)审阅。论文指导老师负责毕业论文的审阅、书面评语、打好建议分。

(2)评阅。系或教研室组织评阅，统一协调各位指导老师的评分标准，平衡掌握总体方面的优秀率与不及格率。

(3)答辩。论文只有通过答辩后才能最终确定成绩。只要答辩情况基本正常，未发现其他严重过失等异常现象，一般充分尊重指导老师的意见。

答辩评语要概括出作者答辩时的实际水平。论文评价是答辩问答结束之后，由答辩委员会或答辩小组经过讨论商定后给答辩学生提出结论性的评语。答辩委员会或答辩小组会充分肯定论文和作者在答辩过程中所做出的努力，恰如其分地指出不足之处，明确提出继续努力的方向。对于学生毕业论文的总评，原则上以原论文的成绩为主(约占 70%)，结合答辩情况(约占 30%)进行综合调整，并和结论性评语一道，以文字记录的形式，填入答辩结论表格，答辩委员会负责人及成员逐一签名，以示负责。

毕业论文一般是由论点、论据、论证三个要素构成，而观点、材料、方法正是论文三个要素的具体体现。判断毕业论文的优劣，除了看学术价值的大小和写作水平的高低，就看论点、论据、论证的好坏，简单地说，就是创新的程度如何，毕业论文中是否提出新观点，是否采用了新的材料，是否运用了新的论证方法。学生毕业论文的总评成绩可分为优秀、良好、及格、不及格四种档次。

一、优秀

一般不超过 15%。

论文的观点、材料、方法均有所创新。具体标准是：

(1)能很好地运用所学的理论与本专业有关知识，所选论题有一定的现实意义，具有一定的深度或有所创见，对实际工作有一定的指导意义。

(2)中心突出，论据充足，结构严谨，层次分明，行文流畅。

(3)材料丰富，数据可靠。

(4)答辩中思路清晰，回答问题正确，具有相当的应变能力。

二、良好

优秀及良好两者合计不超过 75%。

论文的观点、材料、方法当中的一部分属于创新内容。具体标准是：

(1)能较好地运用所学理论与专业的有关知识，能够较好地联系工作实际，分析问题比较正确、全面，对于指导现实工作具有一定的参考作用。

(2)中心明确，论据较为充足，层次较为分明，行文比较流畅。

(3)材料比较丰富，数据基本可靠。

(4)答辩思路比较清楚，能够正确地回答问题。

三、及格

基本掌握和运用本专业已学的有关知识，在理论上没有原则性的错误。

(1)尚能结合工作实际，基本上能够表达自己的观点，但论文的中心不够突出。有一定的分析问题和解决问题的能力，但分析较为肤浅。

(2)主要数据基本可靠，有一定数量的论据，语句基本通顺。

(3)有一定数量的素材，并对其进行了一定程度的加工整理。

(4)答辩思路基本清楚，能够基本正确地回答问题。

四、不及格

论文的观点、材料和方法，全部采用他人原有的成果和方法，有下列情况之一者应评定不及格。

(1)掌握专业知识差，或在理论上有原则性错误。

(2)论文无中心论点，层次不清，逻辑混乱，语句不通。

(3)论文数据失实，材料凌乱。

(4)论文的主要内容是抄袭他人成果。

必须强调的是，凡是抄袭、剽窃他人成果或请人捉刀代笔的，一经核实，即取消评阅、答辩资格。

由于论文评价指标设定以及评价等级划分的差异，一些名牌高校对于论文评价提出了自己的标准。如清华大学的一些教师认为：论文选题是科研成果的必要前提，论文的创新是衡量论文水平的关键指标，文献综述是发现和解决课题的钥匙与必要途径。因此，清华大学研究生院刘颖等学者提出了博士学位论文评价标准的权重及总成绩公式：①

$$X=0.3X_1+0.2X_2+0.1X_3+0.15X_4+0.10X_5+0.15X_6$$

其中：

X_1——论文的成果是否具有创造性；

X_2——论文选题的理论意义或实用价值；

X_3——文献综述；

X_4——论文工作中反映出的基础理论和专门知识水平；

X_5——论文的难度及工作量；

X_6——论文的总结、写作能力。

法、英、德、美四国对博士论文普遍实行分等制度。如法国将博士论文分为优秀、良好和通过三等。英国分为无条件通过；通过但需要做某些修改；必须做较大的修改；论文不足以授哲学博士，但可授予哲学硕士；不予通过。德国多数学校采用5分制，分数从1分到5分，5分最差。国内有些学校论文评价的标准分为五级：优秀(综合得分在90分以上)、良好(综合得分在80～89分)、中等(综合得分在70～79分)、及格(综合得分在60～69分)、不及格(综合得分在60分以下)，此外还有以百分数计分。作者以为，采用几级计分不是至关重要的，最关键的还是论文的评定成绩，从总体上应当服从正态分布。

---

① 刘颖等.博士学位论文评价标准初探[M].清华大学教育研究，1998(1)：83

第十三章　论文的发表

科学研究工作者通常用论文记录自己的科研成果，并以报纸、杂志、书籍、广播、网络等通讯手段为载体进行传播和交流。一般地说，科研成果传播年代越久远，传播范围越广泛，其价值就越高。

第一节　论文发表的意义

著名的原子物理学家玻尔创立了举世闻名的哥本哈尼学派，却未留下一部科学著作。著名的科学家法拉第，先用直观的实践来证明他发现的电磁现象，却遭到了反对，其中的一个原因就是他的表达能力差，文字晦涩难懂。

无独有偶，科学家亨利·卡文迪许的历史悲剧至今让人难以忘怀。他生前默默无闻，死后留下了一堆从未发表的实验手稿。这些手稿显示：亨利·卡文迪许证明了水和空气的组成，亨利·卡文迪许第一个计算了地球的质量，亨利·卡文迪许比德国科学家欧姆更早地发现了"欧姆定律"……然而在亨利·卡文迪许近 50 年的科学生涯中，竟没有出版过一本书，只留下大量手稿。

个人如此，国家也如此。论文发表的数量和质量也是衡量一个国家科研水平的重要标志之一。1995 年，《科学引文索引》(SCI)、《工程索引》(EI)和《科学技术会议录索引》(ISTP)数据显示，我国科技人员在国际上发表的期刊论文和会议论文共 26 395 篇，比上一年增长了 7.4%，位居世界第 11 位。自然科学基础研究论文数排在世界第 15 位。其中，《科学引文索引》收录的论文数量还是衡量一国论文质量的重要指标。"近年来，我国内地被(SCI)收录的论文增长了 84.1%。但是，我们的周边的国家和地区论文被引用的势头更大，韩国的增长是 317.5%，台湾增长 210.2%，新加坡增长177.5%，其增长的势头咄咄逼人。"[①]

普赖斯在对诺贝尔奖获得者的早期个人成就与一般科学家的对比分析中发现：获奖者在 20 多岁的时候，平均发表了 13.1 篇论文。[②] 资料统计表明：美国科学院院士一生平均发表论文 145 篇，英国皇家学会会员化学家一生平均发表论文 144 篇。

发表论文是人生走向成功的重要标志。能够在毕业论文这一标志性作业中得到良好的训练，就可以为今后的研究打下良好的基础。毕业论文的质量品位，可以折射出学生的知识水平、专业特长、初步的科研能力以及学校的教学质量水平。在研究生教育方面，教育部还启动了全国优秀博士学位论文评选活动。相同的社会，造就不同的人生。同学们充分认识论文发

---

① 杨晓升. 告警——中国科技的危机与挑战[M]. 天津：百花文艺出版社，1998. 9 页

② 普赖斯. 渺小的科学，伟大的科学. 转引自[美]哈里特·朱克曼著，周叶谦、冯世刚译. 科学界的精英[M]. 北京：商务印书馆，1993. 202 页

表的意义与作用。鼓励自己以毕业论文写作为新起点，全身心地投入到论文写作的各项活动中去，通过论文发表等途径，让社会认同自己研究成果的价值，为今后科研工作打好坚实的基础，以便尽早地步入辉煌的人生旅途。

表 13-1　全国优秀博士学位论文评选高等学校排名表(1999—2001 年)

排名	学 校 名 称	论文总数
1	清华大学	24
2	北京大学	23
3	复旦大学	19
4	浙江大学	13
5	南京大学	8
6	中国人民大学	7
7	北京师范大学、东南大学、中国科学技术大学、中南大学	6
11	同济大学、西安交通大学、中国矿业大学、上海交通大学	5
15	南开大学、武汉大学、华中科技大学、西北工业大学	4
19	中国协和医科大学、吉林大学、哈尔滨工业大学、华东理工大学，上海第二医科大学、山东大学、华中师范大学、国防科学技术大学、中山大学、第三军医大学	3
29	北京理工大学、中国农业大学、中央民族大学、哈尔滨工程大学、南京理工大学、南京农业大学、西北大学、西安电子科技大学、西北农林科技大学、兰州大学	2
39	北京航空航天大学、北京科技大学、北京邮电大学、北京林业大学、北京中医药大学、对外经济贸易大学、中央音乐学院、中国政法大学、国防大学、天津医科大学、内蒙古大学、内蒙古农业大学、东北大学、沈阳农业大学、沈阳药科大学、黑龙江大学、东北农业大学、华东师范大学、上海大学、第二军医大学、南京航空航天大学、南京师范大学、厦门大学、福建农业大学、青岛海洋大学、解放军信息工程大学、中国地质大学、海军工程大学、湖南大学、中山医科大学、西南交通大学、四川农业大学、重庆大学、西南政法大学、西安理工大学、第四军医大学	1

资料来源：中国高等教育，2002(2)：22。

第二节　学术演讲的常见技巧

学术演讲是发表论文的重要途径之一。演讲技巧常常左右着学术演讲的成效，学术演讲的常见技巧可以通过学习和实践不断得到提高。

发表学术演讲，对于大多数的人来说，都会紧张，这是一种正常的心理现象。讲演开始要提及听众，借以表示对听众的敬意。刚做过演讲的同行，可以先示问候，这是与听众建立起双向交流的良好手段。倘若会议的主持人已将您向听众作了介绍，那您还得向主持人致谢，之后才可以开始演讲。

演讲姿态、动作可以增强演讲的效果，它可作为演讲者表达情感的有效补充手段。由于演讲要直接诉诸听众，应该把姿态及面部表情与语言的抑扬顿挫有机地配合起来，生动地表现演讲者真诚的情感。

演讲过程中，要自然地面对听众。目光要始终与听众保持接触，便于观察听众的微笑、茫然、烦躁等表情，及时调整演讲的内容或进度，以便最大限度地满足听众的需求，完成自己的学术演讲。演讲辅助动作要大方、自然，接近平时讲话的方式，不要在台上频繁走动，以致分散听众的注意力。

强调某种观点或是某个概念时，可以适当放缓语速，举例说明时语速可以稍快。一般来说，新手讲话的速度会偏快些，年纪轻的同志也常常忽略这些细节。在演讲时间方面，要严格遵守事先约定，不要因延迟而降低演讲效果。

第三节　投稿应当考虑的因素

投稿是论文发表的前提，投稿有诀窍：(1)论文能够以最快速度在最高级别的期刊上发表；(2)论文能够最大限度地面对读者，(3)论文能够在最大的时空范围内传播交流。作者发表了这样的论文，就获得了最大的价值。为此，在投稿前必须考虑以下三个方面的因素。

一、投稿稿件的格式要求

目前，不少期刊已加入万方数据资源系统(ChinaInfo)数字化期刊群、《中国学术期刊(光盘版)》及《中国期刊网》全文数据库，作者投稿应按以下格式规范文稿的相应内容：

(1)文稿应包括题名、作者姓名、作者单位(全称)所在省市、邮政编码，中文摘要(100～300字)、关键词(3～8)、中国图书资料分类号、文献标识码、文章编号。

(2)第一作者简介，应包括姓名、出生年月、性别、民族、籍贯(写至县或市级)、职称、学位，主要研究方向及详细的通讯地址(尽量能具体到系、办公室或教研室)。如：

林兰芬(1965—　)，女(蒙古族)，内蒙古达拉特旗人，内蒙古大学历史学系副教授，博士，1992年美国哈佛大学研修，主要从事蒙古学研究。

(3)正文标题层次依次用一、(黑体)；(一)(楷体或仿宋体)；1.(1)等方式表示，层次不宜过多。

(4)参考文献只列出发表在正式出版物上的主要条目，依次标注在正文内容出现处，一般不超过8篇，不引用内部资料为宜。其书写格式如下：

期刊〔序号〕作者.题名〔J〕.刊名，出版年，卷(期)：起止页码。如：

陈田车，蔡一文.基于分灾模式的结构防灾减灾设计概念初探[J].自然灾害研究，1996(4)：22～27

专著〔序号〕作者.书名〔M〕.出版地：出版者，出版年，起止页码(任选)。如：

牛子光，李三亚.建筑材料学〔M〕.北京：水利电力出版社，1993

论文集〔序号〕作者.题名〔C〕.出版地：出版者，出版年。

学位论文〔序号〕作者.题名〔D〕.出版地：出版者，出版年。如：

陶三建.动接触减振法的应用〔D〕.大连：大连理工大学，1998

专利〔序号〕专利所有者.专利题名〔P〕.专利国别：专利号，出版日期。如：

郑大林.建筑砌块连接件〔P〕.中国专利：CNI 036800，1997-09-27

国际、国家标准〔序号〕标准编号，标准名称〔S〕。如：

GB 50023—95，建筑抗震鉴定标准〔S〕

报纸〔序号〕作者.题名〔N〕.报刊名称，日期(版次)。如：

陈一行.减灾设计研究新动态〔N〕.科技日报,1997-12-13(5)

电子文献〔序号〕作者.电子文献题名,电子文献的出处或可获得地址,发表或更新日期。

(5)文献标识码是为了便于文献的统计和期刊评价,确定文献的检索范围,提高检索结果的适用性,每一篇文章或资料应标识一个文献标识码。文献标识码共设置以下五种:

A——理论与应用研究学术论文(包括综述报告)

B——实用性技术成果报告(科技)、理论学习与社会实践总结(社科)

C——业务指导与技术管理性文章(领导讲话、特约评论等)

D——一般动态性信息(通讯、报道、会议活动、专访等)

E——文件、资料(包括历史资料、统计资料、机构、化合物、书刊、知识介绍等)

不属于上述各类的文章以及文摘、零讯、补白、广告、启事等不加文献标识码。中文文章的文献标识码以"文献标识码:"或"[文献标识码]"作为标识,如:文献标识码 A。英文文章的文献标识码以"Document code:"作为标识。

(6)文章编号是为了便于期刊文章的检索、查询、全文信息索取和远程传送以及著作权管理,凡具有文献标识码的文章均可标识一个数字化的文章编号;其中 A、B、C 三类文章必须编号。该编号在全世界范围内是该篇文章的唯一标识。文章编号由期刊的国际标准、出版年、期次号及文章的篇首页码和页数等 5 段共 20 位数字组成,其结构为

XXXX—XXXX(YYYY)NN—PPPP—CC

其中:XXXX—XXXX 为发表文章的期刊的国际标准刊号,YYYY 为文章所发期刊的出版年,NN 为文章所在期刊的期次,PPPP 为文章首页所在期刊页码,CC 为文章页数,"—"为连字符。文章编号由各期刊编辑部给定,中文文章编号的标识为"文章编号:"或"[文章编号]",如文章编号:1004—8154(2002)02—0086—02 是发表在《煤炭高等教育》2002 年第 2 期第 86～87页(共 2 页)上题为"论高职教育面临的挑战与办学特色"的文章编号。

英文文章编号标识为"Article ID"。

二、稿件易采用影响因素

(一)文稿整洁,字迹工整

稿件字迹要清楚,"龙飞凤舞"的文稿不仅编辑看不过来,而且在录入、审校等方面都会有很大的困难;不少期刊的编辑部每天要收到上百篇稿件,多数编辑部首先会剔除字迹潦草的稿件,因为字迹潦草而被淘汰未免可惜。编辑部要求作者的稿件字迹端正、标点清楚、数字和计量用法规范,使用标准简化汉字。尤其欢迎电脑打印稿件,一般拒用字迹模糊、标点不清的油印稿或复印稿件。笔者提倡在论文写作开始就使用电脑文字处理系统,这不仅极大地提高写作效率,而且能使稿件整洁,给编辑部发送电子邮件,既节约了邮寄时间,也省去编辑部录入的工序。

(二)标题简洁明快

标题是论文的眼睛,要用最精确的词语突出论文的内容与主题。太大或冗长,看过之后思索了半天才大约知道其主题,或是所用词语平淡乏味,或是过于烦琐,都与标题的要求相悖。

(三)立论创新

论文中有新的观点,或者在某一方面有所创新,给人新意。如解决了前人悬而未决的问题,或是在原有结论方面有所补充、修正,哪怕是点滴的创新也是十分有意义的。

(四)论文素材丰富并有新意

论文中的很多素材来自作者自身的劳动,数据翔实并有较大的说服力,由此可以得出使人信服的结论。此类稿件亦受编辑部的欢迎。教科书式的撰写方法,重新叙述或连篇累牍论证推导众所周知是最令人讨厌的。

(五)恰当地使用图、表语言

根据论文内容需要,使用最能说明问题的图表。切忌同时用图、表和文字说明同一问题,使人觉得重复烦琐。一般的情况是,使用了图形或表格说明问题之后,只要稍用文字说明便可。

(六)充分了解拟投刊物的办刊宗旨和栏目设置

要了解刊物过去、现在和近期内刊登的内容,栏目设置与自己现有论文内容是否吻合。比如,有的教育类刊物是发表教育管理类论文的,如果写的是学科教学方法研究的论文,由于专业性太强就不易发表。

(七)关于字数的一般要求

论著包括摘要、关键词、图表及参考文献在内全文一般不超 4 000 字;综述、讲座一般不超 5 000 字;现场调查、评价约 2 000 字;短篇报道约 1 000 字。若是想把毕业论文放在期刊上发表,必须将其篇幅压缩在 4 500～6 000 字左右,最长一般不要超过 8 000 字。

(八)认真修改原稿

论文被编辑部寄回并附修改意见时,说明编辑部有用稿的意向。作者可认真地考虑编辑的意见,进行逐条修改;若是认为编辑部提出的修改意见不甚正确,可以有理有据地提出自己的观点,语气要诚恳,措词要得体。

编辑部对来稿有删改权,不同意删改的,要在投稿时声明,投稿作者文责自负。

(九)仔细核校大样

论文若是正式发表,文中如有关键性的错误,编辑部负有出版责任,由于文责自负,作者也有不可推卸的责任,因为给读者以错误的信息,降低了论文本身的科学价值。因此,作者务必认真校对编辑部寄来的大样。核校时应着重注意文稿中反映科学性的数据、文字、图表、参考文献、外语词汇等,不宜对校样再进行文字加工,切忌增补、删减,这是编辑及录排人员很不欢迎的事。校对时应注意使用规范性的校对符号。校对是一项极为细致的工作,作者虽然熟悉自己的论文内容,但如果不能掌握好校对的方法和技巧,往往不能发现清样中的错误。校对方法有三种:

(1)对校。原稿在左,校样在右,先读原稿,后看校样,逐字逐句逐段校对下去。校对时手眼并用,左手指原稿,右手执笔点着校样,眼睛均匀地在每一字上停留,默读文句时要有一定的间隔,一般以读五六个字或一两个词为宜,较长的句子在分次读完后要在校样上复阅一遍。对校能领会原稿文意,但是容易漏字和标点。

(2)折校。将原稿放在桌面,把校样上部折到背面,留下要校对的那一行字,然后压在原稿上,将校样上要校的那一行与原稿上相应的文字紧挨在一起校对。这种方法不易漏字掉句,但速度较慢,也不易发现文意方面的错误。

(3)读校。一人读原稿,另一人看校样,原稿中的标点符号、另行、另起、空行、重点都要依次读出。读稿的人要每字、每句、每个标点符号读清楚,速度要均匀,对于同偏旁、稀见字和特殊格式都要读出,看样人要聚精会神,仔细辨别。这种方法不适合于公式多、图表多、符号多、外文多的论文。

此外，在决定论文发表与否时，必须考虑有关法律规定。如果该研究工作是关于新技术、新方法或实用型的成果，按照我国专利法规定，一旦作为论文公开发表，就申请不到专利。

三、怎样向国外期刊投稿

（一）编写格式

投稿前，要仔细阅读目标期刊在“征稿须知”或“作者须知”中的有关要求。因为刊物的编辑方针和具体措施是一个动态完善的过程，阅读最新的“征稿须知”或“作者须知”能得知刊物论文长度、格式、术语等方面的新要求。一般说来，向国外投寄稿件应当打印成册，其版面大小、行距、每行字数、字号及图表处理有相应的要求。如投寄杂志社的稿件可用16开纸打印，论文中的图表尺寸可以模仿投递期刊的排版模式处理。参加国际性的会议论文一旦被采用，会议出版机构就进行直接扫描复印发行，因而，会议所用的文稿一般有更加严格的规定。

论文标题的第一个字母和实词的第一个字母均应大写，标题下面为作者单位姓名，论文摘要仍然限制在200～300字内，量纲单位采用国际标准，论文末了的参考文献标引应标准化。

（二）期刊选择

从国外期刊经济来源和主办单位来看，期刊大体可分为三种：第一类是学会创办的刊物。此类刊物往往由著名的科学家担任主编，刊物水平较高、办刊历史长、期刊的影响面较大。该刊物经费一般由会员资助，发表非会员论文需要收取版面费。第二类是政府机关或者研究机构出资创办的刊物。这类刊物水平也比较高，发行范围广泛，但是，专业面较宽。第三类是由商业集团主办的刊物，其办刊是以经营为目的，论文水平要求不是很高，投稿命中率相对较高，要收取费用。论文发表在权威杂志或是一流期刊上，那自然是很惬意的。《SCI》引用的期刊都属于第一流或具有某种代表性的期刊，作者不妨从中查阅自己的目标刊物，再根据自己论文课题的先进性、新颖性、独创性，与同类刊物上文章质量进行横向比较，以保证既能顺利发表，又有预期的社会效果。同一级别的期刊，当然应当选投权威杂志。这里需要注意的是，同类期刊级别的选择比较复杂，而且权威杂志的资格也不是一成不变的。最近几年，《SCI》收录我国期刊17种，其中4种已不再收录了。在投稿期刊选择方面，作者还可由以下三种途径进行确定：

(1)由国外同行专家推荐。由于专家对于专业杂志的情况比较了解，此方法的投稿命中率相对较高。

(2)由国内的学术组织或专家向对口刊物推荐，此方法也比较可靠。

(3)作者根据平时对本领域期刊仔细研究的经验，或者查阅《外国报刊目录》，决定投寄刊物，只要论文上水平，也可以如愿以偿。

（三）投稿付款

在国外发表论文的作者不但没得到稿费，而且还需要付给杂志社刊登费。美国期刊上发表一篇论文要付30～50美元，有些杂志社收费标准更高。当稿件拟被刊用时，编辑部发给撰稿人书面通知的主要事项就是收取刊登费，缴费困难者也可以回信“无力支付”，编辑部再决定作为不登、缓登或免费刊登处理。在国际会议上发表的论文由会议机构开支。据了解，我国学者在国外发表的论文大多数是由国外导师支付的。

因此，对于高质量的论文，希望抢先发表的作者，最好付给刊登费。

(四)外寄手续

向国外期刊投寄论文一般需要经过专业审查,确认不超出保密范围之后,便可从邮局寄发。一般科技论文都是讨论前沿学科或边缘学科的理论及应用研究,离直接经济效益尚远,专业审查能很快通过。

国外期刊编辑部收到稿件后,通常由三个审稿人分别进行审阅,均无异议通过,则提交主编审理,这种情况一般都能用稿并通知撰稿人;如三人中有不同意见或无意采用,也会通知撰稿人进行修改或作为退稿处理。

下编

优秀范文示例

青年治学，需要广师求益。他山之石，可以攻玉。学习的目的在于应用。在学习和掌握毕业论文写作的基本原理、常见技巧的基础上，应该紧密结合理论学习和写作的基本训练，将知识转化为论文写作的技能。取人之长，补已之短。多阅读相关学科的典型范文，可以帮助自己更快地熟悉毕业论文写作的规律，掌握写作的方法和技巧。

为了方便读者借鉴，本书选编了24篇优秀范文。范文选自厦门大学、华侨大学、福州大学等9所本科高校最近三届毕业生的优秀毕业论文（设计），范文涉及到经济学、法学、教育学、文学、历史学、理学、工学、农学、医学、管理学等10个学科门类。其中，不少范文曾被评为校级优秀论文，有的还荣获校级优秀论文一、二等奖，范文充分体现了当今高等教育毕业论文（设计）的特点。

范文编排以学科为序，方便不同专业读者查阅。尽量选取立意较高、构思新颖、素材有特色的文章，力图使之有较大的读者适应面，具有较大的学习价值。欣闻不少范文作者已在攻读硕士学位研究生，正向新的科学高峰冲击，这与他们在完成本科毕业论文（设计）过程中所打下的良好基础不无直接的关系。读者可以细心揣摩，从中吸取有益的营养，将其用于自己的毕业论文写作实践中去。

浅析台湾休闲农业的发展及其对我省的启示

福建师范大学经济学院经济学专业 2001 级　翁永超
指导教师:福建师范大学　黎元生副教授

摘要:休闲农业是以农业活动为基础,农业和旅游业相结合的一种新型交叉型农业。本文首先介绍台湾休闲农业的发展概况,接着分析台湾发展休闲农业的主要做法,最后结合分析闽台休闲农业资源的相似之处,着重探讨台湾休闲农业的成功经验对发展我省休闲农业的启示。

关键词:台湾　福建　休闲农业

The Development of Pastime Agriculture in Taiwan and the Enlightenment on Fujian

Weng Yongchao
School of Economics,Fujian Normal University
Teacher:Li Yuansheng

Abstract:This article was based on the analysis of the development status and primary measure of pastime agriculture in Taiwan. Combined with the resemblance between Taiwan and Fujian pastime agriculture resource,it was an enlightenment on Fujian.

Key Words:Taiwan,Fujian,Pastime agriculture

休闲农业是以农业活动为基础,农业和旅游业相结合的一种新型交叉型农业;它最初在欧美国家兴起并广获成功,被誉为"为疲惫农村注入强心剂"[1](pp2~3)。20 世纪 70 年代前后,台湾农业遭遇低谷,农业经济收入相对低下、农业发展乏力。为摆脱这一困境,台湾相关部门引进并大力发展休闲农业,在政府部门的引导和扶持下,休闲农业在台湾得到快速而长足的发展。福建省的休闲农业资源和台湾的十分相似,借鉴台湾的成功经验,积极发展我省休闲农业,对于加快实现我省农业现代化无疑具有积极的现实意义。

1　台湾休闲农业发展概况

20 世纪 60 年代末期,台湾农业开始萎缩,农业经济收入相对低下,农村劳动力持续减少,农业发展面临困境。台湾农业主管部门为改善农业结构,寻求新的农业经营形态和农业发展新的增长点;经过考察和集思广益,引进并推广休闲农业这一新型农业生产方式,台湾休闲农业应运而生。

在台湾，休闲农业最初是以观光农园的形式出现的。观光农园一般拥有成熟的果园、菜园、花圃、茶园等，游客可以入内摘果、摘菜、赏花、采茶，享受田园乐趣。此后，观光农园朝多元化、产业化发展：内容不断丰富，规模不断扩大，休闲农场、农业公园、假日花市、教育农园、森林游乐区、屋顶农业等新形式的休闲农业场所层出不穷，为游客提供包括采果、露营、烤肉等一系列休闲活动；除开发种植业观光园林外，还不断向畜牧业、渔业方面发展，出现了观光渔场、观光牧场等，促进了农业和旅游业的综合发展[2](p12)。

随着生活水平的提高和双休日的实行，居民有更富裕的时间和金钱安排休闲观光，人们对休闲的要求也多样化、知性化。台湾当局农业部门和农会不失时机大力推动，台湾休闲农业发展出现了新的方向：

(1)注重挖掘文化内涵。以往的休闲农业建设大多停留在外延的扩大上，而非注重挖掘其文化内涵，难以长期吸引游客。近年来台湾的休闲农业注重挖掘农业文化内涵，通过开展农业文化旅游，给休闲农业注入新的生命力。

(2)农业保健旅游兴起。农业保健旅游是指游客通过乡村旅游达到锻炼身体、改善身体素质，从而获得身心健康的一种新型休闲旅游活动。它的主要内容包括日光浴、划船捕鱼、溪边垂钓、骑马、散步、远足、租赁农业等等。农业保健旅游让旅游者从喧嚣拥挤的城市来到宁静而又祥和的大自然中，通过适当从事农事活动，获得新知识、满足好奇心，消除紧张、疲劳，使身心得到健康。保健旅游在台湾一推出就广获关注，吸引了大量的游客。

(3)农业休闲度假旅游渐成休闲农业经营重点。随着台湾城市化进程加快，城市生活环境不断恶化；自由支配收入和节假日的增多使居民消费需求和观念发生变化，他们不再满足于浮光掠影、走马观花式的旅游，而是渴望身心彻底放松——或到风景秀丽的地方小住几天，或到度假区修身养性，或离开城市到大自然中去与家人共享天伦之乐。农业休闲度假旅游恰恰满足了人们的这种需求。在此需求的推动下，台湾众多休闲农业场所纷纷推出休闲度假旅游项目，农业休闲度假旅游逐渐成为台湾休闲农业发展和经营的重点。

经过多年的发展，台湾休闲农业不断专业化、精致化，现今已成为一种新型的、系列化的、充满活力的、切合时代主题的交叉产业，推动着台湾传统农业向现代农业转型。

2　台湾发展休闲农业的主要做法

台湾发展休闲农业秉承以农业经营为主、以自然环境保护为重、以农民利益为归依、以满足消费者需求为导向的原则，鼓励经营形式多样化及内容创新，以建立可持续发展农业为目标。总结台湾发展休闲农业的做法，有四项主要措施。

(1)合理规划整合资源。休闲农业突破传统农业的范围，以当地自然、文史资源，以特有的农村生产、景观，融合旅游、餐饮等综合经营，为人们提供休闲服务。所以，休闲农业是综合利用当地农业资源，由农业延伸至服务业的新产业。台湾农业大县主要分布在西部沿海地区如彰(彰化)、云(云林)、加(加大)、南(台南)、高(高雄)、屏(屏东)等。在发展休闲农业的过程中，当地政府通过合理规划开发农业资源，充分发挥本地农业资源的优势，体现地方特色，利用各地特有的乡土文化、乡土生活方式和风土人情，保证休闲农业持久的生命力，避免低水平竞争。在注重地方特色的同时，当地政府同样重视分工合作，强调同一地区及不同地区的联合。鼓励若干个小型农庄之间合作生产：共同经营，或是结成策略同盟；鼓励共享休闲农业基础设施等等，有效整合了资源，避免了重复建设和浪费，降低了经营成本，增强了休闲农业的竞争力。此外，台湾农业主管部门还积极推动“一乡镇一休闲农渔区”，利用占全台面积二分之一以上的森林资源发展生态旅游，建设步道，与民宿、观光农园结合，进一步推进农业转型[3]。

(2)农业主管部门和农业协会的指导帮助。休闲农业涉及多资源利用与管理，关系到生产、生态、生活，是跨部门、跨行业的综合产业，因此在具体转型中要给农民指导帮助。台湾有关条例规定，休闲农业由农业行政部门负责规划和辅导，县市按规定可同意申请筹建休闲农场，合格后再由农业主管部门核发休闲农场许可登记证并使用注册标章。在明确主管部门，分清权责后，有效发挥农会、农业推广学会等群众组织作用，帮助农民转型也是台湾“政府”鼓励发展休闲农业的一项重大措施。如经营休闲农业者为此成立休闲农业发展协会，相互交流举办共同活动，使休闲农业走向精致化、专业化。台湾农业策略联盟发展协会和台北市农会联合开展农业休闲旅游，还与全省100多家休闲农场结盟，推销优惠休闲游。台北市农会成立辅导小组，按照“一乡镇一休闲农渔区计划”，研究台北市20家市民农园转为休闲农场的可能性。

(3)注重特色创意和网络营销。台湾休闲农业在发展过程中，极其注意同休闲产业在市场竞争中区隔，利用当地不同的资源，形成自己的特色，创办具有独特内容和风貌的休闲农业(场)。而台湾休闲农业区(场)业主除利用传统媒体和信息网络向游客发布有关信息外，网络营销更是台湾休闲农业的一大特点。台湾有众多的休闲农业网站，它们的内容主要包括:新闻发布，景点介绍，游区地图，旅游线路推荐，住宿餐饮服务，留言系统，乃至网上定房、定门票服务等等。网络营销降低了交易成本，促进了交易的达成，也减少了交易者搜索交易对象的交易成本。

(4)制定休闲农业相关法规制度。2000年台湾公布修正的《农业发展条例》，界定了休闲农业的范围;2002年初，台湾农业部门根据《农业发展条例》，修正公布《休闲农业辅导管理办法》。法律法规的制定完善，保证了休闲农业这项产业的可操作性。各个休闲农场、农庄、农园，依照法律规定从事生产劳作，避免了无序的盲目开发，一定程度上保证了其盈利的可能性。更重要的是，交易的另一方——游客能够得到法律的保护，享受法规赋予他们的权利。对于休闲农场来说，也能够吸引更多的游客。游客知悉有各项法律规章约束农场的行为，在交易中必然减少因衡量农场的可信度而付出的精力，对于农场的信任也比没有制定法规之前要大得多[4](pp20～24)。

3　对我省发展休闲农业的启示

3.1　闽台休闲农业资源相似性

休闲农业资源是人与自然环境长期作用而形成的统一和谐的农村景观，它是由自然环境、物质要素和非物质要素组成的有机整体，具有和谐性、广泛性、多样性、地域性、系统性、季节性、民族性、时代性等特点。台湾和福建一水之隔，农业自然地理环境相似:福建省省界是沿着北、西、南三面的分水脊线划定，而台湾则四面环海，它们各自为一个独立的自然综合区，同为亚热带海洋性季风气候，都具有优越的农业生产水热条件，均能满足多种农作物和亚热带林果生长的需要;生态环境良好，地形因素使得境内自然环境差异显著，都形成了明显的农业多种经营特色;拥有曲折、漫长的海岸线，“蓝色田园”的经济优势也非常突出。此外，闽台文化同根同源，有着相似的土地开发利用历史和传统农业文化背景，均具有多元化和海洋性特征。

3.2 福建休闲农业发展现状和意义

休闲农业是集农业经济、社会、生态于一体的可持续发展农业。它将现代农业科技、工业技术、信息、交流、通讯与传统农业技术精华、农村风土人情有机结合起来，是新兴的农业领域和旅游新产品。对我省农业发展来说，它有利于持续发展，有利于农业产业结构调整，有利于充分利用山区土地资源，有利于改善生态环境，有利于提高农民的生活质量。改革开放以来，福建各地相继依据各自独特的自然条件、地理环境和民俗风情，开发建设观光农业，供旅游观光和休闲度假。如厦门的"华厦神农大观园"、福州的"鼓岭农业大观园"等等。目前这些休闲农业项目开发还处于起步阶段，规模和质量都无法令人满意；大量休闲农业资源（尤其在内地山区）并未开发，福建休闲农业资源的优势尚待发掘。

3.3 借鉴台湾休闲农业成功经验加速发展福建休闲农业

3.3.1 发展福建休闲农业的措施建议

闽台具有相似的自然环境、土地开发历史和传统农业文化背景，台湾休闲农业的成功为我省发展休闲农业提供了一个良好的参考模板。借鉴台湾经验，发展福建休闲农业的具体措施可包括：

(1)制定休闲农业的相关法规制度。关于休闲农业，我国尚未出台具体的法律法规。我省应先自行制定相关法规，做到有法可依，避免发展过程出现政策真空而导致市场混乱，保证我省休闲农业的健康发展。

(2)科学规划休闲农业发展。明确发展休闲农业的根本目的不是不要农业，而是要充分利用农业资源，扩大农业优势，增加综合收入，提高农业产业附加值。开发各地休闲农业项目时注意整体规划，分步推进，休闲农业应有丰富的内容，才能吸引消费者；注意与其邻近的景点连成片，把旅游观光和农业开发紧密融合起来[5](pp35～36)。

(3)加大宣传，积极拓展客源市场。休闲农业和旅游产业一样，完全依赖市场而生存、发展。没有市场就不会有休闲农业。休闲农业的发展必须准确把握市场、占有市场，关键就是加大宣传促销力度。首先，应明确宣传对象。休闲农业对生活在城镇，特别是大、中、小城市的人来说，最具有吸引力，对国外游客和想了解家乡变化的港、澳、台、侨胞也具有较大吸引力。其次，应注意宣传方式的多样性。宣传手段、宣传方法、宣传形式应该多样化，除印发休闲农业宣传品外，还可通过电视、广播、网络和招商会等手段，结合我省发展休闲农业的自然优势、资源优势和文化优势，在全国或国外进行宣传[3](pp50～57)。

(4)多渠道筹集开发资金。福建省的现代旅游业起步较晚，休闲农业更是一个新兴产业，基础差、底子薄，发展休闲农业所需的资金缺口较大；有效地组织资金投入，是当前我省休闲农业发展面临的最为紧迫的问题之一。为此，应调动各有关部门的积极性，国家、地方、部门、集体、个人共同投资，广辟筹资渠道。例如积极引进侨资、港澳台资和外资；鼓励国内、省内各类企业，尤其是实力雄厚的投资公司、企业等单位、个人积极参与开发建设休闲农业；实行股份制、企业化管理等等，都是有效的融资手段。

(5)加快软环境建设，培养旅游人才。休闲农业不仅要有美丽的田园风光与自然景观以及完善的服务设施和基础设施建设等硬环境，还应具备先进的管理方法与优质的服务水准等软环境。休闲农业刚刚起步，培养休闲农业人才，是加速发展我省休闲农业的关键环节之一。可通过办培训班或定期讲座来普及休闲农业知识，引导农民对休闲农业进行科学管理、文明经营；也可以以地区为单位办专业学校或利用职业中学来培养专业休闲农业人才。此外，还要注意旅游服务设施的配套建设。

3.3.2　发展福建休闲农业的休闲农业产品选择

闽台之间休闲农业资源相似，同样表现为农业种类多样、林业海洋资源丰富。参考台湾休闲农业对类似资源的开发以及未来发展趋势，可重点开发以下休闲农业产品：

(1)利用丰富多彩的田园景观优势，开发观光度假型休闲农业产品。福建山多地少，耕地的开发潜力比较有限。因此，不论是沿海或内地、平原或山区，都形成了农业专业化生产与综合开发相结合的多样化经营方向，乡村田园风貌景象万千，有平原、河谷地区的农村，山区的山村、林村和沿海的渔村。在土地利用格局上，开山与填海并举，有河谷、平原精耕细作、连片分布的平洋田，有沿山坡开垦、斑斑点点的山排田、山垄田(古人曾咏之为"四望无平地，山田级级高")还有沿海围海筑堤而成的塘田、域田。在经营景观上，有水田，旱地，各种亚热带名品果园、茶园还有闻名全国的食用菌养殖基地、水产养殖基地等。

丰富多彩的田园景观对久居城市的人们吸引力极大，因为它契合了城市居民躲避喧嚣、亲近自然的旅游心态，也满足了他们节假日出游的旅游需求；而且很大程度上缓解许多城市旅游市场需求不断增长与旅游景点容量有限之间的矛盾。如福州市近郊建新镇的名优花卉生产基地、琅岐岛的绿色果蔬生产基地等就具有相当的开发价值，可以结合当地江水环绕的自然风光，向游客展示现代农业的生态特色，设计规划集自然风情和花卉、果蔬观赏、采摘、品尝、购物于一体的观光农园，为都市人提供一个体验乡村生活、了解农业生产科学艺术的场所。

(2)利用地域丰富的农业文化内涵优势，开发高品位休闲农业产品。旅游产品的文化内涵是旅游业可持续发展、不断创新的基础和保证。农业文化历史悠久、内涵丰富是福建休闲农业开发的一大优势。福建境内有大量古代农田水利设施，如用来灌溉农田的池塘、陂、坝，用来围海造田、阻挡海潮侵袭的海堤等。著名的莆田木兰陂，始建于北宋，具有灌溉排涝综合利用的功能，至今仍在发挥着作用。与这些水利设施相配套，还有一系列专门的提水灌溉工具——水车、斗、钴辘等，这类传统的农业生产设施和劳作方式，对现代旅游者很有吸引力。更为突出的是，福建地域农业文化在漫长的发展过程中兼容并蓄了多种文化成分：古越文化的遗风、中原文化的传统、海外文化的冲击及邻域文化的渗透，在空间分布上呈现出强烈的区域差异，形成色彩斑澜的民间文化艺术和民风民俗，堪称"十里不同风，一村有一俗"。典型如乡间乐舞中闽南有粗犷、古朴的"拍胸舞"，闽北有生动、细腻的"采茶舞"，闽东还有雄浑、豪迈的"藤牌舞"。区域特色鲜明的乡土民居也具有重要的旅游意义。闽南大厝、骑楼，闽西的客家土楼等不仅是乡村田园景观的重要组成部分，还是城市游客体验农家生活、进行城乡文化交流的重要场所。各地方民间风味饮食也是休闲农业的重要内容，普通如农家家常便饭的"地瓜稀饭"，精细如功夫茶、擂茶等诸种茶艺，均可以因地制宜地加以开发。

深入发掘福建农业文化的内涵，把其所蕴涵的历史文化、民间文化、民俗文化渗透到旅游活动的全过程，贯穿于吃、住、行、游、娱、购各个环节，使休闲农业开发不只停留在低层次的"田园观光"上，还应推出集娱乐性、趣味性、参与性、文化教育性于一体的高档次旅游产品。开发闽西客家土楼旅游资源，可以结合闽西山地农业的生态景观和客家特有的生活、生产风貌，让游客与客家人家同吃、同住、同乐，多方位体验客家山乡生活。

(3)利用农副产品多品种的优势，开展休闲农业主题活动。多种农业经营，为福建带来了丰富的物产，有竹、茶、菌等各种山珍，有各类干鲜海味，还有多种名优亚热带水果和经济作物。利用这一优势，推出以旅游发展和地方农副产品市场营销相互促进的休闲农业主题活动，即所谓的“旅游搭台，经贸唱戏”。策划休闲农业主题活动时，要特别注重创特产名牌与旅游商品的综合开发，从根本上提高农副产品的附加值。这些旅游商品可以是富有地方特色的食品、车船工具、工艺美术品、生活用品和游览纪念品，如福建漳州的水仙花与花卉盆景，安溪的铁观音与各种功夫茶具，兴化的龙眼、荔枝与其加工制品，闽北的竹和各种竹制品等。这些特产带着浓浓的乡土味、深深的民族情，文化意蕴丰富、制作工艺传统、地方特色鲜明，具有较高的收藏价值和纪念意义。

总之，休闲农业拓宽了旅游业的经营领域，开拓了农业和土地利用的新思路，具有优化环境和保护生态的作用，对于促进我省农业持续发展和农业结构调整，充分利用我省大量的山地资源，改善生态环境都具有积极的现实意义。休闲农业尤其有利于发展我省边远山区的经济，打破传统农业生产中单一的土地经营观念，促使农业经济的发展摆脱单位面积土地量的束缚。休闲农业为传统农业的现代化发展注入了新观念、新技术和新模式，有利于实现农业生产的高效益、高科技化、高商品率，是山区脱贫致富的一条新路。

参考文献：

[1]陈文林，翟虎渠．中国特色农业丛书之休闲农业[M]．南京：江苏科学技术出版社，2001

[2]林秀琴．台湾观光农业的几种形式[J]．海峡科技，2002(3)

[3]黄昭瑾．休闲农业园区之理念与营造[A]．郭焕成，郑健雄主编．海峡两岸观光休闲农业与乡村旅游发展[C]．徐州：中国矿业大学出版社，2004.

[4]陈华钦．台湾农业政策发展历程对福州农业发展的启示[J]．台湾农业探索，2003(4)

[5]王云才．现代乡村景观旅游规划设计[M]．青岛出版社，2003

导师评语：

该同学论文写作态度端正，能够在充分占有材料的基础上，深入分析和总结台湾休闲农业发展的经验，在比较闽台两地农业资源相似性的基础上，就发展我省休闲农业提出相应的思路与对策。文章对台湾休闲农业发展做法的概括较为准确全面，对我省发展休闲农业的产品选择也符合实际。综观全文，观点明确、文字通达、条理清晰、逻辑严密、资料翔实，是一篇理论紧密联系实际的优秀本科毕业论文。

福州农贸市场生鲜超市化现状和发展对策研究

福建农林大学作物科学学院农村区域发展专业2000级　吴荣辉
指导教师：福建农林大学　朱朝枝教授、范水生助教

摘要：我国农产品市场流通领域出现生鲜超市的流通业态。农贸市场生鲜超市化成为势在必行的改革方向。福州在"农改超"进程中引领全国省会城市之先，现已进入了规范化和加速发展期。本文在对农贸市场生鲜超市化进行初步分析的基础上，研究考察了福州市"农改超"现状，就推进福州农贸市场生鲜超市化的发展进行理论性探讨。

关键词：农产品流通　农贸市场　生鲜超市　连锁经营　发展对策

Study on the Current Stuation and Solution of Reforming from the Agri-trade Market to Fresh Agri-product Supermarket in Fuzhou

Wu Ronghui
Fujian Agriculture and Forestry University
Teacher：Chaozhi zhu，Fan Shuisheng

Abstract: A reform is taking place in circulation field of form commodities in our country recently，with the appearance of the fresh agri-product supermarket. It has become the direction of reform from the agri-trade market to fresh agri-product supermarket. Fuzhou has entered the stage of standardization and speeding up development and leads forward the capital cities of various provinces in all over the country in the reform progress. Based on the primary analysis of the agri-trade market replaced by fresh agri-product supermarket，this paper investigates the current status of the reform and provides several theoretical discussions in regarding to put forward the development of agri-trade market to fresh agri-product supermarket.

Key Words: Circulation of farm commodity，Agri-trade market，Fresh agri-product supermarket，Chain management，Developmental policy.

超市是农产品商品化生产成熟的标志。改造农贸市场，推行超市、连锁、配送，是当前社会各方关注的热点，也是农产品市场流通领域正悄然进行的一场变革。农贸市场改超市（即"农改超"）改变了农贸市场垄断农产品销售的传统格局，以农副产品为结合点和突破口，实质性地探索出生鲜经营最有效的载体形式，推进农业产业化，满足现代消费群体的需求，适应小康社会建设的需要。

近几年来，一些经济比较发达的城市把农贸市场改造为标准生鲜超市，得到了市场的检验和社会的认同，福州市在“农改超”进程中也走出了一条较为成功的道路。自2001年底以来，福州市引领全国省会城市之先，打造“农改超”品牌，经过两年多的努力，现已进入规范化和加速发展期[1]。从长远来看，农贸市场生鲜超市化以经济持续增长下消费需求的提高和多样化为核心推动力，是农产品流通和销售渠道的提升与改造运动，也是一种必然的发展趋势。因此，研究和考察福州农贸市场生鲜超市化模式的现状和发展对策，对于推进福州“农改超”项目的实施，促进“农改超”模式在全国其他城市的推广和创新，加快农产品市场流通体系改革，加速农业产业化和商业流通现代化，无疑能够提供理论层面上的参考和借鉴的价值。

1　农贸市场生鲜超市化的初步分析

农贸市场生鲜超市化，即所谓“农改超”，主要是指农贸市场经营主体的组织化、经营产品的标准化、经营方式的超市化及服务的规范化。从表面上看，超市化的特征是明码标价、统一收银、提供冬暖夏凉的购物环境等，但根本特征是使农贸市场公司化经营，由企业规范管理，统一合理配置资源；企业法人接受政府、社会和消费者的监督，对成千上万名消费者承担法律责任；从以往农贸市场“卖商品”，转变为农贸超市“卖商品加服务”[2]。

1.1　生鲜和生鲜超市

所谓生鲜，主要是指人们日常生活中消费的农副产品，包括蔬菜、水果、水产、粮食等。生鲜商品按照加工程度和保存方式不同分成初级生鲜商品、冷冻冷藏生鲜商品和加工生鲜商品三大类。基于生鲜的概念，生鲜超市指的是主要从事生鲜经营并结合现代超市经营理念的专卖店、连锁店，其类似于家电超市、建材超市。此处所谓生鲜有更丰富的内涵，不仅包括一般的农副产品，还涉及一些强相关性的产品。可以说，生鲜超市经营的内容是农贸市场所有的，是家庭厨房所需的。

生鲜超市与大卖场、百货超市的最大区别是，后者的生鲜区主要目的是拉动人气，面积和销售额一般不超过整个经营的30%，生鲜超市中出售的生鲜食品、蔬菜则占到整个经营的90%以上。生鲜超市与现有农贸市场的区别则是，前者是超市化经营，购物环境极大改善，经营方式由现有农贸市场一摊一户式的原始经营模式改为企业统一经营、一票式购物，经营者对所售全部生鲜品的质量、安全负全责，价格更为低廉。

1.2　超市零售与生鲜流通的必然契合

20世纪80年代，农贸市场因其商品丰富、经营活跃取代了马路菜摊，成为居民购买生鲜食品的主要场所。政府投资“菜篮子”工程、按每2万～3万人设置一处的标准在城乡各处设立农贸市场。虽然其购物环境、卫生条件相对较差，但在我国“菜篮子”工程中承担着零售环节的重要流通任务，为推动我国市场经济的发展做出了不可磨灭的贡献。随着城市连锁商业的发展及人们消费观念的变化，消费者对市场有了更高的要求，原有的农贸市场暴露出来的问题渐为人所不满：摊位多、进货渠道广而杂，难以规范化管理，假冒伪劣商品、偷税漏税屡禁不绝，农贸市场面临着市场的严峻考验。

在欧美等发达国家，80%的肉菜等生鲜消费来自超市[3]。生鲜超市以其干净卫生的购物环境、安全放心的商品品质及流畅的配送渠道为国内越来越多的市民接受与认可。商家把目光转向生鲜超市这一新的利润空间，农产品的营销业态也正悄然进行一场变革，传统的农贸市场面临生鲜超市的冲击。

超市零售与生鲜流通的结合有其必然性。按照发达国家和部分发展中国家的经验，国民经济发展到一定水平以后，超市就会取代农贸市场和个体商贩，在生鲜零售业中占据统治地位。长期以来，中国农副产品的销售一直是提篮式贩卖或集贸市场，而超市则被视为工业制成品的销售场所。农业、工业、服务业的水平都有了大幅度的跨越，但农副产品及其销售的发展一直滞后。

发达国家消费者对农产品供应商有三个要求：质量、便利度和价格。生鲜超市作为明确的市场主体，较农贸市场更有实力和信誉来监督产、加、销各个环节，以此向消费者提供安全食品；西方民众由于劳动力价格较高等原因，对食品的使用方便程度要求更多（我国居民对新鲜度要求更高），而超市显然更有资金条件对此进行投资以满足消费者的需求；价格，原本就是超市立足商业领域的本源之一，更能够以低价吸引消费者。

从各地新闻媒体报道的关于生鲜经营的消息，我们可以总结得出一个极其重要的信息：农贸市场生鲜超市化是农产品流通领域的一个必然的发展趋势。

1.3　农贸市场生鲜超市化的实现形式和发展模式

1.3.1　“农改超”的实现形式

我国农产品市场体系是期货市场、批发市场、集贸市场的“金三角”市场结构，这是由国情决定的。在城市，各类商业业态店是其市场体系的基础；在农村，集贸市场是其基础。随着消费水平的提高，城市农贸市场改超市是一个发展趋势，具体来说有三种形式：

(1)农贸市场自办超市，强化其物流配送功能。如 1997 年 6 月深圳成立了民润农产品连锁商业配送有限公司，同年 12 月开办了第一家民润市场（具有超市型的农产品市场）。1997 年 12 月—2002 年 6 月底，民润公司一共开设 105 家超市，其以规范化、现代化的肉菜市场超市化经营得到社会的认可[4]。

(2)农贸市场服务好超市，有五种形式：增加专业市场的交易品种，减少采购时间和程序；强化信息服务，如建立价格之窗、网站等；培育品牌代理商，目前在深圳市布吉农产品批发市场的水果都是用品牌包装以后才上市交易的；对配送商品进行扶持；参与标准的制订，了解标准的内涵和外延，积极地和生产者沟通，推进标准化建设。

(3)转变农贸市场的功能。农贸市场功能创新，增加批发市场没有的功能，吸引各类客户和消费者。如福州的“农改超”项目，新建或改建超市，数量不断增加，规模也不断扩大。

1.3.2　国内的几种发展思路和模式

目前各地在“农改超”探索过程中逐步形成各具特色的发展思路和模式：

(1)广州模式。广州的农贸市场在原有农贸市场网点布局的基础上改造和发展“室内肉菜市场”，改善农产品经营环境。但“室内肉菜市场”基本沿袭原来农贸市场的经营方式，没有从根本上改变经营环境和条件，达不到生鲜品保鲜的基本要求，场地成本增加反而导致农贸市场原有的价格优势的丢失，食品安全性问题也没得到根本解决。这是一种不成功的过渡模式。农贸市场超市化的正确方向应该是以连锁生鲜超市专营公司取代农贸市场，进而提升农产品销售终端的档次，真正为农产品销售渠道改造找到了准确的定位。

(2)武汉模式。武汉的农贸市场在改造过程中采取公司经营的方式，以政府招标形式选择农贸市场。原址改造后的经营公司以大卖场为主要经营形式，满足了顾客生鲜消费和其他综合性消费的多种需要。

(3)深圳模式。深圳农产品股份有限公司以原有的农产品生产基地和大型批发市场为后盾，发展连锁生鲜超市，生鲜经营的利润源跳出批零进销差价的局限，向上游的农产品生产加工环节延伸，在生鲜供应链上形成的优势令竞争对手望尘莫及。在“农改超”的过程中，国内一些类似的农产品生产经营集团也在加大连锁生鲜超市的投入。例如，福建超大现代农业集团、云南邦尼农产品发展有限公司、河南双汇集团和华西希望集团等，在它们发展连锁生鲜超市的背后都有农业产业链的资源作为支撑。

比较以上三大模式，深圳模式显得更具特色，更有创新意识。关键在于其对生鲜的流通渠道这个载体形式进行了本质上的改造，摒弃了传统的农贸市场模式，从根本上依靠超市概念改造旧传统，从而解决了农贸市场存在的诸多问题。这些探索有利于积累经验，寻找更为合理有效的市场切入点，降低风险。在仍具有顽强生命力的农贸市场面前，生鲜超市只有把握好方向，才能替代农贸市场。

2　福州市农贸市场生鲜超市化现状

2000年，福州麦德龙将生鲜食品引进超市，之后沃尔玛、新华都、好又多等超市也纷纷开辟了超市生鲜区；福州本土的生鲜超市也陆续在市区遍地开花。永辉超市率先建成屏西、西洪、黎明生鲜超市，后来又将国棉、津泰菜场改建成生鲜超市。此后，蓝天、超大、久佳等连锁生鲜超市陆续跟进。

据统计，自2001年底以来，福州市在全国率先打造“农改超”品牌，截至2004年6月，已开业62家生鲜超市[5]。生鲜超市营业面积8.36万平方米，从业人员6 000余人，吸纳原有农贸市场人员749人，月平均销售规模801.55万元。福州市创造的“农改超”经验在全国各地反响强烈，至2004年已有50多个城市来榕参观，并在广东、浙江等多个省份推广。

2.1　福州生鲜超市发展状况

2.1.1　超市分布形势

近几年来，福州的超市发展迅猛，市区生鲜超市星罗棋布：南有德国麦德龙大卖场；西有沃尔玛山姆会员店，北有土生土长的生鲜超市大亨永辉；来自台湾的好又多则在最繁华的五四路和五一路上诸家分店。本土超市，蓝天超市(现拥有福大、前屿、环南、湖前、白马以及光禄坊等6家连锁店)、超大超市等也不甘示弱；洋下、北大、灵响等社区生鲜超市在社区市民中也有相当的影响力(见表2-1)。

表 2-1　福州市主要超市分布情况一览表

代号	名称	店别(业态)	店数	开业时间	营业面积
HYD	好又多	联信店	6 家	2000.1	6 048 m^2
		黎明店		2000.9	2 631 m^2
		东街店		2002.4	2 405 m^2
		五里亭店		2002.4	6 900 m^2
		永升店		2002.12	6 092 m^2
		富贵店		2003.1	7 480 m^2
WAL	沃尔玛	大利嘉店	4 家	2001.11	13 500 m^2
		长城店		2000.12	12 500 m^2
		山姆会员店		2001.6	15 000 m^2
YH	永辉	屏山店	19 家	2003.12	1 100 m^2
		屏西店		1999. 8	1 800 m^2
		中平店		2003.10	950 m^2
		国棉店		2002.1	3 900 m^2
		华林店		2003.9	7 600 m^2
		西洪店		1997	850 m^2
		黎明店		2001.9	3 100 m^2
		象园店		2002.1	3 200 m^2
		汇达店		2003.9	6 200 m^2
		福屿店		2001.12	540 m^2
		西门店		2000.1	3 500 m^2
		津泰店		2002.5	1 100 m^2
		前屿折扣店		2003.1	1 350 m^2
		祥坂店(便民店)		2003.5	110 m^2
		豪城便利店		2003.4.17	200 m^2
		省电建店(便民店)		2003.12.22	400 m^2
		杨桥店		2004.3	5 000 m^2
LT	蓝天	前屿店	6 家	2002.2	2 600 m^2
		环南店		2002.9	2 300 m^2
		湖前店		2003.1	2 200 m^2
		光禄坊店		2003.10	3 500 m^2
		白马店		2004.1	1 800 m^2
MET	麦德龙	麦德龙	1 家	1999.1	15 000 m^2
CAR	家乐福	家乐福	1 家	2004	

资料来源:好又多量贩超市、蓝天量贩超市(2004 年 3 月)。

2.1.2 消费者满意度分析

福州市农贸市场生鲜超市化后，生鲜超市产品质量、购物环境、服务水平比“农改超”前有明显改善。生鲜超市的蔬菜类价格要比传统农贸市场每千克便宜10％，鲜肉便宜5％～10％，海鱼也要低5％～10％，便宜1～2元，因连锁超市规模不同，价格平均要比农贸市场低10％左右[6]。

生鲜超市也由此受到市民的普遍欢迎。根据《海峡消费报》2003年的消费调查（见表2-2），66％的市民觉得变化最大的是购物环境，以前农贸市场里那种污水满地流的脏乱现象没有了；53％的市民认为，社区里新建了“生鲜超市”，购物更方便了；36％的市民认为价格实惠多了；25％的市民觉得购物更放心了，他们认为超市里的商品会多一些质量上的保证；另外，有20％的市民认为服务态度的变化让他们最满意。当然，大多数人认为，“农改超”后，不仅成了生鲜超市，也是百货超市，商品更为齐全，购物更加方便[6]。

表2-2 福州市市民对生鲜超市的满意度情况

项　目	观　点	结　果
生鲜价格	价格更实惠了	36％
商品质量	质量更放心了	25％
服务质量	服务更好了	20％
便利度	更加便利了	53％
	停车不方便	36％
购物环境	购物环境更好了	66％
	空气质量有待提高	13％

资料来源：《海峡消费报》第115期（2003年3月15日）。

2.1.3 生鲜零售业内差异

生鲜超市的发展赢得了市民的青睐，但就业内竞争态势而言，各家生鲜超市自身条件和经营水平的不同也使得普通消费者对生鲜超市的认可态度呈现差异性。

据《海峡消费报》的民意调查（见表2-3）及福建省消费者委员会2002年底的抽样调查显示：市民最喜欢的是土生土长的连锁超市永辉，其次是麦德龙，好又多、沃尔玛、新华都紧跟其后。多达45％的市民表示，他们最常去的是永辉超市，永辉超市已经成了他们生活中的一部分，他们到永辉主要是买菜，也购买日化用品；15％的市民选择麦德龙，虽然麦德龙地处城南，但还是吸引不少鼓楼区的消费者，在仓山区，61％的市民选择麦德龙，麦德龙超市在仓山区有绝对的区位优势；位于城西的沃尔玛山姆会员店也有同样的情况，来自台湾的好又多则被13.6％的市民选为最爱，主要原因在于他们喜欢好又多的购物环境。此外，新华都也获得了与沃尔玛比肩的支持率，近8％的榕城市民觉得新华都与沃尔玛差不多，超大、蓝天超市也有不少市民支持[6]。

表 2-3 福州市市民对各家超市的支持率

序号	超市名称	支持率
1	永辉超市	15%
2	麦德龙	8%
3	好又多超市	7.8%
4	沃尔玛	3.8%
5	新华都	2.6%
6	超大	1.4%
7	蓝天超市	2.8%
8	久佳超市(现已被兼并)	13.6%
9	其他	45%

资料来源:《海峡消费报》第 115 期(2003 年 3 月 15 日)。

2.1.4 现有管理模式

福州市省府路农贸市场,原有营业面积 1 700 多平方米,其中 980 平方米为国有。在改造过程中,负责国有资产部分的福州市市场服务中心与其他业主成立市场经营发展有限公司,以租赁形式确保国有资产保值增值。公司与 230 位个体经营者按照"合作与双赢"原则签订合同、统一价格,保证商品质量。经营者服从公司统一领导,公司创造条件不增加经营者的经营成本。生鲜个体经营者,以合作互助形式成立蔬菜、水产等小组,在小组长领导下,发挥各自经营特长。采用新的劳动组合方式后,扩大了进货规模,降低了经营成本。

永辉超市则采取了另外一种管理模式。公司高层领导人员实行股份制,增强人才的主人翁意识。中层管理人员首先是一名优秀的技术型员工,他们中许多人是从传统的农贸市场高薪聘请的长期从事批发业务的专业人员。永辉近 2 000 名员工中大部分是从国有流通部门招聘的熟练工人。为此,永辉成立员工培训学校,以帮助员工尽快提高素质。

"农改超"项目潜在着巨大的经济效益,因此福州出现"超大"、"永辉"、"雪峰"等经营模式,为今后生鲜超市的经营与管理提供了宝贵的经验。

2.1.5 外部发展环境

在福州,政府以市场为手段,以政策为支持,推动了福州农贸市场生鲜超市化进程,生鲜超市的外部发展环境良好。"农改超"工作是福州市委市政府为民办实事项目之一,也是福州市高速营销业态、规范流通程序、强化企业经营管理的重大举措。福州市因此成立"农改超"专项领导小组进行统筹规划,出台了农贸市场超市化标准规范,鼓励成熟的企业集团投资"农改超"工程。一大批企业正也积极,投身"农改超"。福州莱茵科技有限公司从一开始就积极促成"农改超"项目,向"农改超"企业提供摊点自动收银、互助组联营、承包经营等多种经营方式,拿出了生鲜熟食专门店、社区生鲜食品超市、综合购物中心等多种模式的改造方案以及各种灵活多样的核算方式。莱茵科技成功地为超过 70%的市政府"农改超"定点项目提供系统支持,为超过 80%的大型"农改超"项目提供系统支持成为第一个推出"农改超"超市专门版本的系统供应商。

2.2 福州"农改超"的效益分析

福州农贸市场生鲜超市化顺应了福州经济、政策环境和"改善社区生活,建设放心市场"的呼声,找准了项目实施的切入点。因此,福州市实施"农改超"项目短短两年时间,取得了显著的经济效益和社会效益。

2.2.1 整顿和规范了市场秩序，大大改善了居民生活

据了解，2001年福州市的社会消费品零售总额增长全国第一，农贸市场的营业额却下降了20%。在福州，只要新开办了生鲜超市的地区，其周边的农贸市场就普遍感觉到生存压力。显然，福州市实行“农改超”以后，生鲜超市已经得到了市民的认可。从购物环境来看，生鲜超市与外资超市、大卖场比较相似：宽敞、舒适、整洁的购物环境，明码标价，这与原来的农贸市场的嘈杂、脏乱以及讨价还价形成鲜明的对比，有利于遏制假冒伪劣、缺斤少两等欺诈现象。生鲜超市一般靠近社区，实行开架自选，一站购全、统一结算，为居民购物提供便捷服务。对市民购物而言，其便利度和服务质量大大提高；从经营方式来说，“农改超”以后的生鲜超市脱胎于农贸市场，是传统农贸市场的升级版，但又与现有的农贸市场有着质的差别，生鲜超市统一采购、统一配送、统一定价，降低了流通成本，生鲜的销售价格降低，商品的的卫生状况改善，由于生鲜超市品牌的内在约束力，许多“农改超”企业注重诚信经营，视企业信誉为超市生命，如蓝天量贩超市就以“诚信服务，始终如一”作为自己的企业宗旨。事实证明，将传统的农贸市场改造成为生鲜超市，既有利于整顿和规范市场秩序，又方便了市民的生活。

2.2.2 延伸农业产业链，加速农业产业化

随着生鲜超市规模的扩大，果品、蔬菜、肉类等的农产品的需求量也将不断扩大，自然也会推动农产品采购过程中的规范化，推进“订单农业”的发展。福州永辉超市的采购员遍布全市果蔬产地，从相对分散的农户手中收购农业品，然后分配到各个连锁生鲜超市。据福州市贸易发展局统计，2002年夏季，永辉仅从福州永泰、长乐等地收购的西瓜就超过5 000吨[2]。以市场为导向，以效益为纽带，农户生产与超市加工、销售相结合的分工模式，实现了“公司＋农户”的农业产业化运作。超市以专门从事果蔬生产的企业为采购的主要对象，这促进了以先进技术为基础的农业龙头企业的发展壮大。一些具备较强实力的超市集团向上游产业延伸，建立自己的农产品生产基地，形成生产、加工、销售一条龙的产业链，开拓自有品牌。超大农业现代集团在全国就拥有近30万亩的生产基地，具备了强大农畜产品加工、保鲜、配送能力[2]。

福州“农改超”的实践表明，“农改超”有助于推动生鲜超市与农副产品生产基地的有效对接，延伸了农业产业链，强化了市场对生产的导向作用，加速了农业产业化。

2.2.3 增加税收，确保了国家税收工作的高效管理

福州的农贸市场、专业市场有上万名个体户，税收上实行逐户定额征收，税务部门征管难度相当大，税收流失十分普遍，甚至出现了“有市无税”的问题。农贸市场经过超市化改造后，企业化经营取代了原来的一摊一户的经营方式，税务部门征收税款能够更加规范有序，征管模式由过去的定额征收逐步过渡为查账征收，管理上更加简便科学，税收流失的漏洞也基本堵上，税款大幅度增长。根据有关资料显示，福州市“农改超”前全市农贸市场税收一年只有1 500万元，“农改超”后，仅生鲜超市这一部分，税收就达到5 000万元，增加了2.5倍[7]。从单个超市看，永辉黎明生鲜超市月纳税额一般都在25万元左右，比同等面积的农贸市场整整高出5倍。[2]由此可见，农贸市场生鲜超市化在税收方面具有促进作用。

2.2.4 促进商业流通现代化

福州农贸市场生鲜超市化促进了商业流通的现代化。在深化流通业改制的过程中，福州市出现一批产权清晰、权责明确、政企分开、管理科学的实施现代企业制度的非公有制企业，它们遵循现代资本运营的规律，不断发展壮大，成为振兴民族商业经济的生力军。一些较强实力的企业（譬如永辉、蓝天等超市集团）以现代电子信息为支撑，发展以连锁经营、物流配送、电子

商务为主的现代流通方式，实现商品流、资金流、信息流的共享和循环。这些超市采用先进的超市标准化管理模式，有效降低超市的营运成本，提升规模经济效应，大大提高了企业竞争力。

2.2.5 促进城市建设，改善了城市面貌

在以往城市建设发展的过程中，商业建设和城市建设是分开进行的，城市的发展中暴露出很多问题马路市场、占道经营、环境污染等等。以往的集贸菜市是一种比较落后的商业模式，给城市的管理带来很多不便。福州市在把"农改超"项目与取缔占道市场结合起来，目前已经取缔城区占道早市 6 片[2]。"农改超"逐步深入，其他的占道早市也将被取缔，这将改善城市道路的交通和卫生状况，提高城市的档次和品位。

2.3 存在的主要问题

2.3.1 连锁经营管理不规范

组织形式的联合化和标准化是连锁经营的前提条件。只有对门店实行统一采购、统一经营管理、统一财务管理、统一质量标准、统一规范服务，才能体现连锁经营的优势。如果只有相同的店名、店貌而没有标准化的商品和服务，只能是"连而不锁"。福州生鲜超市，尤其是本土超市的连锁经营管理还不够规范。一些超市没有连锁，成本很难降下来，缺乏价格优势；一些超市的门店增长过快，缺乏可行性论证，造成盲目投资，注重在店名、装修、开架售货上实行统一，管理上仍是单店操作模式。门店的商品配送、信息管理等没有标准化和规范化。

2.3.2 农贸市场从业人员的安置问题

"农改超"阻力最大的问题是原有农贸市场从业人员的分流。大多数原经营者年龄较大，文化水平不高，很难进入改造后的超市工作。福州农贸市场实行的是摊位制，农贸市场撤销后，市场小商贩的费用偿付以及人员安排问题都会对超市化进程产生阻力。超市取代农贸市场，却又滋生了马路菜摊。小商贩在超市的四周沿街摆放经营，这说明农贸市场从业人员安置问题是不容忽视的。

2.3.3 超市生鲜的价格问题

消费者比较满意生鲜商品的价格。福州市还没有真正意义上的超市物流配送中心，没有形成"规模效益"。超市生鲜产品从采购到进场再到上架销售的整个中间环节由自身承担。这些都需要人力、材料和设备的投入，超市的生鲜营运成本要比原来的农贸市场高出许多[2]。另外，超市的货物进场费偏高，制造的门槛也影响了超市生鲜的价格。

2.3.4 管理人才的缺乏

零售行业专业性强，但本身又不属于高科技行业。从超市内部经营管理来说，目前福州的"农改超"企业缺少高层次的管理人才，缺少经营管理生鲜食品超市的采购人员、店长经理、技术操作人员，缺少有效的营运培训体系，忽视员工的技能培训和素质的拓展。人才缺乏对福州生鲜超市造成的不利影响日益凸显。

2.3.5 生鲜化力度不够

按国家规定，生鲜超市生鲜类商品要达到 70%（一般是在 50%）以上，家庭用品可占 30%[7]。但从实际情况来看，相当部分的生鲜超市的生鲜食品经营面积所占比例偏小，甚至达不到 50%的比例，生鲜化力度有待加强。

2.3.6 生鲜商品缺乏多样性

鲜活产品需求量大、变化快、品种多，规模化生产和流通有一定难度。从国外情况看，极易出现一种货架控制消费者的现象。超市为了获取更多利润，经营品种就不会一应俱全。小批

量单品交易成本较高，商家就会清场。农贸市场生鲜超市化之后，一个或数个社区才有一个超市，同类产品也就那么一两个摊档，消费者失去了选择权。

2.3.7 生鲜超市的空气质量较差

超市人员过多，空气流通不畅，各种生鲜商品因长时间暴露在空气中散发出恶劣气味，生鲜超市的空气质量普遍较差。超市大多都是密闭型的，致使室内污染物不能及时排出室外，一些超市为了节约能源还控制排气扇的开启时间。这些情况都造成了室内空气质量的恶化。空气质量不好势必会影响超市客源，最终影响超市收入[6]。

3 福州农贸市场生鲜超市化发展对策

推进福州农贸市场生鲜超市化的发展，要有长远的战略眼光，循序渐进，不能一蹴而就。其重中之重在于把握好农产品供应链上的资源优势和超市自有品牌的开发这两个基本支撑点，以实现可持续发展[8]。

3.1 多元化发展，公司化经营

福州是全国“农改超”最为成功的城市，其关键在于适应市场经济的规律，实行农贸市场生鲜超市化。生鲜消费需求与水平存在着明显差异性，现有农贸市场也仍具有面向低收入和传统消费阶层的市场生存空间，这就意味着农贸市场生鲜超市化应该朝着多元化方向发展，根据农贸市场的实际情况，走形式多样的超市化道路，不搞“一刀切”。在改造升级过程中，也不必从农贸市场向生鲜超市一步到位，可先考虑走“农加超”的道路，也即农贸市场加超市的模式。在现有农贸市场中发展超市，保留农贸市场，在适当的时候，超市慢慢取代农贸市场。

推进“农改超”要加快股份制建设，以产权为纽带，建立现代企业制度。连锁企业总部与门店之间必须产权清晰，明确产权主体，增强企业承担风险意识和防范能力，调动总部、门店和员工的积极性。具体地说，在连锁超市实行股份制，通过增量股份制，在发行新股过程中获得新的资金；实行存量股份制将一部分净资产出售给内部职工和社会投资者而转化为股权，从而拥有增资扩股的可能性，方便在营运中根据需求以送配股方式增加资本金；实行“债转股”的股份制，将超市的部分债务资产出售给社会投资者转化为股权，降低资产负债，从而建立现代企业制度[9]。

3.2 实现企业规模化经营，走连锁经营道路

连锁经营通过对若干零售企业实行集中采购、分散销售、规范化经营，从而实现规模经济效益，主要有直营连锁、特许连锁、自由连锁等类型。实行统一采购、统一配送、统一标识、统一经营方针、统一服务规范和统一销售价格是连锁经营的基本规范和内在要求。发展连锁经营不仅是流通业态的变革，而且对生鲜农产品流通、零售逐步走向规范化、现代化也具有积极的影响。

零售行业的本质就是规模经营。无论是大店还是小店，只有连锁才能形成规模。规模效益是连锁商业的优势和内在要求，规模化是连锁商业发展的基本方向和趋势。从日本连锁经营发展经验来看，连锁企业只有拥有 3 000 家以上的门店才能形成连锁配送规模效益[9]。通过兼并重组，走联合经营、连锁经营的道路，发挥群体优势是实现生鲜超市规模化、集团化的一

条捷径。因此，必须尽快把规模小、实力弱的连锁超市改造成为大型连锁超市集团，走强强联合的道路，增加经营连锁门店，使之朝着规模化的方向发展。

在福州，初期超市生鲜经营在外资零售企业的示范作用下，多以单店运作的大卖场展开，因此生鲜现场加工规模较大，形成了复杂的前店后场经营形式，多种自制产品加工和销售混合为一体，以此寻求活跃卖场气氛的效果。生鲜经营的现场加工，生鲜原料和产品标准水平较低，现场管理复杂性和难度放大。随着连锁店铺的增加，生鲜加工的多店管控难度也倍增。由此可见，超市生鲜经营的下一步发展，有必要从生鲜供应链各方重新寻求定位关系入手，进行产业细分化和专业化分工，超市生鲜经营有必要改变目前单店运作模式，转而建立有效的生鲜加工配送中心（生鲜 PC）支持下的立体运作模式，适度剥离超市生鲜经营中混为一体的加工和销售，最终降低店铺生鲜运营的现场管理、成本核算和品质控制的难度，加强生鲜原料和产品质量监管、消费需求分析和产品开发指导力度。通过规模效益，真正做到生鲜价低、货全、便民，赢得广大消费群体的青睐，增强超市的可持续的竞争力。

此外，生鲜连锁经营要根据生鲜农产品生产与消费的特点，循序渐进，逐步扩大经营范围。一般说，经过工业加工的农产品最适宜连锁经营，如各种蔬果饮料、罐头食品、腌制食品、粮食制品、糖果制品等；经过分级、包装、保鲜处理的生鲜农产品，如水果、冷冻鱼肉、茄果类和根茎类蔬菜等也比较适宜连锁经营；叶菜、活家禽、活鱼等产品搞连锁经营的难度相对大一些，必须结合实际，合理规划和布局。

3.3 建立物流配送系统，控制经营成本

零售业可以选择两种物流配送模式：一种是自建配送中心，即企业经营的所有商品全部由自己的配送中心配送，如沃尔玛的自建物流系统。另一种模式是内外配送服务并用。有些企业虽然建立了自己的配送中心，但也使用第三方配送服务。随着生鲜超市向连锁方向发展，建立物流配送中心十分迫切，配送中心是企业降低经营成本的关键环节之一。商业零售业加强竞争力的一个重要方面就是控制成本，农贸市场生鲜超市化也必须依靠先进的管理手段，走规模经济的道路。

实行物流配送要从城市的实际情况出发，在连锁企业规模比较小、单店货运量不大的情况下，可采用社会化配送，就是将原来由许多连锁配送系统或厂家分别向分散在某个地区的连锁店铺送货，改为先将许多厂家的商品集中到社会化配送中心，在中心将商品按要求送往的各个店铺进行分拣、配货，然后统一向各店铺送货。连锁经营粗具规模时，可建立自身的配送中心。商品配送中心一般由分货（TC）、库存（DC）、加工（PC）三大部分构成，具有集货、存储、配货、送货、加工、信息功能。配送中心从供应商处取得商品后，按照各连锁店铺的经营需要，快捷、准确地将商品配送到各个分店，并且依据高效率的信息传递和管理手段，对各分店的业务活动进行监督和控制。

3.4 完善政府职能，营造健康、高效的发展环境

作为政府“菜篮子”工程和民心工程的一部分，农贸市场生鲜超市化从一开始就是政府十分关注的改革项目，政府为此进行了大量工作。在社会主义市场经济的环境中，政府主管部门在引导农贸市场改造生鲜超市的进程中宏观把握、总体规划、政策引导是很重要的，这对完善政府部门职能来说是一个挑战。因此在“农改超”的过程中，政府部门有必要更加关注以下三个方面。

3.4.1 把握好政府职能和市场运作规律之间的关系

生鲜超市尚处于起步时期。经营模式、商品结构和服务功能组合等都在不断摸索和完善之中,生鲜超市的经营方式和经营品种要根据顾客消费需求来确定,其中会出现反复和调整,这一切都应该遵循市场运作规律进行。目前生鲜超市经营情况不断,政府部门应当分析问题的症结,把工作重点放在为生鲜超市营造良好的运行环境和培育机制上。由政府主管部门直接出面规定生鲜超市中生鲜品经营品种、数量和比例,未必能提高生鲜品销售业绩和生鲜超市自我生存能力,也未必有益于问题的解决。所以,在农贸市场生鲜超市化的过程中,如何把握好政府职能和市场运作规律之间的关系,是摆在政府主管部门面前的一大课题。

3.4.2 强化政府监管力度,建立食品经营安全体系

近两年,食品经营过程中的安全问题受到各方广泛关注。在要求企业自律的同时,加强政府在食品卫生安全上的监管力度,确立和规范行业管理标准,建立相关生鲜食品经营管理认证体系,这是政府部门的主要管理工作职责之一。同时,要支持生鲜超市在加强质量安全体系方面的投入,对其可实行优惠的税收激励,逐步完善具有福州地方特色的连锁经营法规。

3.4.3 关注农产品产业化和产业之间的协调发展

当前,除了部分原来从事农产品流通和农业产业化生产的生鲜超市外,相当一部分生鲜超市面临着来自生鲜供应链上游的采购货源、生鲜品质标准化和生鲜品配送等方面的压力,它们作为流通企业协调,这影响了生鲜经营的利润。为农产品产销牵线搭桥,建立产业之间的沟通协调机制,鼓励生鲜超市往上、下游拓展业务,这是政府发挥协调作用的有利时机。它既可以促进生鲜超市的发展,又可以带动农业产业化经营,实现“双赢”。

3.5 树立自身品牌,强化规范化的企业管理

3.5.1 实施生鲜超市的品牌战略

在农贸市场生鲜超市化过程中,生鲜超市企业必须通过优质的服务和特色经营树立品牌。在建立自身品牌时,可导入CI管理,制定企业的宗旨、发展目标、经营方针,形成企业形象体系。同时,要加强品牌保护,通过品牌注册,运用法律手段保护自身品牌不受侵犯,防止随意输出或任人滥用。通过对品牌进行无形资产评估,为连锁店的经营和投资发展提供科学可靠的依据。

3.5.2 规范超市的经营管理

在企业的规范化建设方面,一要实现组织体系的规范化:要做到结构上的整体性,除了设立总部与相应的成员店铺外,还要有配送中心与之相配套,要明确总部与成员店铺的权、责、利;二要实现管理的规范化:现阶段就是指几个“统一”,即统一店名、统一店貌、统一采购、统一进货、统一核算、统一管理、统一价格、统一服务、统一培训、统一广告、统一信息等等,其中最重要的是统一核算、统一进货、统一配送和统一管理,并在此基础上形成具体标准;三要广泛应用计算机、通讯等信息技术,启用条形码管理系统、销售时点管理系统(POS系统)、商业信息网络等硬件设备和管理系统,进一步提高连锁超市财务管理、物流管理和信息管理的技术含量。

3.5.3 重视超市服务细节的提高

超市必须把“顾客心理满意”,而不仅仅是把获取利润,放在优先考虑的位置;不能将满足顾客需要当作套取利润而不得已为之的手段,而应逐步满足顾客,把赢利视为实现“顾客心理满意”这一目标的自然结果。在服务细节方面,辅助购物工具要保持洁净,货架摆放要科学合理,收银操作速度要加快,精心营造温馨、舒适的购物环境,重视顾客反馈意见等。超市经营者要不断了解、揣测顾客的细微感受,处处为顾客着想,这样顾客就会对超市抱以长期好感。超

市获得的就不仅仅是短期的利益，而是一个长期的、稳定的、忠实的顾客群体，从而提升超市的品牌形象。

3.5.4 建立企业员工培训体系

零售业的员工培训也是十分重要的环节，关乎企业生存发展。为实现连锁经营的科学性、规范化，必须加强人才培训、提高人员素质，培养大量的管理人才和技能熟练的员工。因此，要致力于建立一套行之有效的员工快速培训体系。

参考文献：

[1]施维.生鲜超市在全国悄然兴起[N].农民日报，2004-05-27

[2]雷会彬.积极推进农贸市场超市化的步伐[J].引进与咨询，2003(6)：28～29

[3]薛泽平.农贸市场：改、改、改！[J].农产品市场周刊，2004(5)：46～47

[4]洪涛.新世纪我国农村商品流通问题研究[J].商业经济与管理，2003(2)：10～13

[5]陈长森.福州"农改超"经验传全国[N].福州晚报，2004-04-28

[6]3.15调查(超市篇)——福州超市大扫描[N].海峡消费报，2003-3-15

[7]宋海燕.对话农改超掀起红盖头[N].海峡都市报，2004-03-27

[8]方昕.生鲜超市与"行业杀手"[DB/OL].http://www.emkt.com.cn/article/89/8933.html.2002-12-10

[9]董永雷.连锁商业的现状和发展方向探讨[J].商业经济与管理，1999(5)：33～36

导师评语：

该论文研究了国内外生鲜超市的发展现状，深入调查福州市的生鲜超市，讨论了存在的问题，提出了发展的对策。该研究工作量大，技术路线科学。全文观点鲜明，论据充分、结构合理、资料翔实、分析透彻，是一篇比较优秀的学士学位论文。

我国司法鉴定制度改革初探
——兼论对英国专家证人制度的借鉴

厦门大学法学院法学专业2001级　洪秀娟*
指导教师：厦门大学　齐树洁教授

摘要：我国司法鉴定制度存在诸多弊端，近年来，改革呼声日益高涨。在探索改革路径的过程中，不少学者将目光投向域外资源，建议移植英美法系的专家证人制度。这一建议有其合理之处，但如果不考虑我国的具体国情，在与外国迥然相异的中国法律土壤上移植这一制度，其结果可能得不偿失。就司法鉴定制度而言，更为理想的借镜是英国的专家证人制度，可以仿造以改良我国的司法鉴定和专家辅助人制度。

关键词：专家证人　移植　司法鉴定　借鉴

Suggestion to the Reform of Expert Evaluation System in China
——Reference to the System of Expert Witness in UK

Hong Xiujuan
Law School, Xiamen University
Teacher: Qi Shujie

Abstract: As far as we known, there are many disadvantages in our expert evaluation system, the calling to reform it is badly. Many scholors advise to transplant the system of expert witness to reconstruct our system. The author can't agree to this advice. Through the study of the system of expert witness and the justice reform in UK, the author suggest that we should learn from the advantages of the system of expert witness to perfect our expert evaluation system and make full use of the system of expert assistant.

Key Words: Expert witness, Transplant, Expert evaluation system, Reference

我国现有的司法鉴定制度存在诸多弊端，鉴定机构设置、管理体制与运行模式呈现混乱局面，严重制约了司法公正的实现。近年来，理论界和实务界对改革司法鉴定制度的呼声都日益高涨。2005年2月28日通过的《全国人大常委会关于司法鉴定管理问题的决定》，拉开了鉴定制度改革的序幕。不少学者将视角投向域外资源，建议部分引入甚至全盘移植英美专家证人制度[1](p81)、[2](p257)。司法实践中，也有法院在庭审中尝试运用该制度。例如，2002年厦门市同安区法院审理的方金凯诉同安医院医疗损害赔偿纠纷一案，经被告申请，法庭准许其聘请的

---

* 作者已保送厦门大学法学院诉讼法专业2005级硕士研究生。

专家证人出庭作证[3](p38)。这些关注迫使我们深入了解专家证人制度。笔者查阅了英国专家证人制度及新近司法改革的相关材料，站在非文化持有者的立场上分析该制度在英国本土的运作情况，在此基础上探讨其在我国法律土壤上运作的可行性。笔者认为，全盘引入专家证人制度并非改革我国司法鉴定制度的适宜方案，吸收专家证人制度中的可取之处改良我国的司法鉴定和专家辅助人制度更为可取。

一、英国专家证人制度及其改革动态

在众多英美法系国家中，选择英国作为考察的模本有如下原因：英国专家证人制度历史悠久，久经司法实践的磨砺，相关的规则、判例十分发达，英国专家证人制度是英美法系国家专家证人制度理论与实践的源头；英国在肇始于20世纪90年代的司法改革中针对专家证人制度采取了一系列改革措施，基本上代表英美法系国家专家证人制度改革的趋势[4](p84)。

(一)适格专家证人

英国《1972年民事证据法》第3条规定，专家证人应具备以下标准：(1)专家可就关联性事项提供意见，如系与争议事项不相关的，则法院可根据该法第3.1条第2款第K项排除专家证据的运用，即对不可采的事项禁止传唤专家证人。(2)专家必须具备提供意见之资格。可见，作为意见证据排除规则的例外，专家要发表意见，必须具有相应的资格。这种资格可能来源于正规的教育并获取相应的资质证书，但证书并不是必需的，也不必然保证持证者具有法庭认可的专家资格。相反，在某些领域，通过多年实践积累的大量经验却能够当然赋予证人专家资格[5](p160)，法庭甚至更偏好于倾听这种具有实践经验的专家的意见。专家证人是否适格是由法庭决定的事项，在许可任何一位证人提供专家证据之前，法庭都会进行细致的资格调查。同时，专家的履历、经验是专家报告的重要组成部分，直接影响着专家证据的分量，因此，律师也会在主询问时花费大量的时间向法庭详细展示专家的资格。

(二)专家证据的适用范围与法庭许可

不可否认，专家证据在现代诉讼中发挥着举足轻重的作用，专家证人在纠纷解决中的作用日益膨胀，甚至威胁法官行使审判权。但这种权力侵蚀是过度使用专家证据的后果，专家证人不能代替法官行使审判职权。专家只能就其专业领域内的问题提供意见协助法院，使用专家证据应该严格限制范围。英国新的《民事诉讼规则》第35.1条规定：专家证据仅适用于解决诉讼中问题有合理必要之情形。当争议事项属于法庭或陪审团的经验和知识范畴时，法庭或陪审团完全可以就争议形成自己的意见，无须专家证人的协助。为防止滥用专家证据，新的《民事诉讼规则》强化了法院限制专家证据使用的权力，第35.4条规定：(1)未经法院许可，当事人不得传唤专家证人，也不得提出专家报告作为证据；(2)如果一方当事人申请法院传唤专家证人，需表明：他所希望依赖的专家证据领域，他希望传唤的专家在该领域具有丰富经验。在Mann v. Messrs Chetty and Patel (October 26,2000)一案中，上诉庭阐述了使用专家证据应当考虑的三个主要问题：(1)预计的专家证据是否强而有力与有说明力；(2)是否有助于解决争端；(3)费用与案件金额的大小[6](p479)。

(三)专家证据所依据的事实

即使是该相关领域最权威的专家，在提出专家意见时也应公开其依据的所有事实和资料，只有这样，对方当事人才能进行有效调查并予以反驳。例如，通过查阅专家证人公开的资料，对方当事人可以指出该专家证人被告知了无关的事实或遗漏了相关的重要事实，或是其依据的统计数据、理论已经过时等，其出具的专家证据欠缺说服力。法院可以通过双方当事人的激烈抗辩确定相应证据的分量。毫无疑问，专家证据所依据事实的公开至关重要，它可能增强专家意见的证据分量，也可能导致该意见一文不值。

(四)专家证据的开示

基于诉讼公平原则，英国的诉讼程序不允许证据突袭，当事人取得的所有证据都应当“在桌面上摊开牌”，这一规则同样适用于专家证据。新的《民事诉讼规则》第35.11条规定：如果一方当事人开示专家报告，其他各方当事人都可以使用该专家报告作为证据。第35.13条则从反面规定：未开示专家报告的当事人，除非获得法庭的许可，在开庭审理时不得使用未开示的专家报告，也不得传唤专家证人以言词方式作证。这一规定充分体现在英国上诉法院1993年审理的R v. Ward案中，控方由于未向辩方公开其所持有的专家证据(这一专家证人后来被判定具有偏向性)被判败诉，Glidewell法官表示，无论辩方是否提出要求，控方均应开示证据[7](p85)。

(五)专家证据的证明力

判决是法官的工作，任何情况下专家证人都不能越权行使审判职能。法庭无义务接受专家证据，在陪审团参与的案件中，法官应当告知陪审团，他们不能无条件信任专家证据，如果专家证据看起来不合理，他们可以拒绝采信，专家证据的地位并不高于其他证据[8](p397)。控辩双方当事人提交的专家证据相互矛盾时，应当由法官决定解决冲突，法官可以从冲突意见中选择其一，也可以均不接受。由于在该领域法官没有充分的判断能力，他对专家意见的否定，争议颇为激烈，一般的标准可以归纳为：专家证据是否与其他证据相印证；专家证据能否经受逻辑分析；专家证据是否充分，足以使法官达到内心确信。

(六)专家证据规则的改革

在题为“接近正义”的最终报告中，沃尔夫勋爵指出：“民事案件对专家证据可采性的放任是一种严重弊病，它造就了一批获取高额报酬的专家，他们根据聘请他们的当事人的需要出具专家意见，这种做法的代价就是阻却了司法公正的实现。”[9]因此，在这次意义深远的全面性改革中，改革者就改革专家证据制度提出了以下措施：

1.新规则赋予专家证人对法院的优先职责

在传统的对抗制诉讼模式下，专家证人和律师一样，是当事人重要的诉讼武器，根据当事人的指示就技术问题提出意见并服务于委托人。尽管提供的是所谓的“科学”证据，但事实上专家意见一般皆有利于委托人[10](p473)。美国学者Langbein更是将专家证人比喻为“萨克斯风”，律师演奏主旋律，指挥专家证人吹出令其倍感和谐的曲调。为改变这种局面，新规则要求专家证人对法院承担优先职责，即专家证人应当独立于委托人。这个做法的理想是，即使该专家受当事人委托，他也会提供一模一样的意见。

2.共同专家证人及专家证人间的协作

在改革前的诉讼体制中，不同当事人聘请的专家证人各事其主，提供意见以支持有利于己方当事人的“最佳案情”。过度对抗显然不利于发现案件真实，沟通与协作的缺位更加剧了双方的分歧。因此，新规则创设了共同专家证人制度，鼓励当事人尽量使用单一的共同专家。该规则第35.7条规定：当双方或多方当事人希望就某一特定问题提交专家证据时，法院可以指定只由一名专家证人就该问题提交专家证据;指示方当事人就专家证人人选不能达成一致时,法院可从指示方当事人准备或提出的专家证人名单中选择一名专家证人,或按法院所确定的其他方式选择专家证人。

即使在允许双方当事人自行聘请专家证人的案件中,双方专家间的协作的重要性也被提升到前所未有的高度。在诉讼的任何阶段,法官均可指令双方专家进行"无偏见"的讨论,并在可能的基础上达成一致。法院可以指定专家必须讨论的问题,还可以要求专家在讨论结束后向法院提交一份声明,载明业已达成一致和尚未达成一致的问题,并对未达成一致的问题说明理由概要[11](p619)。但是,除非当事人明确表示接受,专家就特定问题达成一致的协议对其不具有约束力。

3.专家报告的使用

作为加快诉讼程序、减少诉讼费用的另一项举措,专家报告被委以重任。规则第35.5条规定,专家证据须以书面报告形式提交,法院另有指令的除外。对于采取快捷审理程序的案件,除非司法利益的需要,法院将不允许传唤专家证人出庭作证。同时,为防止剥夺当事人提问以澄清专家报告内容的权利,新规则允许当事人在庭审前以书面形式向专家证人提出质疑。专家证人对该质疑的回答将构成专家报告的组成部分。

二、我国引入专家证人制度的利弊分析

制度设计毕竟只是理想,其实际效果还取决于诸多因素,了解英国专家证人制度后我们将分析该制度在英国本土的运作情况,考察其利弊。同时讨论该项制度作为异体移植物是否契合我国的法律传统及现有司法资源与专家证人制度。

(一)从专家证人制度在英国本土的运作分析其利弊

不可否认,专家证人制度在英国本土的运作显示出诸多优点,有些甚至是大陆法系的司法鉴定制度无法比拟的。具体体现在三个方面。

1.充分保障当事人选任专家证人的自由意志

在各方当事人利益截然相反的诉讼对抗中,由法官指定双方均满意的专家显然较为困难,往往会出现一方或多方当事人选任专家的自由意志得不到满足的情形。而在英美的专家证人制度中,由于选任权掌握在当事人手中,当事人的自由意志在专家选任上必然得到充分反映。

2.维护法官的超然地位

由于专家的选任不受法官意志的左右,法官只能在当事人选任专家后,作为一名"不动声色的观察者"在各方的专家证据中进行权衡和抉择,从而保障其中立的旁观者地位。

3.双方当事人的有效对抗可能达到全面揭示案件真实的效果

单一的专家证据存在片面性,难以充分关注有利于和不利于当事人的两方面情形,而专家证人制度下,基于委托方利益的考量,专家证人必然会尽力扩充有利于己方当事人的因素,发掘不利于对方当事人的因素,通过法庭对抗使案件的各个方面均展现在法官面前。

在肯定专家证人制度优势的同时也应该关注其弊端,国内部分学者由于忽视这些弊端而过分推崇该制度。

1.专家证人的倾向性

"任何人为的制度都不可能同时实现两种价值,即一仆不能同事二主"[12](p318),专家证人制度却要承载两种互不兼容相互对立的价值取向。《民事诉讼规则》第35.5条规定:专家证人的

职责在于以其专业知识帮助法院解决诉讼程序中的问题。在这里，我们看到专家证人制度对社会正义价值的追求，这种价值表现为社会对公正裁判的渴求，只有当判决中认定的事实最大限度地接近客观真实时，这种价值才算实现。具体到专家证人制度上，即要求专家证人持客观中立的立场，以科学方法协助法庭发现案件真实。然而，一个不容忽视的现实是，专家证人制度在英美的对抗制诉讼文化下运行。在这种双方当事人相互竞赛的诉讼角力中，任何一方当事人都将不遗余力地发掘对自己有利的证据，这其中便包括了聘请专家证人，花重金委任的目的在于借用专家证人那张“权威的嘴巴”发表意见来说服法官做出利己判决。毫无疑问，在个人利益的指引下，没有当事人愿意花钱找一个坚守公平理念在关键时刻会倒戟反戈的专家证人[13](p38)。法律规定和现实需要出现了巨大的分歧，尤其当专家证人日益发展成一项赖以谋生的职业时，社会正义价值与个人利益价值的冲突使承载这两者于一身的专家证人更为迷惘与无奈。专家证人毕竟不同于从国库领取工资的法官，经济利益迫使他们不得不屈从于作为“衣食父母”的当事人的意志。可以说，专家证人的倾向性是不可避免的，制度设计上的价值混同是该弊端产生的深层原因。

2.诉讼迟延及居高不下的诉讼费用

自专家证人介入诉讼，诉讼中因使用专家证人而产生的费用就呈不断上升的趋势。随着科学技术的进步，专家证人在诉讼中发挥越来越重要的作用，这种费用上升的势头就越来越猛烈了。导致费用上升的原因是多方面的，最为直观的因素在于专家证人收费的持续上扬。尽管沃尔夫勋爵在其改革的最终报告中明确提出要限制专家的收费标准(这导致部分行业收费略有下调)，但总体而言仍呈上升趋势。取相关统计数据为证，1997 年英国各行业专家证人准备专家报告的平均收费标准是每小时 93 英镑，1999 年为每小时 100 英镑，2001 年为每小时 110 英镑，2003 年为每小时 123 英镑。专家证人出庭的收费标准同样是逐年攀升，1997 年专家出庭一天的平均收费是 669 英镑，1999 年为 709 英镑，2001 年为 789 英镑，而 2003 年这个数据已经飙升到 893 英镑①[14](p40)。过分渲染专家证人在诉讼中的作用无疑催化了专家收费的上扬，另外，专家证人的职业化运作、按时计费的收费方式以及英国实行的诉讼费用补偿制度都在不同程度上加大了诉讼开支。

诉讼迟延是专家证人制度引发的另一弊端。从某种意义上讲，诉讼迟延是诉讼费用居高不下的共生体。一方面，由于采用按时计费的收费方式，专家证人的工作时间越长，报酬越可观，有意无意拖延诉讼在所难免。另一方面，为了在激烈的诉讼角力中赢得有利局面，双方当事人无不在庭前督促专家证人准备尽可能详尽的专家报告，近年来专家报告的冗长化趋势即是一个有力的证明。复杂的专家报告必然要求更长的证据开示及庭审质证时间，诉讼迟延由此产生。

(二)我国现有法律资源层面上考察制度运行的可行性

法律乃是一种地方性的知识，在设计制度改革方案时应当首先考虑国情，否则即使符合工具理性的方案也会因为缺乏本土资源的支持而难以实践[15](p45)。作为一种异体移植物，专家证人制度要在我国有效运行必然将面临比在英国本土更多的挑战。

首先，专家证人制度将面对中国传统诉讼文化的挑战。众所周知，我国奉行强职权主义的诉讼模式，强调法官对诉讼的主导作用。尽管近年来通过司法改革逐步削弱法官职权，强调当事人

---

① 以上数据来自英国 *Your Witness* 杂志，该杂志每两年发布一次的专家证人情况问卷调查报告，其中包括了专家证人收费标准一项。

主义,然而传统诉讼文化下形成的社会大众的“清官情结”及当事人对法院职权行为的依赖心理却不是短时间内可以消除的。法官不主动调查取证仅作居中裁判的做法难以得到普通民众的认同,相反,随着大量事实清楚却因当事人举证不当导致败诉的案件的出现,民众对司法现状的不满有增无减。在此情形下如果再将提交鉴定结论的任务推给当事人,难免雪上加霜。

其次,专家证人制度在我国的有效运行考验着我国现有的法律制度的包容性。任何一种制度都不是孤立的,存在着与其有着千丝万缕联系的制度网络。专家证人制度也不例外,其运行依赖一系列相关制度的支持,如对抗制的诉讼体制、交叉询问规则、律师强制代理、诉讼费用转移制度等。而在我国的法律土壤上,这些制度要么不存在,要么尚未健全,远远无法支持专家证人制度的运作。以交叉询问规则为例,作为在相互冲突的专家证据中发现真实的核心环节,在我国的实践操作中显然过于微弱,难以起到辨伪存真的效用。在当前诉讼制度迥异、配套机制不完善的情形下贸然起用专家证人制度恐怕将出现画虎不似反类猫的窘境。

(三)制度移植不是改革我国司法鉴定制度的适宜路径

综上,专家证人制度在英国几百年的司法实践中日臻完善,其本土运作也显示了诸多可取之处。然而,这项制度本身存在严重的甚至是无法补救的弊端,依靠专家证人的协助通过双方当事人的抗衡以发现案件真实的制度设计尽管“看起来很美”,但在实际运行中却出现了较大偏差,危及司法公正和效率。同时,我国的法律土壤尚未产生支持专家证人制度运行的诉讼理念及制度安排。在此情形下,引入专家证人制度取代我国现有的司法鉴定制度,可能不能解决原有问题反而陷入新的制度弊病泥淖。有学者认为引入该制度有利于完善我国入世后的法律环境[16](p81)。笔者以为该理由过于牵强,专家证人制度并非国际通例,大陆法系国家普遍适用鉴定制度,甚至在美国法学会发起、国际统一私法协会参与并作为共同发起人制定的《跨国民事诉讼规则》中,对相关制度的规定基本上也采用大陆法系的模式。因此,全盘吸收专家证人制度并非我国司法鉴定制度改革的适宜路径。

三、制度借鉴是改革我国司法鉴定制度的必经之路

墨守成规无法推动制度的演进,冒进革新可能导致制度的反复,因此选择一条适合我国国情的改革进路至关重要,这也正是本文讨论的最大意义。笔者对移植英美专家证人制度的批驳并不意味着对该制度的全盘否定,相反,笔者认为对该制度的借鉴是必不可少的,并试图在借鉴的基础上构建我国的司法鉴定制度。

(一)改革模式的确定及原因

在我国现有的司法层面上,应当确立以司法鉴定制度为主体框架,以专家证人制度的合理因素为补充,并辅以专家辅助人制度的改革模式。原因主要有两点。

1.制度借鉴是世界范围内鉴定制度发展的必然趋势

考察世界各国司法改革的动向,我们不难发现,两大法系的鉴定制度在相互借鉴与学习的过程中日益融合,制度界限逐步淡化,制度内容日渐趋同。以英美法系为例,单一的共同专家证人制度出现在传统的对抗制诉讼格局中即是一项“破冰”之举,要求专家证人对法院承担优先职责也呈现出明显的“大陆化”特点。与此同时,大陆法系国家也在加快该项制度的改革:当

事人就选任鉴定人达成的合意可约束法院决定，当事人有权聘任专家辅助人监督鉴定人科学公允地工作并协助其对鉴定结论的质疑。这些均包含英美法制度的元素。

2. 制度借鉴是符合我国国情的改革模式抉择

我国长期以来沿用的司法鉴定制度存在诸多弊端，然而对其全盘否认并不客观，相较于专家证人制度，鉴定制度也存在自身的优势，如：法官指定的鉴定人地位中立，不易受当事人利益干扰，诉讼成本较低，有利于保障实质正义等。同样，英美专家证人制度虽然并不完美，然而也有诸多可取之处，尤其在保障当事人自由意志、维护法官中立地位等方面，专家证人制度的优势确实是司法鉴定制度所无法比拟的。因此，单纯依靠任一制度或妄图以一种制度取代另一种制度均是不理智的，只有对两制度的整合吸收方可更好地推动我国司法鉴定改革。改革还需考虑成本、时间，鉴于我国沿用大陆法系鉴定制度的传统，相关配套机制较为完善，以该制度作为主体框架进行改良无疑是较为经济的选择。

（二）具体制度构想

在确定我国司法鉴定制度的改革模式后，笔者试对具体的制度做如下构想：

1. 鉴定的启动

我国现行司法鉴定的启动制度极不合理，根据民事诉讼法、刑事诉讼法的规定，司法鉴定的启动权由检、警、法机关享有，而刑事诉讼的犯罪嫌疑人、被害人只拥有补充鉴定或重新鉴定的申请权。这一规定导致控辩双方的权利对比严重失衡，与现代诉讼中程序正义的原则格格不入。笔者认为应对其进行以下改革：首先，取消检、警的鉴定启动决定权，明确法官是享有鉴定决定权的唯一主体。其次，赋予控辩双方鉴定启动申请权，并以申请作为启动鉴定程序的必经步骤，未经申请，法官只能就双方的证明责任行使释明权，并不能主动启动鉴定程序。再次，修改救济程序，控辩双方的申请，法官享有排他的决定权，但申请人对法院决定不服的，有权向上一级法院请求司法救济。最后，鉴定事项同样应由控辩双方申请而由法官决定，但在具体事项确定后，送检材料应由控辩双方共同确认或经双方认可。

2. 鉴定人的选任

诚如有的学者指出的，在欠缺独立公正机制的前提下，给予法官过于宽泛的职权会导致司法腐败[17](p314)。因而，主张将鉴定人的选任权转移给当事人的观点在国内学者的讨论中并不少见①[18]。笔者以为，对权力的彻底剥夺确实是杜绝腐败的有效途径，但并非唯一途径，更为可行的方法是限制法官的鉴定人选任权：法院应当指令双方当事人就鉴定人的选任进行协商，双方协商达成一致意见的，法院应遵从该意见，只有在双方当事人争执不下的情况下，法官才可依法定程序从经合法登记的适格鉴定人和鉴定机构中选择鉴定主体。在鉴定人的选任机制上赋予当事人更多的参与和决定权，这有利于增强当事人对鉴定结论的信任度，从最初的环节上避免重复鉴定的发生。

3. 鉴定机构的完善

鉴于公检法“自侦自鉴”、“自检自鉴”、“自审自鉴”的状况有违司法鉴定的中立性要求，不利于司法公正的实现，应当实现专职鉴定机构与公检法三机关的分立，建立统一的司法鉴定管理制度[19](p184)。这一点《全国人大常委会关于司法鉴定管理问题的决定》中已有明确规定：侦查机关根据侦查工作的需要设立的鉴定机构，不得面向社会接受委托从事司法鉴定业务；人民

---

① 樊崇义教授观点。系转引。

法院和司法行政部门不得设立鉴定机构。同时，鉴于我国目前鉴定机构林立、鉴定人员素质参差不齐的状况，不宜引入英美鉴定人主义的模式，而应在坚持鉴定权主义的传统下，加强对鉴定人及鉴定机构的管理，设立完善鉴定人名册，实行鉴定职业资格准入。

4.鉴定结论的开示

阳光是最好的防腐剂，为防止鉴定过程失去控制，双方当事人均有权监督鉴定，鉴定结论的开示也是必不可少的。鉴定结论的开示应当注意全面性，对申请人有利或不利的结论均应公开。开示不能单纯告知结论部分，还应当公布得出该结论依据的事实、相关的材料、进行的试验等，增加透明度，方便双方当事人自行判断检验标本是否适当、鉴定程序是否合法、依据的数据理论是否可靠等。

5.鉴定人出庭接受质证

诚然，由法官任命的单一鉴定人可能难以使有利于和不利于当事人的两方面情况都得到充分关注，法官与部分鉴定人之间委任关系的固定化容易使鉴定人产生迎合法官预断来制作鉴定结论的心理倾向，也容易导致法官为这些“熟人”的鉴定结论开“绿灯”而产生误判[20]。因此，鉴定人出庭接受质证是当前完善鉴定制度的必经之路，通过法庭证据的展示与询问过程使当事人对鉴定人的鉴定行为及法院的审判行为加以有效监督。在庭审质证上，鉴定结论与其他证据并无区别，甚至由于鉴定结论的专业性和技术性，通过庭审判断结论正误的重要性更为突出，鉴定人无正当理由拒不出庭的，其所作的鉴定结论不能作为法庭认定案件事实的证据。

6.完善专家辅助人制度

有观点认为，最高人民法院颁布的《关于民事诉讼证据的若干规定》第 61 条在我国创设了“专家证人”制度，事实上，对第 61 条的规定应定义为“专家辅助人”制度，而非“专家证人”。无疑，司法鉴定大多涉及高科技事项，非一般当事人的知识范畴所及，以一己之力监督鉴定程序、质疑鉴定结论显然存在困难，因此专家辅助人有其存在的必要性。专家辅助人由双方当事人自行委任，相较于法官任命的鉴定人，其更关注委托方的利益，通过双方辅助人的相互制衡得以充分发掘有利于己方的因素，揭露不利于对方的因素，避免鉴定结论的片面性。一般而言，专家辅助人有如下职权：代表本方当事人对法院聘请鉴定人的工作提出建议并有权表达本方当事人的意愿；代表本方当事人确认送检材料；监督司法鉴定过程，对鉴定人提出问题和建议；研究鉴定结论，经法官许可有权在庭审中询问鉴定人。

7.丰富专家意见证据的种类

随着专家意见证据在诉讼中的使用日益频繁，单纯的鉴定结论已无法满足司法实践的需要，有必要借鉴法国新的《民事诉讼法》的规定，在鉴定结论之外另设咨询制度[21](p521)，丰富专家意见证据的种类。当法庭需要专家在庭外利用专门的仪器设备和技术手段对检材进行检验时，可以采用现有的司法鉴定制度，而在案件不涉及检材，仅需对纯技术事项进行确认或陈述的情况下，则可采用咨询方式。在诉讼实践中，运用咨询的情形已有出现。如 1998 年福州市中级人民法院审理的“IP 电话案”，案件的上诉方、被上诉方和法庭三方共计邀请了 5 名专家就网络电话的相关事项出庭接受法院质询[2](p23)。赋予咨询明确的法律地位有利于证据的认定与采纳，同时，由于只有在咨询不足以查清案件事实的情况下方采用鉴定方式，这样的制度设计也符合诉讼经济的司法改革目标。

可以说，改革模式的抉择在根本上决定了改革的成败，笔者以为在我国司法鉴定制度的改革过程中，不仅应将视角投向海外寻求可取资源，更重要的是在发掘出“他山之玉”后如何加以利用，是全盘引入改弦更张还是适度借鉴以实现突破。通过对现实国情的关注与制度移植的利弊分析，笔者更倾向后者，即认为采用以鉴定制为主、专家证人制为辅的改革进路，将更有利于我国司法鉴定制度的有效运行。

致谢：本文在写作过程中得到厦门大学法学院齐树洁教授的悉心指导，特此致谢。

参考文献：

[1]李革新. 民事诉讼中的专家证人制度[J]. 前沿，2003(5)

[2]卢永红. 论专家证人——美国专家证人制度的启迪与中国司法现实的思考[J]. 中央政法管理干部学院学报，2000(6)

[3]最高人民法院. 中华人民共和国最高人民法院公报. 2004(2)

[4]徐昕. 专家证据的扩张与限制[J]. 法律科学，2001(6)

[5]Tracey Aquino. *Essential Evidence*[M]. 武汉：武汉大学出版社，2004

[6]杨良宜，杨大明. 国际商务游戏规则：英美证据法[M]. 北京：法律出版社，2002

[7]Edward Phillips. *Briefcase on the Law of Evidence*[M]. 武汉：武汉大学出版社，2004

[8]Alan Tayor. *Principles of Evidence*[M]. Canvendish Publishing Limited，2000

[9]Access to Justice . *Final Report*，137et seq.

[10]程春华主编. 民事证据法专论[M]. 厦门：厦门大学出版社，2002

[11]齐树洁主编. 英国证据法[M]. 厦门：厦门大学出版社，2001

[12][美]博登海默著，邓正来译. 法理学：法律哲学与法律方法[M]. 北京：中国政法大学出版社，1999

[13]徐继军，谢文哲. 英美法系专家证人制度弊端评析[J]. 北京科技大学学报(社会科学版)，2004(9)

[14]徐继军，谢文哲. 英美法系专家证人制度弊端评析[J]. 北京科技大学学报(社会科学版)，2004(9)

[15]齐树洁主编. 民事司法改革研究[M]. 厦门：厦门大学出版社，2004

[16]李革新. 民事诉讼中的专家证人制度[J]. 前沿，2003(5)

[17]王利明. 司法改革研究[M]. 北京：法律出版社，1999

[18]杜萌. 司法鉴定制度的攻坚视点[N]. 法制日报，2005-04-05

[19]中国政法大学刑事法律研究中心. 司法鉴定制度改革研讨会纪要[A]. 司法鉴定研究评论集[C]. 北京：法律出版社，2001

[20]樊崇义，陈永生. 我国刑事鉴定制度改革与改善[J]. 中国刑事法杂志，2000(4)

[21]张卫平主编. 外国民事证据制度研究[M]. 北京：清华大学出版社，2002

导师评语：

司法鉴定制度的改革是近年来全社会关注的一个热点问题，其完善与否关系到司法的公正和效率以及人民权利的保障。本文结合我国国情及近年来司法改革的实践，针对部分学者关于引入英美法系专家证人制度的建议，对英国专家证人制度进行法理上的分析。作者指出，在司法改革的过程中，借鉴外国的司法经验是必要的，但如果不考虑我国的具体国情，在与外国迥然相异的中国法律土壤上移植某一制度，其结果可能得不偿失。为此，应当借鉴英国专家证人制度的可取之处，改良我国的司法鉴定和专家辅助人制度。文章还对我国司法鉴定制度的改革提出了具体的立法建议。论文视野开阔，资料翔实，逻辑严密，言之有据，分析较为细致深入，有个人的见解，是一篇优秀的本科毕业论文。

网络环境下意思表示的规则

福建师范大学法学院法学专业2001级　罗慧连
指导老师:福建师范大学　张冬梅讲师

摘要: 网络环境下的意思表示表现出不同于现实环境下的意思表示的新的特点,本文参照现实环境之下的意思表示所基本形成的相对完善的法律规则体系和司法实践过程中形成的一套相关解释规则,提出了网络环境下意思表示在适用法律的过程的主体、内容和效力等新的规则体系。

关键词: 意思表示　网络环境　规则体系

The Rule of the Meaning Expression in the Network

Luo Huilian
Law School, Fujian Normal University
Teacher: Zhang Dongmei

Abstract: Comparing to the meaning expression under the realistic environment, the meaning expression in the network has showed some new characteristics. According to the relatively perfect legislation and a set of judicial interpretation rule about the meaning expression under the realistic environment, the article puts forward the new rule system including subject, content, efficacy and so on, which is applicable for the meaning expression in the network .

Key Words: Meaning expression, Network environment, the rule system

意思表示是指行为人设立、变更、终止民事权利和民事义务的内在意思以一定的方式表达于外部的行为[1](p83)。随着科学技术的发展,互联网作为一个新的交易平台,其开放性、虚拟性、数字化、无纸化、信息化等特征改变了先行民法中意思表示的方式及其相关制度。网络环境的特殊性致使网络环境下的意思表示与现实环境下的意思表示存在差异,现实环境下的意思表示规则能否直接适用于网络环境仍有争议,利用现有的有关理论构建特殊意思表示规则以适应网络环境下的特殊意思表示成为民法界一大探讨问题。显然,正确及时地解决上述问题,关系网络民事活动的正常进行。

1 网络环境下的意思表示的新特点及其属性的定位

1.1 网络环境下的意思表示的新特点

互联网络里的意思表示和表现与传统的意思表示和表现不同，基于互联网络发生的意思表示表现出以下五个新的特点：(1)意思表示过程的自动化。在网络环境下，当事人根据事先编制好的程序通过计算机通讯网络自动发出要约或承诺的意思表示，一切过程都由双方的计算机系统完成。(2)表示的无纸化和电子化。网络环境下，电脑网络给人提供无纸化和电子化的新型交流方式，当事人不再以传统的纸张为文字交流的介质，而是直接把文字搬上电脑系统和网络，文字变成了由磁性介质作载体的电信号和代码。它们不能被直接读取和理解，必须通过机械的转化才能为人们理解。(3)可信度不同。数据电文容易被篡改而不留痕迹，而且易于复制。比起传统纸张的意思表示内容，网络环境下的意思表示的可信度相对下降。(4)表示传递的便捷性。网络环境下意思表示通过高度自动化的电子信息交换系统来完成，方便、迅速。(5)国际化。基于互联网络的意思表示开展的商业活动，使得偌大的地球变成一个联系紧密的“地球村”，人们之间的距离缩短了，合作空间扩展了。网络环境下的意思表示已成为不以个别人、个别企业的意志为转移的客观存在的意思表示方式，参与这个网络的表意人不会局限于某个特定的国度[2](pp75~81)。在现实环境中，我国立法对意思表示已经形成相对完善的法律规则体系，司法过程中也形成了相关解释规则。网络环境下的意思表示的新特点冲击着我国的相关法律规定，在适用法律的过程中也引起新的思考。我们要解决网络环境下的意思表示的相关问题，必须先对网络环境下的意思表示进行属性的定位。

1.2 网络环境下意思表示的属性的定位

在现实环境中，根据表示形式的不同，意思表示可以分为对话型的意思表示和非对话型的意思表示两种，分别适用不同的规则。对话型意思表示，指双方当场口头对话的意思表示，而且还包括当场书面对话的意思表示和通过电话直接交流意思表示的内容的意思表示形态[3](p82)。非对话型意思表示，是指表意人做出的意思表示不能直接为对方了解而是间接入于对方了解范围的意思表示，如以信件、数据电文形式做出的意思表示，经第三人传达的意思表示。

网络环境下的意思表示是对话型意思表示还是非对话型意思表示，这是一个值得思考的问题。网络环境下的意思表示属性的定位直接决定了网络环境下的意思表示的规则。互联网络具有交互性、实时性的特征，但并非具体的网络交易及其意思表示都具有交互性和实时性；意思表示可以通过交互性网络平台来表达，也可以通过非交互性的网络平台来表达。通过交互性网络平台的意思表示具有交互性和实时性特征，与现实中的电话对话型意思表示相似，可以比照适用现实环境下电话对话型意思表示的一般规则。通过非交互性网络平台的意思表示，双方不在同一个地点，中间需要网络服务提供商 ISP 的支持，和现实环境下的非对话型的意思表示相似，但是因为现实环境下的非对话型意思表示适用的规则如前文所述，也不尽相同。虽然通过非交互性网络平台的意思表示可以参照适用现实环境下的非对话型意思表示规则，但是适用非对话型意思表示规则中的到达生效主义还是发信生效主义，立法上还需要讨论。正确的做法应该是，对于网络环境条件下意思表示生效的时间、地点问题，应该区分不同的情况适用不同的规则。

2　网络环境下意思表示的新规则

2.1　关于意思表示的主体

在网络环境下，交流的方式多样，交流的人群复杂，进行意思表示的双方当事人在很多情况下都未曾谋面，表意人是否适格，双方当事人可能也不清楚。因此，网络环境下意思表示的主体方面也出现了一些新的规则。表意人适格主要指意思表示的当事人有相应的权利能力和行为能力。在网络环境中，同样存在表意人适格的问题，同样存在意思主体适格的问题，意思表示时具体情况不同，其后果可能不尽相同。为了平衡意思表示双方当事人的利益，对网络环境下的意思表示主体可以进行制度设计。

在网络环境下，如果意思表示的双方当事人是较为固定的商业伙伴，由于他们在进行电子数据交换时通常是通过专用网络联系的，且有数字签名等其他确定当事人身份的密码，因而他们之间以网络进行的意思表示，对方当事人有足够的理由相信表意人是适格的。这种情况下的意思表示和现实环境下的意思表示并无实质不同，可以参照现实环境下意思表示的相关规则适用。

通过因特网为意思表示，则应视具体情况而定。若双方以电子方式为意思表示通过了电子认证中心这一中介机构，则应认定一方当事人有充足理由相信对方当事人是适格的，因为电子认证中心的认证除可起到确认意思表示内容的作用和公示作用外，还有其最基本的功能，即确定当事人身份。这样一种经过认证机构向社会公示并经其认证的当事人身份，相对人有充足理由相信。这种情况下进行的意思表示当然有效。反之，若订约当事人以电子方式为意思表示未经过电子认证机构的认证，则很难说明有充分理由相信对方当事人是适格的，在这样一种情况下，若订约当事人一方或双方不适格，则应由其法定代理人或权利人追认，否则该意思表示不生效力[4](pp34～35)。

2.2　关于意思表示的内容

基于网络的虚拟性、复杂性和开放性，网络环境下意思表示的内容是真是假，意思表示是否真实，如何对网络环境下的意思表示内容进行解释，值得探讨。意思表示真实，是指表意人的意思表示是其内心意志的真实反映。我国《民法通则》第 55 条把意思表示真实作为民事法律行为的一个有效要件予以规定，这是由民法实行意思自治、公平、诚实信用等基本原则决定的。意思表示不真实的民事行为，在主观上常常违反民法的意思自治原则和诚实信用原则，客观上常常造成当事人双方利益的不公平。意思表示真实要求表意人已表达出来的意思与其内心意愿一致。当事人未表达出来的内心意愿不为他人所知，他人难于鉴别和判断，因此意思表示真实这一要件在实践中难以认定。在现实环境下，意思表示是否真实一般都坚持主客观兼顾的判断标准。也就是从意思表示的一般规律出发，认定正常情况下人的主观愿望和客观表示应该是一致的，即意思表示与其内心意愿是一致的。

任何环境下的意思表示都存在着不真实的问题。网络环境下，因形式的特殊性，意思表示不真实与瑕疵也表现出一定的特殊性。网络环境下的意思与表示不一致也有错误与误解，虽然它们在发生情形上与现实环境下无甚区别，但在网络环境下，网络本身的特殊性导致进行意思表示时其发生的可能性无疑将增大。至于意思与表示的故意不一致如心中保留、虚伪表示，意思表示的不自由如欺诈、胁迫等瑕疵，似与现实环境下的意思表示形式所生问题并无太大区别，不必为特别的处理，依固有法处理便已足够。在网络环境下讨论意思表示的真实问题应该是注重讨论基于网络的特殊性产生的意思与表示不一致的问题及责任问题。因为网络环境下的意思表示需借助网络服务提供者 ISP，需要借助于电子运输和处理系统，若因电子运输和处理系统的错误导致意思与表示不一致，即意思表示不真实时，其效力如何？

网络环境下意思与表示出现不一致的最大原因就是电子错误。按美国《统一计算机信息交易法》的定义，"电子错误"指未提供检测并纠正或避免错误的合理方法，消费者在使用一个信息处理系统时产生的电子信息错误[5]。目前，国内一些学者赞同这个观点。如张楚博士基本采纳了这种观点，认为"电子错误是指消费者在使用信息中产生的错误"[6](p271)。当然，也有学者有不同的认识，王利明教授认为电子错误是指"在信息传输过程中的系统错误而导致了意思表示未能准确、及时、安全地到达"对方当事人[7](p230)。其实，前一种观点不能涵盖其他因电子传输或处理系统缺陷导致的错误，将电子错误仅限定在信息使用者因商家未提供相应的避免错误之方法时电子处理系统的错误，显然过窄。在界定电子错误时，应综合考虑各种不同原因导致的意思与表示不一致的情况，根据一定的归责原则设计不同的法律措施：对于不可归责于双方当事人的原因而出现的电子传输系统的错误致使当事人之意思与表示不一致，出现意思表示不真实时，视为一般合同的传达错误，错误表示对双方当事人不产生效力；如果是因为网络服务提供者 ISP 没有提供相应避免错误之合理方法而导致双方当事人为不真实意思表示的，应视为消费者未为意思表示，网络服务提供者 ISP 针对该不真实之意思表示而付出的代价由自己承担，但消费者负有及时告知意思表示不真实之事实及原因的义务；如果意思表示的当事人选择网络服务提供者 ISP 提供的电子代理服务，即以计算机程序或其他自动系统代表其自动完成意思表示，因该自动系统或计算机程序的缺陷或故障致使意思表示不真实的，应由该电子代理的合理当事人承担电子错误的不利益，不能对抗善意相对人，意思与表示不一致的一方可以根据过错原则要求提供电子代理的网络服务提供者承担赔偿责任，而另一方如果因该系统或程序造成意思与表示不真实时，得主张其意思与表示不一致是由对方当事人所选电子代理系统造成的，抗辩对方的请求，但应对其所主张负举证责任[4](p44)。

2.3　关于意思表示的效力

2.3.1　通过交互性网络而进行的意思表示

一般来说，通过网络进行意思表示的都发生在隔地的两方当事人或多方当事人之间。同处一室的当事人之间似乎没有以网络方式进行意思表示的必要。值得注意的是，意思表示之对话与非对话并不以地域为区分，全在该意思能否直接无时差地为相对人所受领并且表意人是否有机会对其此前的意思表示做出变更。网络环境下的意思表示是借助电子计算机和互联网络传输设备进行的意思表示，如果这网络平台是交互性的，那么这样的意思表示与现实环境下的电话对话型意思表示没有多大的区别，甚至比电话对话型的意思表示传送速度更快。所以说，通过交互性网络进行的意思表示适用现实环境下的电话对话型意思表示规则。在现实环境中对话型意思表示生效规则，各国的基本做法一致，都是采用了解生效主义，即意思表示在对话的当事人之间一经了解，即发生效力。因此，网络环境下意思表示的生效时间规则，具体地说，通过交互性网络而进行的意思表示，由于意思表示的发出和接收时间基本上是一致的，故其生效时间一般为当场生效，当事人另有约定的除外。

通过交互性网络进行的意思表示生效的地点，应当参照当事人位于不同地方的电话对话型意思表示，其意思表示实行了解生效主义，即只要当事人了解了该意思表示，则发生效力。一般来说都是当场发生效力。所以，通过交互性网络而进行的意思表示生效的地点也就是该意思表示发出的地点，除非当事人另有约定。由于网络的虚拟性和非地域性，因此各国的做法都是将虚拟空间转换到现实环境。具体来说，这些生效地的确定应当遵循以下规则：应该首先以表意人的主营业地为其生效地；没有主营业地的，以表意人的经常居住地为其生效地[3](p84)。

2.3.2 通过非交互性网络而进行的意思表示

通过非交互性网络进行的意思表示，不具有交互性和实时性，其传送过程往往需要一个或多个网络服务提供商 ISP 的支持，其特点与现实环境下的非对话型意思表示相似。因此，有关其生效的时间、地点问题，可以适用现实环境下的非对话型意思表示规则。现实环境下的非对话型意思表示规则有发信主义和到达主义两种模式，其中英美法系国家多采取发信主义模式，大陆法系国家多采取到达主义模式[8](p42)。发信主义模式指的是表意人将含有承诺的意思表示信件贴足邮票、正确写好地址后投入信箱或邮筒，即为送达；不管相对人是否收到或知悉该意思表示。到达主义模式是指将意思表示送达到受领人可以支配的空间上，以致其可以在通常情况下知悉表示的内容，且依据他自己采取的措施或交易惯例，也可以期待他知悉该表示的内容[9](pp199～200)。

根据我国目前的法律，关于通过非交互性网络而进行的承诺的生效时间的问题，也适用现实环境下非对话型意思表示规则，实行到达主义原则。我国《合同法》第 16 条规定：要约到达受要约人时生效。采用数据电文形式订立合同，收件人指定特定系统接收数据电文的，该数据电文进入该特定系统的时间，视为到达时间；未指定特定系统的，该数据电文进入收件人的任何系统的首次时间，视为到达时间。同样地，我国《合同法》第 26 条规定：承诺通知到达要约人时生效。即以承诺到达要约人的时间为其生效时间。

通过非交互性网络而进行的意思表示，以其所到达的相对人（接收者）的主营业地为生效地点；如果当事人无主营业地的，则以其经常居住地为其生效地（到达地），当事人另有约定的，遵从当事人的约定[3](p109)。

虽然我国对非对话型的意思表示有了比较明确的规定，通过非交互性网络而进行的意思表示规则也有规则可以参照，但是另有两个问题需要思考。(1)由何人来证明“特定系统”，特定系统关系到要约与承诺的生效时间与地点的问题，明确特定系统意义重大，目前司法界对此有没有统一的意见。从技术方面考虑，网络服务提供商 ISP 来证明当然是有合理的可能性的，但是从法律角度考虑，网络服务商的明确有瑕疵。因为网络服务提供商往往跟一方当事人有合作利益关系，不排除做伪证的可能。为了保证网络环境的安全，为了鼓励网络交易，我们可以采用一种模式，那就是由政府部门出面，制定技术规范和统计软件，统一安装在各 ISP 的网络服务器上，专门记录各种电子信息的到达时间和来源，这种方法可以比较好地解决“特定系统”这个问题，解决要约与承诺的生效时间问题。(2)在当事人有约定特定接收系统的情况下，如果该意思表示发送到别的系统，该意思表示是否有效？这首先应该遵循当事人之间的协议，没有协议的情况下，为了鼓励交易，保证交易秩序的安全，我们应该承认该意思表示有效，因为网络的复杂性让人很难断定发送到别的系统一定是当事人的过错。承认该意思表示的有效，不过其生效的时间应该是以接收者实际检索到或实际知悉该意思表示的时间为准。但是，如果该意思表示检索到后承认其效力对接收者来说显失公平或已经没有任何实际意义了，可以赋予接收者撤销该意思表示拒绝该意思表示的效力。

3 余论

有人认为互联网从本质上改变了人们的生活，改变了人们的社会关系，于是有些法律人声称要构建全新的网络时代的法律体系和法学体系，认为原有的法律已经不再适应这个互联的时代了。应该承认，互联网技术给生活生产带来了巨大的改变，改变了人们的思维方式、生活习惯，使得信息比以前任何时候都重要。但是，网络只是带给我们形式上的改变，只是带给我们更多的交流选择，我们无须构建全新的网络时代的法律体系和法学体系，参照原有的法律，完善一些规定就可以适应这个互联网的时代了。

参考文献：

[1]环建芬，胡志明，周建平. 民法学原理[M]. 上海交通大学出版社，2004

[2]余立力. 论基于互联网络的意思表示[J]. 法学评论，2002(6)

[3]刘德良. 网络时代的民法学问题[M]. 北京：人民法院出版社，2004

[4]张定军. 论电子合同中的意思表示[J]. 社会科学，2002(12)

[5]See UCTTA section 214(a)

[6]张楚. 电子商务法初论[M]. 北京：中国政法大学出版社，2000

[7]王利明. 电子合同的法律问题[M]. 北京：中国法制出版社，2001

[8]涂浩. 论意思表示[J]. 江西：南昌职业技术师范学院学报，2000

[9][德]梅迪库斯著，邵建东译. 德国民法总论[M]. 北京：法律出版社，2001

导师评语：

意思表示一直是传统民法中有关民事法律行为规范的核心内容。在网络技术蓬勃发展的今天，针对网络环境下的意思表示探讨其民法规范的问题，自然有着重要的意义。本文作者在充分考察实践的基础上，着重从意思表示的主体、内容及效力等方面与传统的立法进行比较分析，而后得出自己的结论。全文结构完整，层次分明，条理清晰，论证过程也比较充分严密，反映了作者较好的理论基础水平及较高的分析、写作能力。文章格式符合规范要求，引用资料正确但仍有失充分，这需要通过更深入理解民法的基础理论来解决。

农村高中学生应对方式和家庭环境的相关研究

福建师范大学教育科学与技术学院心理学 2001 级　张兴元
指导老师：福建师范大学　叶一舵教授

摘要：本文探讨应对方式在农村高中学生不同维度上的差异以及家庭环境对应对方式的影响。采用应对方式问卷和家庭环境量表(FES-CV)对 241 名农村高中生进行测量。发现农村高中生在应对生活事件时主要采取积极成熟的方式，其应对方式在科别和年级维度上均不存在显著差异，男女生在求助和合理化因子上存在显著差异，独生子女和非独生子女在问题解决和自责上存在显著差异，不同家庭结构的学生在求助上存在显著差异，农村高中生的应对方式在一定程度上受家庭环境的影响。

关键词：农村高中学生　应激　应对方式　家庭环境

Relevant Research on the Coping Style and Home Environment of Rural High School Students

Zhang Xingyuan
Department of Psychology, College of Educational Science and Technology
Fujian Normal University
Teacher: Ye Yituo

Abstract: To explore the different coping styles among high school students in the countryside as well as the influence that home environment has on coping styles. Methods: Survey 241 high school students with a coping style questionnaire and a home environment scale (FES-CV). The way that high school students in the countryside take when coping with life event is positive and mature. There is no marked difference among coping styles in the aspects of subjects and grades. However, there is marked difference between boys and girls concerning asking for help and rationalization. And marked difference exists between only child and non-only child on the ways they solve problems and blame themselves. Besides, The differences of ways of asking for help exist among different family structures. Home environment, to some extent, has an influence on coping style of high school students in the countryside.

Key Words: Rural high school student, Stress, Coping style, Home environment

应激研究至今已有70多年的历史。应对(coping),亦称应付,Lazarus和Folkman(1986)认为应对是个体在处理来自内部或者外部超过自身资源负担的生活事件时所进行的认知和行为上的努力。应对方式是在应对过程中继认知评价之后所表现出来的具体的应对活动。心理应激作用理论(transactional theory of stress)认为,各种内外应激源通过个体认知评价、应对活动和社会支持等中介因素的作用过程,最终影响个体的身心健康[1](pp992～1003)。作为一种中介因素,应对方式影响着应激反应的性质与强度,进而调节着应激同身心健康的关系。应激理论强调,不同的应对方式会引发不等的应激反应水平[2](pp441～444)。良好的应对方式可以缓解身心症状,应对不当会加重应激反应。

黄希庭等人初步研究中学生应对方式,表现外国中学生的应对方式主要是问题解决、求助、回避、发泄、幻想和忍耐,并且女生比男生更多采用发泄和忍耐的方式,男生比女生更多采用幻想应对方式。随年龄的增长中学生的应对方式的变化趋势不明显[3](p1)。一般认为应对方式主要有两种类型,即积极成熟的应对方式(解决问题、求助)和消极不成熟的应对方式(自责、幻想)。李莉等初步研究女中专生自我和谐性与应对方式的关系后发现[4](pp131～133),自我和谐影响着女中专生的应对方式,自我和谐的人更多地采取积极的应对方式,自我不和谐者则较多地采取消极的应对方式。宋广文等则对学生的社交回避行为、苦恼体验状况及其与父母教养方式关系进行研究发现[4](pp131～133)。父母消极的教养方式(尤其是父亲)与子女社交回避行为及苦恼体验有显著正相关,积极教养方式与子女社交回避行为和苦恼体验有显著负相关。我国是个农业大国,农村学生占据了中国学生的重比。然而国内该方面研究都罕能涉及农村中学生的应激和应对方式问题,笔者认为农村中学生承受的压力和刺激远远高于并且复杂于城镇学生,他们在应对方式上与城市学生有较大的不同。农村高中学生是这一群体中特殊的群体,具有较高的研究价值,这一研究对于当前农村高中的教学甚至是整个高中教育都有极大的参考价值。因此,笔者对农村高中学生的应对方式进行探讨,分析其应对方式与家庭环境的关系。

1　研究方法

1.1　被试

龙岩地区一所农村完中高一至高三300名学生。收回有效问卷241份,其中高一77份,高二92份,高三72份。详细资料见表1-1。

表1-1　被试基本情况

	性别		科别		独生与否		家庭结构		年级			排行		
	男	女	文	理	是	否	三代同堂	两代同堂	高一	高二	高三	老大	中间	最小
N	124	117	68	96	14	227	154	87	77	92	72	98	101	42
%	51.5	48.5	28.2	39.8	5.8	94.2	63.9	36.1	32.0	38.2	29.9	40.7	41.9	17.4

1.2　测量工具

(1)用问卷和量表来进行此项测量。使用肖计划等人编制的应对方式问卷,问卷有62道题项,包括问题解决、自责、求助、幻想、退避和合理化6个因子,按“是”或“否”计分。各因子项目的因素负荷取值在0.35以上,6个因子重测相关系数均在0.62以上。应对方式量表的本次测验信度为0.688 4。

(2)费立鹏等人翻译和修订了家庭环境量表(FES-CV),此量表与“家庭亲密度和适应性量表”(FACESⅡ-CV)在亲密度的评定上呈正相关关系($r=0.68$,$df=300$,$p<0.001$),在矛盾性的评定上呈负相关($r=-0.56$,$p<0.001$)。这表明FES-CV具有较高的重测信度,同时表明家庭成员对家庭功能的评价在不同的时间是稳定一致的。本次测量中,家庭环境量表的信度为0.657 1。

1.3 施测过程

随机抽取高一至高三6个班进行集体测试,被试在统一指导语下完成测量,数据录入SPSS11.0统计软件包进行统计分析。

2 结果与分析

2.1 不同性别、科别的农村高中学生应对方式的差异比较

由表2-1可知,在应对方式上,男生和女生除在求助和合理化上存在显著差异外,其余因子不存在显著性差异。在求助因子上,男生的得分显著低于女生,表明在遇到问题时,女生较易求助他人以解决问题,而男生则比女生更多采取合理化的形式面对应激源。文科生和理科生在应对方式上不存在显著差异。

表2-1 不同性别、科别农村高中学生应对方式差异比较(M±SD)

	性别			文理科		
	男	女	t	文科	理科	t
解决问题	0.63±0.22	0.61±0.21	0.609	0.62±0.21	0.65±0.21	−1.196
自责	0.40±0.22	0.43±0.21	−0.948	0.44±0.21	0.41±0.22	1.024
求助	0.44±0.21	0.54±0.23	−3.557***	0.49±0.23	0.46±0.22	0.868
幻想	0.52±0.21	0.52±0.23	−0.216	0.49±0.22	0.51±0.22	−0.674
退避	0.45±0.19	0.43±0.19	0.859	0.44±0.19	0.43±0.19	0.428
合理化	0.42±0.18	0.36±0.14	2.682**	0.40±0.17	0.39±0.17	0.452
亲密度	6.90±2.04	6.97±2.20	−0.290	6.91±2.30	7.24±1.88	−1.001
情感表达	5.19±1.86	5.09±1.87	0.414	5.10±1.96	5.38±1.89	−0.893
矛盾性	3.31±2.09	3.66±2.21	−1.271	3.54±2.33	3.21±2.05	0.976
独立性	4.60±1.61	4.79±1.49	−0.965	4.47±1.48	4.92±1.65	−1.773
成功性	6.25±1.87	6.21±1.82	0.153	6.28±1.79	6.58±1.61	−1.137
知识性	3.32±1.67	3.62±1.66	−1.366	3.75±1.58	3.26±1.68	1.884
娱乐性	3.50±1.99	3.78±2.06	−1.078	3.67±2.09	3.49±1.95	0.569
道德宗教	5.16±1.47	5.11±1.63	0.251	4.94±1.58	5.401±1.46	−1.939
组织性	6.15±1.95	6.60±1.76	−1.889	6.57±1.83	6.41±1.79	0.584
控制性	3.19±1.84	3.37±1.90	−0.757	3.51±2.17	3.09±1.67	1.344

注:** $p<0.01$ *** $p<0.001$。

2.2 独生子女和非独生子女在应对方式上的差异比较,以及不同家庭结构的学生在应对方式上的差异检验

由表2-2可知独生子女和非独生子女在问题解决和自责上存在显著差异,而在其他因子上

不存在显著差异。独生子女在问题解决上比非独生子女差，在自责上也低于非独生的学生。即非独生学生能更好地采取措施直面问题，自我效能感较高，具有较高的问题解决能力，但在问题得不到解决时较易产生自责情绪和心理。不同家庭结构的农村高中学生在求助上存在显著差异。两代同堂家庭的孩子更加喜欢采取向朋友、家人、同学等求助的形式来解决问题。

表 2-2　独生与否、不同家庭结构农村高中生应对方式差异比较（$M\pm SD$）

	独生与否			家庭结构		
	是	否	t	三代同堂	两代同堂	t
解决问题	0.49±0.21	0.63±0.21	−2.329*	0.62±0.21	0.62±0.21	0.056
自责	0.33±0.13	0.42±0.22	−2.496*	0.41±0.21	0.42±0.22	−0.123
求助	0.47±0.22	0.49±0.23	−0.250	0.46±0.22	0.53±0.23	−2.242*
幻想	0.54±0.18	0.52±0.22	0.248	0.51±0.21	0.54±0.23	−0.995
退避	0.40±0.21	0.45±0.19	−0.937	0.43±0.19	0.46±0.19	−0.988
合理化	0.34±0.17	0.39±0.16	−1.093	0.39±0.16	0.39±0.17	−0.148
亲密度	6.64±1.34	6.95±2.16	−0.528	7.03±2.13	6.77±2.10	0.900
情感表达	4.93±1.69	5.16±1.87	−0.448	5.21±1.81	5.02±1.95	0.765
矛盾性	4.00±1.84	3.44±2.17	0.938	3.49±2.17	3.45±2.12	0.157
独立性	5.00±1.52	4.68±1.55	0.756	4.61±1.60	4.85±1.45	−1.167
成功性	6.07±1.07	6.24±1.88	−0.547	6.12±1.93	6.43±1.66	−1.223
知识性	2.79±1.81	3.51±1.65	−1.576	3.38±1.50	3.61±1.93	−0.945
娱乐性	2.86±2.32	3.68±2.00	−1.482	3.56±1.89	3.77±2.24	−0.753
道德宗教	5.29±1.49	5.12±1.56	0.369	5.18±1.56	5.07±1.53	0.511
组织性	6.43±1.83	6.36±1.88	0.130	6.42±1.85	6.28±1.92	0.556
控制性	2.93±2.06	3.30±1.85	−0.713	3.32±1.91	3.20±1.79	0.490

注：* $p<0.05$。

2.3　不同年级、不同排行农村高中生在应对方式上的差异比较

方差分析显示，各年级高中学生在应对方式上不存在显著性差异。但高一和高三学生在问题解决上存在显著差异，其均值差为−0.077 2*，高三学生在问题解决能力上优于高一学生。在幻想因子上，高一学生得分显著高于高二学生，其均值差为 0.072 5*，表明高一学生在应对问题时存在更多的幻想成分，较不现实。高二的学生在遇到问题时比高三学生更少采取退避的行为，其均值差为−0.066 3*。不同排行的学生，除了在解决问题因子上存在显著性差异[$F(2,238)=3.233$*]外，其余因子上不存在显著差异。进一步的逐对 t 检验显示，这种差异反映在排行老大的学生和排行中间的学生身上，并且老大的得分要高于中间者。其均值差为 0.071 1*。老大和排行最小的不存在显著差异，排行中间和排行最小的也不存在显著差异。

2.4　农村高中学生应对方式和家庭环境的相关分析

相关分析表明农村高中学生的应对方式和家庭环境存在显著的相关。由表 2-3 可知，解决问题除与矛盾性存在显著的负相关外，与家庭环境的其余因子呈正向低相关。自责因子与亲密度和组织性呈显著的负向低相关，而与矛盾性呈显著的正向低相关。求助与亲密度、情感表达、知识性、娱乐性、组织性存在显著的正向低相关。幻想因子则与亲密度和组织性存在显著的负向低相关，与矛盾性呈显著的正向低相关。退避只与亲密度和情感表达呈负向低相关。合理化与亲密度呈显著负向低相关，与控制性呈显著正向低相关。

表 2-3　农村高中学生应对方式和家庭环境的相关分析

	亲密度	情感表达	矛盾性	独立性	成功性	知识性	娱乐性	道德宗教	组织性	控制性
解决问题	0.229***	0.069	−0.170**	0.224***	0.249***	0.263***	0.258***	0.322***	0.242***	0.123
自责	−0.154*	−0.075	0.162*	−0.118	0.049	−0.029	−0.057	−0.098	−0.178**	0.110
求助	0.175**	0.182**	0.008	−0.009	0.078	0.270***	0.234***	0.121	0.147*	0.129*
幻想	−0.193**	−0.020	0.208**	0.040	0.106	−0.018	−0.033	−0.123	−0.199**	0.104
退避	−0.160*	−0.161*	0.094	−0.057	0.022	−0.060	−0.037	−0.108	−0.119	0.106
合理化	−0.135*	−0.065	0.092	0.013	0.058	0.009	−0.032	0.022	−0.084	0.129*

注：* $p<0.05$ ** $p<0.01$ *** $p<0.001$。

2.5　以应对方式为因变量，以家庭环境为自变量进行回归分析

应对方式量表的 6 个因子(解决问题、自责、求助、幻想、退避和合理化)分别以 $G_1 \sim G_6$ 表示；家庭环境量表的 10 个因子(亲密度、情感表达、矛盾性、独立性、成功性、知识性、娱乐性、道德宗教观、组织性和控制性)分别以 $B_1 \sim B_{10}$ 表示。回归分析表明，在解决问题因子上，进入回归方程的因子有道德宗教观、独立性、成功性、娱乐性、组织性。道德宗教观对问题解决的解释率为 10.2%，当 5 个因素都进入方程时，对问题解决的解释率为 23.3%，呈正向预测作用。组织性对自责因子的解释率为 3.3%，呈负向预测作用；组织性和控制性对自责因子的共同解释率为 5.3%，呈正向预测作用。在对求助因子的解释上，有知识性、亲密度和矛盾性 3 个因子进入回归方程。知识性对其的解释率为 7.6%，3 个因子的共同解释率为 10.9%，并呈正向预测作用。在幻想因子的解释上，有 4 个因子进入回归方程，分别是矛盾性、成功性、组织性和控制性，其共同的解释率为 10.7%，呈正向预测作用。只有情感表达进入回归方程，对退避的解释率为 2.8%，呈负向预测作用。亲密度和控制性对合理化的解释率为 3.6%，呈正向预测作用。(见表 2-4)

表 2-4　以应对方式为因变量，以家庭环境为自变量的回归分析

因变量	自变量	R_2	F	B	Beta	t
G_1	B_8	0.102	26.965***	0.044	0.3205	0.193***
	$B_8 \times B_4$	0.151	20.964***	0.030	0.2213	0.679***
	$B_8 \times B_4 \times B_5$	0.185	17.763***	0.022	0.1873	0.130**
	$B_8 \times B_4 \times B_5 \times B_7$	0.214	15.949***	0.019	0.1782	0.958**
	$B_8 \times B_4 \times B_5 \times B_7 \times B_9$	0.233	14.160***	0.017	0.1472	0.391*
G_2	B_9	0.033	7.954**	−0.021	−0.181	−2.820**
	$B_9 \times B_{10}$	0.053	6.577**	0.016	0.1452	0.250*
G_3	B_6	0.076	19.493***	0.037	0.276	4.415***
	$B_6 \times B_1$	0.093	12.099***	0.014	0.1332	0.103*
	$B_6 \times B_1 \times B_3$	0.109	9.576***	0.015	0.148	2.049*
G_4	B_3	0.042	10.274**	0.021	0.204	3.205**
	$B_3 \times B_5$	0.064	8.068***	0.018	0.152	2.379*
	$B_3 \times B_5 \times B_9$	0.090	7.705***	−0.020	−0.175	−2.568*
	$B_3 \times B_5 \times B_9 \times B_{10}$	0.107	6.986***	0.016	0.133	2.118*
G_5	B_2	0.028	6.821*	−0.017	−0.168	−2.612*
G_6	B_1	0.018	4.405*	−0.010	−0.135	−2.099*
	$B_1 \times B_{10}$	0.036	4.423*	0.012	0.134	2.092*

注：* $p<0.05$ ** $p<0.01$ *** $p<0.001$。

3 讨论

(1)男女生在求助和合理化上存在显著差异。在遇到问题和困难时,女生较多求助他人以解决问题,而男生则比女生更多采取合理化的形式面对应激源。这说明,由于角色期待的影响,男生在面对困难时倾向于独立解决,即使无法解决也较不愿意向他人求助,尤其是身为农村的男孩,觉得自己更应当坚强,男性的尊严和尊重需要的驱动,使得农村的男生们在面临困难时更多地采取独立解决的措施;而女生则易于求助他人,这与社会赋予女性的角色有很大的关系。文科生和理科生在应对方式上不存在显著差异,说明文、理科的学习对学生的应对方式并不产生决定的作用。

(2)独生子女和非独生子女在问题解决和自责上存在显著差异。独生子女在问题解决和自责因子上低于非独生的学生。非独生学生能更好地采取措施直面问题,自我效能感较高,具有较高的问题解决能力,但在问题得不到解决时较易产生自责的情绪和心理。这可能是因为独生子女面临困难时更多受到来自父母的帮助,许多独生子女的父母因溺爱子女采取包办的措施,使得孩子们在问题解决的能力上有较大的欠缺。由于问题的解决多数靠父母,失败对于独生子女而言不会带来太大的打击,自责的情绪和心理自然要低。而非独生的孩子则不同,由于农村家庭的农务繁多,父母不可能时刻陪伴孩子,帮助孩子包办,因此,孩子们只能自己思考和尝试解决问题的方法和途径。当遇到无法解决的困难时,他们会觉得自己的努力付出没能得到回报,在一定程度上挫伤自己的积极性,否定了自己的能力,于是产生了自责的情绪和心理。不同家庭结构的农村高中学生在求助上存在显著差异。两代同堂家庭的孩子更加喜欢采取向朋友、家人、同学等求助的形式来解决问题。农村中祖父母的关心和溺爱使得孙辈在问题的解决途径上受到一定的“限制”,与外界同龄朋辈的交流就会少于两代同堂家庭的孩子,在遇到困难的时候,他们自然而然更多的是求助于祖父母和家人,两代同堂的孩子则更多地采取多途径的形式解决问题。

(3)通过方差分析显示,各年级学生在应对方式上不存在显著的差异。但高三学生解决问题的能力优于高一学生,这可能和年龄、经验有关,高三学生由于经历了较多的考验,在解决问题的经验和方式上都要比高一学生丰富。个体心理的成长是在现实的抗争中实现的,个体的应对方式也是这样一个过程,不断地向现实迈进。由于高二学生经历了从初中向高中的转变,思维和处理事情的能力越趋老练和现实;相反地,高一学生对新鲜的高中生活抱着美好的梦想,在处理问题上比较偏向理想化。这就是高一学生在面临困难时比高二学生存在更多的幻想成分的原因。排行老大的孩子在农村家庭中必须承担较大的家庭责任和负担,在此过程中也面临较多的困难和挑战,在解决问题的过程中积累了较为丰富的经验,因此在面临困难时,比排行中间和最小的孩子更能沉着地面对和处理问题。

(4)高中生的应对方式和家庭环境存在显著的相关,因此有必要对其进行进一步的回归分析。分析表明,家庭环境因素的确是影响农村高中生应对方式的一个重要因素。家庭环境在一定程度上影响了高中生的应对心理和行为模式。家庭是每一个体的第一社会,家庭的物质、精神、文化和结构等都是孩子们成长过程中重要的因素,在潜移默化中,孩子们已然习得了父母的办事模式和解决问题的途径。回归分析也反映了这一推断。

4 结论

(1)研究发现,农村高中生在应对生活事件时主要采取积极成熟的应对方式,较少采用消极不成熟的应对方式,随着年龄的增长和阅历的丰富,农村高中生能理智地分析、解决问题,并能积极寻求他人的帮助。此结果与兰玉萍等人的研究结果一致[6](p9)。

(2)男生和女生除在求助和合理化上存在显著差异外,其余因子不存在显著性差异。在面临困难时,女生较易于采取求助他人的措施和行为以解决问题,而男生则比女生更多采取合理化的形式面对应激源。文科生和理科生在应对方式上不存在显著差异。

(3)独生子女和非独生子女在问题解决和自责上存在显著差异。非独生子女能更好地采取措施直面问题,自我效能感较高,具有较高的问题解决能力,但在问题得不到解决时较易产生自责的情绪和心理。不同家庭结构的农村高中学生在求助上存在显著差异。两代同堂家庭的孩子更加喜欢向朋友、家人、同学求助以解决问题。

(4)各年级高中学生在应对方式上不存在显著性差异。但高一和高三学生在问题解决上存在显著差异,高三学生在问题解决能力上优于高一学生。高一学生在面临困难时存在更多的幻想成分,较不现实。高二学生在遇到问题时比高三学生更少采取退避的行为。不同排行的学生,除了在解决问题因子上存在显著差异外,其余因子上不存在显著差异。

(5)农村高中学生的应对方式和家庭环境存在显著的相关,农村高中生的应对方式在一定程度上受到家庭环境的影响。

参考文献:

[1]Folkman S,Lazarus R S,Dunkel-Schetter C,et al. Dynamics of a stressful encounter: cognitive appraisal, coping and encounter outcomes[J]. *Journal of Personality and Social Psychology*, 1986,50(5)

[2]韦有华,汤盛钦.几种主要的应激理论模型及其评价[J].心理科学,1998,21(5)

[3]黄希庭,余华.中学生应对方式的初步研究[J].心理科学,2000,23(1)

[4]李莉,陈水平.女中专生自我和谐性与应对方式的调查[J].中国健康心理学杂志,2005,13(2)

[5]宋广文,郝丙辉.学生社交回避行为、苦恼体验状况及其与父母教养方式关系的研究[J].中国健康心理学杂志,2005,13(2)

[6]兰玉萍,张静芬.中学生应付方式的调查研究[J].社会心理研究,2003(2)

导师评语:

已有研究表明,应对方式、家庭环境等对中学生的心理健康具有重要的影响。但以往研究主要聚焦城市中学生,较少涉及应对方式与家庭环境的相关关系。本研究以农村高中学生这一特殊群体为对象,采用问卷测量方法研究该群体的应对方式与家庭环境的相关,这对于当前农村高中生教育具有重要的理论意义和实用价值。研究设计合理,选用的量表信效度高,统计方法恰当、规范,所得结果可信、富有价值。研究报告写作规范、表达清楚,是一篇高质量的本科毕业论文。可以看出,作者工作态度认真,专业基础扎实,具有较强的从事心理科学研究特别是实证研究的潜力。当然,本研究的取样范围如果能更广泛一些,研究结果将更具有说服力。

Cultural Instruction in Vocabulary Teaching in Chinese Foreign Language Classes

Zhou Yufeng
Department of English Education, Foreign Languages Institute
Fujian Normal University
Teacher: Li Rongbao

Abstract: It is universally agreed that language and culture are interrelated with each other. Language is the keystone of culture. Without language, culture would not be possible. On the other hand, language is influenced and shaped by culture; it reflects culture. Vocabulary, as an essential element of language, is the fundamental pillar that supports the huge system of a language. From social use of language, cultural distinctions are most prominent and widespread at lexical levels. Therefore, vocabulary is culture-bound. It is impossible to teach vocabulary without teaching culture. However, vocabulary teaching has been undervalued in the past decades. As for aspect of cultural instruction, there has been little emphasis on it. The ignorance of cultural factors in vocabulary teaching greatly undermines the effectiveness of foreign language teaching, and it further weakens the learners' communicative competence. Though nowadays more and more scholars have realized the significance of vocabulary teaching and pointed out the necessity of combining culture with vocabulary teaching, most of them did not provide enough guidance for how to teach culture while teaching vocabulary. Besides, as a result of not having relevant guidance in this aspect, foreign language teachers are often at a loss as regards how to integrate culture into vocabulary teaching. In view of this, based on an explanation of the relationship between vocabulary and culture, this essay is designed to analyze the existing problems and try to propose some constructive suggestions on how to combine cultural instruction with vocabulary teaching, so that the quality of vocabulary teaching in Chinese foreign language classes can be improved.

Key Words: Vocabulary teaching, Cultural instruction, Communicative competence

中国外语教育背景下词汇教学中的文化导入

福建师范大学外国语学院英语教育专业 2001 级　周玉凤*
指导教师：福建师范大学　李荣宝教授

* 作者已考取福建师范大外国语学院 2005 级硕士研究生。

摘要:语言和文化紧密相关。语言反映文化,文化决定语言。作为语言基石的词汇,是语言的最基本要素,因此,文化差异在词汇层次上表现最为突出,涉及的面也最为广泛。然而,长期以来,词汇教学都处于被忽视的附属地位。对词汇教学中的文化因素缺乏足够的重视,这就造成了学习者词汇使用上的偏差。值得欣慰的是,现在越来越多的学者意识到学习者常常误用文化内涵词,进而指出结合文化进行词汇教学的必要性。但目前这方面的研究主要停留在词汇与文化教学结合的理论层面,对于如何进行两者相结合的教学,还缺乏系统的指导。因此,本文就如何结合文化教育进行词汇教学提出了一些建议,以期提高词汇教学的质量和外语学习者的跨文化交际能力。

关键词:词汇教学　文化教学　交际能力

Introduction

Vocabulary teaching is an important component of language teaching. However, it has long been the "Cinderella" of foreign language teaching. According to Richards[1], the teaching and learning of vocabulary have long been undervalued in the field of second language acquisition (SLA) through its varying stages and up to the present day. SLA researchers and teachers have typically prioritized syntax and phonology as more serious candidates for theorizing, more central to linguistic theory, and more critical to language pedagogy. Only recently, the research of vocabulary teaching becomes more and more important to scholars of language teaching. Some of them put forward some influential viewpoints in the field of vocabulary teaching. For instance, Judd[2] stressed the Signficance of presenting English vocabulary in a natural, linguistic context of English; English words taught in isolation are generally not retained; the full meanings of English words (which include their sociolinguistic contexts) can only come from encountering them in a rich linguistic enviroment of English. Besides, Wierzbicka claimed that cultural meaning is shaped in history, and is part of the shared heritage of the speakers of a language, therefore, it is worthwhile teaching cultural meanings of words[3].

What's more, several works entirely concerned with vocabulary teaching also came out. *Techniques in Teaching Vocabulary* by V. F. Allen[4] was published in 1983. This book provides a sound basis for teaching vocabulary, and answers such questions as which English words students need to learn most, and why some words are easier to learn than others. In this book, Allen also argues that it is important to integrate cultural elements into vocabulary teaching. This valuable view alerts us to the fact that it is necessary to integrate culture into vocabulary teaching.

In 1997 *Vocabulary: Description, Acquisition and Pedagogy* was edited by Nobert Schmitt & Michael McCarthy[5]. In the section of vocabulary acquisition, "cultural distance" is pointed out to have great influence on vocabulary learning. This opinion actually reveals the relationship between vocabulary and culture. However, for how to handle "cultural distance" in vocabulary teaching, the pedagogical section provides no reference.

From above review, we can see that more and more scholars have realized and pointed out that vocabulary and culture are inseparable from each other. And these opinions inspire vocabulary teaching a lot. But the problem is that most of them provide little guidance for how to combine culture with vocabulary teaching. In view of this, this essay is designed to discuss the problems existing in vocabulary teaching in Chinese foreign language classes and to put forward some suggestions as regards how to combine vocabulary teaching with cultural instruction in order to improve the quality of both teachers' teaching and students' learning. To lay a solid foundation for how to combine vocabulary teaching with culture, the relationship between vocabulary teaching and culture is to be discussed in the following part.

1 The inseparable relationship between vocabulary teaching and culture

1.1 The importance of vocabulary teaching

As is known, language is the instrument of communication. A language involves three elements: pronunciation, vocabulary, and grammar. The famous linguist Wilkins[6] says: "The fact is that while without grammar very little can be conveyed, without vocabulary nothing can be conveyed." According to Michael Mecarthy[7], "It is the experience of most language teachers that the single, biggest component of any language course is vocabulary. No matter how well the students learns grammar, no matter how successfully the sounds of L2 are mastered, without words to express a wide range of meanings, communication in L2 just cannot happen in any meaningful way."

From the above discussion we get to know that vocabulary is an important part in language system. It is commonly viewed as the building material that fills into the framework of grammar and words are regarded as the basis of human communication. So in language teaching, vocabulary teaching is one main content.

1.2 The necessity of cultural instruction while teaching vocabulary

According to Halliday[8], Language is not only a means of communication, but also a vehicle of culture. Language usage reflects the culture of a society. This relationship between language and culture forms an important aspect in second language acquisition. Language usage cannot exist outside a certain society or context. Language is not only a tool of a nation, but also a means to reflect cultural features of a nation. Therefore, learning a language, in fact, is inseparable from learning its culture.

Since vocabulary teaching is one main content of language teaching, and language should incorporate with culture teaching, it is necessary to combine the present vocabulary teaching approaches with the notion of culture in teaching English as a foreign language (TEFL).

In fact, culture influence vocabulary teaching. Nobody could really master a language if he knew little about the cultural background of the language. A good learner must have a wide scope of knowledge. It is significant and necessary to accumulate and grasp the knowledge of cultural background of the language. For example, there is a sentence like this, "When you are down, you are not necessarily out." In America, this is well known to all. However, as a result of not knowing much about the cultural background of this sentence, a lot of English learners cannot get a clear idea about this. This was a term in boxing. If a boxer, who has been beaten down by his opponent, cannot stand up when the referee counts to ten, he will be judged to have lost the match. But in most cases, they stand up and go on to fight. Therefore, the connotation of this sentence is that when you are faced with setbacks, it is not necessary that you have lost the chance of success[9].

Another example: The cops were matter of fact about the whole thing.

Students usually perceive "matter of fact" in this sentence as commendatory term, having the meaning of "实事求是". Conversely, it is derogatory and means "就事论事". Furthermore, cop itself is derogatory. So the sentence means "警察对整个事件都是抱着就事论事的态度"[10].

Above all, cultural background is fundamental to successful vocabulary teaching. Therefore, it should be integrated into vocabulary teaching.

English speaking countries and China differ greatly in values, social attitudes, political systems and ways of life, etc. As a result, it is difficult for them to communicate with each other. Let us give some examples to show cultural differences between English and Chinese.

In China, Poor peasant and labourer have positive connotations. However, they often carry somewhat negative meaning to some people in western countries. In contrast, landlord and capitalist are often pejorative to the Chinese, but they are not so to many people in countries with capitalist system. To some extent, such connotations reflect different attitudes towards different social classes.

For another instance, numbers are used frequently by both Chinese and English people. But the same number may arouse different associations in two languages. In Chinese, the number "six" is often associated with being successful, just as Chinese often say "六六大顺", while westerners dislike the number very much, for it is said to be the code name of devil in Bible. The number "four" is another word in this case. Chinese people resent the number "四", for it sounds the same as "死"。However, for western people, "four" in English is the symbol of fair and justice[11].

Therefore, we can see that different cultures have different cultural conventions and that different languages have different language conventions. This view has also been claimed by Aritchison: "Every language cuts up the world in different ways. It is not simply that one language sometimes has more subdivisions than another in certain areas. The situation is far more complicated. The set of words concerning a certain area in one language is unlikely to correspond those in any other language, even when the speakers share similar culture"[12].

Therefore, cultural differences may influence the mode between the Chinese and Westerners. Therefore it will be helpful for people from different culture to have some awareness of these cultural differences so as to be successful in communication.

2 Problems existing in current vocabulary teaching

Although more and more scholars and teachers have realized that vocabulary and culture are inseparably interwoven with each other, the current vocabulary teaching is far from being satisfactory from the cultural perspective. There are many problems remaining to be dealt with.

Firstly, according to a survey conducted by Xiao Ningning in Shandong Normal University, many English teachers and students don't have a comprehensive understanding of vocabulary meaning and its cultural relevance, therefore it is very hard for them to realize the necessity of combining culture with vocabulary teaching or learning.

Secondly, not sufficient information has been provided on the target culture in vocabulary teaching. Nowadays we have many reasons to believe that " the earlier neglect of vocabulary in theory and research is now being replaced by vigorous interest"[13]. However, the problem of how to help students to enlarge vocabulary and use those words effectively in the communication still remains to be resolved. Students may know the definition of the words from dictionaries. Nevertheless, it will be quite difficult for them to know those words and expressions that are closely related with social and cultural changes.

For example, the word "professional" should be used cautiously.

(1)She is a professional.

(2)She is perhaps a prostitute.

In a given context, American people can easily understand that these two sentences share same meanings. But if learners have no access to related cultural information, even if they know all the words of a sentence, they will still not be able to get the meaning. Their ignorance of cultural meaning of words often hampers the smooth communication, or even lead to serious mistakes in some formal situation. [2]

Thirdly, methods for introducing culture information are monotonous in English classes. In vocabulary teaching, communicative approach is exclusively adored in the class, while other methods are ignored to some extent. As the theoretical pendulum swings from one extreme to another, each exaggeration is followed by its opposite. We realize that we have been translating too much, so translation is banned completely. Grammar explanations are seemed to have been over-valued, so grammar explanations are swept away.

As a matter of fact, almost no such an efficient method can be assigned supreme effectiveness, nor even that any of contemporary teaching approaches can claim to be more effective than other in some absolute sense. It seems that the communicative strategy, although certainly very effective for some learners and under some circumstances, also contains some pedagogical hazards and is prone to various misuses.

Therefore, it is unwise to focus on one certain teaching approach in the whole process of instruction. The lack of combination of various useful approaches will not acquire remarkable achievements.

Fourthly, the biggest problem in teacher's combining culture with vocabulary is that they don't know how to do it, that is, they are in lack of guidance.

3 Improvement for vocabulary teaching

As is discussed in the second part of this essay, vocabulary is an essential element of language. And it is also greatly influenced by culture, so we should combine culture with vocabulary teaching. However, from the third part of this essay, we can see that cultural instruction in vocabulary teaching in China is still far from satisfactory. Then it is quite necessary to strengthen it in Chinese educational system, so that the quality of both teachers' teaching and students' learning can be improved, and it will further help the students to communicate successfully in intercultural communication. In order to fulfill the above aims, some suggestions are put forward in this part.

3.1 The objectives of cultural instruction in vocabulary teaching

3.1.1 To help students have a good command of vocabulary for successful communication

The direct aim of instructing culture in vocabulary is to enable students to use vocabulary appropriately in a particular context. If they want to use vocabulary to express opinions, they should be certain about words' association, positive or negative feelings the words evoke, and then determine the appropriate lexical items they can use. Therefore, teachers should introduce relevant cultural information, which will offer learners more culture insight of new words and will be conducive to learners' correct use of words in communication.

3.1.2 To enhance students' cultural awareness

In intercultural communication, language learners often make mistakes as a result of not having necessary knowledge of cross-cultural differences. Therefore, teachers should not only highlight the cultural factors in vocabulary but also help students have the idea that vocabulary is the main carrier of culture and make them sensitive to those culturally loaded words as well as the consequences of misusing them. By and by, students may seek relative knowledge for their own sake during the process of learning and self-consciously avoid misusing those culturally loaded words in cross-cultural communication.

3.2 Applying a variety of methods and approaches

After we have been clear about what we should try to achieve in combining culture with vocabulary teaching, it is necessary for us to have some guidance as regards how to conduct this teaching procedure. Therefore, the following four methods are presented here.

3.2.1 Direct interpretation

Direct interpretation is the most common technique used in vocabulary teaching. When teachers present the vocabulary's liberal meaning or the meaning in the text, its cultural connotations can be explained directly at the same time. For instance, such words as Christmas, fireplace, turkey, pudding, sandwich and salad are unique in western culture. The occurrence of such cultural elements is suitable for teachers to focus on in class and give direct explanation and introduction. When meeting with the word Christmas, we could talk about its origin, its usual celebration procedure. We can, furthermore introduce other interesting festivals in western countries such as Thanksgiving, Easter, Mother's Day, Valentine's Day and even April Fool's Day. Some other words such as Civil War, Statue of Liberty and Disneyland, have their national and historical origin, and such loan words as boyfriend, soloparents, individualism, Black Friday, also need explicit explanation. After explaining, learners can achieve a better understanding of these words. Generally speaking, direct interpretation is flexible and can be easily adopted in class.

3.2.2 Contrastive analysis

Lado claims that learners attempt to transfer the features of their native language to those of the second language[15]. When the features of the two languages are similar, students can get facilitation. When the features of two languages are different in structures, interference occurs and results in errors (1957). Since students often ignore the cultural differences in the semantic associations evoked by the seemingly corresponding words in two languages, they often misunderstand or misuse culturally loaded words. In this case, contrastive method can be used effectively in teaching culture carried in vocabulary. By using this method, teachers may predict what difficulties the students may have on this aspect and in turn decide what they are going to teach. Similarly, the method may help students more sensitive to those culturally loaded words and avoid false equations between concepts in English and Chinese. Take the word "story " as an example, many Chinese think it is corresponded with "故事" completely. By contrast, teachers may make students know it is not the case. Story in Longman Dictionary of Contemporary English has the following definitions: (1) an account of events, real or imagined; (2) infml. (used by and to children) a lie ; (3) the plot of a book, film, play, etc; (4) (material) for (an article in a newspaper, magazine, etc.) In Chinese culture, "故事" takes the first meaning.

In addition, as a result of different value system, two seemingly corresponding words in two languages may have quite different associative meanings. Moreover, value system is regarded as the core of a culture and is difficult to be perceived. In this case, the task of making a contrast is much more demanding and complicated. The teacher should further explore the social and historical root of the words so that the students can get a deep understanding of the essence of the western culture. For example, the word "individualism" is often interpreted by Chinese as "个人主义" because collectivism is valued highly in Chinese culture, while in English-speaking countries individualism is favored by most people. Therefore, if learners know related cultural background, a lot of words will be easier to understand[16].

3.2.3 Story-telling

Story-telling is very suitable for the English vocabulary items——allusions relating to the history, legends, mythology, literature, religion, etc in western countries. Non-native English speakers often have trouble in understanding these allusions unless they know the story that is alluded to.

Many English allusions involve events or characters from the treasure house of English literature, especially from Shakespeare. They have become common household terms, such as Shylock A Shylock is a cruel, greedy, money-grabbing person, one who will go on no ends to acquire wealth; from The Merchant of Venice, the play by Shakespeare. Another common source of allusions in English and American speech and writing is legends and mythology, such as geographical names and names of the days of a week and scientific terms. Paris, the capital city of France, was named after Paris, son of the city of Troy; in Greek mythology, his abduction of the beautiful Helen led to the Trojan War. Friday was called after Freya, goddess of music. Religion is another source of allusions. In English-speaking countries, with Christianity as the dominant religion, one naturally expects to find a number of references to characters or events in Christians' sacred book, the Bible, such as fig leaves. "Fig leaves" was originated in the Bible: New Testament: Then the eyes of both of them were opened, and they realized they were naked; so they sewed fig leaves together and made coverings for themselves. From above, we can see that telling stories will be conducive to understand the phrase and its associative meaning. It will be no difficult task to tell the meaning of the underlined part in the following passage: the only way out is fig-leaf diplomacy. So long as the Baltic countries nominally acknowledged their Soviet membership, Gorbachev may give them more latitude in running their own affairs, although grudgingly.

3.2.4 Case study or error analysis

In daily classroom procedure, it is quite natural that students may make mistakes when answering teacher's questions. Once mistakes occur, error analysis can be put into use. According to students' answers, teachers may discover what kind of error is easily committed. In order to carry out case study or error analysis effectively in classroom procedure, teachers can first present examples or cases of these errors, and then request the students to analyze them through pair-work or group-discussion:

Case1: Chinese student: Though American is an advanced society, its people are very pure.

An American: Pure?

Case2: Chinese student: Hi, Susan. I made a little doll for you last night.

Susan: Thank you very much. (Holding the doll and looking at it.) It is very silly.

Chinese student: Silly? You don't like it, do you?

After students' performance, the teacher comes to conclusion by pointing out that these errors result from different connotations in different countries. Pure means innocent and honest in Chinese and it has the positive sense, whereas in English it means simple, immature and it has the negative sense. Silly is defined as a fool in Chinese, but in English it means cute. Through error analysis, we can clearly see that the same word has different connotations in different countries.

The above mentioned methods are mostly adopted in class. However, classroom time is limited. It is simply impossible for teachers to cover up all cultural information connected with words or to apply these methods freely. Therefore, teachers should also guide students to learn vocabulary's cultural background after class. For instance, they can recommend students to read some books concerning this field.

As for those words, which are especially sensitive to culture, such as color words, animal words and numbers, lectures can be hold to introduce these words systematically or students can also be required to give a duty report on these words. In this way, students may have a systematic knowledge about these culturally loaded words.

Though these methods are presented separately, it does not mean that the methods should be adopted separately. In fact, all methods have their merits and demerits. For example, though the method of direct interpretation can be easily applied, the overuse of this method will reduce students' participation; Consequently, the class is possible to be teacher-centered. Therefore, these methods should be used according to a particular situation. And the cooperative use of various methods will also make the instruction more effective and the class more interesting.

4 Conclusion

The topic of cultural instruction in vocabulary teaching is worthy of our careful study. According to the discussion in section two, we may conclude that there is an inseparable relationship between vocabulary and culture. Most English words are strongly influenced by the culture of English-speaking people. The meanings for the words are determined by the culture in which we have been raised and shift from culture to culture. That is why a correct understanding of meaning of words presupposes a good knowledge of the target language. Therefore, it is necessary to integrate cultural into vocabulary teaching.

However, the present situation of vocabulary teaching in China is far from being satisfactory. Even though some linguists have pointed out the close relationship between vocabulary and culture, the research concerning how to teach culture in vocabulary is still quite few, and vocabulary teaching integrated with culture hasn't been taught well in China. In order to improve the existing situation, this essay put forward some suggestions on the objectives of cultural instruction in vocabulary teaching and on how to combine culture with vocabulary teaching effectively in practical teaching procedure.

To sum up, cultural instruction in vocabulary teaching is a field which needs much more concern from both researchers and teachers, so that the quality of vocabulary teaching can be improved.

References

[1]Richards, J. The role of vocabulary teaching[J] . TESOL *Quarterly*. 1976. 10(1):77～89

[2]Judd, E. L. Vocabulary Teaching and TESOL: a Need for Reevaluation of existing assumptions[J]. TESOL *Quarterly*,1978, 12(1):71～76

[3]Wierzbicka, A. *Understanding Cultures Through their Key Words*[M]. Oxford: Oxford University

Press. 1997. 7

[4]Allen, V. F. *Techniques in Teaching Vocabulary*[M]. Oxford: Oxford University Press, 1983. 1～29

[5]Schmitt, N. and M. McCarthy. *Vocabulary: Description, Acquisition and Pedagogy*[M]. Shanghai: Shanghai Foreign Language Educational Press, 1997. 109～228

[6]Wilkins, D. A. *Linguistics in Language Teaching*[M]. London: Edward Arnold Publishers Ltd. 1972. 11

[7]Mecarthy, M. *Vocabulary*[M]. Oxford: Oxford University, 1990. 37

[8]Halliday, M. A. K. *Explorations in the Functions of Language*[M]. London: Edward Arnold, 1973. 41～78

[9]王鹍. 浅析大学英语教学中词汇的确文化教育[J]. 重庆工业高等专科学校学报，2004，19(6)：121～127

[10]张秀清. 英汉词汇文化对比与大学英语词汇教学[D]. 西南师范大学硕士学位论文，2004. 4

[11]包惠南. 文化语境与语言翻译[M]. 北京：中国对外翻译出版公司，2001. 192～210

[12]Aitchison, J. *Linguistics*[M]. London: Hodder and Stoughton, 1978. 81～82

[13]Nation, I. S. P. *Teaching and Learning Vocabulary*. Newbury House Publishers, 1990. 192

[14]谢静蓉. 文化和词汇——以及对教学意义的思考[D]. 华东师范大学硕士学位论文，2004. 31

[15]Lado, R. *Linguistics across Cultures*. University of Michigan Press, 1957

[16]肖宁宁. 词汇教学与文化[D]. 山东师范大学硕士学位论文，2004. 63

导师评语：

本文作者在综述相关的研究之后提出了具体而明确的研究问题：既往的研究虽然强调词汇与文化的关系，但是很少探讨在外语词汇教学中文化信息导入的方法问题。本文发现了研究这一问题的意义。在探讨具体方法时，作者不是主观臆断地罗列具体方法，而是对各种方法进行分类并且阐明使用这些方法的理论基础，这一点对于本科生的毕业论文来说是难能可贵的。文章结构规范，语言流畅，文献充分，举例恰当，思路清晰，结论明确。但是，作者在对相关理论进行探讨时，还稍欠深度，这需要进一步的训练。

辩论与访谈节目的共同点及对主持的借鉴作用

福建师范大学传播学院播音与主持艺术专业 2001 级　陈怡静*
指导教师：福建师范大学　林溪漫副教授

摘要：本文力图解释访谈节目主持的特点和要求，弄清做好访谈节目的主持、辩论和访谈节目主持之间的相通之处，也涉及辩论思维的特点，辩论对访谈节目主持的借鉴作用等几个问题。

关键词：辩论　访谈节目　主持

Common Points Shared by Debating and Interview Program, and the Lesson Drawn from Debating for Hosting

Chen Yijing
Art of Broadcasting and Hosting, School of Communication
Fujian Normal University
Teacher: Lin Ximan

Abstract: In accordance with the characteristics and requirements of the hosting skills for the talk show, several arguments are presented here on how to proceed a talk show, what debating and talk show share in common, what characteristics the way of debating thinking holds and what we can summarize from debating for talk show, etc. I am supposed to present my own points of view by taking my own experience into consideration.

Key Words: Debating, Talk show, Hosting

访谈节目在西方已有 30 多年的历史，20 世纪 90 年代以来，电视访谈节目成为中国电视台热衷开设的栏目。访谈节目主持的特殊地位和价值也就引起人们的重视。辩论，古已有之，电视辩论自 1993 年国际大专辩论会后也一直引人关注。几位参加国际大专辩论会的优秀辩手，如沈冰、路一鸣、姜丰、樊登，如今已是优秀的访谈节目主持人。从这一现象出发讨论辩论和访谈节目两者的共同点及辩论对访谈节目主持的启发就很有必要。

* 作者已保送中国传媒大学 2005 级硕士研究生。

1　访谈节目的兴起及访谈节目主持的一般表象和定位

电视访谈节目又叫“脱口秀”，是英文“Talk Show”的音译。“show”有“展示、表演”的意思，顾名思义，访谈节目就是对谈话的展示，是一种围绕中心话题组织起来的表演。美国电视访谈节目萌芽于20世纪50年代，80年代进入鼎盛时期，成为除新闻、电视剧之外最重要的一种节目类型。如大名鼎鼎的美国黑人女主持奥普拉·温弗瑞成功地建立了一个以她的节目名称“奥普拉·温弗瑞专访”(The Oprah Winfery Show)命名的全国性的企业集团。她的主持风格轻松自然，深受广大观众的喜爱。在中国大陆，人们对电视访谈节目的了解是从《实话实说》开始的。“《实话实说》是中央电视台1996年春季推出的新栏目。节目采用群体现场交谈形式，通过主持人、嘉宾、观众的共同参与和直接对话，在生动活泼的气氛中，展开社会生活或人生体验的某一话题，经过叙述、讨论或辩论，达到各抒己见、增进参与者之间交流和理解的目的。”[1](pp282～283)作为国内访谈节目的经典，《实话实说》被大家谈论的往往是主持人，因为访谈节目以访谈为主，主持人是访谈的核心，主持人的主持技巧对营造访谈气氛、完成交流沟通起着举足轻重的作用。

访谈节目主持有自己的特点和要求。

(1)访谈节目主持人要做大量的前期准备工作。这是由访谈节目的现场性特点决定的。一个访谈节目即便不是直播，节目的过程中也很难完全按照设计好的方案进行，嘉宾和观众的言语不能准确预知而且不能提前设计，访谈节目注重现场感和谈话氛围，要求主持人具备良好的引导能力。因此在谈话开始之前主持人必须进行大量的准备工作，做到心中有数。

(2)访谈节目主持人要善于倾听。这是由访谈节目的互动性特点决定的。访谈节目之所以受欢迎，很大程度上是因为受众感受到从“你说我听”的被动接受角色变成“你说我也说”的互动角色所带来的新鲜和满足感。如果一个访谈节目，听到的都是主持人的话，那么这必然是一个失败的访谈节目。因此倾听在访谈节目中显得尤为重要。

(3)访谈节目主持人要有很好的控场能力。这是由访谈节目的电视表演性特点决定的。访谈节目毕竟不是日常生活中的谈话，可以海阔天空，可以不计时间长短。访谈节目作为一个电视节目要播出，就带有电视表演的性质，因此一期访谈节目往往要有一定的主题才能在一定时间内既有表达的空间又吸引观众的眼球。如果参与者有了谈兴，很可能扯远话题，偏离原先设定的主题。因此访谈节目中主持人的控场能力非常关键。

(4)访谈节目主持人应该有升华主题的能力。虽然不是所有的访谈节目都把对主题的升华作为节目的组成部分，但电视作为大众传播媒介，还是应该重视社会教化功能，升华所谈主题不仅是对受众负责的表现，也是主持人能力和个人特点的一种展现。

2　辩论思维的特点和要求及其与访谈节目主持的共同点

辩论是一种语言交锋，持不同思想观点的各方彼此间利用一定的理由来说明自己的观点是正确的，揭露对方的观点是错误的。简单地说，辩论就是不同思想观点之间的语言交锋。[2](pp1～2)古希腊、罗马时期和我国春秋战国时期都是辩风甚炽的时代。当时学派林立，各自主张、相互论时辩势、说古道今，成为传播思想、发展理论的重要途径。现在的辩论更多地以比赛的形式出现，组织者根据社会的一些热点设定辩题并分正反双方，指定规则，参赛双方按规则陈述自己的观点和反驳对方的观点。本文说的辩论也是在这个范畴内。

辩论有自己的特点和要求，和访谈节目主持也有共同点。

就辩论形式而言，辩论思维有这样的特点和要求。

(1)急智。这是辩论中最主要的思维形式。辩论，尤其是辩论赛，都有严格的时间和空间限制。它同我们平时工作不一样——以埋头思考或沉思片刻作为思维的形式。辩论犹如竞赛场，要求瞬间做出一系列的推理以及精确的判断。辩论思维的首要要求是急智，力争在极短的时间内启动思维做出最佳反应。访谈节目作为要播出的电视节目也有时间限制，即便是录播，也要讲究流畅和完整，这要求主持人在最短的时间内运用急智，做出最佳的反应和最优的表达。

(2)收敛性思维。由于辩论有时空限制，辩题也会限定辩论内容的范围，辩论中如果跑题或者论述枝蔓太多都是极为不利的。整个辩论过程中必须始终扣住辩论的主题、己方的理论及基本观点和问题，避免跑题或者滑入细节问题或与主题无关的问题上去。因为时间限制以及制作播出的要求等原因，访谈节目同样要求主持人围绕一定的主题组织谈话，而不应讨论过多旁枝末节甚至跑题，因此，主持人也需要注意运用收敛性思维方式，使整个谈话有主题有重点。这些都是收敛性思维的反映。

(3)发散性思维。这种思维方式是指辩论中，一方要敢于在思维的内容上寻求突破，敢于离开固定化的、格式化的理论推绎，采用比喻、举例等手法，将观点的反驳或维护尽量形象化、生活化和明朗化。在辩论中运用发散性思维常能营造生动活泼的场上气氛。访谈节目不是沉闷的说教，谈话本身需要一个好的谈话氛围，就事论事，容易使参与谈话者和观众感到单调。访谈节目主持人应善于运用发散性思维，营造生动的谈话气氛。

就思维的具体内容看，辩论思维有以下两个特点和要求。

(1)逻辑思维。只有在强大的逻辑思维的支撑之下的，别的思维方式才可能枝繁叶茂。逻辑思维的运用是辩论的核心部分，也是辩论的灵魂。一个辩题要有好的破题方式和论证方式，都需要逻辑思维的组织和贯穿。一个好的访谈节目，其所选取的谈话主题、谈话嘉宾，也都有逻辑关联，整个节目也会有较好的逻辑性，这种逻辑性会体现在主持人身上。人们常说主持人是把一颗颗珍珠串起来的人，如果主持人没有好的逻辑思维能力，整个节目恐怕就像一盘散沙而不是美丽的珍珠项链了。逻辑思维对于访谈节目主持人的重要性不言而喻。

(2)形象思维。形象思维不像逻辑思维，它通过刻画具体形象来反映事物。辩论中借助形象思维，运用具体生动的形象来说服对方，可以使辩论有声有色，更深切感人。在访谈节目中，观众也需要直接、形象的语言。有时候嘉宾的话对于普通观众来说是不好理解的，这时候就需要访谈节目的主持人用形象生动的语言复述。

上述这些辩论思维中的特点和要求与访谈节目的主持都有着极大的关联性和共同点。主持人常用的思维方式还有“类比思维”和“应变思维”以及“灵感思维”、“直觉思维”等。

3　辩论对访谈节目主持的借鉴作用

3.1　辩论对访谈节目主持的借鉴作用之一——充分准备、学会倾听

(1)准备辩论时要充分了解辩题的知识背景。例如“经济全球化使合作多于竞争还是竞争多于合作”这样一个辩题，虽然主要的逻辑论证是竞争和合作谁多的问题，但应该了解经济全

球化这一背景，这样才能深入辩论，这背景包括经济全球化下的经济、政治、文化等各个方面。准备越详细、角度越多，就越有利。访谈节目的主持准备也是一样的。一期节目，通常也要大量准备，准备的程度直接影响节目的质量。

(2)辩论过程中虽然要力争驳倒对方的观点，但对方的许多观点也值得一听，引为借鉴。有些辩手不管对方说了什么，一味地陈述己方观点，对方的很多破绽不能即时抓住，失去了现场辩论的有效性。访谈节目不主张主持人专门捕捉别人的破绽，但要求主持人倾听的过程中更多更深入地发掘话题和闪光点。有些访谈节目主持人只想着自己原先设计好的问题和角度，没有认真听嘉宾说了什么就按原有方案发问，这不仅会使谈话者失去谈话的兴趣，也使观众得不到好的内容。因此，一个好的访谈节目，一位好的访谈节目主持人应学会更好地倾听，力图把真实的谈话呈现给观众。

3.2 辩论对访谈节目主持的借鉴作用之二——适时打断、把握主控

提问和适当的间离对于辩论和访谈节目来说都非常关键，辩论在这方面也可供访谈节目借鉴。有些辩论比赛会设置质询环节，规则是质询方向被质询方提问，质询方可随时打断对方回答并提出下一问题。质询方往往会滥用这一权利，经常出现被质询者还没有完整表达意思就遭质询方打断的现象。这样做的目的是控制场面以及把握主控权，但是通常会让观众感到不礼貌。访谈节目中，主持人其实也拥有打断别人说话的权利，而且为了节目的录制，主持人有时确实需要打断谈话者。这种打断的现象也是观众最不满意的。主持人应该学会适时打断。就像在辩论过程中，除了考虑场上的效果，也要充分考虑观众的接受程度。如果认为说话者已经表达出一个完整的意思，而观众也没有强烈的听的意愿时，即便说话者还有说话的意愿，也应该打断。如果说话人没有表达完整意思，主持人无法判断他最终要表达的意思，观众也没听到他所要表达的，这时打断就不太适合。或者说话的人虽然意思表达已经完整，而且偏离了谈话的主题，但观众还有听的兴致，那么打断就要讲究技巧了。例如在《实话实说——四世同堂说电影》的一期节目中，当这家四世同堂的老奶奶兴致盎然地侃了一个段落之后，崔永元接过话茬说了一句："奶奶，咱们不说了，留一点急急他们。"礼貌、尊重，加上适当的调侃，老奶奶的"演说"停得美滋滋，现场的观众听得乐悠悠，谈话的主题又在不知不觉中回到了现场。这个打断很有技巧。

3.3 辩论对访谈节目主持的借鉴作用之三——善于思考、保持质疑

辩论过程中的思考是不能间断的，这种思考很大程度地表现在质疑对方的观点或者对方的论据。辩论过程中双方都会大量使用论据来说明己方观点，有的时候是一些事例，有时是一些数据。观看辩论的观众不会去质疑辩手提供的论据，但场上的辩手应该对事例或数据保持敏感性及质疑态度，当论据不合逻辑时应指出，要求对方给出论据来源。这也可供访谈节目借鉴。主持人对访谈过程中出现的明显不合逻辑的言论，要提出疑问。电视访谈不同于生活中的闲谈，倾听者是庞大的观众群，被访者不负责任的话语会对公众产生误导。有时还会导致不良的社会影响。"例如，一位被访者说：'据估计，这个城市50%的房屋经受不住强烈地震的冲击。'对于这样一句话，不应让其轻易滑过，采访者应该弄清楚这一结论是如何得出的，它有多高的可信性。采访者应问清楚是什么人通过什么方法得到这一结论，其'经受不住'，'强烈地震'又是什么样的具体含义，只有将这些疑问都弄清楚了，这句话的可信程度才会明朗。有时，健谈的被访者会夸夸其谈，他们谈到的'科学结论'，可能来自小报文章，并非认真、严肃的科学研究。

如果让这样的话不加过滤，流向观众，造成信息误导，那对观众是不公平的。”[3](pp134～138)

主持人应格外注意被访者不加分析得出的结论、未指明出处的与众不同的结论、各种统计数字，当感觉到这些话语中存在漏洞和可疑之处或听起来不大合乎逻辑时，要礼貌地提出，弄清楚其可信程度。

3.4 辩论对访谈节目主持的借鉴作用之四——理清思路、适当总结

辩论的最后一个环节是总结陈词，双方的最后一位辩手对本场辩论进行最后的总结，一般包括反驳对方观点，重述己方的立论，升华己方观点。总结陈词在辩论中往往起画龙点睛的作用。同样，访谈结束时，主持人应该理清思路，根据需要，面向观众，简短总结访谈内容，归纳大家的观点和看法并升华主题。并非每个观众的思维都很敏捷，总结性的提示能帮助这些人理清思路。也可以进一步提出问题，供观众思索。有时，那些便于观众思考的提示会起到很好的效果。当然，这样的总结可以是针对访谈节目的过程中出现的观点和对话的，也可以是在节目前期准备过程中预备好的对节目主题的升华。需要注意的是，访谈节目主持不同于辩论，在访谈节目中主持人更多的是扮演串联的角色，嘉宾才是主角，因此主持人总结时间不应太长，以精练为好，如果嘉宾的观点需要总结可以采取请在场嘉宾进行一句话总结的方式，《实话实说》的节目结尾便是如此。

4 如何从辩论训练中提高访谈节目主持技巧

上述文字讨论了辩论与主持的共同点以及辩论对访谈节目主持的借鉴作用，目的在于提供一个新的看待访谈节目主持的角度，更为重要的是借鉴辩论训练提高访谈节目的主持技巧。我们可以从辩论中锻炼思维，提高思考的能力和主持的水准。具体说来，辩论训练可以分为四个部分：观看辩论比赛的录像、针对某个辩题的准备、进行打模拟赛和正式比赛等。

(1)在观看辩论比赛录像的过程中，要学会跟上辩手的思路，从双方的对话和交锋过程中培养一种对话的针对性。这里的针对性不是说争锋相对，而是对别人所说的话的即时反应。访谈节目主持人保持思路的流畅非常重要，如果不能有针对性地承接被采访者的发言就会打断访谈，“前言不搭后语”。认真看辩论赛，使思维跟着场上的对话和交锋，这是训练主持过程中思维集中和流畅不错的方法。

(2)针对某个辩题进行准备，训练自己的逻辑思维能力。首先准备与辩题有关的资料，整理立论思路，确定基本思路，应在符合逻辑的前提下补充内容、完善立论。逻辑思维在这个时候可以得到很好的锻炼，因为没有逻辑主线的资料拼凑在一起是不能论证辩题和观点的。在这个过程中，不断地锻炼逻辑思维能力，考虑哪些论据可以符合一条逻辑主线，并充分说明问题。这样做可以使辩论做到论证充分且紧扣辩题。这样的训练方式也有利于在访谈节目主持过程中保证讨论和访谈围绕一个主题、一条主线进行，使节目集中，条理清晰，不至于零散。

(3)辩论赛前的模拟热身赛和正式比赛都是辩论训练中最重要的环节，也是训练思维、锻炼临场反应的最好方式。在辩论赛中，对方所持立场虽然已知，但对方可能采用的观点、思路、论据等是不能预料的，因此需要现场反应能力。多参加辩论比赛，可以不断地锻炼临场的即兴反应能力和缩短反应的时间，这对访谈节目主持来说是非常好的锻炼机会。只有做到现场反应快捷优秀，才可能成为一个好的访谈节目主持人。

总之，辩论训练对于访谈节目主持人的思维和即兴表达能力都能起到锻炼和促进的作用，我们可以用辩论训练提高访谈节目主持技巧。

参考文献：

[1]赵玉明，王福顺等. 广播电视辞典[M]. 北京广播学院出版社，1999

[2]赵传栋. 论辩原理[M]. 上海：复旦大学出版社，1997

[3]陈京生. 电视播音与主持[M]. 北京广播学院出版社，2000

导师评语：

陈怡静同学聪颖好学，善于思考，文如其人。这篇论文的独到之处在于：一是作者的研究命题正是人人心中皆有而笔下皆无的。作者将其在校所学的知识融会贯通，选题新颖别致，有所创新。二是辩论赛节目与访谈类节目同属言语范畴，在特定的语境下，既有严格的界限，又有相互借鉴地方。作者较准确地分析了其中的异同。三是作者治学态度严谨，前期准备工作历时一年多，学术观点鲜明，读后让人深思。

这是一篇比较性研究论文，写这篇论文的目的在于“如何能够做好访谈节目的主持”。辩论的本质源于博学、智慧、涵养、推理与口才。但做不好访谈类节目的根本问题在哪里，你是如何准备一档访谈节目的，如何来训练节目主持人等方面的剖析尚不够深入，因此这篇文章还留于浅层探索。另外，辩论思维提供的借鉴是有限的，有的手段运用不具有普适性。

图书馆权利冲突探析

福建师范大学社会历史学院图书馆学专业 2001 级　郑金帆
指导老师：福建师范大学　江向东教授

摘要：图书馆权利是指在信息源—图书馆—信息受众的三角信息资源流动过程中，三方权利的制衡关系。作为一个集合名词，图书馆权利包括信息源权利、图书馆自身权利、受众权利三部分内容。这三方面的权利冲突集中体现在受众接受信息和接受服务的两个过程中。本文通过分析图书馆权利冲突的内涵外延、问题实质、产生原因及解决办法，揭示图书馆权利冲突的特殊性、复杂性和多角度性，试图探索在新的社会条件下真正解决图书馆各方权利冲突的问题，以期为图书馆事业发展打造一个真正意义上的自由空间。

关键词：图书馆　权利冲突　图书馆权利　权利保护

An Exploration and Analysis of the Conflict of the Library Rights

Zheng Jinfan
School of Sociology and History，Library Science Speciality
Teacher：Jiang Xiangdong

Abstract：Library rights refer to the relation of checking and balancing of tripartite rights which exists in the information source—library—information audiences，which is a triangular information resources transmission course. As a collective noun，library rights consist of three parts ：information source right，one′s own right of the library and audience′s right. Three right conflict embody a concentrated reflection of audience information of accepting and audience service of accepting. This text attempt to announce the particularity，complexity and multiplicity of the library right conflict，by adopting analysis of intension epitaxy ，problem essence and the reson and solution conflicting to the library rights. And the text trys to solve the problem of each side′s right conflict of the library in a right way under the new social condition. Thus expect to make a real free space for the undertaking development of the library.

Key Words：Library，Conflict of the Rights，Library Rights，Right protection

改革开放以后，中国的法制进程取得了很大的进步，公民的权利意识也有了明显的变化。个人和集体对于权利的认知度都有了很大的提高。然而在这一过程中，存在着大量的权利冲突现象。作为一种日趋普遍的社会问题，“权利冲突”在图书馆学领域也出现了泛化趋势。本文拟讨论以下几个有关图书馆权利冲突的问题：图书馆权利的限定，图书馆权利冲突的实质，图书馆权利冲突的原因以及如何解决或避免更多图书馆权利冲突的产生。

1　图书馆权利的限定

权利是公民在社会生活中独立自主地做出选择或决定的资格，是社会和国家承认并且有责任保障其实现的个人利益和行为尺度，是公民用以反抗他人和政府的干涉的可靠凭证和充足理由。简而言之，权利是对一定利益和行为方式的确认。“图书馆权利”一词出自1948年的美国《图书馆权利宣言》，这部宣言揭开了美国图书馆界维护图书馆权利的大幕。宣言认为：(1)图书馆提供所有人关心、需要的图书及其他图书馆资料。图书馆资料不能根据作者的出身、经历或见解而受到排除。(2)图书馆提供反映各种思想观点的资料和情报。图书馆不以思想观点的不同而剔除图书馆资料。(3)图书馆拒绝干涉和检查。(4)图书馆和一切抵抗压制表现自由、思想自由的个人、团体合作。(5)图书馆不能因为利用者的出身、年龄、经历、思想观点的不同而拒绝或限制其利用图书馆的权利。(6)图书馆在公平的基础上向利用者提供设施、设备①[1]。这些权利有些是图书馆权利永恒的主题，有些随着时代的变迁已经不合时宜。但统统体现了图书馆权利的精神主题——公平、自由。

图书馆作为一个社会记忆载体，是具有公共性质的社会服务性机构，是连接各类型受众和各类型资源的智能化桥梁。所谓智能化，即在传输的基础上，重视其自身的引导教育职能，重视对资源的整合优化，使各类资源最大限度地发挥其潜在价值，达到资源和用户的“双赢”。

图书馆的基本模型始终是“信息源—图书馆—信息受众”构成的三角信息资源流动过程。在这样一个过程中，图书馆权利实质为：强调受众从图书馆获取有效资源信息的自由权利与图书馆收集提供资源信息的自由权利的“二合一”。两个方面是紧密相关、不可或缺的。具体强说来，“二合一”的过程包括两方面内容。(1)受众作为信息接受者与服务接受者，享有平等获取知识权、自由选择知识权、知识信息知情权、知识服务保障权和批评建议监督权等[2](pp163～167)。这是法律做出的保证。从国家民族的角度来看，以法律来保障人民获得信息，是一件关乎全民族素质的事情。这些权利只有真正地落实到个人，才能够实现信息的自由获取，实现民族素质的提高，从而能以更好的姿态去迎接来自知识经济时代的挑战。从个人角度来说，受众个体需要提高维权意识，明白利用图书馆、利用图书馆的文献信息资源不是“请求”不是“恩赐”，是自身的权利，是实现自身知识和信息接受权、利用权的重要途径之一。(2)图书馆作为信息提供者与服务提供者，其根本任务是满足人民群众对资源的需求，维持社会基本的信息流动，做一个名副其实的社会的大脑。因而，图书馆具有收集资料的“最高自由”。收集资料的“最高自由”是指，图书馆拥有宽广的选择空间，可以不依据作者的思想、宗教，不依据图书馆或图书馆员个人的喜好来制定收集资料的既定方向。但是，“最高自由”并不意味着无选择，而是以选择来体现的。与收集资料的“最高自由”相对应，图书馆也具有提供资料的“最高自由”。但是，这种自由的获得必须以符合法律为前提。这两方面相结合就阐述了图书馆权利的意义所在。图书馆权利本质上就是图书馆自由，但是这种自由的获得和使用，这种权利的存在和发挥作用是以三角和谐互动为基础的，以一定的法律界定范围、一定的现实条件限制选择为保证的[1]。

---

①　(ALA)图书馆权利宣言(日文本).见:图书馆法规基准总览.东京:日本图书馆协会,1992.1454.中译文本参:林祖藻译校.美国图书馆的权利法案.图书馆研究与工作,1992(3).系转引。

2 图书馆权利冲突的实质

2.1 受众作为信息接受者与信息提供者之间的权利冲突

在信息接受者与信息提供者的信息交换过程中，权利在信息提供方和信息接受方之间保持平衡。两者之间的联系依靠一定的文献交流手段来实现。数字环境下的图书馆采用越来越先进的文献交流手段。不仅仅停留在最初的在馆阅览、图书外借、资料复印，还进一步扩展到光盘检索、科技查新、信息咨询、馆际互借、文献传递、英语资料翻译、全息摄影等各种丰富而先进的选择，这是一个必然的趋势。素质较高的信息接受者能够获得越来越多的资源，成为信息优势群体，利用信息，可以获得越来越多的价值。信息素质是从各种信息源中检索、评价和使用信息的能力，是信息社会劳动者必须掌握的终身技能[3](pp5～6)。信息素质的优劣直接导致受众之间的权利平衡被破坏。信息弱势群体被动地失去了部分或者全部的"平等获取知识权"。这部分权利转移聚集到了信息优势群体中，使其获得相应的"获取信息优先权"，造成了信息贫困。依据"马太效应"概言之，富者越富，贫者越贫，分化日趋严重。信息弱势群体将愈来愈贫乏，变成科学中的"无产者"。

受众作为信息接受者与信息提供者之间的权利冲突是指，由受众间的信息素质高低失衡造成的信息提供者在提供信息过程中的不平衡现象。

2.2 受众作为服务接受方与服务提供方之间的权利冲突

受众是一个广泛的集合，但图书馆服务是针对个人的。满足最广大的受众的要求和满足受众更高层次的要求是一对矛盾。图书馆作为大众媒介，服务方式是典型的金字塔式。服务层次越低，服务受众面就越广，服务层次越高，服务受众面就越窄。数字图书馆的大量发展而产生的"数字鸿沟"问题也引起了广泛的关注。这个问题其实也就是金字塔式服务模式导致的冲突的现实体现。

受众的服务需求越来越个人化，有些甚至可能与社会道德相冲突。图书馆应该秉承"读者第一"的思想，尽量满足大众的要求，还是应该遵守一定的原则，给予一定的限制、引导，这是一个有争议的问题。如曾经有人讨论过，《完全自杀手册》该不该借给未成年人，此类书籍在美国是可以随意出借的，但中国的图书馆却规定不许外借。笔者十分赞同一种说法："过去的图书馆就像一座博物馆，图书馆员就像霉书堆中的探寻者；现代的图书馆是一座学校，图书馆员是真正意义上的教师。"[4](pp188～189)现今的图书馆界也普遍认为，在法律许可范围内，图书馆员有权自行判断文献的价值及出借后果。但是，也应该清醒地认识到，这对图书馆员的自身素质、判断能力和专业水平都提出了严峻的要求。一旦图书馆员教条式地对受众进行分类判断，没有做出正确的估计，将导致受众无法获得其需要的服务，即是侵害了其平等获得知识权。如首都图书馆就有一条规定：本科以上学历才能借阅英文书籍。这就属于典型的图书馆"霸王条款"，应予以调整，及时废除。

3　图书馆权利冲突的原因以及解决办法

3.1　公民信息素质参差不齐引起的图书馆权利冲突

信息素质既是一种能力素质、一种基础素质，也是导致图书馆权利冲突的受众主观因素。有的人知道不少情报检索知识，计算机和网络操作也比较熟练，但缺乏对信息的敏感性，网络查询得出的大量数据无从去粗取精、去伪存真，无法快速获得自己需要的信息。也有的人不清楚或不遵守信息行业的游戏规则，导致盗版、黑客、病毒以及其他破坏信息系统的情况屡屡出现。这些问题的产生源于人们的信息素质低。这既说明信息素质应用的广泛性，也说明信息素质培养的重要性。

我国人口众多，信息素质总体水平比较低。中国互联网络信息中心 2004 年 7 月发布的《中国互联网络发展状况统计报告》说，在经历 2000 年互联网的短暂低落后，互联网正以相当的速度持续发展。但各地的差异非常明显。从地区分布来看，我国互联网络发展比较好的地区主要集中在北京、江浙沪、山东、福建、广东地区。七省市几乎占据了中国互联网的七成份额，这些地区的信息化程度相对比较高；从网络使用者的特征结构来看，网络使用者主要集中在公共管理和社会组织、教育、制造业、IT 业的专业技术人员和管理人员（学生除外），主要集中在大专和本科，收入在 1 500～3 000 之间的人群中（学生除外）。根据该报告对历次调查结果的发展分析，我们还可以看出：网络使用者在教育程度分布的发展中，本科以下和本科以上比例从 59∶41 发展到 30∶70，而且从 2002 年开始，基本保持在 3∶7 的比例上，这说明我国教育程度限制在 3∶7 上，但是网络使用者的整体数量保持良性的增长，而且该报告显示，本科以上群体呈现持续上升的态势，即高学历的人群逐步成为使用网络的生力军。

报告显示了我国公民对互联网的利用情况，显示了受数字环境影响较大的受众成分，也对新的信息环境下的图书馆读者教育提出了新的课题。图书馆为了加强教育功能，向受众提供最适合的信息资源和最好的服务，应该从根本上提高受众的信息素质。笔者认为通过个人信息门户的方式为受众提供服务有助于解决这一问题，通过网摘服务、网络存贮、由后台支持的信息推送和博客托管服务等实现对读者的引导。

3.2　图书馆的人文精神缺失

担任过有着 90 万册藏书的阿根廷国立图书馆馆长的博尔赫斯曾经说过："我心里一直在暗暗设想，天堂应该是图书馆的模样。"图书馆作为人类的精神家园，作为知识的殿堂，凝聚着对知识的渴求。图书馆员作为传递知识的使者、人类精神花园的守护者，是维护这一片净土的最主要力量。许多图书馆员将一生奉献给了图书馆事业。但是不能否认，也有一些图书馆员，漠视自己神圣的职责，漠视"读者至上"的崇高信条，漠视法律对于公民平等获得知识的权利的保护。他们以职业、宗教、信仰或者其他外在特征对不同的读者进行"分而治之"，对某些读者给予莫大的热情的帮助，给另一些读者冷脸、白眼。还有一些图书馆设置了苛刻的入馆要求和馆内规定，把图书馆当成自己家，把图书当成了私人物品。北大教授漆永祥的文章《究竟是"图书馆"还是"藏书馆"？——发生在苏州图书馆古籍部的故事》一文就揭露了这样一个问题，引发了热烈讨论。有的规定出于对图书的保护，但却放弃或限制了对其利用价值的保护，将珍贵书籍“束之高阁”的保护，无疑是因噎废食，忽视了图书资料真正的价值所在。

国外常见的图书馆权利案例，是图书馆为维护读者的获得资料权利和反对外部的干涉与限制叫板，我们近来频发的“图书馆权利”案例，是图书馆和读者叫板。也许叫板的过程就是观念转变的过程。在苏图事件中，从执行现行有效的规章制度上说，馆员的处理无过失。问题在于，图书馆的规章制度，是以保障公众获得资源的理念为指导，还是为“保护”资源甚或限制公众获得资源的理念为指导？这就是牵涉到图书馆的社会职责、社会功能、社会价值的问题了。特殊资料的限制提供，世界各国都有。怎么限制？限制到什么程度？限制与提供怎样协调？不同的指导理念导致不同的处理办法。超越事件本身，在法律不能解决的情况下，需要依靠图书馆员本身的人文力量去解决问题，也就是加深对图书馆职业价值的理解。

第一，注重服务和人文关怀。针对不同的读者提供不同的服务。以读者为中心，分析读者的需求，主动搜集并传播各种信息。关注、探索、指点和解答受众遇到的文化知识和精神心理问题，为读者的文献信息需求提供保障并营造一种充满人性化的读书学习环境，实现人文关怀。

第二，热爱图书，倡导阅读。图书馆应该要求从业人员不仅自己“爱书”、“爱读书”，还应该积极地倡导公众的阅读活动。第三次“全国国民阅读与购买倾向抽样调查报告”显示，2003 年全国国民图书阅读率为 51.7%，比 1998 年下降了 8.7 个百分点。我国国民中有日常读书习惯的读者仅占 5%。在基本不读书的人群当中，选择没有时间读书的人占 50.6%，其中有32.3%的人是因为工作学习太紧张而没有去读书。在我国，倡导阅读的工作仍是任重而道远的。

3.3 正在发展中的图书馆法尚存不完善、不完备的矛盾和冲突

我国的图书馆法在保护各方利益上仍然有许多漏洞，笔者在此着重讨论的是著作权法与读者利益之间的冲突。中国社会科学院文献信息中心副主任杨沛超在关于“合理使用与数字图书馆建设发展研讨会”上说“如果几家主要的图书馆（包括北大、清华的图书馆）把它们馆里的电子资源都停了，看看读者有什么反映意见”。这暗示的是现行著作权法与信息传播的冲突。

由于版权限制，国内数字图书馆建设一直停滞不前，数图工程因涉嫌“侵权”而难以突破法律上的瓶颈。公认的事实是，目前的著作权法似乎更偏重保护著作权人的权利，忽略了对广大读者利益的保护，从而影响了信息资源的广泛传播，一定意义上阻碍了数字图书馆的发展。要保障广大读者的权益，更好地为读者服务，数图工程应深入研究网络环境下“合理使用”的方式和途径，使这种“合理使用”既保护著作权人和出版商的利益，也满足最广大读者和用户的利益，协调这两种正当权利。权利冲突本身就是两种正当权利的冲突。在这一点上，版权制度造成的权利冲突是一个典范。

笔者认为，数图工程建设应当更多考虑读者的需要。著作权人以个体为单位实现其著作权，而读者是以群体为单位来实现其根本权益的。网络时代，要通过一系列繁杂的手续来实现对个人权利的保护，效率非常低下的也难以实现。著作权人作为读者，也能从数图工程中受益。著作权的实现更多地应该体现在精神领域，通过事先征求作者同意来体现对作者人格的尊重，适当减轻经济权利的比重，这样，作者的价值在作品广泛传播的过程中才能得到真正的升华。

3.4 社会对图书馆的重视不足和高速发展的信息社会的矛盾和冲突

优秀的图书馆需要良好的馆舍及设备、完善全面而特色鲜明的图书资料、业务水平高且热爱图书馆事业的专业人员，这一切都需要经费支持。近年来虽然图书馆经费不断增长，但由于

物价、书价上涨幅度大，人员工资增长也快，图书馆经费普遍感到不足，受到压缩的是图书购置费与业务活动费，这严重制约了图书馆新书与期刊的购置和业务活动的开展。

与西方国家相比，我们的图书馆投入明显不足。文化部副部长周和平在《2004 文化部、国家文物局关于公共文化设施向未成年人等社会群体免费开放的通知》新闻发布会上披露：我国全国公共图书馆藏书仅 4 亿册，人均 0.3 册；全国公共图书馆一年的购书经费，人均不足 0.3 元；平均 45.9 万人拥有一所公共图书馆。这些数据远低于国际标准，国际图联建议：平均 2 万人拥有一所公共图书馆，图书馆人均藏书量 2 册。西方国家在这方面的发达程度可以说是让我们望尘莫及。以芬兰为例，芬兰全国有 989 个公共图书馆，平均 5 250 多人就拥有一个，人均占有图书馆的比例居世界首位[5]。

经费不足导致我国图书馆事业发展跟不上高速发展的信息社会的需求。实际上，这种需求和供给上的不平衡剥夺了公众的借阅权利。读者没有满意的借阅场地，没有满意的借阅选择。应该采取措施弥补图书馆财政经费的不足。

(1)各级各类图书馆应增加开放程度，在服务范围、服务时间上进一步开放。图书馆是整个社会的财富，理应向全社会公众开放。目前我国只有公共图书馆具有相对广泛的开放性。其他图书馆(如大学图书馆、专业图书馆等)都没有完全向公众敞开大门。这些图书馆对服务对象的资格往往有着诸多限制，开放时间也远远不足。以高校图书馆为例，许多馆甚至连国家《普通高等学校图书馆规程》中第 16 条规定的“网上资源的服务应做到每天 24 小时开放”都做不到。读者虽明知自己所需要的图书在某一图书馆却无法借阅。

(2)开展各种活动，加强办学能力。各图书馆可以开展各种形式的、生动活泼的读者活动，如举办专题书展、读书讲座、专题报告会、书评、读书竞赛等。通过这些活动吸引广大读者走进图书馆。同时，图书馆可以举办各种讲座和各类短期专业技能培训班，如电脑培训、外语培训、书画培训、演讲朗诵培训等，使图书馆成为集学历教育、业务培训、技能培训于一体的社会教育机构和培训场所，充分提高图书馆的利用率，做到“一馆多用”，丰富图书馆的外延意义。

(3)鼓励民办或企业办图书馆。通过发挥民办或企业办图书馆的力量来推动中国图书馆事业的又一波新发展。中国图书馆学会秘书长汤更生认为“让更多的人有到图书馆学习借阅的机会，对社会文化的进步来说意义重大，政府应该加大对文化事业的投入，和民办图书馆一起努力，鼓励图书馆走进社区，融入百姓的生活”。

4 总结

本文对图书馆权利进行了定义，笔者认为图书馆权利作为一个集合名词，其实质是指图书馆自由，但是这种自由的获得和使用，即这种权利的存在和发挥作用是以信息源、图书馆和受众三者的和谐互动为基础，以一定的法律界定范围、一定的现实条件限制选择为保证的。由于目前仍存在公民信息素质低下、图书馆人文精神缺失、相关的图书馆法律尚不完善以及图书馆经费投入不足等多方面问题，图书馆权利依然有失衡的危险，图书馆维护权利工作还需要图书馆界更大的努力。笔者希望通过对图书馆权利冲突问题的研究，通过文中提到的一些方案，起到抛砖引玉的作用，引起业界对图书馆权利冲突的问题的重视，以期为图书馆事业发展打造一个真正意义上的自由空间。

参考文献：

[1]李国新.对“图书馆自由”的理论思考[J].图书馆，2002(1)

[2]王子舟.图书馆学基础教程[M].武汉大学出版社，2003

[3]沈固朝.信息检索(多媒体)教程[M].北京：高等教育出版社，2002

[4]于良芝.图书馆学导论[M].北京：科学出版社，2003

[5]卢枫.芬兰基础教育成功原因初探[J].中国教育报，2003-03-03

导师评语：

图书馆权利不是指图书馆自身的权利，它是指社会公众从图书馆获取信息资源的自由权利与图书馆广泛收集信息平等地为社会公众提供信息的自由权利。近年来，我国公共图书馆收费服务项目越来越多，严重影响了社会公共免费获取信息，图书馆与读者之间的矛盾越来越大，并引起新闻界的关注，如何解决图书馆各方权利冲突问题成为我国图书馆无法回避的实际问题。该文从选题角度来说，源自图书馆实际中存在的热点问题，故具有较高的现实意义和理论价值。就写作水平而言，该文理论分析准确，逻辑严谨，层次分明，结构合理，语言流畅。该文首先就"图书馆权利"这一新术语进行了界定，然后分别就受众作为信息接受方与信息接供方、服务接受方与服务提供方之间的矛盾，分析了图书馆权利冲突的实质，探讨了图书馆权利冲突的原因与解决方法。同时，该文还掌握了较多的背景资料，材料运用得当；在参考文献标注方面，采用严格的引文式的标注法，使论文的达到我国著作权法所要求的版权作品独创性的要求。

TR3 和 P53 之间的相互作用

厦门大学生命科学学院生物科学专业 2001 级　李贵登*

指导老师:厦门大学　吴乔教授

摘要:TR3 是一种孤生受体,其相应的配体至今仍未确定。本文利用酵母双杂交技术,以 TR3 为诱饵蛋白筛选 Hela cDNA 文库,筛选出与之相互作用的蛋白 P53,并通过体内免疫共沉淀技术和体外 GST pull-down assay 方法证实了 TR3 与 P53 的相互作用。细胞免疫标记和荧光显微技术确定 TR3 与 P53 共定位细胞核。通过 β-gal 报告基因活性检测初步确认 P53 的 1—42 片段与 TR3 有较强的结合能力。

关键词:TR3　P53　酵母双杂交　相互作用

The interaction between TR3 and P53

Li Guideng

Department of Biology, School of Life Sciences

Xiamen University

Teacher: Wu Qiao

Abstract: TR3, whose relevant ligand is still unclear, is an orphan receptor. A yeast two-hybrid screen of a Hela cDNA library for TR3-interacting proteins revealed P53 as a candidate. The interaction of TR3 with P53 was further confirmed in vitro and in vitro by GST-pull down assay and coimmunoprecipitation assay. TR3/P53 colocalization was observed by confocal microscopy. By monitoring the activity of the β-gal reporter gene, the interaction domain of P53 with TR3 was at aa 1—42. Taken together, our data demonstrated that TR3 indeed interacted with P53 in vivo and in vitro.

Key Words: TR3, P53, Yeast two-hybrid, System interaction

TR3(也称 Nur77,NGFI-B 和 NAK1)是由立早基因 NR4A1 编码的孤生受体[1],它在结构上具备核受体特征但尚未发现相应的配体。TR3 在调控细胞生长、分化和凋亡过程中发挥重要的作用。1989 年 Chang 等人在人前列腺癌细胞的 cDNA 文库中首次克隆成功 TR3[2]。TR3 家族有 3 个成员:TR3、Nurr1(又称为 NOT、RNR1、TINOR 和 TINUR)和 Nor-1(又称为 MINOR)[3]。在 TR3 的 N 端转录激活区中,从第 35 个到第 72 个氨基酸对 TR3 的转录激活非常关键[4],因此切除 TR3 N 端的转录激活区可以得到负显性 TR3 缺失表达载体[5]。从 TR3 的第 350 个到第 400 个氨基酸中含有入核序列,决定 TR3 的细胞核定位[6];将位于 LBD 的第 536 个氨基酸到末端的 65 个氨基酸切去,虽然 TR3 仍然可以和 DNA 结合,但却失去了

* 作者已保送厦门大学细胞生物专业 2005 级硕士研究生。

80%以上的转录活性，而且不能诱导细胞凋亡[7]；但继续切除第476个到第535个氨基酸后，TR3的转录活性又被恢复。另外，TR3的第558个到579个氨基酸(位于LBD区域)对TR3与其他蛋白结合起关键作用[8]。

近年来，不少实验室发现TR3诱导的细胞凋亡与Bcl-2家族蛋白有密切关系。Lin等人提出了TR3转运到线粒体诱导细胞凋亡的新机制：TR3通过自身的配体结合区域LBD和Bcl-2结合，两者的结合对TR3转运到线粒体和诱导细胞凋亡极为关键。而且，TR3通过与Bcl-2 BH3和BH4区域之间的N端环状区域结合，导致Bcl-2构象发生改变，使Bcl-2从抗凋亡蛋白变成了促凋亡蛋白[9]。

目前已发现TR3能和多种蛋白发生相互作用，如RXR、PML等。作为调控网络中的一个重要蛋白，TR3和其他未知蛋白相互作用正在不断被发现，由此进一步揭示TR3的作用机理。本文利用酵母双杂交技术，以TR3为诱饵蛋白筛选与它相互作用的蛋白，并进一步通过GST pull-down和免疫过沉淀实验验证其相互作用，最后通过测定β-半乳糖苷酶活性来确认其相互作用位点。

1　实验材料和方法

1.1　材料

E. coli DH5α，酵母AH109，酵母Y187，质粒pGBKT7、pGADT7-P53、pECE-TR3人胚肾细胞HEK293T购置于上海生物细胞研究所。

1.2　方法(简述)

1.2.1　目的载体的构建

1.2.1.1　用PCR的方法从质粒TR3中获得TR3片段，采用PCR法。

1.2.1.2　PCR产物的酶切连接。

1.2.1.3　PCR产物纯化、质粒提取、纯化、DNA酶切片段回收，参考《分子克隆》手册及相应试剂说明书进行。[10]

1.2.1.4　大肠杆菌感受态细胞的制备，采用氯化钙法。

1.2.1.5　转化，参照《分子克隆》手册进行。

1.2.2　酵母双杂交表型验证及诱饵质粒自激活作用的检测

1.2.2.1　AH109菌种表型验证，采用单一营养缺陷平版法。

1.2.2.2　酵母感受态细胞的制备，参照《分子克隆》手册进行。

1.2.2.3　酵母转化，参照《分子克隆》手册进行。

1.2.3　诱饵蛋白表达的检测

1.2.4　自激活检测

1.2.4.1　待SD/-Trp平板上长出克隆后，挑取单个克隆，分别划线接种于SD/-Trp/X-α-gal、SD/-Trp/-His/X-α-gal、SD/-Trp/-Ade/X-α-gal，观察其生长情况。

1.2.4.2　β-半乳糖苷酶菌落影印滤膜分析：采用β-半乳糖甘酶菌落影印滤膜分析检测。

1.2.5　文库的筛选，参照《分子克隆》手册进行

1.2.6　酵母阳性克隆质粒的提取，参照《分子克隆》手册进行

1.2.7　转化大肠杆菌,方法同上1.2.1.4、1.2.1.5所示

1.2.8　测序鉴定

1.2.9　序列分析

把获取的真阳性克隆质粒cDNA序列输入计算机,通过国际互联网进入NCBI的GenBank,应用标准核酸BLAST软件与GenBank中所有核酸序列进行同源性比较。

1.2.10　免疫荧光分析

1.2.11　GST沉淀(GST pull-down)

GST融合蛋白在大肠杆菌中的表达,采用亲和层析法。

1.2.12　免疫共沉淀,采用Wetern blot分析法。

1.2.13　Western blot,参照《分子克隆》手册进行。

1.2.14　构建猎物蛋白mutant质粒,方法同上1.2.1所示。

1.2.15　β-半乳糖苷酶活性测定试验,采用ONPG反应法,测定OD_{420}的值。

2　实验结果和讨论

2.1　诱饵质粒的构建

2.1.1　TR3 PCR产物

以本实验室构建成功的pECE-TR3为模板,PCR扩增获得大小为1 800 bp的TR3片段,取PCR产物2 μL做1%的琼脂糖电泳,结果如图2-1所示,其中M为2 000 bp DNA分子量标准,1为TR3样品,2为阴性对照,在约1 800 bp处有一明亮的条带,与TR3 cDNA的大小一致,说明成功PCR TR3。

2.1.2　重组TR3的鉴定

扩增出的TR3,经EcoRI,BamH I双酶切,连接于pGBKT7载体。将载体质粒pGBKT7经EcoR I、BamH I双酶切,回收7.3 kb载体片段。通过T4 DNA连接酶将TR3 cDNA质粒目的片段定向克隆入载体质粒pGBKT7,将其转化入*E. coli* DH5。抽提质粒后经EcoR I、BamH I双酶切鉴定,结果如图2-2所示。双酶切产物分别为7.3 kb和1.8 kb,证实TR3 cDNA目的片段与载体质粒pGBKT7连接,表明成功构建了pGBKT7-TR3诱饵融合蛋白表达载体。

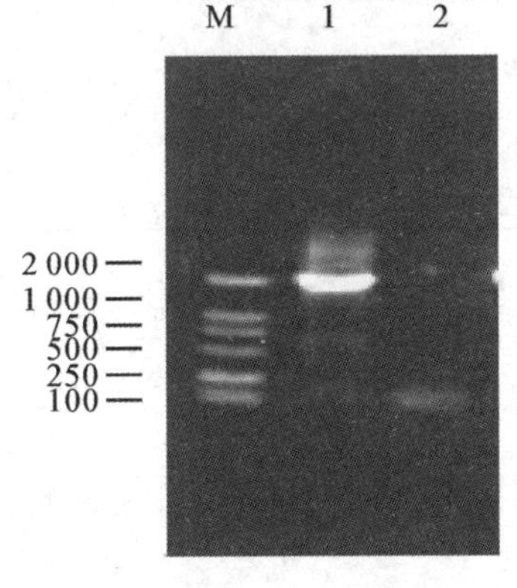

图2-1　PCR扩增电泳图谱

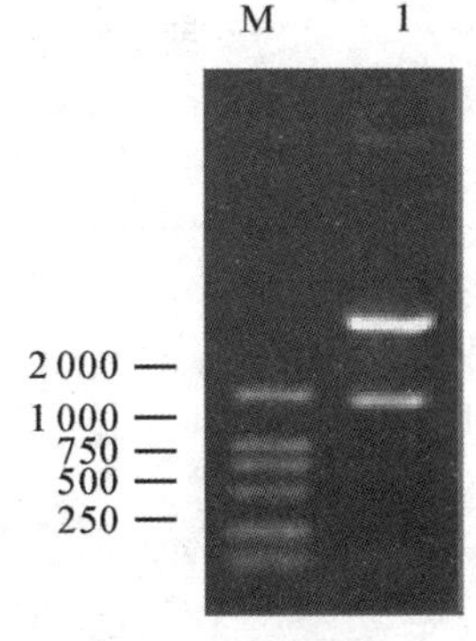

图2-2　EcoR I、BamH I双酶切鉴定电泳图谱

2.2 AH109 表型验证

AH109、Y187 酵母菌落生长良好，直径可达 2 mm 或以上，形态饱满。AH109 酵母菌落呈粉红色，Y187 酵母菌落呈浅粉红。AH109、Y187 酵母菌在 SD/-Trp、SD/-Leu、SD/-His、SD/-Ade、YPD 平板中的生长情况见表 2-1。

表 2-1 酵母菌株在各种培养基中的生长情况

菌株	SD/-Trp	SD/-Leu	SD/-His	SD/-Ade	YPD
AH109	—	—	—	—	—
Y187	—	—	—	—	—

2.3 诱饵蛋白自激活检测

利用 β-半乳糖甘酶菌落影印滤膜分析检测显示，pGBKT7-TR3 转化菌（图 2-3 左）连续观察 8 h，未有现象，而 Pcl 1（图 2-3 右）阳性对照菌在 40 min 开始变蓝，并随着时间的延长颜色逐渐加深。说明 pGBKT7-TR3 无激活自身报告基因（Lac Z）的表达。同时将转有 pGBKT7-TR3 的转化子涂于培养基 SD/-Trp/X-α-gal、SD/-Trp/-His/X-α-gal、SD/-Trp/-Ade/X-α-gal，如果 TR3 自身有转录激活活性，则会在 SD/-Trp/-Ade/X-α-gal 平板上生长，结果如表 2-2 所示。pGBKT7 载体作为阴性对照，pGBKT7-TR3 转化菌并没有在 SD/-Trp/-Ade/X-α-gal 平板生长。此实验证明 TR3 自身没有转录激活活性，可用于筛库。

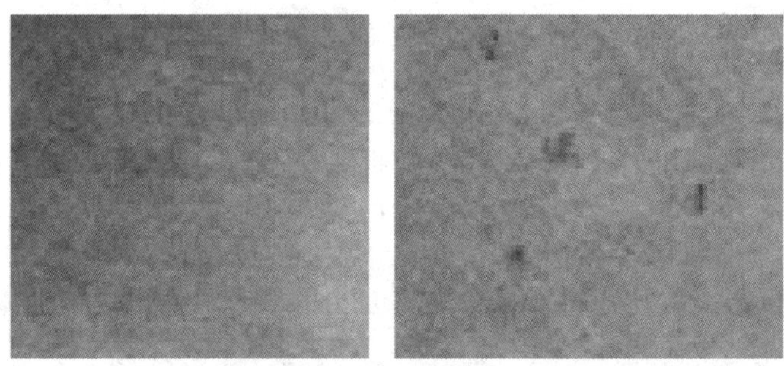

图 2-3 β-半乳糖苷酶菌落影印滤膜分析

表 2-2 TR3 转录活性检测

	AH109[pGBKT7-TR3]	AH109[pGBKT7]
SD/-Trp/X-α-gal	+白色	+白色
SD/-Trp/-His/X-α-gal	+白色	+白色
SD/-Trp/-Ade/X-α-gal	−白色	−白色

2.4 **诱饵蛋白在酵母中的表达**

将构建成功的 pGBKT7-TR3 转化至酵母菌株 AH109,用 SD/-Trp 的培养基筛选转化子。挑取单克隆,培养 24 h 后,裂解细胞提取蛋白。由于 pGBKT7 载体带有 Myc 标签,采用 Myc 抗体进行检测得到特异条带,所表达的蛋白含有 GAL4-BD1-174 位氨基酸,分子量约为 21.8 kD,TR3 的分子量为 67 kD,因此表达的融合蛋白的分子量的理论值为 89 kD。如图 2-4 所示,1 为诱饵蛋白电泳道,2 为阴性对照电泳道,而实际得到的蛋白分子量与此相当。此结果证明 TR3 在酵母中表达,可用于后续筛库的工作。

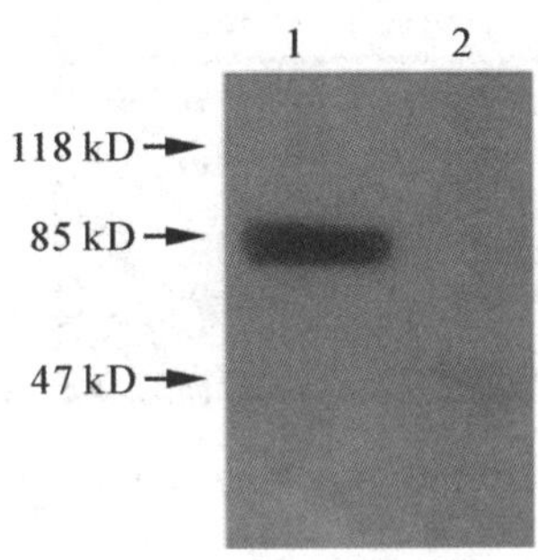

图 2-4 诱饵蛋白表达的蛋白电泳图

2.5 **筛选得到的阳性克隆的鉴定**

测序通过 Internet 利用 Blast 软件与 GenBank 进行同源序列比较,结果之一是 P53 序列。

2.6 **TR3 和 P53 在细胞内的共定位**

荧光显微镜观察结果(图 2-5)表明,在单转 GFP-TR3 和 GFP-P53 的细胞中,TR3 和 P53 蛋白表达的绿色荧光位于细胞核。共转 GFP-TR3 和 Myc-P53 时候,TR3 绿色荧光位于细胞核,P53 红色荧光也位于细胞核,且两者具有共定位关系(呈黄色荧光)。

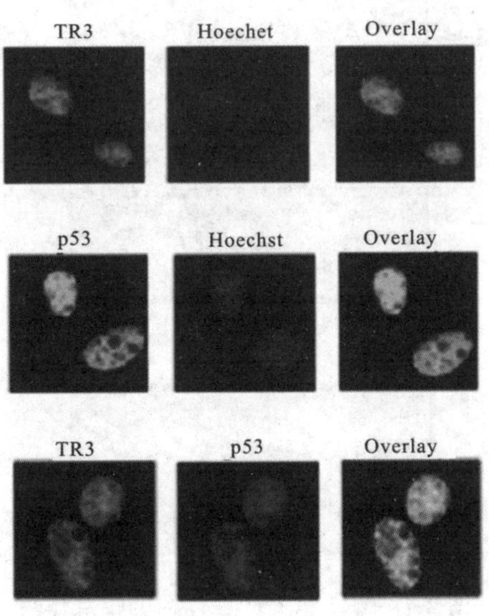

图 2-5 TR3 和 P53 共定位于细胞核

2.7 TR3 和 P53 在体外的相互作用

利用从细胞中提取的 P53 蛋白(图示,Input),将 GST-TR3 和 GST 纯化蛋白分别和 P53 混合后进行 GST 沉淀(pull-down)实验,结果如图 2-6 所示,在 GST-TR3 所在的蛋白道上与 Input 道上 P53 的相应位置也有一条蛋白带,说明 GST-TR3 能与 P53 结合,而阴性对照 GST 不能结合 P53,说明 TR3 能特异结合 P53。

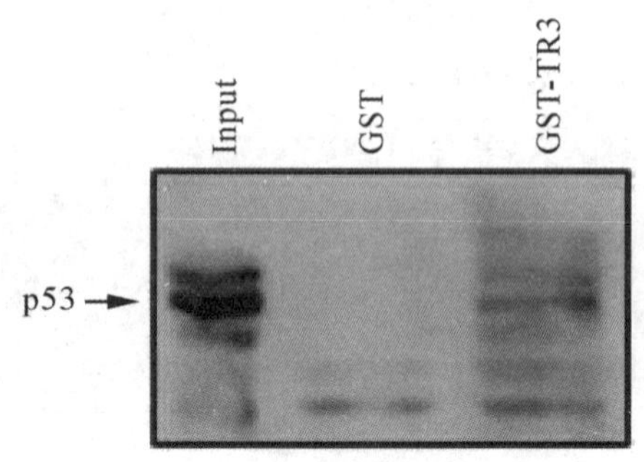

图 2-6 TR3 和 P53 在体外的相互作用

2.8 TR3 和 P53 在体内的相互作用

为证实 TR3 和 P53 在哺乳动物细胞内结合的特异性,我们将带有 GFP-TR3 和 Myc-P53 共转染 293T 细胞,用抗 Myc 抗体免疫沉淀 P53,抗 GFP 抗体做 Western blot 分析免疫沉淀物中是否还有 TR3。结果如图 2-7 所示,在免疫沉淀物出现一条与 Input 蛋白道上 TR3 位置相对应的蛋白带。说明了 TR3 和 P53 在哺乳细胞内能特异结合。

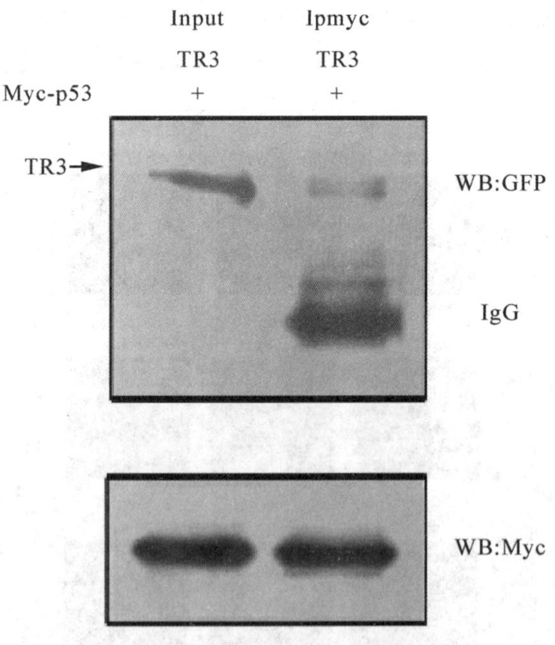

图 2-7 TR3 和 P53 在体内的相互作用

2.9　猎物蛋白 P53 mutant 质粒的构建

以本实验室构建成功的筛选出的 pGADT7-P53 为模板，PCR 扩增获得相应大小的 P53 片段，经 EcoR I、BamH I 双酶切，将载体质粒 pGADT7 经 EcoR I、BamH I 双酶切，回收载体片段。通过 T4 DNA 连接酶将 P53 cDNA 质粒目的片段定向克隆入载体质粒 pGADT7，将其转化入 E. coli DH5。抽提质粒后经 EcoR I、BamH I 双酶切鉴定(图 2-8)，其中 M 为 2 000 bp DNA 分子量标准，1～4 分别为 P53/1－42 、P53/1－72 、P53/11－393、P53/1－393 片段，在与其相应大小处都有一明亮的条带，说明成功 PCR P53 片段。

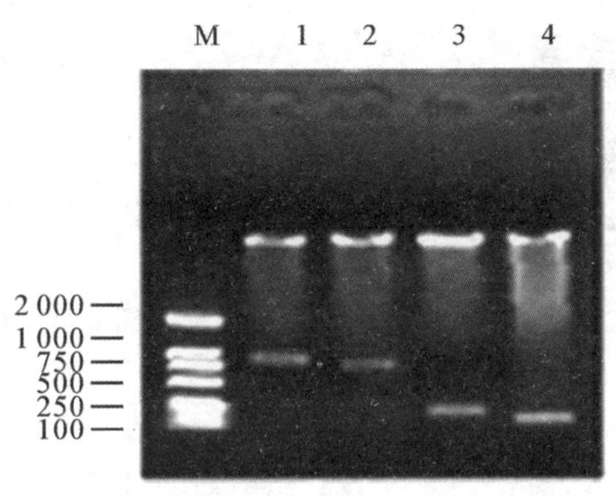

图 2-8　EcoR I、BamH I 双酶切鉴定电泳图谱

2.10　相应 Mutant P53 蛋白在酵母中的表达

测序正确后，然后将各种 Mutant P53 质粒转化到 Y187 酵母菌种中表达，提取蛋白，Western blot 测定融合蛋白的表达。结果如图 2-9 所示，其中 1～4 分别表示转化有 P53/1－42 ～P53/1－72、P53/11－393、P53/1－393 酵母所提取的蛋白，5 表示在作为阴性对照的 Y187 菌种所提取的蛋白。结果显示各种 Mutant P53 相应大小分子量的蛋白带，表明构建的 Mutant P53 蛋白可以在酵母中稳定表达。

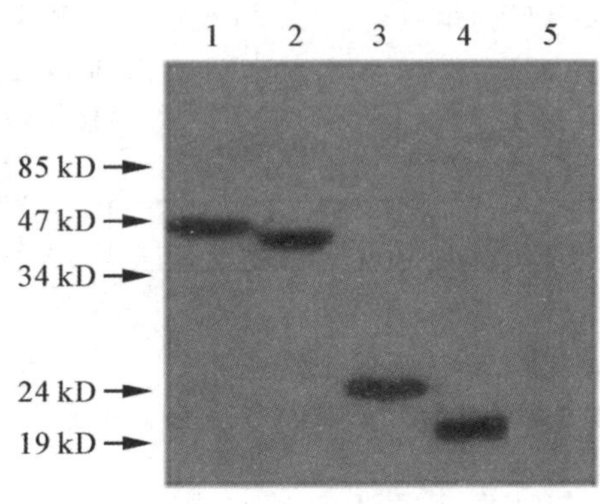

图 2-9　Mutant P53 蛋白表达的蛋白电泳图

β-半乳糖苷酶活性测定的结果

图 2-10 中 1～5 分别表示共转 TR3 和 P53/1－42、TR3 和 P53/1－72、TR3 和 P53/72－393、TR3 和 P53/115－393、TR3 和 P53/1－393 的菌种的测定值，6～9 分别表示单转 P53/

1—42、P53/1—72、P53/72—393、P53/115—393、P53/1—393 菌种的 β-半乳糖苷酶活性测定值，图 11 表示的结果是 β-半乳糖苷酶活性诱导倍数，可以看出 TR3 和 P53 的 1—42 片段的诱导倍数是本底的 35 倍左右，表明 TR3 和 P53 的 1—42 片段有较强的结合能力。

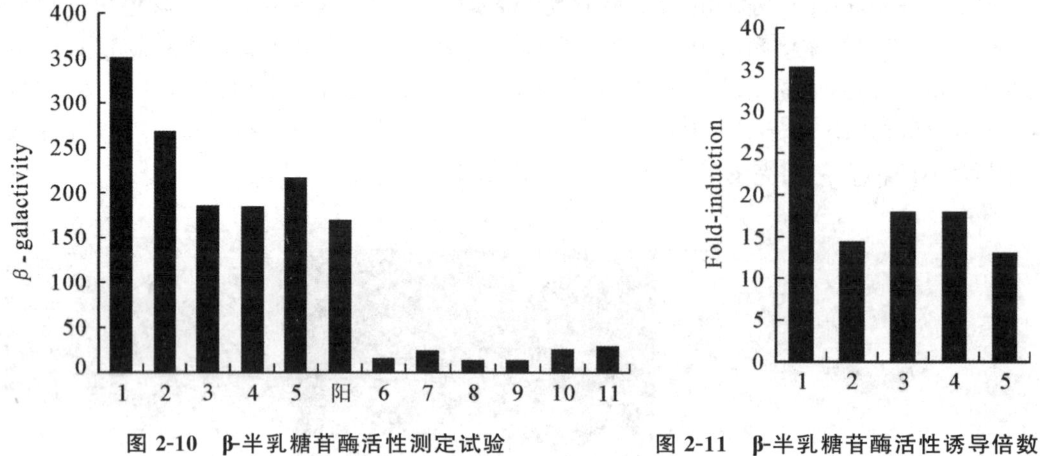

图 2-10 β-半乳糖苷酶活性测定试验　　图 2-11 β-半乳糖苷酶活性诱导倍数

3 结论与展望

(1)成功构建 BD-TR3 诱饵蛋白。

(2)以 TR3 为诱饵蛋白筛选 Hela 细胞文库，筛选获得一些相互作用的蛋白，其中包括肿瘤抑制蛋白 P53。

(3)建立 P53 蛋白相关的 mutants。

(4)证实 TR3 和 P53 共定位细胞核，并且两者之间能够相互作用。

(5)TR3 和 P53 相互作用的位点可能是位于 P53N 一端的 1—42 氨基酸区域。

(6)由于 MDM2 与 P53 相互作用的位点在 P53N 一端的 17—25 氨基酸区域，因此 TR3 与 MDM2 可能存在着与 P53 相互竞争结合的关系(见图 3-1 模式图)。

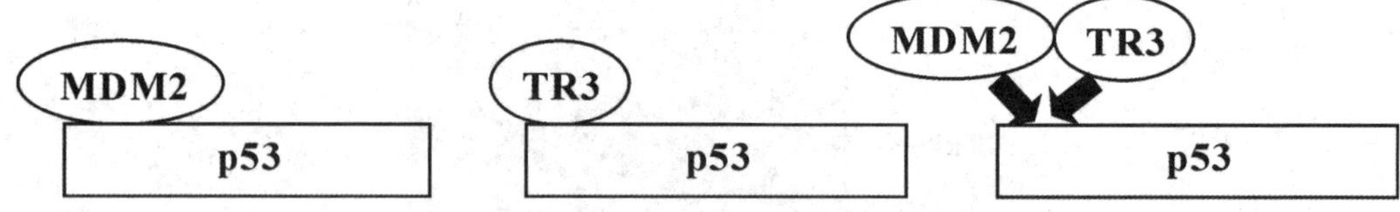

图 3-1 MDM2 与 TR3 相互竞争 P53 模式图

通过酵母双杂交实验，我们新发现并证实 TR3 能够与 P53 相互作用，由此将抑癌蛋白 P53 和孤生受体 TR3 之间的 cross-talk 联系起来。我们将进一步阐明这两种蛋白相互作用的分子机制，以及它们之间 cross-talk 的信号通路。本工作初步确认 TR3 和 P53 相互作用的位点，也许还有其他作用位点，有待进一步确定。另外，对这个确认的作用位点还将通过 GST 和 Co-IP 实验共同证实。接着进一步研究 TR3 和 P53 相互作用的分子机制以及 TR3 和 P53 相互作用的生物学功能。通过对 P53 和 TR3 相互做的研究，不但会使我们更全面地了解 TR3

和 P53 的功能，而且对于细胞内信号传导其他途径的阐明、肿瘤发生机制的完善以及治疗都有着重要的意义。

致谢

本文是在吴乔老师的悉心指导下完成的，吴老师严谨的治学态度和科学作风使我获益匪浅。实验室的研究生林晓峰、伍家发、杨超毅、赵必星、陈航姿、占艳艳、刘波、赵文秀都在实验中给了我无私的帮助和支持，谨向这些老师和同学表示衷心的感谢！

参考文献：

[1]Hazel T G, Nathans D, Lau L F. A gene inducible by serum growth factors encodes a member of the steroid and thyroid hormone receptor superfamily. [J]. *Proc. Natl. Acad. Sci. U. S. A*, 1988(85)：8 444～8 448

[2] Chang C, Kokontis J, Liao S S, et al. Isolation and characterization of human TR3 receptor：a member of steroid receptor superfamily[J]. J. *Steroid Biochem*, 1989(34)：391～395

[3] Woronicz J D, Lina A, Calnan B J, et al. Reg μLation of the Nur77 orphan steroid receptor in activation-induced apoptosis[J]. *Mol. Cell Biol.*, 1995(15)：6 364～6 376

[4] Winoto A, Littman D R. Nuclear hormone receptors in T lymphocytes[J]. *Cell*, 2002(109) Suppl：S57～S66

[5] Davis I J, Hazel T G, Chen R H, et al. Functional domains and phosphorylation of the orphan receptor Nur77[J]. *Mol. Endocrinol*, 1993(7)：953～964

[6]Woronicz J D, Calnan B, Ngo V, et al. Requirement for the orphan steroid receptor Nur77 in apoptosis of T-cell hybridomas[J]. *Nature*, 1994(367)：277～281

[7]Hedvat C V, Irving S G. The isolation and characterization of MINOR, a novel mitogen-inducible nuclear orphan receptor[J]. *Mol. Endocrinol*, 1995(9)：1 692～1 700

[8]Katagiri Y, Takeda K, Yu Z X, et al. Mod μLation of retinoid signalling through NGF-induced nuclear export of NGFI-B[J]. *Nat. Cell Biol.*, 2000(2)：435～440

[9]Lin B, Kolluri S K, Lin F, et al. Conversion of Bcl-2 from protector to killer by interaction with nuclear orphan receptor Nur77/TR3[J]. *Cell*, 2004(116)：527～540

[10]黄培堂等译注. 分子克隆实验指南[M]. 第三版. 北京：科学出版社，2002

导师评语：

TR3 为孤生受体(orphan receptor)，属于核转录因子，其特异性的配体至今未被发现。TR3 在细胞生长、凋亡等过程中发挥重要的生物学功能，在核受体和核转录因子的信号转导通路中起着重要作用。目前与 TR3 相互作用的蛋白逐渐被发现。这篇毕业论文的主要研究内容是应用分子生物学技术进行 cDNA 文库的筛选，试图筛出与诱饵蛋白 TR3 相互作用的新蛋白。该研究工作量大，是一个新课题。该生在大四一年的科研实践中，能够以严谨的态度对待工作，较好地完成实验，并获得较满意的结果。通过筛选，发现了与 TR3 相互作用的新蛋白 P53，这是一个肿瘤抑制蛋白。

通过实践，该生的阅读文献能力、实验设计能力以及实验操作能力和对实验结果分析能力都得到了很大的锻炼，进步明显，表明该生具有一定的科研能力。

Tb_2O_3 团簇的表面修饰及对其荧光特性影响的研究

福建师范大学化学与材料学院化学教育专业 2001 级　黄秀秀
指导老师：福建师范大学　章文贡教授、陈前火副教授

摘要：采用脉冲激光轰击浸于溶有修饰剂流动相中的 Tb_2O_3 固体靶，获得了表面被原位修饰了的氧化铽团簇有机溶胶，发现这种修饰性氧化铽团簇有机溶胶在紫外光激发下会发出强荧光。考察了流动相及其流速、脉冲激光输出功率、修饰剂及其浓度、添加修饰剂方法、放置时间等对获得的 Tb_2O_3 有机溶胶其荧光性能的影响。UV-Vis 和荧光光谱表征结果表明：以含有修饰剂的无水乙醇作为流动相，可得到良好荧光性能的 Tb_2O_3 有机溶胶，而环己酮与醋酸乙酯均不适合作为该体系的流动相；最佳流速为 0.15 mL/s；脉冲激光输出功率大有利于其荧光性能；最佳修饰剂为乙酰丙酮(acac)和 2,2′—联吡啶(2,2′-bipy)，其最佳浓度分别为 4.2×10^{-4} mol/L 和 1.4×10^{-4} mol/L；但修饰性 Tb_2O_3 乙醇溶胶随着放置时间的加长，其荧光强度减弱。

关键词：Tb_2O_3 团簇　有机溶胶　表面修饰　荧光

Study on Surface-Modification of Tb_2O_3 Clusters and their Fluorescence Characteristics

Huang Xiuxiu
College of Chemistry & Materials Science
Fujian Normal University
Teacher: Zhang Wengong　Chen Qianhuo

Abstract: The new kind of Cluster Tb_2O_3 organic sols modified in situ have successive been Prepared by focused pulsed laser ablation at the interface of Tb_2O_3 target in submerged flowing liquid contained modifiers. It has found that the modified organic sols of Cluster Tb_2O_3 can be emitted out very strong fluorescence excited by ultraviolet light . The effects of factors including the flowing-liquid and its flow speed, the power output of pulsed laser, the decorating agent and its concentration, the adding methods, of the decorating agent, the aging time on the fluorescence Characteristics of Tb_2O_3 clusters sols have been investigated. The results of the UV-Vis and fluorescence spectroscopy have showed that anhydrous ethanol with dissolved proper decorating agent is best flowing-liquid, and ketohexamethylene and ethyl acetate are found to be not suitable to the sols, and the flow speed of 0.15 mL/s is efficient, the largest pulsed laser power output is the best, acac and 2,2'-bipy is proper decorating agents dissolved and their proper concentrations of acac and 2,2'-bipy respectively are 4.2×10^{-4} mol/L and 1.4×10^{-4} mol/L) for the organic sols of Tb_2O_3 with best fluorescence, but the shorter aging time is, the better its fluorescence Characteristics .

Key Words: Tb_2O_3 Clusters, Organic Sols, Surface-Modification, Fluorescence

纳米粒子因粒径小、比表面积大，其表面原子数、表面能和表面张力随粒径下降急剧增大，表现出小尺寸效应、表面效应、量于尺寸效应和宏观量子隧道效应，从而使纳米粒子出现许多不同于常规体相材料的力、热、电、光、磁、生物等新奇特性，而团簇（通常指包括低纳米尺寸的纳米粒子及在 1.0～0.1 nm 的团簇，又称为“量子点”）因具更小的尺寸而具更明显的奇特性能，如优异的光、电、磁特性等。近年来，该方面研究已成为一大热点。但由于纳米粒子越小，越易发生团聚，其制备、粒径调控和特性利用等遇到许多困难。

1982 年，Qgale 等人[1~2]首次提出应用脉冲激光轰击浸于液相中的固体靶制得亚稳态物质；郑兰荪等人[3~5]研究了脉冲激光轰击浸于水等液相中的碳靶制备不同形态的纳米碳；日本 Fumitaka Mafuné 等人采用脉冲激光法轰击浸于含有表面活性剂十二烷基磺酸钠（sodium dodecyl sulfate）水溶液中的 Au、Ag、Pt 等金属靶，研究控制合适的 SDS 浓度及激光能量，得到直径在 8 nm 以下的以上金属纳米溶胶[6~13]。以上实验都在静态的液相中进行，难以解决纳米、团簇的团聚问题。章文贡等人[14~17]提出采用脉冲激光轰击浸于流动相中的固体靶的新方法连续制备得到多种金属、金属氧化物及无机物的有机或无机纳米溶胶，如从 Eu_2O_3 获得稳定的氧化铕（Eu^{2+}）乙醇溶胶，以及微米铁、钴分别获得非晶纳米铁和非晶纳米钴乙醇溶胶、非晶纳米铁镍合金乙醇溶胶，详细研究了其分散稳定性和光谱性质。该方法采用的是流动相，在脉冲激光轰击下生成的纳米或团簇产物即同时发生原位修饰，大大减小或避免了纳米、团簇离子间的聚集，并以团簇、低纳米尺寸均匀分散于流动相中，流出反应区。

众所周知，稀土离子基于 f—f 电子的跃迁具有尖锐的发射峰，半高宽度窄（不超过 10 nm），色纯度高，且不同稀土离子能够发出不同颜色的荧光。由于受到宇称禁戒的束缚，稀土离子直接被激发而发光的量子效率很低[18]，但若在稀土离子中掺入合适的修饰剂形成稀土配合物后，由于修饰剂受激发后的单重激发态能够经过系间窜越到激发三重态，再由激发三重态将能量传递给稀土离子的发射能级，从而发射出中心稀土离子的特征荧光[19]，其理论发光效率可高达 100%。如 Tb^{3+} 在其 Tb(acac)3bath 配合物中发出强烈的绿色特征荧光[20]；Eu^{3+} 在其 Eu(TTA)3phen 配合物中可发出很强的红色特征荧光[21]。Er^{3+} 在其 Er(acac)3phen 配合物中，在 545 nm 处有绿光发射，而在 1.54 μm 和 2.94 μm 处则有红光发射[22]。

无机发光材料具有发光强度大、耐老化、寿命长的优点，但量子效率低且难以做成大面积的材料；而稀土有机发光材料量子效率高，加工成型好，可以制成大面积的材料，但耐老化性差、发光强度弱。

将无机与有机发光材料取长补短，获得综合性能优异的无机—有机杂化发光材料是当今新型发光材料研究的热点。在稀土团簇有机溶胶的基础上进一步可制得的稀土团簇聚合物杂化薄膜材料，则同时具有发光强度大、量子效率高，还可以制成大面积发光材料等特点，因而应用前景广阔。但目前通常所采用的化学掺杂法存在生成团簇的稳定性、均匀分散性难以保证以及制备过程较为烦琐等问题。本文报告采用脉冲激光法轰击浸于含有修饰剂流动相中的 Tb_2O_3 固体靶，得到具有良好稳定和分散性且表面原位修饰的 Tb_2O_3 团簇溶胶。通过 UV-Vis 和荧光光谱考察了流动相及其流速、脉冲激光输出功率、修饰剂及其浓度、添加修饰剂顺序、放置时间等对所获得的 Tb_2O_3 有机溶胶其荧光性能的影响。

1 实验部分

1.1 原料与试剂

Tb_2O_3:纯度>99.99%,上海跃龙有色金属有限公司生产,使用前在110℃下干燥2 h,用压片机将其压成直径约13 mm,厚度2~3 mm的圆形靶片;无水乙醇:A. R.级,上海振兴化工一厂产,使用前经重蒸馏处理;环已酮:A. R.级,广东汕头市西陇化工厂产,使用前经重蒸馏处理;1,10—邻菲罗啉(phen):A. R.级,纯度≥99.0%,汕头市光华化学厂产;噻吩甲酰三氟丙酮(HTTA):A. R.级,纯度≥98.5%,国药集团化学试剂有限公司产;2,2′—联吡啶(2,2′-bipy):A. R.级,纯度≥99.5%,国药集团化学试剂有限公司产;乙酰丙酮(acac):c. p.级,纯度>98.5%,国药集团化学试剂有限公司产;醋酸乙酯:A. R.级,纯度≥99.5%,广州化学试剂分公司产。

1.2 仪器

美国Spectra Physics Inc.公司产的DCR—3G型脉冲(Nd:YAG)固体激光器,采用KPT非线性倍频晶体实现波长532 nm激光束输出,脉宽8 ns,重复频率10 Hz。激光反应合成器为自行研制组装的脉冲激光轰击连续制备团簇溶胶装置。

1.3 Tb_2O_3团簇有机溶胶的制备

在脉冲激光轰击连续制备装置中,输出的脉冲激光经三棱镜折射后垂直穿过透镜和石英透窗进入反应器,聚焦于Tb_2O_3固体靶片的液固界面处,控制激光束焦点光斑直径约1.0 mm,保持流动相液面始终淹过靶面约1~2 mm。整个制备过程均在纯氮保护下进行。

1.4 表征方法

可见—紫外光谱:采用美国Varian公司产的Cary 50型可见—紫外分光光度计测定,溶胶样品装于石英样品池中测试,并同时扫描作为参比的无水乙醇,以扣除溶剂背底的影响;

荧光光谱:采用Edinburgh Analytical Instrument公司产的FL/FS 920型荧光光谱仪,狭缝宽度为:$a=b=0.3$ mm,$c=d=0.8$ mm。

所有测试均在室温下进行。

2 结果与讨论

2.1 Tb_2O_3团簇有机溶胶的制备

脉冲激光作用于固、液界面制备纳米材料的合成机理尚不十分清楚,但其合成过程大致可分为如下三个阶段:(1)激光轰击固体靶并在其表面产生包括原子、分子和活性基团以及大量离子和电子的等离子体羽,在一个脉冲内等离子体羽吸收能量,成为高温高压高密度下快速膨胀的等离子体团；(2)等离子体团使与其接触的附近液体汽化，分解成原子、分子、活性基团和离子；(3)等离子体团快速膨胀使其各种活性粒子与界面处液体反应，生成纳米材料，随着脉冲的结束，等离子体团快速淬灭，这样就在液体中留下高温高压下合成得到亚稳态结构的纳米颗粒[16]。

本研究中，在纯氮保护下当聚焦的脉冲激光轰击浸于流动相中的 Tb_2O_3 固体靶时，因脉冲激光束聚焦光斑内功率密度高达 10^8 W/cm^2，在其液面产生高温高压微区，使其中的 Tb_2O_3 瞬间汽化、解离形成高温高压下的等离子体气团，然后在急剧降温降压过程中凝聚成表面有众多悬空键的纳米 Tb_2O_3 颗粒，与此同时，流动相中的修饰剂对表面具有悬空键的纳米 Tb_2O_3 颗粒进行原位修饰。因而与其地制备方法不同，采用脉冲激光轰击法制备的是一种新的纳米 Tb_2O_3 溶胶。在其制备过程中，Tb_2O_3 的纳米化、化学反应和纳米颗粒的表面修饰同时连续进行。

2.2　可见—紫外光谱分析

2.2.1　不同流动相的影响

在其他条件一定的情况下，采用不同的流动相制得 Tb_2O_3 有机溶胶，其 UV-Vis 吸收光谱如图 2-1 所示。从图发现，在 196.00～400.00 nm 区间内，凡是流动相含有环已酮的在 285.00 nm 左右均出现一强紫外吸收峰，由羰基双键的 $n\rightarrow\pi^*$ 跃迁所引起；流动相含有醋酸乙酯的则在 215.00 nm 左右均有一强紫外吸收峰，同样也由羰基双键的 $n\rightarrow\pi^*$ 跃迁所引起；纯的无水乙醇流动相中，未出现吸收峰。由此可见，环已酮与醋酸乙酯的紫外吸收强度很大，会掩盖修饰剂和 PMMA 在紫外光区的吸收，可能影响修饰剂或 PMMA 与 Tb_2O_3 团簇颗粒间能量的传递，进而影响 Tb_2O_3 有机溶胶的发光性能。从图 2-1 中还可发现，在 201.56 nm 处出现一强紫外吸收峰，是由 Tb_2O_3 团簇粒子产生的。当团簇颗粒粒径越小，即每一纳米颗粒的总价电子数越少，其能隙越大，其对应的紫外吸收峰就越向短波方向移动。从而也可进一步证明采用脉冲激光法所制得的 Tb_2O_3 颗粒达到了纳米级别[16]。

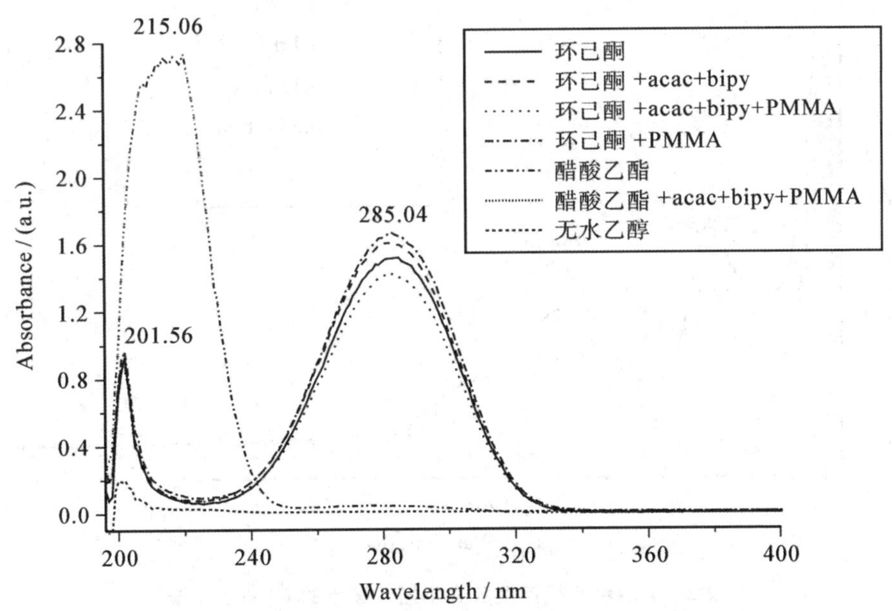

图 2-1　Tb_2O_3 有机溶液胶在不同动相中的 UV-Vis 光谱

2.2.2 不同流速的影响

在其他条件一定的情况下，改变流动相的流速，制得 Tb_2O_3 有机溶胶，其 UV-Vis 光谱如图 2-2 所示。从图可见，不同流速下获得的 Tb_2O_3 有机溶胶在紫外区均有较强的紫外吸收，并且两个最强吸收峰中心位置基本一致。比较实验中所得不同流速下有机溶胶中各强吸收峰波长与修饰剂，其结果列于表中。通过表 1，可以发现 Tb_2O_3 有机溶胶在波长为 199.44 nm、228.16 nm、264.60 nm 处出现强紫外吸收峰，其中在 228.16 nm 和 264.60 nm 处的吸收峰均归属于 phen。对于 phen 而言，phen 在 229.20 nm 处的吸收峰发生了一定程度的蓝移，这是由 phen 的 $n\rightarrow\pi^*$ 跃迁所引起，而在 264.60 nm 处的吸收峰没有发生变化；对于 acac 而言，在有机溶胶的 UV-Vis 光谱中却没有出现它的吸收峰，这是因为体系中 phen 在 264.60nm 处的紫外吸收过强而将它在 273.10 nm 处的吸收峰(由 $\pi\rightarrow\pi^*$ 跃迁所引起)掩盖了。

从图 2-2 中还可以看出，acac 和 phen 在不同流速下对 Tb_2O_3 团簇颗粒修饰后，其峰位基本一致，但两个主要吸收峰的强度却有不同，即当流速最快(0.25 mL/s)和最慢(0.025 mL/s)时均表现出很强的紫外吸收值，而在介于中间的 0.15 mL/s 时则出现较弱的吸收值。这是由于当流速太快时，溶胶中 Tb_2O_3 团簇浓度小，游离的修饰剂浓度大，因而其相应的紫外吸收增强；当流速太慢时，则由于溶胶中 Tb_2O_3 团簇浓度大，易发生团聚，使团簇粒径变大，比表面积减小，所需修饰剂量减少，游离修饰剂浓度增大，从而也导致紫外吸收增强；而在流速适当即 0.15 mL/s 时，由于流动相中修饰剂刚好可对溶胶中的 Tb_2O_3 团簇颗粒进行充分的修饰，流动相中游离的修饰剂浓度减少而导致其紫外吸收的减弱。同时，从图中发现，在 199.44 nm 处出现最强的吸收峰，这同样可能是由 Tb_2O_3 团簇粒子产生的。

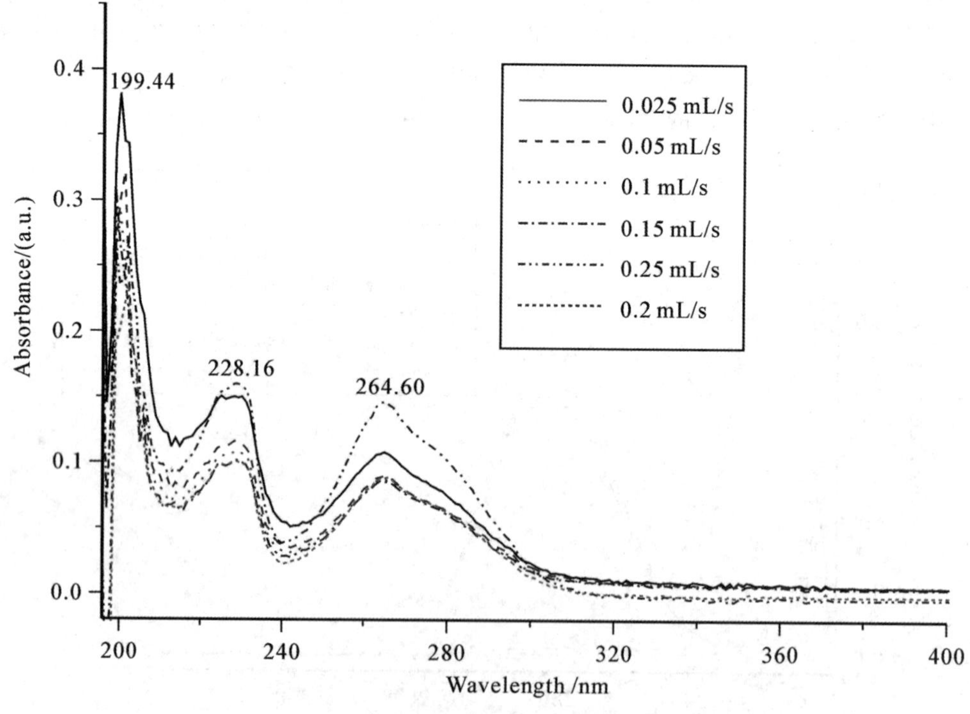

图 2-2 Tb_2O_3 有机溶液胶在不同流速下的 UV-Vis 光谱

表 2-1　Tb_2O_3 有机溶胶的紫外吸收光谱数据

样品名称	λ/nm			
acac				273.10
phen		229.20	264.60	
Tb_2O_3 有机溶胶	199.44	228.16	264.60	

2.3　Tb_2O_3 团簇有机溶胶荧光特性

2.3.1　不同流动相的影响

采用七种不同组分的流动相对 Tb_2O_3 有机溶胶荧光性的影响如图 2-3 所示。在图 2-3(a)的荧光激发光谱中,发现原先最大激发波长 310.00 nm 附近尖锐的激发峰被 280.00～390.00 nm 范围内一宽化峰所代替,而同时在图 2-3(b)荧光发射光谱中在 549.00 nm 附近均没有出现

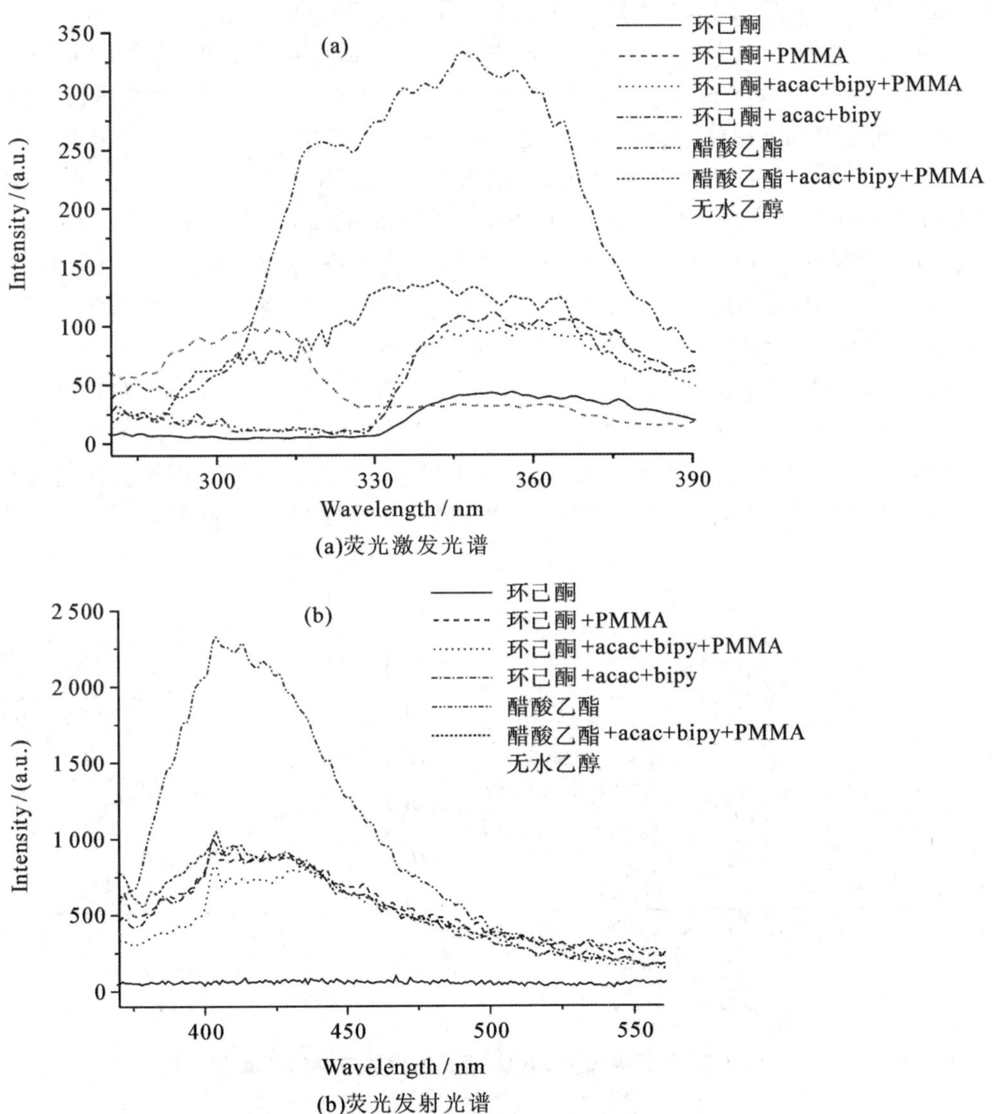

(a)荧光激发光谱

(b)荧光发射光谱

图 2-3　不同流动相下 Tb_2O_3 有机溶液胶的荧光光谱

Tb^{3+}的特征绿光发射峰，而是在350.00～500.00 nm范围内出现宽化的荧光发射峰。当流动相为不含修饰剂的无水乙醇时，其溶胶没有出现 Tb^{3+} 的特征绿光发射，由此进一步验证了 Tb^{3+} 是通过修饰剂吸收并传递获得能量而发光的机理。而流动相为环已酮和醋酸乙酯的，即使其中含有修饰剂，所生成的 Tb_2O_3 有机溶胶也不出现 Tb^{3+} 的特征绿光发射，这里推测可能存在以下几个方面原因：(1)在图2-1所示的UV-Vis吸收光谱中，发现环已酮与醋酸乙酯均有很强的紫外吸收，当以两者作为流动相时，与修饰剂竞争吸收能量，由于两者与 Tb^{3+} 间的能级差不能发生有效的能量传递，它们将吸收的能量用于自身发光而不传给 Tb_2O_3 团簇颗粒发光；(2)溶剂间的相互作用增强，导致无辐射去活增加而发生“荧光淬灭”；(3)环已酮和醋酸乙酯中含有的基团所引起的n→π＊跃迁是禁阻跃迁，结果导致S1→T1系间窜越过程被加强，从而导致本体的荧光减弱，磷光增强[23～24]。

2.3.2 不同流速的影响

在其他条件一定的情况下，在不同流动相流速下制得 Tb_2O_3 有机溶胶(修饰剂为acac与phen)的荧光光谱如图2-4所示。从图2-4(b)荧光激发光谱中可以看出，在280.00～360.00 nm区间内，波长为310.00 nm左右均出现强激发峰。以310.00 nm作为激发波长，得到图2-4(a)所示的荧光发射光谱，从中发现不同流速下在400.00～600.00 nm区间均出现了 Tb^{3+} 的特征发射谱线，其峰位基本没有发生变化，它们分别对应 Tb^{3+} 以下几个跃迁：$^5D4\rightarrow{}^7F6$(约490.00 nm)，$^5D4\rightarrow{}^7F5$(约549.00 nm)，$^5D4\rightarrow{}^7F4$(约583.00 nm)[27]。其中，以549.00 nm附近发射的 Tb^{3+} 的绿色特征光最强，且发射谱线尖锐，表明 Tb_2O_3 有机溶胶有很高的色纯度；而 $^5D4\rightarrow{}^7F5/{}^5D4\rightarrow{}^7F6$ 和 $^5D4\rightarrow{}^7F5/{}^5D4\rightarrow{}^7F4$ 的强度比值较大，说明其荧光单色性好。不同流速下所制 Tb_2O_3 有机溶胶在549.00 nm的荧光发射峰强度列于表2-2中。从表2-2和图2-4(a)可以看出，流动相流速为0.15 mL/s时，Tb_2O_3 有机溶胶在549.00 nm左右具有最强的荧光发射峰，而在流速大于或小于0.15 mL/s时荧光发射峰均减弱，原因是因为参与修饰的修饰剂较少，使得溶液中修饰剂的浓度较大，这已在UV-Vis光谱中得到了证实。而这部分修饰剂吸收的能量并不能有效地传给中心的铽离子发光，从而导致荧光发射强度减弱。

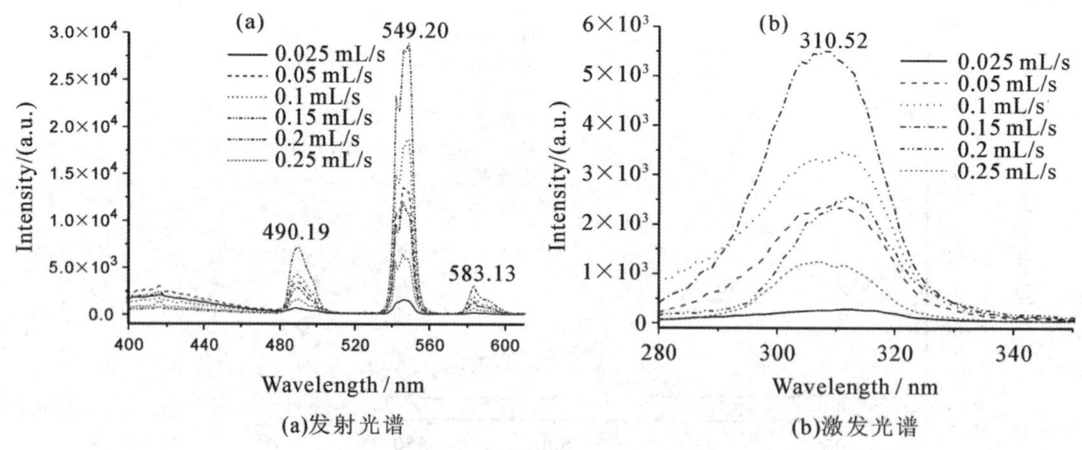

(a)发射光谱　(b)激发光谱

图2-4　不同流速下 Tb_2O_3 有机溶液胶的荧光光谱

表 2-2　不同流速下 Tb_2O_3 有机溶胶在 549.00 nm 处的发射峰强度

流动相流速	0.025 mL/s	0.05 mL/s	0.1 mL /s	0.15 mL/s	0.2 mL/s	0.25 mL/s
荧光强度 /(a.u.)	1 630	13 500	18 800	28 900	12 000	6 470

2.3.3　激光输出功率的影响

采用不同的激光输出功率轰击 Tb_2O_3 固体靶，得到了不同发光强度的有机溶胶，其荧光光谱见图 2-5。可以发现，随着激光输出功率的增大，位于 309 nm 附近的激发吸收峰强度增大，同时位于 549 nm 处的发射吸收峰也增强。主要原因是当激光输出功率增大时，相同时间内产生更多且粒径更小的 Tb_2O_3 团簇颗粒，这些颗粒均能被流动相中的修饰剂所修饰，所以流动相中被修饰剂修饰的 Tb_2O_3 团簇颗粒浓度增大，其荧光发射强度也随之增强。

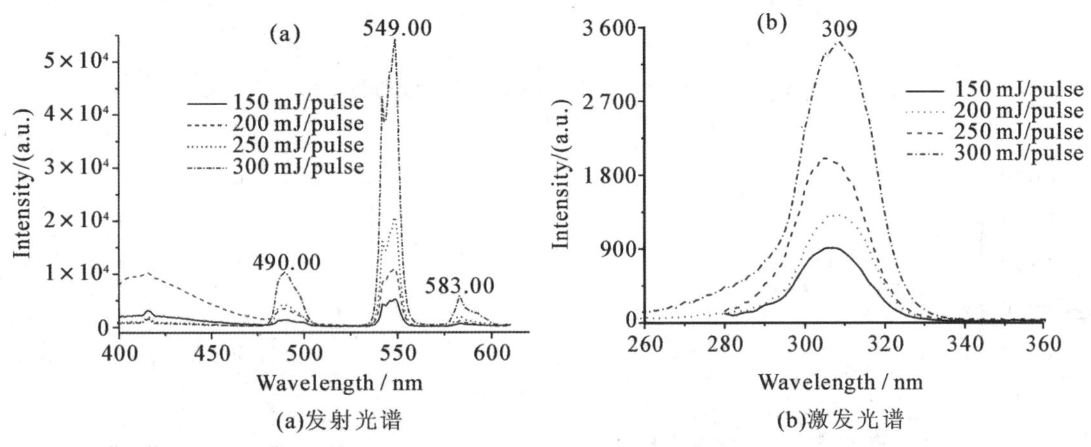

(a)发射光谱　(b)激发光谱

图 2-5　不同激光输出功率下 Tb_2O_3 有机溶液胶的荧光光谱

2.3.4　修饰剂浓度的影响

在其他条件不变的情况下，改变修饰剂浓度大小，得到 Tb_2O_3 有机溶胶(修饰剂为 acac 与 phen)的荧光光谱如图 2-6 所示。观察图 2-6(b)发现，随着修饰剂浓度的增大，溶胶激发光谱变弱，且最大激发波长出现红移，可能原因是修饰剂浓度过大而引起的“浓度猝灭”。修饰剂在原浓度下与其他浓度相比，在 310.00 nm 左右出现最强的激发峰，以此为最大激发波长，得到图 2-6(a)所示的荧光发射光谱。结果，同样发现以原浓度修饰剂(acac：4.2×10^{-7} mol/L；phen：1.4×10^{-4} mol/L)得到的有机溶胶在 549.00 nm 左右出现最强的发射峰，而修饰剂浓度过高或过低都不利于其发光。当修饰剂浓度过高时，可能由于未参与修饰 Tb_2O_3 团簇颗粒的修饰剂占绝大多数，修饰剂所吸收的能量并不能有效传递给团簇颗粒，所以荧光强度变弱；而修饰剂浓度过低时，修饰剂对 Tb_2O_3 团簇颗粒的修饰不充分，吸收能量少，当然传递给团簇颗粒的能量就少，所以其荧光强度减弱。因此，由实验得出团簇颗粒最佳的修饰剂浓度是：acac 为 4.7×10^{-4} mol/L，phen 为 1.4×10^{-4} mol/L，2,2′−bipy 为 1.6×10^{-4} mol/L。

2.3.5　不同修饰剂的影响

在其他条件不变的情况下，改变流动相中的修饰剂，得到不同修饰的 Tb_2O_3 有机溶胶其荧光光谱如图 7 所示。从图 2-7 可知，不同修饰剂对溶胶的荧光性能影响很大。如 TTA、Phen 与 Eu^{3+} 形成的配合物具有良好的发光性能，[21]但与 Tb^{3+} 形成的配合物其荧光发射强度则很弱；以 TTA、Phen 为修饰剂所得到 Tb_2O_3 有机溶胶的发射谱和激发谱的荧光强度均较

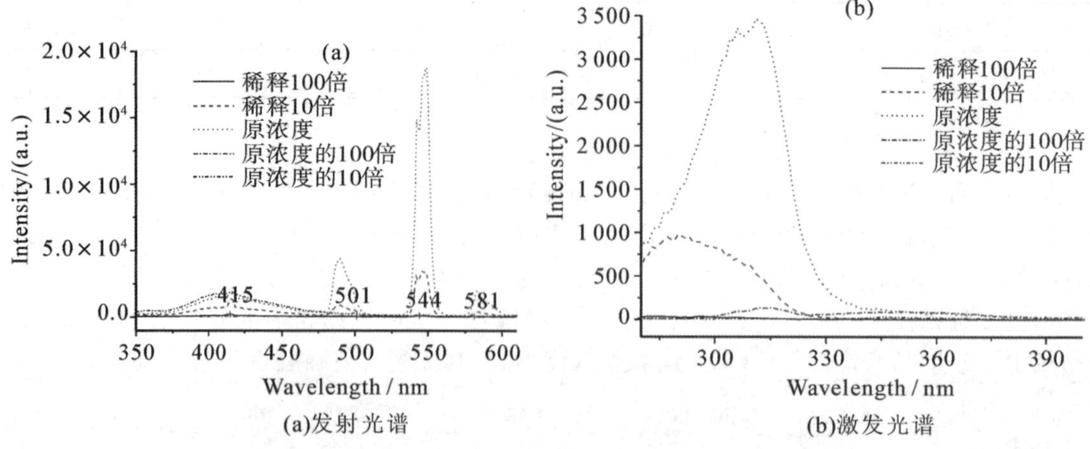

(a)发射光谱 (b)激发光谱

图 2-6 不同浓度修饰下 Tb_2O_3 有机溶胶的荧光光谱

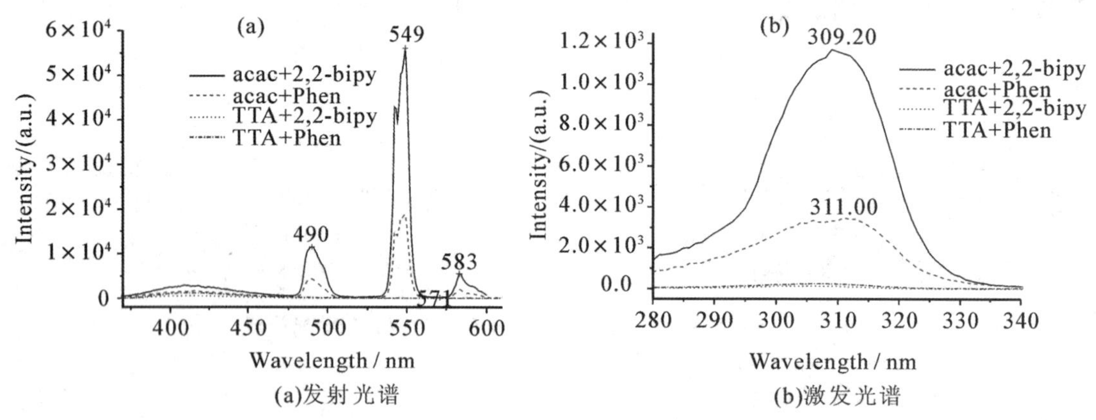

(a)发射光谱 (b)激发光谱

图 2-7 不同浓度修饰下 Tb_2O_3 有机溶胶的荧光光谱

弱。从表 2-3 和图 2-7 中均可看出，Tb_2O_3 团簇颗粒的最佳修饰剂为：2，2'－bipy 和 acac。

表 2-3 不同修饰剂下 Tb_2O_3 有机溶胶在 549.00 nm 附近的荧光发射强度

修饰剂种类	acac＋2，2－bipy	acac＋Phen	TTA＋2，2－bipy	TTA＋Phen
荧光发射强度/(a. u.)	56100.0	18800.0	63.8	56.0

已知稀土配合物的发光机理包括以下过程：配体吸收紫外光由单重态 S_0 跃迁到单重激发态(S_1)，单重激发态寿命很短，很快便经系间窜越到亚稳的三重态(T)，在由最低激发三重态(T_1)将能量传递给稀土离子的各振动能级，此时，稀土离子的基态电子受激发跃迁到激发态，当电子从激发态回到基态时发射出各中心离子的特征荧光。因此，稀土配合物的荧光光强度一般取决于两个因素，激发能量向发光中心所传递的能量以及中心离子发生辐射跃迁的几率[26]。胡继明[27]还提出：修饰剂的三重态能级和稀土离子的受激态能级之间必须要有合适的能量差值才能导致稀土配合物的有效发光。而本研究所制备的 Tb_2O_3 有机溶胶，因其粒径为团簇尺寸，约 99％的铽离子位于团簇表面，其表面经修饰后的荧光特性应与稀土配合物的情况有相似之处。

因此，不同稀土离子需要寻找不同的与其相适合的修饰剂，才有可能得到良好的荧光性能。

2.3.6 修饰剂添加方法的影响

在所其他条件不变的情况下，改变修饰剂添加顺序，即一种是初生的 Tb_2O_3 团簇颗粒与预先溶于无水乙醇流动相中的修饰剂发生原位修饰，另一种是先在无水乙醇流动相中生成团簇溶胶，再流入含有修饰剂的无水乙醇中。所得两种团簇溶胶其荧光激发光谱如图 2-8(b)所示，发现两种团簇溶胶在 310.00 nm 左右均出现最大激发峰，但前一种修饰方法的激发峰更高。以 310.00 nm为激发波长得到的荧光发射光谱如图 2-8(a)所示，同样发现前一种修饰方法的发光强度更大，大约是后加修饰方法的 4 倍。其原因显然是在前一种方法中 Tb_2O_3 团簇一经生成便立刻被修饰剂原位修饰，从而有效避免初生的团簇颗粒发生聚集；而后一种方法则初生的 Tb_2O_3 团簇在被修饰前已发生团聚。因此，原位修饰对 Tb_2O_3 团簇溶胶的荧光性能有利。

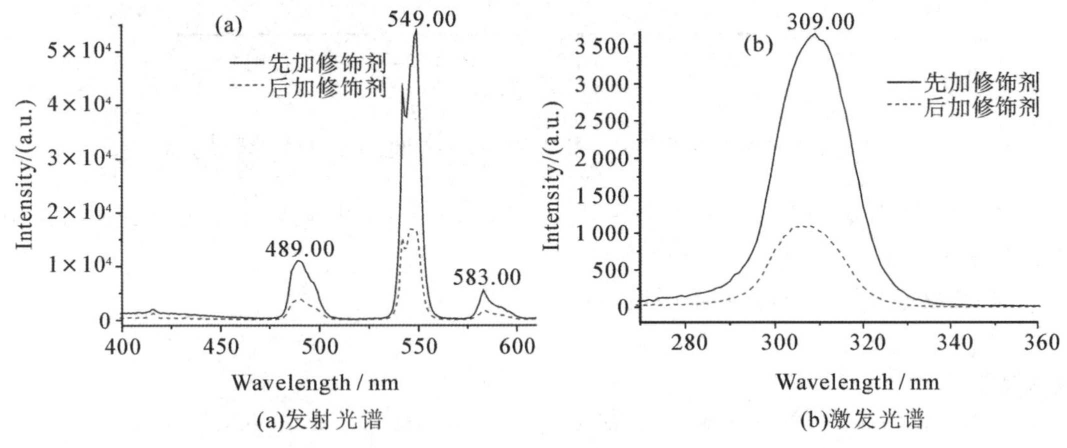

(a)发射光谱　　(b)激发光谱

图 2-8 修饰剂添加顺序对 Tb_2O_3 有机溶胶的荧光光谱

2.3.7 放置时间的影响

在其他条件不变的情况下，进一步考察不同放置时间对 Tb_2O_3 有机溶胶其荧光性能的影响(见图 2-9)。从图 2-9 可看出，随着放置时间的增长，Tb_2O_3 有机溶胶在 549.00 nm 处荧光发射强度逐渐减弱。显然由于放置时间的增长，溶胶中 Tb_2O_3 团簇逐渐发生团聚，放置越久，团聚越剧烈，导致颗粒逐渐变大，使其荧光强度减弱。

3 结论

采用脉冲激光轰击浸于溶有修饰剂流动相中的 Tb_2O_3 固体靶，获得了表面被原位修饰了的氧化铽团簇有机溶胶，发现在紫外光激发下发出强荧光。考察了流动相及其流速、脉冲激光输出功率、修饰剂及其浓度、添加修饰剂方法、放置时间等对获得的 Tb_2O_3 有机溶胶其荧光性能的影响。UV-Vis 和荧光光谱表征结果表明：

(1)在已研究的流动相中，以无水乙醇作为流动相可获得荧光性良好的 Tb_2O_3 有机溶胶。

(2)流动相的适宜流速为 0.15 mL/s。

(3)在本研究脉冲激光输出功率范围内(150～300 mJ/pulse)，激光输出功率越大越有利于 Tb_2O_3 有机溶胶的荧光性能。

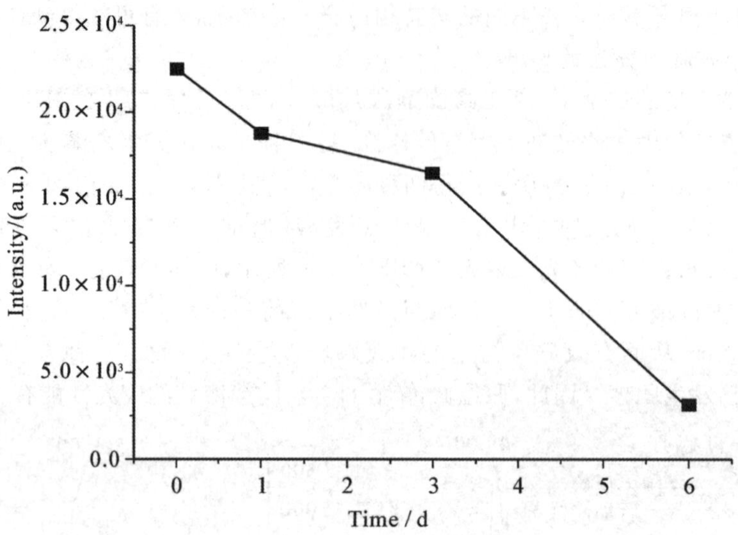

图 2-9 不同放置时间下 Tb_2O_3 有机溶胶在 549.00 mm 处荧光发射强度

(4)在已研究的修饰剂中,最适宜的为 acac 和 2,2′-bipy,其最佳浓度分别为 4.2×10^{-4} mol/L 和 1.4×10^{-4} mol/L,且应原位修饰。

(5)溶胶放置时间增长,其荧光强度减弱。

参考文献:

[1]Ogale S B,Patil P P,Phase D M,et al. Synthesis of metastable phases via pulsed-laser-induced reactive quenching at liquid-solid interfaces [J]. *Phys. Rev. B.*, 1987, 36(16) :8 237~8 250

[2] Ogale S B,Polman A,Quentin F O P,et al. Pulsed laser oxidization and nitridation of metalsurface immersed in liquid media [J]. *Appl. Phys. Lett.* ,1987,50(3):138~140

[3]齐飞,黄荣彬,郑兰荪等. 激光溅射产生团簇负离子[J]. 中国科学技术大学学报,1995,25(3):258~263

[4]张强,黄荣彬,郑兰荪等. 硫化钼纳米管的激光真空溅射产生[J]. 高等学校化学学报,1995,16(10):1 624~1 625

[5]王育煌,黄荣彬,郑兰荪等. 纳米金刚石球晶的激光溅射产生与透射电镜表征[J]. 高等学校化学学报,1997,18(1):124~126

[6]Mafuné F,Kohno J Y,Takeda Y,et al. Formation and size of silver nanoparticles by laser ablation in aqueous solution[J]. *J. Phys. Chem. B.* ,2000, 104: 9 111~9 117

[7]Mafuné F,Kohno J Y,Takeda Y,et al. Structure and stability of silver nanoparticles in aqueous solution produced by laser ablation[J] . *J. Phys. Chem. B.* ,2000, 104: 8 333~8 337

[8]Mafuné F,Kohno J Y,Takeda Y,et al. Formation of gold nanoparticles by laser ablation in aqueous solution of surfactant[J]. *J. Phys. Chem. B.* ,2001, 105: 5 114~5 120

[9]Mafuné F,Kohno J Y,Takeda Y,et al. Full physical preparation of size-selected gold nanoparticles in solution: laser ablation and laser-induced size control[J]. *J. Phys. Chem. B.* ,2002,106:7 575~7 577

[10]Mafuné F,Kohno J Y,Takeda Y,et al. Growth of gold clusters into nanoparticles in a solution following laser-induced fragmentation[J]. *J. Phys. Chem. B.* ,2002, 106: 8 555~8 561

[11]Mafuné F,Kohno J Y,Takeda Y,et al. Nanoscale soldering of metal nanoparticles for construction of high-order structures[J]. *J. Am. Chem. Soc.* ,2003, 125:1 686~1 687

[12]Mafuné F, Kohno J Y, Takeda Y, et al. Formation of gold nanonetworks and small gold nanoparticles by irradiation of intense pulsed laser onto gold nanoparticles[J]. *J. Phys. Chem. B.*, 2003, 107: 12 589～12 596

[13]Mafuné F, Kohno J Y, Takeda Y, et al. Formation of stable platinum nanoparticles by laser ablation in water[J]. *J. Phys. Chem. B.*, 2003, 107: 4 218～4 223

[14] Zhang W G, Zhang Y, Tang J Y, et al. Study on the preparation of noval nano-rare earth oxides/organic polymer hybrid films and their optical properties. In: International Conference on materials for Advanced Technologies[J]. J. *Singapore*, 2001, 232

[15] Zhang W G, Zhang Y, Tang J Y, et al. Study on preparation and optic properties of nano europium oxide-ethanol sol by pulsed laser ablation[J]. J. *Thin Solid Films*, 2002, 417: 43～46

[16]章仪，陈文哲，章文贡．脉冲激光法连续制备纳米铁溶胶及其分散稳定性的研究[J]．化学学报，2003，61(1)：141～145

[17]章仪，陈文哲，章文贡．脉冲激光法连续制备纳米钴乙醇溶胶的研究[J]．高等学校化学学报，2003，24(2)：337～339

[18]刘妍，王怀善，李娟等．稀土(铕、铽)三元配合物的合成、表征与发光性能[J]．功能材料，2003，34(2)：210～211、214

[19]卞祖强，黄春辉．影响稀土配合物电致发光性能的几个重要因素[J]．中国稀土学报，2004，22(2)：7～15

[20]Zheng Y, Lin J, Liang Y, et al. Green electroluminescent devices with a terbium β-diketonate complex as emissive center[J]. *Opticl Materials*, 2000, 20: 273～278

[21]Tanner P A, Yan B, Zhang H J. Preparation and luminescence properties of sol-gel hybrid materials incorporated with europium complexes. Journal of Materials[J]. *Science*, 2000, 35(17): 4 325～4 328

[22]Sun R G, Wang Y Z, Zheng Q B, et al. 1.54nm infrared photoluminescence and electro luminescence from an erbium compound[J]. *Journal of Applied Physics*, 2000, 87(10): 7 589～7 591

[23] 黄春辉，李富友，黄若谊等．光电功能超薄膜[M]．北京大学出版社，2001．260～284

[24]赵藻藩，周性，张悟铭等．仪器分析[M]．北京教育出版社，1992．158～160

[25]B. Yan, Q. Xie. The photophysical properties of quaternary lanthanide (Eu^{3+}, Tb^{3+}, Sm^{3+}, Dy^{3+}) Functionnal Moleculaer complexes[J]. *Monatshefet für Chemie*, 2004

[26] 张国斌，陈彪，戚泽明等．Eu^{3+} 掺杂的 PMMA—络合物体系的发光特性[J]．发光学报，2003，24(6)：617～619

[27]胡继明．稀土配合物的发光机理和荧光分析特性研究[J]．高等学校化学学报，1990，11：817

导师评语：

黄秀秀同学在本科毕业论文期间尊重师长、虚心好学；经检索写出综述并较好了解课题背景；能较好领会研究意图并认真、刻苦而扎实地完成较大科研工作量，表现了较好的科研素质与能力，研究数据较完整、论文撰写规范。

该研究旨在采用脉冲激光轰击浸于溶有修饰剂流动相中的 Tb_2O_3 固体靶的新方法获得原位修饰的氧化铽团簇有机溶胶，研究其制备条件对修饰性 Tb_2O_3 团簇有机溶胶及其荧光特性的影响，论文内容新颖，研究设计和制备方法上有创新，有很好的理论意义和学术价值。

厦门市中山路街区发展中存在的问题及发展构想

福建师范大学地理科学学院地理科学专业2001级　余　瑾
指导教师：福建师范大学　王晓文副教授

摘要：历史悠久、建筑独具特色的中山路是中华十大名街之一，在厦门市占有十分重要的地位。近年来，国内外一些重要的城市街道相继改为步行街，科学合理地规划中山路为步行街成为时代的必然。本文在实地调查及问卷调查的基础上，分析了厦门市中山路街区发展中存在的问题，提出发展构想。

关键词：步行街　存在的问题　发展构想　厦门市中山路街区

The Problem during the Development of ZhongShan Road Block in Xiamen and Development Idea

Yu Jin
College of Geographical Science, Geographical Science
Fujian Normal University
Teacher: Wang Xiaowen

Abstract: The Zhongshan Road which has a long history and is in distinctive in architecture is one of the ten famous streets of China . The block occupies very important position in Xiamen. In recent years, as some domestic and international urban streets of importance change into a pedestrian street in succession, plan Zhongshan Road and become necessity of the times for the pedestrian street scientifically and rationally. This text has explained the question existing in the block development of Zhongshan Road of Xiamen on the basis of field investigation and questionnaire investigation, and put forward the development idea.

Key Words: Walk-block, The problem during the development, Development idea, The Zhongshan Road of Xianmen

1　城市中心区步行街建设的意义

近几年来，北京王府井、上海南京路、苏州观前街等一些重要的城市街道成功转变为步行街，把中山路改为步行街的设想日益得到厦门市市政府和市民的关注。城市中心区步行街建设的意义十分重要，主要表现在四个方面：实现良好的交通秩序、刺激经济发展、改善环境、增进社会效益[1]。

1.1 良好的交通秩序

市中心区的街道往往交通拥挤、人流混乱，街道步行化后，改善了步行的环境质量，步行人数增加，市中心减少了用于汽车交通的空间，提高了步行街的运转功能，减少了步行者与机动车之间的冲突，实现了市中心街道的良好交通秩序。

1.2 刺激经济发展

步行街环境舒适安全，将吸引众多的顾客浏览、购物、休憩，带来巨大的商业利益。欧洲许多城市通过设置步行街证明，步行化促进了零售业的增长。丹麦的哥本哈根市，步行街建成三年后，营业额上升了30%。步行化促进零售业的增长，主要有三个方面的原因：(1)步行至少增加了50%的人流；(2)人不再恐惧来往车辆，因而容易购物；(3)行人更倾向于逛商店购物。

1.3 改善环境

步行街限制汽车通行，将大幅度降低大气和噪音的污染(这两种污染在市中心往往是最严重的)，也会减弱汽车废气对市中心古建筑的损害，消除汽车对建筑周围环境的破坏，这些都有助于保护市中心的历史风貌。通过改善地面铺装，安装街道照明，布置绿地、街头小品等，创造舒适、高品质的环境，便利人们观赏建筑的美、历史的风貌、街道和城市的美。

1.4 增进社会效益

步行街创造以人为本的环境，恢复了人在交通中的主导地位，为人们提供了高质量的活动空间与场所，使人们有更多的机会在步行区消闲，参加各种公众活动，使人们在轻松的环境氛围中享受人与人之间交往的乐趣。步行街代表整个城市的社会形象，特别是市中心的广场和购物街等，它们加强了人们的地域感与认同性，成为旅游者和市民最热衷去休闲散心的地方，成为城市的象征及市民引以为荣的场所。

2 厦门市中山路街区的范围及地位

本文分析探讨的中山路街区位于厦门市旧城区西南角。南临镇海路，北靠厦禾路，西临鹭江道接同文路，东靠故宫路接新华路。以十字交叉的百年老街中山路及思明北路、思明南路北段为主要街道，包括周边的支道大同路、升平路、开元路、思明西路、思明东路、霞溪路、大中路、海后路、镇邦路、局口街等街道(图2-1)。

其中，中山路既是厦门市主要的商业中心，也是老城区重要的交通干道。中山路建设于1926—1933年间，是厦门老区中极富特色的建筑群之一，全长1 202米，宽14.7～15.5米，建筑多为3～4层，两侧建筑高度与街道宽度比为1∶1.2～1∶1.1左右，具有欧美古典建筑细腻的特点，门窗、廊柱、花纹的雕饰使建筑群极富人文气息。中山路及其十字交叉的思明南北路的建筑为骑楼式，适应厦门多雨、日照时间长的气候特点。中山路也是中华十大名街之一，是全国唯一一条直接通向大海的商业街，在厦门市民心目中占有举足轻重的地位[2]。

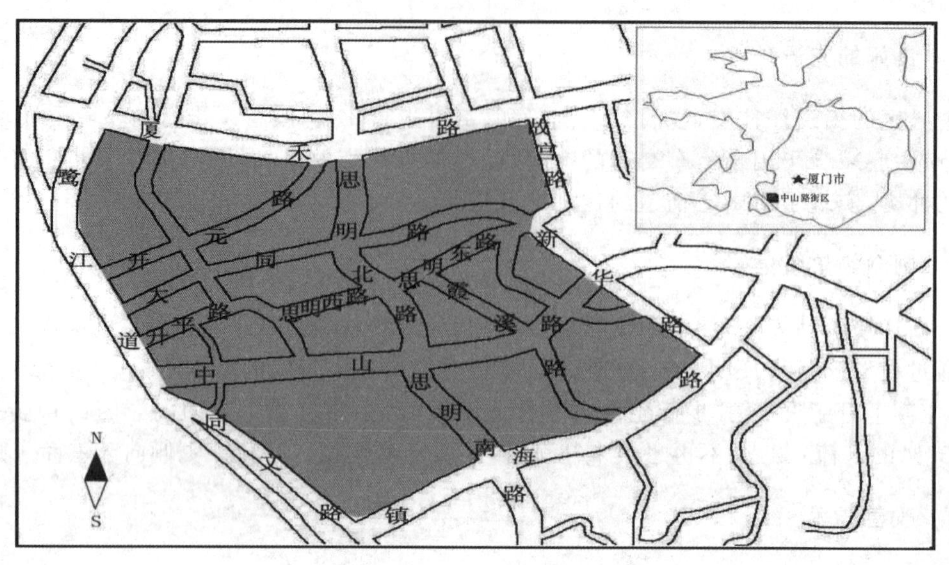

图 2-1 厦门市中山路街区的区位及范围示意图

3 厦门市中山路街区发展现状及发展中存在的问题

本文采用实地调查及问卷调查的方式调查分析中山路街区存在的问题。实地调查以中山路街区每条街道的门牌号码数作为顺序号，调查其街道两侧商店的营业面积、经营项目、市场定位及租金等，调查时间 2005 年 1 月 28 日—3 月 10 日，样本数量为 1 431 个。问卷调查引用《东南早报》联合厦门房地产联合网、决策资源房地产研究中心展开的针对中山路步行街改造的网上民意调查的资料，调查的平台为厦门房地产联合网，调查时间从 2004 年 11 月 30 日—12 月 25 日，样本数量为 500 个。

中山路目前已改造为半步行街，保留中山路的交通功能，但将原来的双向行车道压缩为单行道，路边增设停车位，街区内其他街道保持原状。但网上问卷调查数据表明，高达 71％的民众认为改造后的中山路半步行街还有许多地方不尽如人意，需要改善。综合实地调查及网上问卷调查资料，中山路街区目前存在的主要问题可归纳为以下六点。

3.1 环境容量不足

商业街环境容量无法适应不断增加的人流量的需要。本区商业街单个店铺的营业面积大部分在 40 平方米以下，难以给消费者一个较为宽敞、舒适的购物空间，也无法容纳较多的购物人流。厦门市旅游城市建设不断发展，不仅吸引着大量的本地人（包括郊区），也吸引着大批的外地游客。

3.2 交通问题突出

本区位于老城区，在道路规划上存在着先天的弱势，路面较狭窄，宽仅 14.7～15.5 米。中山路改造为半步行街后，原本狭窄的街道空间仍保留了部分单向机动车道，沿路设置了 53 个停车位，步行范围极小，人流拥挤，人们体会不到步行街应有的舒适、安全（图 3-1）；思明南、北路及大同路等仍为双向行车道，人车混行的现象十分严重，街道的步行环境容量严重不足。人在这里不再是空间自觉的主导者，而是处于一种被支配、被限制的地位，这必将使人们缺乏归属感。已建成的鹭江道的地下停车场又由于其地理位置及收费问题难以得到消费者的认可，使用率较低。

网上问卷调查数据显示，40%的民众认为改造后的中山路停车不方便，36%的民众认为改造后的中山路停车方便程度一般。

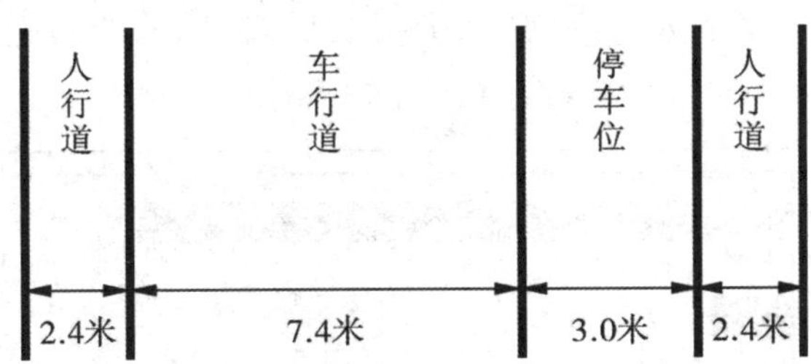

图 3-1　中山路改造后的道路使用分配示意图

3.3　环境质量差

整个街区缺乏必要的绿化、美化，与闽南旖旎的亚热带自然景观不相适应。旧城区许多房屋老化破损，甚至存在违章搭盖的现象。商业街一店一主，店主流动性大，缺乏维护商业街形象的意识。除了中山路、思明南北路外，大部分商业街缺乏整体的形象或风格。即使是中山路等商业街，构成商业街的各种要素如广告、招牌等也未在统一形象的基础上进行综合设计，环境质量较差[4]。

另外，近年来由于旧城区的改造和重建，导致一些临街店面关闭，拆建过程中产生的土头、粉尘给购物者带来不便。部分项目拆迁改造的建设周期拖得太长，影响了街道景观。

网上问卷调查数据显示，72%的民众认为改造后的“中山路半步行街”整体布局凌乱，有17%的民众认为中山路半步行街的景观工程不到位，另外有7.8%的民众认为中山路缺乏标志性建筑。

3.4　商业结构不合理，商业地位下降

近年来，随着厦门城市化进程的加快，出现火车站富山商业圈、SM商业圈、江头吕岭商业圈、禾祥东西路商业圈等商业中心和倡导休闲购物为一体的大型购物广场，以中山路为核心的旧城商业街区的地位逐年下降。购物人流被其他商业区大量分流，这是中山路街区经济逐渐萎缩的外在原因。中山路街区本身商业结构的不合理、对消费者失去吸引力则是根本性原因。调查中山路街区内各街道沿街店面经营的行业构成状况可知：

中山路街区内综合的商业街多，特色的商业街少，消费者认为中山路街区整体上没有经营特色。中山路街区以零售业为主，其比重高达77.78%，其中又以服装商店为主体的零售商业功能最为突出。据统计，调查区内除了开元路等少数商业街餐饮业和服务业的店面数占非住宅用途单位数的比重相对较高外，大部分商业街如中山路和思明南、北路等以零售业为主体的商业用途单位数占非住宅用途单位数的比例均超过80%，其他用途如饮食业和服务业的比例，只分别占非住宅用途单位数的10%以下。尽管各商业街零售商业的内部构成存在着较大的差异，但除了思明东路、大同路东段外，大部分商业街服装商店店面数占零售商业总店面数

的比例都位居榜首。

这种结构及布局导致商业企业间存在着大量低效无序竞争行为，经营者享受不到双重利益（即竞争活力带来的效益和规模经济带来的效益），影响土地的经济效益，而且抑制了其他行业的发展，尤其是娱乐、餐饮业和高职能服务业的发展。据业内人士介绍，在国际中心商业区，商业结构和业态分布具有一定的比例，即商业店铺占30%，餐饮企业占20%～25%，休闲、娱乐、酒店服务等占30%～40%，即集购物、休闲、娱乐、文化于一体[3]。中山路的商业布局显然与这一标准相去甚远，很难跟上人均GDP水平提高后"休闲消费到中心商街，日常消费到社区"的消费潮流（图3-2）。

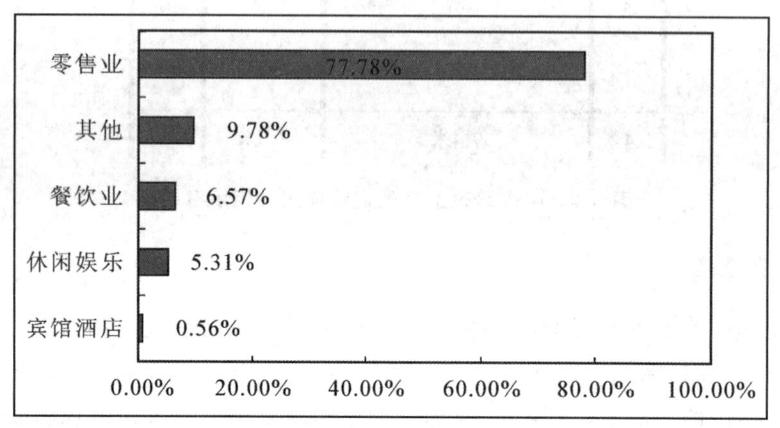

图3-2　中山路街区沿街商业经营活动的行业构成

还有一个问题，中山路街区的铺面租金一直居高不下，经营成本较高。目前中山路最繁华地段的店租，每月每平方米达到200～500元，商铺租金的费用占全部经营费用的60%～70%，经营者普遍感到负担沉重，商家只好经营一些中低档、短平快的商品。中山路作为中华十大名街，是全国无假货的示范街，但在此次调查中还发现有些经营者为了降低成本赢取利润经营假冒产品。而且中山路很多是私房，业主租房不注重商家的信誉。这样既影响单位面积土地收益，也降低了中山路的品位和商业形象。调查数据表明：47%的民众认为"客户层次越来越低，高档客层流失"是目前中山路商业店铺存在的最主要问题。

旧城西南部商业街住宅比例过高，尤其是升平路及开禾路等商业街，不能体现其邻近鹭江道、与鼓浪屿风景区隔鹭江相望、地理位置优越、交通便捷等商业区位优势。区段地价最高的中山路、思明北路和思明西路，仍有部分底层临街门面未辟为商业及其他服务业用途。

以上这些现象说明，本区商业街必须通过功能调整及综合开发以提高吸引力及土地综合效益。

3.5　传统文化的流失

中山路曾是市民进行各种文化活动和市政府进行文化宣传的地点（如以往逢年过节的彩车游街活动、原轮渡海滨公园的南音表演等）。近几年来，由于交通的拥挤和海滨公园的拆除改建，这类传统文化活动被迫取消。许多外地游客抱怨中山路人太多，厦门味太少。作为厦门市老城区的商业中心，更作为城市居民集体记忆的载体，中山路的保留不仅是文物意义上的保留，更是文化意义上的保留。中山路改建完善最重要的方面是尽量保持其旧有街道空间的完整性，发挥它在文化方面的作用，让各种各样的文化活动成为城市空间的真正主体和最终的完善者[4]。

3.6 公共设施不完善

商业街设计上缺少可供行人休息的场所如座椅和进行社交活动的场所如广场。经调查，整个步行街区内仅有4家公共厕所，且均位于小巷内，游客很难找到，体现不出对“人”的全方位关怀。

4 发展构想

4.1 建设中山路步行街区

网上问卷调查数据显示：66％的民众认为“全步行街”是最适合中山路的改造方案，18％的民众赞成“维持以前的中山路模式”，仅有16％赞成“维持半步行模式”。本人认为“全步行街”模式是最适合中山路的改造方案，这样可以为游客和居民提供一个宽敞、安全的步行休闲环境。

当前国外步行街的发展趋势值得中山路改造借鉴。一是个性化问题。任何一个成功的步行街都各具特点。不但要从商业本身考虑个性，还应考虑文化方面的个性体现。另一个是商业街从条状向块状过渡。目前国内的商业步行街多以条状为主，比较单薄[5]。中山路是线，中山路街区是面，两者之间存在着唇亡齿寒的关系，因此中山路的改造应与周围片区结合起来考虑，建设步行街区，以线带面。步行街区在内涵上包含了文化教育、商业购物、旅游服务、商务活动、宾馆饭店、旧城保护等，超越了单纯以增加商业零售额为目的而建设的商业步行街；步行街区在范围上包括十字交叉的中山路，思明南、北路以及开元路、大同路、升平路、思明西路、思明东路、霞溪路、大中路、海后路、镇邦路、局口街等街道。其中中山路，思明南、北路以及升平路、思明西路、思明东路、大中路、海后路、镇邦路、局口街等为全步行街，大同路与霞溪路规划为单向行车道，开元路规划为交通辅道(图4-1)。

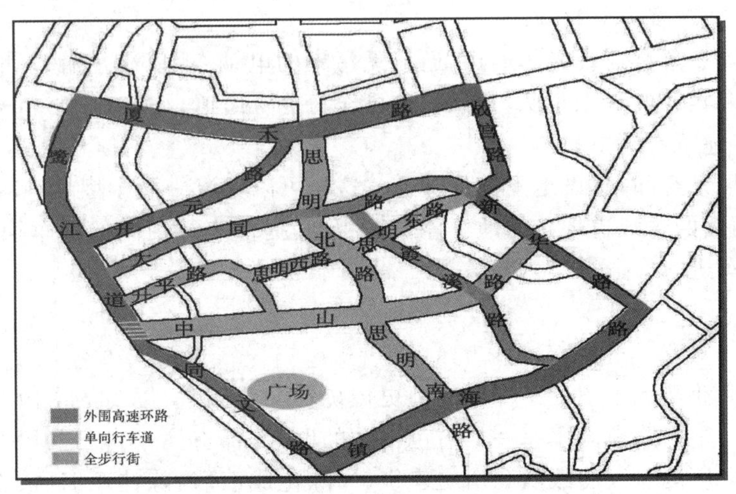

图4-1 中山路步行街区发展构想示意图

4.2 设立商业功能专区

可以将整个中山路步行街区划分为若干个商业功能专区，每个专区以经营某一种类型的商品为主，比如厦门特产区、厦门特色饮食一条街、民俗文化一条街、男女品牌服装一条街、欧美名牌商品区等等。这样，同类商品的聚集就会形成一个品牌的效应，有助提升中山路街区的形象，还可以让整个片区联动起来形成功能互补。经过这样的功能重组，中山路步行街区就不会再杂乱无章；对于不同的游客，可以满足他们不同的需求；商家的聚集可以使中山路商家的经营良性发展，提供这样一个展示的舞台对于有实力的商家有相当的吸引力，还可以进一步提高中山路商业圈的整体档次。

同时，商店的销售业务结构格局、商品货物内容也要进行更新换代，用地方特色的传统商品和高档精品来提高中山路商业街的品位。

4.3 调整交通结构

将城市的道路从汽车的车轮底下解放出来，还路于民，重新塑造一个人等人、人看人、人会人的人性的乐园是步行街区建设的重要目的。中山路街区的交通改造可从以下方面着手：

4.3.1 优化公交线路

从整个城市的层面考虑交通组织，优化公交线路，协调步行街建设与城市交通的关系，为人流的聚散和交通的顺畅奠定基础。

4.3.2 充分利用现有的道路

与中山路平行的厦禾路和镇海路，几经扩建，目前均为双向六车道，两侧还有人行道及自行车道，可承担东西向的交通。东侧的故宫路及新华路需拓宽，提高其通过能力。北侧可规划一条辅路即开元路，这样就在步行街区外围形成了一个高速的车行环路，满足街区外围的车流、物流需要。此外，在步行街区内还可规划一条单项行车道即大同路接霞溪路，使之发挥分散交通流的作用(图 4-1)。单行道与其他街道交叉处可将路面架高，采取立体交通形式，实现人车分流，解决行人与机动车的交通冲突。

4.3.3 设置慢速观光车通道

街区内可设置一条慢速观光车通道，通行无污染的电动车，以满足游人和顾客的需要，亦能通过国内外重要宾客的观光车队，紧急时也可作为抢险通道。

4.3.4 开拓地下交通空间

远期可开拓地下空间，建设地下交通隧道。这样可以分流一些小型的机动车，并可与东面的工人文化宫、西面的鹭江道现有的地下停车场相连，提供步行街区的停车换乘功能，也有利于吸引本市私家车进入。

4.4 宏扬地方文化

世界知名的商业街无不积淀了深厚的历史传统和文化因素，厦门的中山路街区也记载了厦门的发展历史。中山路街区里每一个古色古香的路名，都有属于自己的民间传说。而且在街区里还有着许多历史名人的故居和历史建筑，如陈化成旧居、陈桂琛旧居、王人骥旧居以及新街教堂等等。作为 600 多年“小城春秋”的缩影，中山路街区被称为厦门的“文脉”所在。特别是中山路西方建筑、南洋建筑、闽南建筑风格的完美合璧，形成了一条艺术特色非常突出的骑楼文化街，因此，中山路骑楼文化艺术带也是厦门最有亮点的购物景观带。而全步行街的建设还可以减少汽车废气的排放,起到保护城市历史建筑的作用。

可以采取用现代的商业活动激活逐渐沉睡的民间文化活动因素的做法,使现代和传统可以通过互补达到共生。具体做法如下:

4.4.1 建设历史博物馆

可以将关于厦门特别是中山路街区的历史档案集中起来设置一个历史文化展览馆,让更多的人来了解中山路街区的历史、了解厦门的文化积淀。这样不仅提升了中山路的旅游资本,更为展示厦门的历史提供了一个生动的舞台。

4.4.2 商业宣传活动与民间文化活动相结合

如把商业节与踩街活动相结合。可将此活动扩展成全市性的活动,而中山路作为此活动的中心。国内成功的范例有如青岛啤酒节。

4.4.3 建设厦门民俗文化"长廊"

在这条"长廊"上,行人不但可以体验本土功夫茶文化、搏饼文化,还可"欣赏"传统的高甲戏、歌仔戏、布袋戏等。

在商业街上举办各种民间文化活动,发挥厦门的文化优势的想法与厦门市的整体建设方向相符。厦门素以艺术文化著称,鼓浪屿以琴岛闻名于海内外,厦门地区未来的发展,文化将是其最显著的一大特色;厦门以旅游业作为其支柱行业,一条有地方特色的文化商业街,对于游客而言无疑是极富吸引力的;将商业活动与传统民俗活动相结合是积极保护传统的做法,有利于城市特色的保持,也是缓解市民工作、生活压力的途径。当然,这些活动无疑也将进一步推动厦门经济特区的经济发展。

4.5 加强街道景观设计,完善公共服务设施

增大绿化面积,行道树树种配置可选择假槟榔、凤凰树等,既体现亚热带风情,又不至于减低沿街店面的可见度;在道路的一些节点处种植体形硕大、姿态优美的树木如香樟等作为不同路段的标志物;在步行街上可增设花坛,内植常绿灌木,间以四季花卉,具鲜明的时令感和季节感[6]。

为增加步行街区的情趣,提高其生活品位,可在街区设置长廊、雕塑、座椅、喷泉等园林小品。总体景观环境设计应坚持"以人为本"的原则,各种小品、街道家具、灯杆的尺度与人、建筑的尺度相协调,为游人创造一个舒适、悠闲的购物环境[7]。

另外,好的设计都是简单清爽、细部处理别致的。如在道路铺装上,可以各种美丽的海螺和其他海洋生物图案铺地,以体现厦门作为"海上花园"的浪漫气息;而文昌鱼、白鹭、中华白海豚等三种动物图案铺地,则可以反映厦门在生态保护方面的努力。

问卷调查数据表明,在中山路需要增设的公共设施上,将近半数的民众认为应该增设"主题中心广场",其比例达到 49%。目前,市政府正规划在局口街附近建设一个中南广场,而我认为广场选址定在步行街区西南面临同文路处更适宜,此处与鼓浪屿隔海相望,景致怡人(图 4-1)。

同时要增加公共卫生设施、自动贩卖机、导购指示牌,还应考虑设置盲道和无障碍设施。

5 结语

中山路是一条独一无二的商业街,是一条触动中外游客思绪的风景街,也是一条让厦门市民牵挂的老街。无论是在过去还是在将来,它都将成为厦门市最可宝贵的商业和旅游资源。

建设中山路步行街区，采取设立商业功能专区、调整交通结构、弘扬地方文化、加强景观设计及完善公共服务设施等一系列措施改造中山路，不仅可以增进中山路的社会、经济、环境效应，提高中山路在区域中的竞争力，同时也可以促进其周围片区的发展，加快旧城改造。虽然本文在发展构想上还存在着一些不足之处，但也可以作为他山之石，为政府决策提供一点借鉴之处。

参考文献：

[1]http://www.realestate.gov.cn/magazine/zw200102.htm

[2]谢弘颖.厦门中山路商业环境现状及展望[J].福建建筑.2002(4)

[3]冉磊.慎建裕华路商业步行街[J].小城镇建设.2003

[4]陈玉慧.厦门旧城建设步行街区的初步研究[J].地域研究与开发.2003,22(1)

[5]走近百年老街香埠路(二).香湾社区服务网

[6]王伟强.创造富有生机的中心商务区[J].规划师.2000(6)

[7]http://www.xwhodesign.com/bbs/bbs/printpage.asp? BoardID=25&ID=1384

导师评语：

城市中心商业区的改造近年来一直是城市建设和规划设计工作的热点。余瑾同学从家乡城市发展和建设的现实问题出发，结合所学的专业理论知识，选择厦门城市中心商业区的改造问题进行毕业论文设计，其论文选题具有相当的现实意义。其在阅读相关专业学术文献，并进行大量实地调查和访谈工作的基础上，综合考虑社会、经济、文化效益，提出了具有一定创造性的厦门市中山路街区"全步行街区"的改造和设计建议。论文写作能运用所学的专业知识分析问题、研究问题。全文逻辑层次清楚、语言流畅，论文格式基本符合要求，达到地理科学专业本科毕业优秀论文的要求。由于时间及水平所限，其提出的设计方案还有待完善，比如公共广场的区位选择、步行街区与环岛路的关系等，都需要进一步分析论证。

脉冲气流—流化床组合干燥优化设计

福州大学化学化工学院化学工程与工艺专业 2002 级　沈春枝*

指导教师：福州大学　阮奇教授

摘要：为了改进脉冲气流干燥器常规设计中过渡区所用的阻力系数计算公式存在较大误差，且颗粒的微分运动时间按无穷级数展开并取级数的前两项进行计算会产生截断误差的不足，提出一种新的设计方法——数值积分法。为了达到节能降耗的目的，建立了脉冲气流—流化床组合干燥系统的优化设计数学模型，以该系统年总费用最小为优化目标，以脉冲气流干燥器进口空气速度、出口空气温度以及流化床干燥器进口物料湿含量、出口空气温度为决策变量，采用微粒群算法求最优解。算例表明，组合干燥系统的优化设计比常规设计节省年总费用 10.6%，达到了很好的节能效果。

关键词：脉冲气流—流化床组合干燥　数学模型　优化设计　微粒群优化算法

The Optimum Design of Pulse Current-Fluidized Bed Combined Dryer

Shen Chunzhi

College of Chemistry and Chemical Engineering

Fuzhou University

Teacher：Ruan Qi

Abstract：In order to improve the low accuracy of the drag coefficient's calculation and the truncation error induced by outspreading the particle moving differential equation as infinite series and taking the anterior items，a new design method—numerical integral method was introduced. the optimum design model of pulse current-horizontal suspension dryer combined system which aims at minimum annual cost was established to accomplish the optimum energy-saving effect. The combined system's decision variables were the import air velocity and the export temperature of pulse tube dryer，the humid content of import material，the export temperature of fluidized bed. Particle swarm optimization was implied to solve this model. The practical example indicated that the optimum design saves 10.6% total fare and good energy-saving result was received.

Key Words：Pulse current-fluidized bed combined dryer，Mathematical model，Optimum design，Particle swarm optimization

---

* 作者已考取华东理工大学化工学院 2006 级化学工程专业硕士研究生。

干燥是化工、医药、冶金、建材、食品、农产品加工等行业中非常重要和通用的一种单元操作，同时，干燥也是一种高能耗的单元操作，干燥的能耗在工业发达国家超过能耗总量的10％～15％，在我国所占能耗总量的百分比也越来越大。对干燥器进行优化设计，有利于节省干燥器的投资费和操作费。干燥器的传统设计方法是根据经验在适宜范围内选择干燥介质(通常为空气)在干燥器进口的速度和在出口的温度，然后确定干燥介质用量等工艺参数和干燥器的结构尺寸，但干燥介质的进口速度和出口温度对干燥系统的设备投资费及操作费有着显著的影响，凭经验选择，可能使投资费用、操作费用增加。因此，在干燥器设计中应权衡设备投资费和干燥介质动力、干燥介质加热和热损失等操作费用，从工程经济的观点出发进行优化设计，达到节能降耗的目的[1]。

脉冲气流—流化床组合干燥器广泛应用于干燥产品含水量要求很低的粉粒状物料[2]，但它的设计却大都停留在经验设计阶段，使用手工计算，需要相当长的计算时间，计算结果也不够准确。本研究在改进脉冲气流干燥器常规设计方法不合理之处的基础上建立脉冲气流—流化床组合干燥系统的优化设计模型，采用了微粒群优化算法求解模型，开发了脉冲气流—流化床组合干燥器的计算机辅助设计软件，大大缩短了设计时间，提高了设计结果的准确性。

1　脉冲气流干燥器的新设计法——数值积分法

1.1　数值积分法

脉冲气流干燥器设计的关键问题是干燥管直径和高度的计算。干燥管直径的计算比较简单，干燥管高度的计算比较复杂，其计算方法较多，如天津大学的计算法、南京化工学院的计算法、桐荣良三的计算法等[2～4]。天津大学的计算法，是将粒子运动加速段和恒速段合并，用恒定的给热系数计算干燥管高度，误差较大；桐荣良三的计算法，是通过图解积分法计算干燥管高度，十分烦琐；目前广泛应用的南京化工学院的计算方法则采用下述方法[2～4]计算干燥管的高度。

颗粒在脉冲气流干燥管中上升距离(即管高)Z的计算公式为：

$$Z=\int_0^\tau u_m \mathrm{d}\tau=\int_0^\tau (u\mp u_\tau)\mathrm{d}\tau \tag{1}$$

气流与颗粒间的传热量Q的计算公式为：

$$Q=\frac{6b\lambda G_c\Delta t_m}{\rho s d_p^2}\int_0^\tau Re_r^c \mathrm{d}\tau \tag{2}$$

球形颗粒在脉冲气流干燥管中作加速或减速运动的统一基本方程式为：

$$\mathrm{d}\tau=-\frac{4\rho s d_p^2}{3\mu}\frac{\mathrm{d}Re_r}{\zeta Re_r^2\mp Ar} \tag{3}$$

由于颗粒在脉冲气流干燥管内分别做加速和减速的交替运动，当颗粒作加速运动时式(1)中 u_τ 及式(3)中 Ar 前均取“－”号，作减速运动时则取“＋”号。传统的南京化工学院计算法是先将式(3)按无穷级数展开，并取级数的前两项得到：

$$\mathrm{d}\tau=-\frac{4\rho s d_p^2}{3\mu}\left[\frac{\mathrm{d}Re_r}{\zeta Re_r^2}\pm\frac{Ar\mathrm{d}Re_r}{(\zeta Re_r^2)^2}\right] \tag{4}$$

然后将Allen公式或代入到式(4)中(颗粒做加速运动时式(4)中括号内第二项前取“＋”号，

作减速运动时取"−"号)，再将式(4)分别代入式(1)和式(2)积分得到计算 Z 和 Q 的积分式[2~4]，由 Z 和 Q 的积分式结合其他有关公式及方法即可求出干燥管高度 Z[3,4]。该计算法存在三个不足之处。(1)颗粒的微分运动时间 $d\tau$ 的计算式按无穷级数展开，并取级数的前两项进行计算，这会产生截断误差。所用的级数在加速区后期收敛较慢，在加速区终点上发散，会产生较大的计算误差。(2)在过渡区($1<Re_r<500$，脉冲气流干燥器大部分均在此区)ζ 与 Re_r 的关系用 Allen 公式 $\zeta=10/Re_r^{0.5}$ 或 $\zeta=18/Re_r^{0.6}$ 来计算，这两个公式的误差均很大，前一个公式误差尤大，平均误差高达 15.5%[5]。(3)该法采用手工计算，由于要迭代计算，为避免多次迭代的困难，该法判断加速段或减速段的结束与否都是采用近似的方法，造成计算结果不准确。

为了改进脉冲气流干燥器传统设计方法中存在的以上三个不足，本文提出了脉冲气流干燥器的一种新设计法——数值积分法。过渡区 ζ 与 Rer 的关系不用 Allen 公式来计算，而采用陈文靖的多项式拟合式[5]：

$$\zeta=\frac{26.5}{Re_r^x}$$

$$x=\sum_{i=0}^{5}R_i(\ln Re_r)i \tag{5}$$

式中 $R_0=0.917\,833\,6$，$R_1=-0.078\,248\,3$，$R_2=2.892\,40\times10^{-2}$，$R_3=-9.547\,178\times10^{-3}$，$R_4=1.347\,719\times10^{-3}$，$R_5=-6.945\,255\times10^{-5}$。式(5)平均误差仅为 0.486%，比 Allen 公式的精度要高得多。

将式(5)代入到式(3)后再将式(3)分别代入到式(1)和式(2)中整理后可得：

$$Z=\frac{4\rho s d_p^2}{3\mu}\left(u\int_{Re_B}^{Re_A}\frac{dRe_r}{26.5Re_r^{2-x}\mp Ar}\mp\frac{\mu}{d_p\rho}\int_{Re_B}^{Re_A}\frac{dRe_r}{26.5Re_r^{2-x}\mp Ar}\right) \tag{6}$$

$$Q=\int_{Re_A}^{Re_B}dQ=-\frac{8b\lambda G_c\Delta t_m}{\mu}\int_{Re_A}^{Re_B}\frac{Re_r^c dRe_r}{26.5Re_r^{2-x}\mp Ar} \tag{7}$$

导出式(6)和式(7)时采用了陈文靖的拟合式，该式误差极小但式中 Re_r 的指数 x 是与 Re_r 有关的多项式，故式(6)和式(7)无法直接积分得出积分式，只能用数值积分法求解，本文采用效率和精度都很高的高斯—勒让德数值积分法[6]求解。另外，导出式(6)和式(7)时颗粒的微分运动时间采用未按无穷级数展开的式(3)，这就避免了取无穷级数前两项计算会产生截断误差的缺点。以上两点已经改进了南京化工学院计算法的前两个不足。为了改进该法的第三个不足，本文提出了对脉冲气流干燥器进行任意分段并用计算机编程计算的方法，且加速段或减速段结束的判据精度远高于文献[3]、[4]采用的精度。

如图 1-1 所示，脉冲气流干燥管内根据颗粒运动情况可划分为加速(av)运动段和减速(dv)运动段，根据物料水分的干燥情况又可分为预热带、表面蒸发(恒速干燥)带和降速干燥带。在表面蒸发带，空气把大量热量传给湿物料，湿物料得到热量后其中的水分在湿球温度下汽化，汽化后的水蒸气由空气带走。由于脉冲气流干燥器中物料的临界含水量 Xc 较低，故湿物料中的大部分水分都是在表面蒸发带除去，所以表面蒸发带中空气的温度 t、湿度 Y 及 λ、μ、ρ 等物性均变化很大，因此表面蒸发带又必须分成若干小段进行计算。根据上述分析，我们沿脉冲气流干燥管长度划分为 n 个单元，求解每个小单元的数学模型，得出每个单元出口处的各个状态参数，这些参数又是下一个单元的进口状态，重复计算第二个单元、第三个单元……直到计算完整个管长为止。显然，通过对脉冲气流干燥管的任意分段且段数分得多一些进行计算，计算结果比文献[3]、[4]预先确定有限的分段数目的计算结果准确的多。式(6)和式(7)中 Re_A、Re_B 分别为各单元起始和结束处的雷诺数。

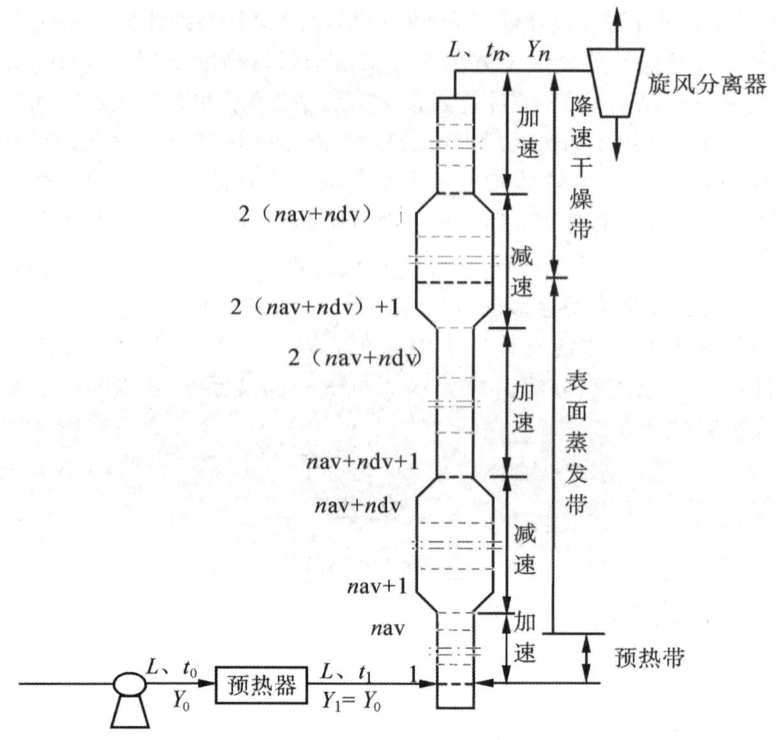

图 1-1　脉冲气流干燥管分区示意图

1.2　数值积分法与传统算法设计结果的比较分析

算例 1：亚硫酸钠经结晶离心脱水后送入脉冲式干燥器进行干燥。亚硫酸钠颗粒经筛析并整理：平均粒径 d_p=264 μm；物料密度=2 540 kg/m³；物料含水量 w_1=10%（湿基）；要求干燥至含水量 X_2=0.5%（干基）；物料处理量 G_1=200 kg/h。热风的有关数据如下：热风进口温度 t_1=230 ℃；热风的进口湿度 Y_1=0.0312 kg 水/kg 干混合气；出口废气温度 t_2=90 ℃；出口物料温度 t_{m_2}=75 ℃；进口物料温度 t_{m_1}=40 ℃；物料的临界含水量 X_c=1.5%（干基）；物料的平衡含水量 X^*=0。在设计计算中，将颗粒视为球形颗粒。

1.2.1　传统算法的计算结果

文献[3]、[4]将算例 1 的脉冲干燥管从下而上分成 4 段进行计算，其每一段的干基含水率、每一段的高度及干燥管总高度 Z 的计算结果，如表 1-1 所示。

表 1-1　传统算法的计算结果

管段	1	2	3	4
X_i/%	11.1→5	5→3.4	3.4→1.5	1.5→0.5
Z_i/m	0.53	0.53	0.67	1.72
型式	加速段	加速段	减速段	加速段
Z/m	3.45			

1.2.2　数值积分法的计算结果

数值积分法可对干燥管进行任意分段计算，段数分得越多，计算结果越准确，但计算量也越大。为了与文献[3]、[4]的计算结果进行比较，数值积分法也将干燥管分成 4 段进行计算，把算例 1 中的相关参数输入本文开发的脉冲气流干燥器的设计软件进行计算，可得每一段的干基含水率、每一段的高度及干燥管总高度 Z 的计算结果，如表 1-2 所示。

表 1-2 数值积分法的计算结果

管段	1	2	3	4
X_i/%	11.1→6.86	6.86→2.62	2.62→1.5	1.5→0.5
Z_i/m	0.2713	1.5068	0.4865	0.4914
型式	加速段	加速段	减速段	减速段
Z/m	2.756			

从表 1-1 与表 1-2 的结果可以看出，两者的计算结果存在较大的区别，这主要有两个原因。(1)文献[3]、[4]中算例的计算是采用手工计算，精度不高，例如在文献[3]、[4]算例 1 的计算中，判断加速段(或减速段)的结束与否都是采取近似的方法，误差非常大(当颗粒与空气相对速度 $u_r=4.9$ m/s，颗粒沉降速度 $u_t=2.2$ m/s 时即认为 u_r 与 u_t 已相差不大，而从加速段进入减速段)，而数值积分法采用计算机辅助设计，能够达到的精度很高(能使 $|u_r-u_t|<0.0000001$)。这也导致了：在传统算法中降速干燥段是加速段，而在数值积分法中则变成是减速段。(2)文献[3]、[4]中算例采用的是传统算法，所用的有些公式误差较大(例如阻力系数 ζ 与雷诺数 Re_r 的关系式)，且颗粒的微分运动时间 $d\tau$ 的计算式按无穷级数展开，并取级数的前两项进行计算，这会产生截断误差，并且所用的级数在加速区后期收敛较慢，在加速区终点上发散，导致较大的计算误差；而采用了数值积分法后，由于引入了误差较小的 ζ 与 Re_r 的多项式拟合式且 $d\tau$ 未按无穷级数展开，大大地提高了设计结果的准确性。从表 1-1 与表 1-2 的结果也可看出在改进了干燥管高度的计算模型后，计算出来的干燥管的总高度比文献[3]、[4]算例中的总高度要小得多。

2 优化设计数学模型

脉冲气流干燥器和卧式多室流化床干燥器的两级组合如图 2-1 所示。物料经脉冲气流干燥器干燥至物料含水量在临界含水量附近后，进入卧式多室流化床干燥器继续干燥直至物料含水量达到要求为止。

为了达到节能降耗的目的，本研究在脉冲气流干燥器常规设计的数值积分法的基础上建立了脉冲气流一流化床组合干燥系统优化设计的数学模型。以图 2-1 系统的年总费用(元/a)最小为优化目标，包括干燥系统设备投资折旧费 J_1(元/a)(包括脉冲气流干燥器设备投资折旧费 J_{q_1} 和卧式多室流化床干燥器设备投资折旧费 J_{w_1})、干燥器散热损失费 J_2(元/a)(包括脉冲气流干燥器散热损失费 J_{q_2} 和卧式多室流化床干燥器散热损失费 J_{w_2})、空气预热费用 J_3(元/a)(包括脉冲气流干燥器空气预热费 J_{q_3} 和卧式多室流化床空气预热费 J_{w_3})、干燥系统风机动力损失 J_4(元/a)(包括脉冲气流干燥器风机动力损失费 J_{q_4} 和卧式多室流化床干燥器风机动力损失费 J_{w_4})。于是，J 可表达为：

$$J=J_1+J_2+J_3+J_4=J_{q_1}+J_{w_1}+J_{q_2}+J_{w_2}+J_{q_3}+J_{w_3}+J_{q_4}+J_{w_4} \tag{8}$$

式中：

$$J_{q_1}=K\cdot a\cdot MSI\cdot(1+0.05)^{11}\cdot b\cdot V^c\cdot Fc\cdot Mc \tag{9}$$

$$J_{w_1}=a\cdot MSI\cdot(1+0.05)^{11}\cdot b_2\cdot V_w^{c2}\cdot Fc\cdot Mc \tag{10}$$

$$J_{q_2}=Q_1 \cdot W_q \cdot T_h \cdot Gair \tag{11}$$

$$J_{w_2}=T_h \cdot Gair \cdot W_w \cdot Q_3 \tag{12}$$

$$J_{q_3}=L_q \cdot T_h \cdot C_{Ho} \cdot (t_1-t_0) \cdot Gair \tag{13}$$

$$J_{w_3}=L_w \cdot T_h \cdot C_{Ho} \cdot (t_{n_1}-t_0) \cdot \tag{14}$$

$$J_{q_4}=\frac{1.013 \times 0.1 \times 9.81 \Delta H \cdot T_h \cdot MM}{10.33 \eta_F} \tag{15}$$

$$J_{w_4}=0.00004 \times (Q_{HS}+Q_{HP}) \cdot T_h \tag{16}$$

式(9)中 V 为脉冲气流干燥管的体积，由干燥管直径 D 和高度 Z 即可求出 V，Z 用本文提出的数值积分法计算，D 用文献[2]、[3]、[4]的方法计算，加速段 D 与减速段 D 不同，故 V 要分段计算后加和。式(10)中 V_w 为卧式多室流化床干燥器的体积，由干燥器底面积 A 和高度即可求出 V_w[2～4]。式(11)中 W_q 为脉冲气流干燥管内的蒸发水分量，式(12)中 W_w为卧式多室流化床干燥器内的蒸发水分量，W_q 和 W_w的计算方法见文献[2]、[3]、[4]。式(9)～式(16)中其他有关设计参数的说明、取值及计算方法详见文献[7]、[8]。

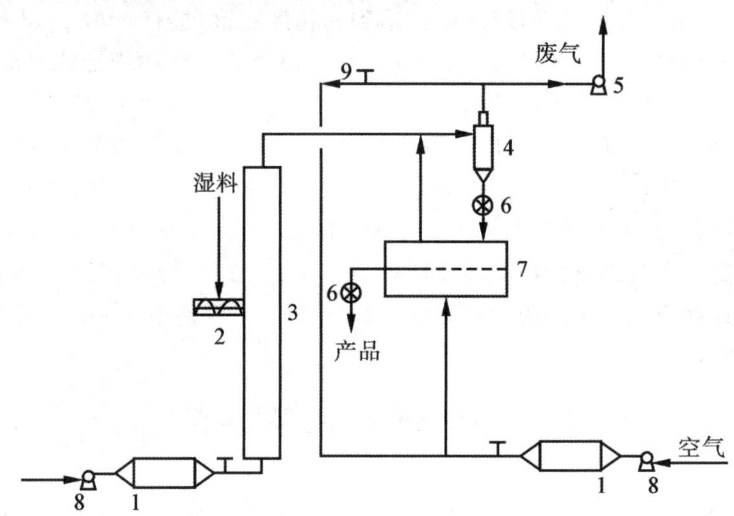

图 2-1 脉冲气流—流化床组合干燥系统

1——空气加热器；2——加料器；3——气流干燥器；
4——旋风分离器；5——引风机；6——星形卸料阀；
7——流化床干燥器；8——鼓风机；9——阀门

3 数学模型的求解

3.1 系统优化决策变量分析

由上文数学模型可知：脉冲气流干燥系统的设备投资折旧费 J_{q_1} 是干燥器体积 V 的函数，V 又是干燥管直径和高度的函数，在计算脉冲干燥管的高度时，干燥管各段的物性又是干燥介质（通常为空气）的出口温度的函数，干燥管的直径又是空气进口气速的函数，因此，J_{q_1} 是空气进口气速 u_g 和出口温度 t_n 的函数；J_{q_2} 是脉冲气流干燥器干燥水分量 W_q 的函数，而 W_q 又是脉冲气流干燥器出口物料含水量 w_n（湿基）及空气出口温度 t_n 的函数，因此 J_{q_2} 是 w_n 与空气

出口温度 t_n 的函数；J_{q_3} 是脉冲气流干燥器空气耗用量 L_q 的函数，而 L_q 是空气出口温度 t_n 和脉冲气流干燥器出口物料含水量 w_n（即卧式多室流化床干燥器进口的物料含水量）的函数，因此，J_{q_3} 也是 w_n 与空气出口温度 t_n 的函数；J_{q_4} 是系统总压力损失 ΔH 的函数，而 ΔH 又是空气进口气速 u_g 的函数，进口气速越大，ΔH 也越大，但并非线性关系，因此，J_{q_4} 是空气进口气速 u_g 的函数。与 J_{q_1} 同理，J_{w_1} 也是流化床进口空速和空气出口温度的函数，不同的是，流化床系统的风机动力损失费 J_{w_4} 与进口空速无关，因此，进口空速越大，J_{w_1} 越小（流化床系统的总费用也减小），所以流化床的进口空速不需要进行优化。J_{w_2} 是流化床干燥水分量 W_w 的函数，而 W_w 又是流化床干燥器进口物料含水量 w_n 及空气出口温度 t_n 的函数，因此，J_{w_2} 是 w_n 与空气出口温度 t_{n_2} 的函数；J_{w_4} 仅为空气出口温度的函数。综上所述，本研究确定脉冲气流干燥器的进口空气速度 u_g、出口空气温度 t_n 及流化床的进口物料含水量 w_n（即脉冲气流干燥器出口物料的含水量）、出口空气温度 t_{n_2} 四个变量作为优化设计的决策变量，优化目标是使式(8)最小。

3.2 微粒群优化算法求解模型

求解脉冲气流—卧式多室流化床组合干燥系统的优化设计数学模型可以得到系统年总费用J最小时的最优设计参数。然而，由上文所述的数学模型可知优化设计的目标函数是一个多变量、高度非线性的复杂函数，其求解过程相当困难。目前化工过程的多变量优化问题普遍采用复合型法、遗传算法等算法进行求解，但是复合型法收敛速度慢、容易陷入局部解，优化结果不够好，而遗传算法虽然优化结果良好，但其程序编写复杂，需要大量的二进制编码和解码。因此，本研究首次采用一种新的进化算法—微粒群优化算法[9～13]。(particle swarm optimization，简称 PSO)，来求解干燥系统优化设计的目标函数。微粒群优化算法不但避免了应用遗传算法(GA)所需的大量的二进制编码和解码，而且可以避免复合型法所耗用的大量计算时间，同时能更快地找到全局最优解，不容易陷入局部解。不但计算结果良好，而且耗时少，程序编写简单。下面简单地介绍一下微粒群优化算法在本研究的应用。

利用微粒群优化算法求解组合干燥优化设计数学模型有两个关键的问题：一是决策变量搜索范围的确定。由干燥的工艺分析可知，脉冲气流干燥器进口气速 u_g 的取值范围一般为20～40[3]，空气的出口温度 t_n 必然在物料出口温度 t_{Mn} 和空气进口温度 t_1 之间，因此其搜索范围为(t_{Mn}，t_1)；同理，卧式多室流化床干燥器的出口空气温度 t_{n_2} 的搜索范围也介于其物料出口温度 t_{Mw} 和空气进口温度 t_{n_1} 之间。卧式多室流化床干燥器进口的物料湿含量 w_n（湿基）的搜索范围则落在物料初始湿含量 w_1（湿基）与干燥产品湿含量 w_2（湿基）之间。二是微粒群优化算法(PSO)中参数的取值。PSO中的参数包括群体规模 m、惯性权重 ω、加速常数 c_1 和 c_2、最大代数。根据文献[8]，取加速常数 $c_1=c_2=2$；群体规模m与最大代数 G_{max} 可根据具体的算例输入不同的值，本文取 $m=50$ 个微粒，由于本文的决策变量为4个，故每个微粒都是四维的，取 $G_{max}=1\,000$；惯性权重 ω 的取值一般在0.4～0.8之间，也可以在0.4～0.8之间按下式进行取值。

$$\omega=0.4+\frac{\mathrm{Iter}\times(0.8-0.4)}{G_{max}} \tag{17}$$

式中Iter表示当前的迭代次数。

微粒群算法用于优化脉冲气流－卧式多室流化床组合干燥系统的算法流程为：

(1)初始化一群微粒 m，对每个微粒随机给定一个初始位置和初始速度。

(2)对每个微粒计算其适应度（本文的优化问题是求总费用式(8)J的最小值，故可将J作为适应度）。

(3)对每个微粒,比较其适应值与其经历过的最好位置 P_{best},如果较好,则将其作为当前的最好位置 P_{best}。

(4)对每个微粒,比较其适应值与全局所经历的最好位置 g_{best},如果较好,则重新设置 g_{best},并记录其位置。

(5)根据式(18)和式(19)重新调整微粒的速度和位置。

(6)计算收敛判据,若满足收敛判据,说明寻到最优值,则寻优结束,否则返回(2),重复上述步骤直至满足收敛判据。若收敛判据没有满足,但已到达预先设置的最大迭代次数,则寻优过程也结束,本文设置最大代数为 1 000。

$$v_{id}^{k+1} = \omega \times v_{id}^{k} + c_1 \times \text{rand1} \times (P_{best} - x_{id}^{k}) + c_2 \times \text{rand2} \times (g_{best} - x_{id}^{k}) \tag{18}$$

$$x_{id}^{k+1} = x_{id}^{k} + v_{id}^{k+1} \tag{19}$$

式中:

v_{id}^{k}:表示微粒在 id 维中第 k 次迭代时的速度;

x_{id}^{k}:表示微粒在 id 维中第 k 次迭代时的位置;

ω:惯性权重;

$c_1 \times \text{rand1}$:c_1 是一个常数,rand1 是一个 0~1 之间的随机数,他们的积表示微粒向其经过的最优位置移动的几率;

$c_2 \times \text{rand2}$:c_2 是一个常数,rand2 是一个 0~1 之间的随机数,他们的积表示微粒向整个微粒群最优位置移动的几率;

g_{best}:id 微粒所经过的最优位置;

P_{best}:整个微粒群的最优位置。

利用微粒群优化算法求解脉冲气流-卧式多室流化床组合干燥系统优化设计数学模型的程序框图如图 3-1 所示。

3.3 算例及结果

算例 2:利用脉冲气流—卧式多室流化床组合干燥器干燥 PVC 树脂。已知物料平均粒径 $d_p = 260\ \mu\text{m}$,物料密度 $= \rho_s = 1\ 400\ \text{kg/m}^3$,进口物料含水量 $w_1 = 15\%$(湿基),要求干燥至含水量 $X_2 = 0.2\%$(干基),物料处理量 $G_1 = 3\ 000\ \text{kg/h}$;空气进口温度 $t_1 = 400$ ℃,空气进口湿度 $Y_1 = 0.025$ kg 水/kg 干混合气;常规设计时脉冲气流干燥器的出口空气温度 $t_n = 95$ ℃,卧式多室流化床的出口空气温度 $t_{n_2} = 70$ ℃,卧式多室流化床的进口物料湿含量 $w_n = 0.025$(湿基),优化设计时 t_n、t_{n_2}、w_n 为变量;进口物料温度 $t_{m_1} = 40$ ℃,物料的临界含水量 $X_c = 2\%$(干基);物料的平衡含水量 $X^* = 0$。

将算例 2 中的参数值输入到本研究所开发的脉冲气流—流化床组合干燥优化设计软件中,可得到计算结果如表 3-1 所示。

表 3-1 组合干燥系统优化设计与常规设计结果比较

u_g/m·s^{-1}		t_n/℃		w_n/kg 水·kg 湿物料$^{-1}$		t_{n_2}/℃		J/元·a^{-1}		优化设计节省年总费用/%
常规	优化	常规	优化	常规	优化	常规	优化	常规	优化	
29.4	28.6	95.0	126.1	0.025	0.0116	70.0	71.6	212 499.5	189 974.5	10.6

从表 3-1 可看出,脉冲气流—流化床组合干燥系统优化设计比常规设计可节省年总费用 10.6%,这说明优化设计节能降耗效果显著。

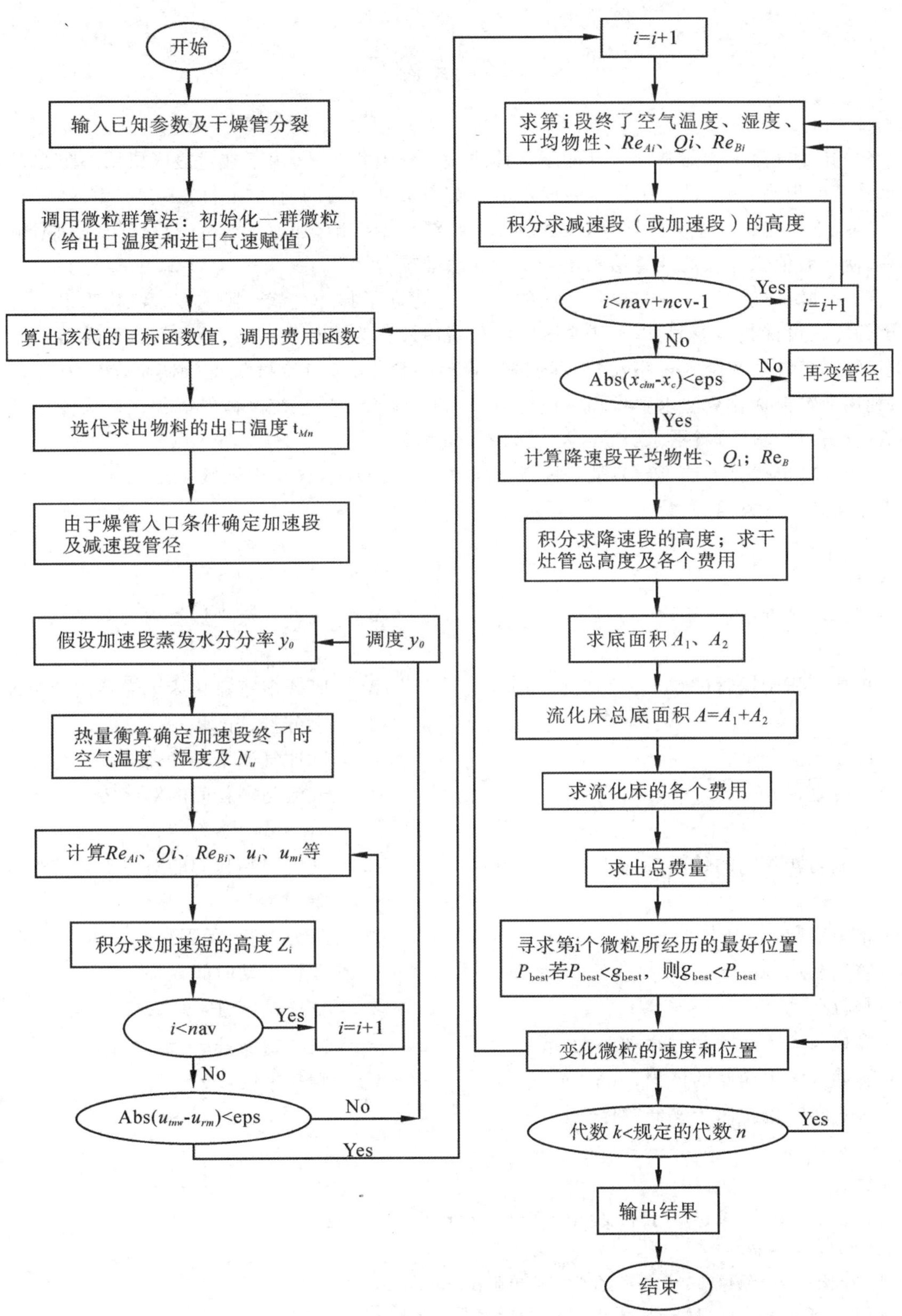

图 3-1　脉冲气流—卧式多室流化床组合干燥优化设计程序框图

4 结论

(1)脉冲气流干燥器常规设计的新设计法——数值积分法，由于在过渡区所用的阻力系数计算式精度很高，颗粒的微分运动时间不取无穷级数展开后的前两项计算不会产生截断误差，可以实现干燥管的任意分段计算，段数越多计算结果越准确，加速段或减速段结束的判据精度很高，使得数值积分法的计算结果比传统设计法准确得多。

(2)在脉冲气流干燥器数值积分法的基础上，建立了脉冲气流一卧式多室流化床组合干燥系统的优化设计数学模型；以干燥系统的年总费用最小为目标函数，以脉冲气流干燥器空气进口速度、出口温度和卧式多室流化床的进口物料湿含量、出口空气温度等四个参数为决策变量，利用微粒群优化算法求解模型。设计结果表明：组合干燥系统经微粒群优化算法优化后年总费用比常规设计节省了 10.6%，大大节省了资源和资金。

(3)微粒群优化算法(PSO)是一种新型高效的进化算法，在化工领域多元非线性复杂函数寻优方面具有巨大的潜力。

符号说明：

A_r 阿基米德准数，无因次；

a 单位体积干燥管的粒子传热面积，$m_2 \cdot m^{-3}$

D 脉冲气流干燥管直径，m；

d_p 颗粒直径，m；

Q 气流与颗粒间的传热量，kW；

Re_r 雷诺准数，无因次；

u 空气流速，$m \cdot s^{-1}$；

u_m 颗粒运动速度，$m \cdot s^{-1}$；

u 颗粒与气流间的相对运动速度，$m \cdot s^{-1}$；

V 脉冲气流干燥器的体积，m_3；

V_w 卧式多室流化床干燥器的体积，m_3；

W_q 脉冲气流干燥管内的蒸发水分量，kg 水 · h^{-1}

W_w 卧式多室流化床干燥器内的蒸发水分量，kg 水 · h^{-1}；

Z 脉冲气流干燥管高度，m；

α 气流与颗粒间的对流传热系数，$kw \cdot m^{-2} \cdot ℃^{-1}$；

Δ_{tm} 气流与颗粒间的对数平均传热温差，℃；

ζ 阻力系数，无因次；

τ 颗粒运动时间，s；

μ 空气粘度，Pa · s；

ρ 空气密度，$kg \cdot m^{-3}$；

V_m 颗粒密度，$kg \cdot m^{-3}$。

参考文献：

[1]叶长燊，阮奇，黄诗煌，黄伟锋. 干燥器优化设计 CAI 课件的开发及应用[J]. 青岛化工学院学报，2001，22(4)：381～383

[2]金国森. 干燥设备[M]. 北京：化学工业出版社，2002. 410～412

[3]潘永康，王喜忠. 现代干燥技术[M]. 北京：化学工业出版社，1998. 2

[4]化学工程手册委员会. 化学工程手册第 16 篇干燥[M]. 北京：化学工业出版社，1989. 16～51，16～213

[5]陈文靖. 气流干燥器加速段的计算[J]. 成都科技大学学报，1995，5：9～14

[6]张吉瑞. 化工数值方法[M]. 北京：中国石化出版社，1995. 121～124

[7]陈南星. 气流干燥设备用于浆料烘干过程[J]. 林产化工通讯，1995(5)：20～24

[8]阮奇，叶长桑，黄诗煌. 化工原理优化设计与解题指南[M]. 北京：化学工业出版社，2001

[9]张更新，赵辉，王红君，苏君临. 基于动态参数的微粒群算法(PSO)的研究[J]. 天津理工大学学报，2005，8(4)：42～44

[10] 刘康，余玲. 一种仿生优化方法——微粒群算法[J]. 四川轻化工学院学报，2003，16(1)：1～4

[11] 夏桂梅，曾建潮. 微粒群算法的研究现状及发展趋势[J]. 山西师范大学学报(自然科学版)，2005，19(1)：3

[12] Cla′udia O. Ourique，Evaristo C. Biscaia，Jr，Jose′ Carlos Pinto. The use of particle swarm optimization for dynamical analysis in chemical processes[J]. *Computers & Chemical Engineering*，2002，26：1 783～1 793

[13] S. Kannan，S. Mary Raja Slochanal，P. Subbaraj，Narayana Prasad Padhy. Application of particle swarm optimization technique and its variants to generation expansion planning problem[J]. *Electric Power Systems Research*，2004，70：203～210

导师评语：

这是一篇优秀的本科生毕业论文。选题密切结合化工节能新技术和生产实践，具有重要的理论和实际意义。作者文献调研比较充分，对所进行的研究课题的背景、国内外研究现状等掌握比较全面，为制定自己的研究方案奠定了基础。作者提出了脉冲气流干燥器的一种新设计方法——数值积分法，在此基础上建立了脉冲气流—流化床组合干燥优化设计的数学模型，采用了一种新的仿生优化算法——微粒群优化算法求解模型。论文对优化设计结果进行了较为充分的分析论证，得出了可信的研究结论。全文思路清晰、文笔流畅、层次分明、内容翔实，该文符合工学学士论文的要求。

基于GIS的城市交通大气污染影响评价系统

福建农林大学交通学院交通运输专业2000级　张清辉*
指导教师：福建农林大学　邱荣祖教授

摘要：本文在分析地理信息系统(GIS)技术应用于城市交通可持续发展的必要性基础上，对系统功能与结构进行设计，利用地理空间代数运算结合大气污染浓度预测高斯模式构建系统的应用模型，分析影响城市生态环境及人们的生活与工作的因素，建立基于GIS的城市交通大气污染影响评价系统，并以南平的部分公路网为应用研究对象，进行分析应用。

关键词：地理信息系统　城市交通环境　大气污染　危害

GIS-Based Air Pollution Influence Evaluation System of City Traffic

Zhang Qinghui
Traffic College, Fujian Agriculture and Forestry University
Teacher: Qiu Rongzu

Abstract: The application of geographic information system (GIS) technique in city sustainable development was analyzed. The system functions and construction were designed. Geographic spatial algebra and Gauss model for predicting air pollution density estimate was used as application model of the system. The factors that affect city environment, including living and working conditions were studied. A GIS-based air pollution influence evaluation system of city traffic was designed, and part of highroad network in Nan-ping city was selected as the application case.

Key Words: Geographic information system, City traffic environment, Air pollution, Hazard

近十年来，适应国民经济发展的需要，我国城市交通建设取得了重大发展。在发展城市交通的同时，资源、环境、人口之间的矛盾也在加剧，我国城市总体环境质量恶化。交通系统产生的大气污染及噪声是影响城市环境质量的主要污染源[1]，严重影响社会经济和人们生活的发展。

城市是重要的居住环境，城市的可持续发展已经成为可持续发展的重心和焦点[2]，建立可

* 作者现为福建农林大学交通学院交通运输规划与管理专业2004级硕士研究生。

持续发展的环境是保障城市的可持续发展的前提条件，可靠的环境信息、正确的环境决策、有效的环境管理是掌握环境状况、防止环境破坏、治理环境污染的重要保障。高效率高质量的环境预测与评价、环境信息更新、环境信息查询和管理已成为十分迫切的需要。

地理信息系统(GIS)是采集、存储、管理、分析和描述与空间、地理分布有关的数据的空间信息系统[3]。基于 GIS 的城市交通大气污染影响评价系统是在城市交通噪声影响预测、评价与管理等方面的应用的基础上，通过二次开发将城市交通大气污染影响预测与评价模型纳入 GIS 系统，建立基于 GIS 的城市交通大气污染影响评价模型工具，为城市交通大气污染影响环境评价、环境管理和环保投资提供科学的辅助决策信息。

1 城市交通大气污染的危害

1.1 一氧化碳

一氧化碳(CO)是一种窒息性的有毒气体，无色无味，比重稍小于空气。由于 CO 和血液中有输氧能力的血红蛋白(Hb)的亲和力比氧气和 Hb 的亲和力大 200～300 倍，因而 CO 能很快和 Hb 结合形成碳氧血红素蛋白(CO-Hb)，使人体血液的输氧能力大大降低，使心脏和大脑等重要器官严重缺氧，引起头晕、恶心或头痛，轻度时使人中枢神经系统受损，慢性中毒严重时会导致心血管工作困难甚至死亡[4]。

1.2 氮氧化物

氮氧化物(NO_x)是燃料燃烧过程中形成的多种氮氧化物，是 NO、NO_2、N_2O_3、N_2O_5 等的总称。NO 是无色无味气体，只有轻度刺激性，毒性不大，高浓度时会造成中枢神经轻度障碍。NO 遇空气中的氧后氧化成 NO_2。NO_2 是一种棕红色强刺激性有毒气体，吸入人体后，能和血液中血红蛋白(Hb)结合，使血液输氧能力下降，对心脏、肝、肾都会有影响。NO_2 还会使植物枯黄。NO_2 易与大气中的水分反应生成硝酸烟雾，是产生酸雨的根源之一。在较高的大气中，NO_2 与一氧化氯反应生成硝酸氯，硝酸氯与氯化氢反应后释放出能破坏臭氧层的氯原子[4]。

1.3 碳氢化合物

通常认为碳氢化合物(HC)包括未燃和未完全燃烧的燃油、润滑油及其裂解产物和部分氧化物。在存在紫外线辐射时，大气中的 HC 中的非甲烷碳氢及 NOx 与氧反应形成臭氧，所形成的臭氧对人体及环境都很有害。汽车尾气中的毒性碳氢化合物主要是苯、1,3 丁二烯、醛类及多环芳烃(PAH)。苯是无色气体，当有特殊气味时，就成为遗传中毒性致癌物质。[5]醛类主要由甲醛和乙醛组成，在形成臭氧方面具有极高的光化学活性。甲醛、丙烯醛等醛类气体浓度超过 1 ppm 时会对眼、呼吸道和皮肤有强烈刺激作用；浓度超过 25 ppm 时，会引起头晕、恶心和贫血；超过 1 000 ppm 会引起急性中毒。多环芳烃(PAH)，尤其是 3,4 苯并芘，是一种很强的致癌物质，目前已有研究证明汽车尾气中含有这种成分[4]。

1.4 光化学烟雾

光化学烟雾是指 HC 和 NO_x 在强阳光照射下生成的含有臭氧(O_3)、甲醛、丙烯醛和过氧酰基硝酸盐(PAN)等的浅蓝色、有强刺激性的有害气体。光化学烟雾中的 O_3 是强氧化剂，可危害人体健康，使植物变黑直至枯死，损害有机物质[4]；O_3 还有特别臭味。

1.5 二氧化硫

二氧化硫(SO_2)是一种无色气体。其在空气中的浓度达 1～3 $mg \cdot m^{-3}$时，大多数人都会有感觉，浓度再高一些时便感觉到气味刺鼻。SO_2 和飘尘具有协同效应，两者结合起来对人体的危害更大。SO_2 在大气中极不稳定，在相对湿度比较大或者有催化剂存在时，可发生催化氧化反应，生成 SO_3，进而生成硫酸盐。SO_2 是形成酸雨的主要因素，对植物及人危害都很大[6]。与此同时生成硫酸雾，降低大气的能见度。

1.6 颗粒物

机动车排气中的颗粒物主要有铅化物微粒和燃料不完全燃烧而生成的碳烟粒等。呼吸道受颗粒物的长期刺激会导致毛细血管扩张，腺体分泌亢进，粘膜红肿，抵抗力下降。铅进入人体后主要损害骨髓造血系统和神经系统，对男性的生殖腺也有一定的损害，如果采用无铅油，铅化物微粒影响便可消失[6]。碳烟粒主要是危害人体的呼吸系统。

1.7 二氧化碳

二氧化碳(CO_2)在大气中的比例只有万分之几，它对人体无害，而且对人类来说，它几乎和氧气具有同等重要作用，提高 CO_2 浓度可增强植物的光合作用。但是，向大气中排放的 CO_2 过多，就会产生温室效应，使地球变暖[4]。

综述可知，大气污染对城市生态环境及人们的生活、工作等都会产生极大的危害，对其采取系统治理势在必行。

2 系统开发平台及运行环境

系统利用 GIS 软件——MapInfo 6.0 Professional for Windows 的系统功能及其提供的二次开发工具——MapBasic 6.0 语言和 Delphi 语言等进行集成开发，同时也利用 Advanced CHM Producer 和 Help & Manual 3.0 分别制作系统的 CHM 和 Windows help 帮助文件。

3 系统的结构与功能

3.1 系统结构

如图 3-1。

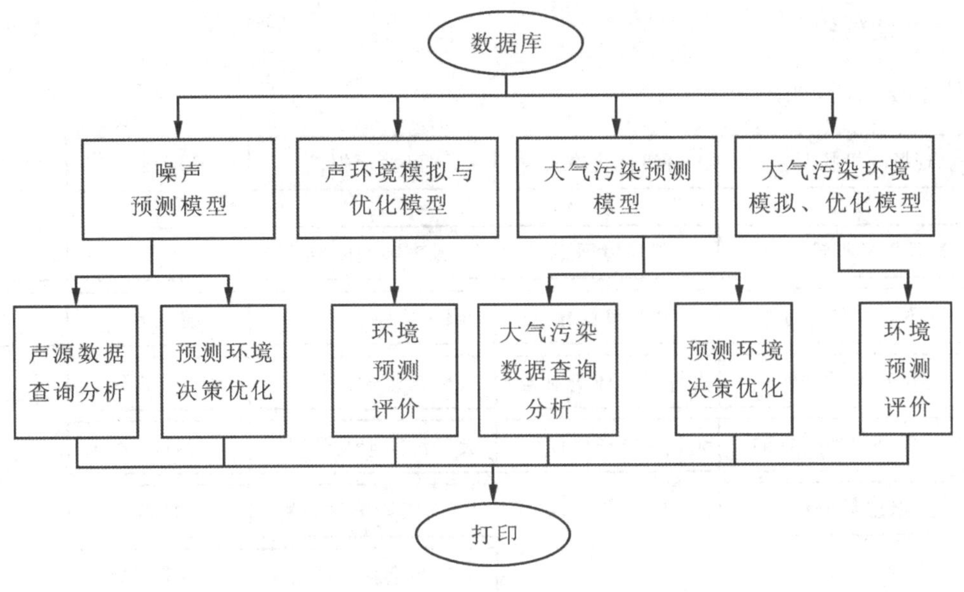

图 3-1　系统结构

系统封面是 Photoshop 制作好的图片，如图 3-2：

图 3-2　软件封面

利用二次开发语言 MapBasic 开发的主程序界面，如图 3-3：

图 3-3　主程序界面

3.2　功能结构

系统主要功能，如图 3-4：

现场环境状况	环境优化决策	环境模拟	功能设置	关于
声环境数据输入	声环境预测	噪声影响模拟	SQL查询	帮助
声环境数据查询	声环境优化	噪声影响面分析	创建专题图	版权
大气污染环境数据输入	大气污染环境预测	噪声影响评价	修改专题图	
大气污染环境数据查询	大气污染环境优化	大气污染影响模拟	页面设置	
退出系统		大气污染影响线分析	打印	
		大气污染影响评价	工具条设置	
			显示图例窗口	
			隐藏状态条	

图 3-4　系统功能

3.2.1　现场环境状况

该模块用于城市交通的噪声、大气污染查询：根据用户所选择的路段和时间区间，利用城市交通噪声预测模型和大气污染浓度预测模型得出某段公路的噪声值及大气污染浓度值，同时根据噪声值及大气污染浓度值在窗口上分别打印它们在地图上的辐射缓冲分析。

3.2.2　环境优化决策

该模块用于预测点的噪声、大气污染浓度查询：声环境预测模块和大气污染环境预测模块是根据用户所选择的预测点和时间区间，利用预测点到公路的最短距离模型标出公路的最近点，由城市交通噪声预测模型和大气污染浓度预测模型分别得出预测点的噪声值及大气污染浓度值；声环境优化模块和大气污染环境优化模块是分别根据国家标准—《城市区域环境噪声标准》(GB 3096—1993)、《环境空气质量标准》(GB 3095—1996)的规定，进行优化。

3.2.3　环境模拟

该模块用来评价环境状况：根据用户所输入的噪声值及大气污染浓度值，反映噪声及大气污染的辐射情况，并评价其环境。

3.2.4　功能设置

根据用户的需求而附带的一些功能，如打印、SQL 查询、操作界面设置、退出系统等功能。

3.2.5　关于该模块附带帮助文件和版权声明等

4 系统的主要特点

4.1 跨平台集成地图[7]

建立一个完善的大型应用系统，吸收各种不同平台的特长，使利用其他平台也能够调用 MapInfo 系统下的数据、图形等。在 Windows 环境下，可以通过 MapBasic 之外的其他编程语言控制 MapInfo，如 C、Visual Basic 或 Delphi 等，可以集成 MapInfo 窗口到非 MapBasic 应用程序中，特别是在原有成熟的应用系统中增加地理信息管理功能等。

4.2 集成地图的系统要求

(1)需要 Microsoft Windows 环境，可以使用 16 位或者 32 位的 Windows 系统。

(2)需要 MapInfo 4.0 或者更高版本。

(3)计算机必须有足够的内存空间和系统资源，保证同时运行客户程序和 MapInfo。

(4)客户程序必须能够作为自动 OLE 的控制器。

(5)客户必须能够创建用户接口的诸要素，如窗口、窗体以及控制。客户程序同时还必须能够获取窗口的窗口号(HWND)。

5 应用系统的开发方法

应用系统由软件封面(见图 3-2)和 MapBasic 程序组成，软件封面应用 Delphi 7.0 开发，再由封面程序调用 MapBasic 程序。应用 MapBasic 的跨平台集成的特点，集成 MapInfo 功能到其他环境下开发，使开发的应用系统功能更强大。

在封面程序中，调用 Delphi 的 creat object("mapinfo application")函数建立 OLE 对象。将 MapInfo 对象赋给 OLE 对象. 在 32 位 Windows 环境下，可以运行多个 MapInfo，如果已有一个 MapInfo 正在运行集成地图的应用时，调用(creat object)又启动一个 MapInfo，这时两个 MapInfo 将独立运行。建立对象后，即启动了 MapInfo，再用 OLE 对象的 do 方法向 MapInfo 发送命令，程序中用 do 方法运行 MapBasic 程序，这样就运行 MapBasic 程序，最后进入系统应用界面就关闭封面程序。

污染环境数据查询功能的开发过程，主要是用 MapBasic 编程实现城市交通噪声预测模型和大气污染浓度预测模型的目标函数的过程。利用[not eot(table)]做查询界面，根据界面所选择的路段、时间段及查询对象，接着查表取参数(fetch * from table)，调用声音强度及大气污染浓度函数，得出目标的噪声值及大气污染浓度值，通过(print value)在窗口上打印出噪声值及大气污染浓度值，再由噪声值及大气污染浓度值结合实际地形运用(create object as buffer from table)进行缓冲扩散分析。

污染环境优化决策主要是研究预测点的声音强度及大气污染浓度。利用(centroid)函数找出预测点(x_I，y_I)的坐标，结合公式：

$$R_2 = R_2 + 0.1 \quad \text{（以预测点为圆心，与最近公路的切点）} \qquad (1)$$

得出公路切点坐标(x_D,y_D),利用预测点距公路的距离公式[8]:

$$L_D=\sqrt{(x_I-x_D)^2+(y_I-y_D)^2} \tag{2}$$

式中 L_D 为预测点距道路的最短距离(m);x_I、y_I 为预测点在地图上的坐标位置;x_D、y_D 为以预测点为圆心与公路相切的点在地图上的坐标位置。

求出距离,结合声音强度及大气污染浓度函数得出预测点声音强度及大气污染浓度,结合国家标准的限定对目标进行优化,必要时利用(create pline)函数画图说明。

环境模拟是根据用户择取的对象和输入的噪声值及大气污染浓度值,结合实际地形、地物,运用预测模型做出噪声及大气污染扩散分析,同时评价该环境。

6　城市交通大气污染影响预测

6.1　城市交通大气污染影响预测模型

大气污染影响预测是一个比较复杂的过程,污染因子涉及的气象参数、地球环境因素较多,至今为止,没有一个万能公式能够准确、定量地预测污染因子。最普遍应用的是正态模式(即高斯模式),但是在应用时应当注意,常用的正态扩散模式实质上已假定,流场是假定的,不随时间变化,同时在空间中是均匀的,均匀意味着:平均风速,扩散参数随下风距离的变化关系到处都一样,在空间中是常值[9]。

在直角坐标系中,设 x 方向与风速方向一致,z 为铅直方向,并假设:污染物浓度在空间中每个断面按高斯分布(正态分布);在整个空间中风速是均匀的、稳定的,平均风速大于 $1\ \mathrm{m\cdot s^{-1}}$;源强是连续均匀的;在扩散过程中污染物质是守衡的。

6.1.1　高架连续点源的高斯扩散模型[4]

$$C_{x,y,z,h}=\frac{Q}{2\pi\mu\sigma_y\sigma_z}\exp\left(\frac{-y^2}{2\sigma_y^2}\right)\left\{\exp\left[-\frac{(z-h)^2}{2\sigma_z^2}\right]+\exp\left[-\frac{(z+h)^2}{2\sigma_z^2}\right]\right\} \tag{3}$$

式中,$C_{(x,y,z,h)}$ 为某污染物质在下风向有效高度为 h 时的点的浓度($\mathrm{mg\cdot m^{-3}}$);σ_y、σ_z 为水平、垂直方向的标准差,称为扩散系数(m);u 为预测路段地面平均风速($\mathrm{m\cdot s^{-1}}$);Q 为污染物排放强度($\mathrm{mg\cdot s^{-1}}$);x、y、z 为点源的坐标值(m);h 为点源的有效高度,一般 $h=0.5$ m。

在平直公路上,车辆尾气的扩散可视为一条连续线源,其浓度场是所有点源浓度贡献之和,连续线源相当于连续点源沿着线源长度的积分。

6.1.2　线源扩散的高斯模式[10]

设线源长度为 L,源强为 Q,则:

$$C_{x,y,z,h}=\frac{Q}{u}\int_0^L\frac{1}{2\pi\sigma_y\sigma_z}\exp\left(\frac{-y^2}{2\sigma_y^2}\right)\left\{\exp\left[-\frac{(z-h)^2}{2\sigma_z^2}\right]+\exp\left[-\frac{(z+h)^2}{2\sigma_z^2}\right]\right\}\mathrm{d}l \tag{4}$$

(1)风向与线源垂直公式[10]

$$C_{x,y,z,h}=\frac{Q}{2\sqrt{2\pi}\sigma_z u}\left\{\exp\left[-\frac{(z-h)^2}{2\sigma_z^2}\right]+\exp\left[-\frac{(z+h)^2}{2\sigma_z^2}\right]\right\}\times\left[\mathrm{erf}\left(\frac{y+y_0}{\sqrt{2}\sigma_y}\right)-\mathrm{erf}\left(\frac{y-y_0}{\sqrt{2}\sigma_y}\right)\right] \tag{5}$$

令 $y_0\to$,得无限长线源公式[10]

$$C_{x,y,z,h}=\left(\frac{2}{\pi}\right)^{\frac{1}{2}}\frac{Q}{\sigma_z u}\left\{\exp\left[-\frac{(z-h)^2}{2\sigma_z^2}\right]+\exp\left[-\frac{(z+h)^2}{2\sigma_z^2}\right]\right\} \tag{6}$$

(2)风向与线源平行公式[10]

$$C_{x,y,z,h}=\frac{Q}{\sqrt{2\pi}\sigma_z(r)u}\left\{\exp\left[\frac{r}{\sqrt{2}\sigma_y(x-x_0)}\right]-\exp\left[\frac{r}{\sqrt{2}\sigma_y(x+x_0)}\right]\right\} \tag{7}$$

式中 $r^2=y^2+z^2(\sigma_z/\sigma_y)^2$。

令 $x_0\rightarrow$,得无限长线源公式[10]

$$C(\infty,y,z,0)=\frac{Q}{\sqrt{2\pi}\sigma_z(r)u} \tag{8}$$

(3)风向与线源成任意角,且为无限长线源公式[10]

$$C_{x,y,z,h}=\left(\frac{2}{\pi}\right)^{\frac{1}{2}}\frac{Q}{\sigma_\theta u}\left\{\exp\left[-\frac{(z-h)^2}{2\sigma_z^2}\right]+\exp\left[-\frac{(z+h)^2}{2\sigma_z^2}\right]\right\} \tag{9}$$

(4)当线源与风向成任意角,且为有限长线源公式[4]

$$C(\theta)=\sin^2\theta C_{垂直}+\cos^2\theta C_{平行} \tag{10}$$

6.2 模型中参数的确定

6.2.1 θ 值的确定[10]

常年主导风向与源强的夹角 θ 根据公路建设项目所在地区近 3～5 年的地面常规气象资料确定的。

6.2.2 有效排放源强高度处的平均风速 u[10]

$$u=u_{10}\left(\frac{h}{10}\right)^p+u_0 \tag{11}$$

式中,u_{10} 为当地气象经所测的 10 m 高度的平均风速($m\cdot s^{-1}$);u_0 为车辆尾气引起的风速修正值,取值范围为 0.23～0.63 ($m\cdot s^{-1}$);p 为风速指数,取值范围 0.12～0.40。

6.2.3 扩散参数的计算[10]

$$\begin{cases}\sigma_y=(x_{0y}+ax)^b\\ \sigma_z=(x_{0z}+cx)^d\end{cases} \tag{12}$$

式中,a、b、c、d、x_{0y}、x_{0z}分别是大气污染浓度预测模型中相关的回归系数和指数它们都与大气稳定度有关。

6.3 源强的预测

6.3.1 预测模式[10]

$$Q_i=\sum_{i=1}^{3}3\ 600^{-1}N_iE_{ij} \tag{13}$$

式中,Q_j 为车辆排放 j 类污染物总量[$mg\cdot(s\cdot m)^{-1}$];N_i 为预测年 i 型车平均小时交通量(辆$\cdot h^{-1}$);E_{ij} 为汽车专用公路运行工况下,i 型车 j 类排放物在预测年内的单车排放因子[$mg\cdot$(辆$\cdot m)^{-1}$]。

6.3.2 参数确定

源强预测模式中的各种车型的单车排放系数 E 是根据各种车型的内燃机类型,在一定车速条件下对不同车型车辆进行测试,而获得的各种污染物排放系数,详见表 6-1。

表 6-1 车辆单车排放因子推荐值[10]/g·(km·辆)$^{-1}$

平均车速 /km·h^{-1}	小型车			中型车			大型车		
	CO	THC	NO_x	CO	THC	NO_x	CO	THC	NO_x
50.00	31.34	8.14	1.77	30.18	15.21	5.40	5.25	2.08	10.44
60.00	23.68	6.70	2.37	26.19	12.42	6.30	4.48	1.79	10.48
70.00	17.90	6.06	2.96	24.76	11.02	7.20	4.10	1.58	11.10
80.00	14.76	5.30	3.71	25.47	10.10	8.30	4.01	1.45	14.71
90.00	10.24	4.66	3.85	28.55	9.42	8.80	4.23	1.38	15.64
100.00	7.72	4.02	3.99	34.78	9.10	9.30	4.77	1.35	18.38

7 城市交通大气污染影响的优化与决策

7.1 城市交通大气污染影响评价模型库

7.1.1 污染指数

污染指数反映某一污染物对环境产生等效影响的程度，它是环境污染物的实测浓度 C_i 与该项污染物在环境中允许浓度（评价标准）C_{si} 的比值[10]，即

$$I_i = C_i / C_{si} \tag{14}$$

7.1.2 综合指数[10]

$$P = \sqrt{I_{\max}\left(\frac{1}{n}\sum_{i=1}^{n} I_i\right)} \tag{15}$$

式中，$I_{\max}$是各污染物中的最大污染指数。

7.1.3 废气影响频率分布[10]

$$\text{废气影响高峰时段频率} = \frac{\text{高峰小时废气影响的时段}}{24} \tag{16}$$

$$\text{废气影响人数(面积)分布} = \frac{\text{在某时段受废气影响的人数(面积)}}{\text{该区域的总人数(总面积)}} \tag{17}$$

7.2 城市交通大气污染影响的优化

通过城市交通大气污染影响评价模型库的各项指标反映高污染浓度分布时段及在该时段内受污染的面积和人数，便于掌握最大的大气污染影响程度。

《环境空气质量标准》(GB 3095—1996)中规定，环境空气功能区划分为 3 类：1 类区为自然保护区、风景名胜区和其他需要特殊保护的地区；2 类区为城镇居住区、商业交通混合区、文化区、一般工业区和农村地区；3 类区为特定工业区。环境空气质量标准分为 3 级：1 类区执行一级标准，2 类区执行二级标准，3 类区执行三级标准。因此，根据《环境空气质量标准》(GB 3095—1996)的规定对城市交通大气污染浓度超标的地方进行优化。

7.3 城市交通大气污染影响的控制途径

7.3.1 使用清洁燃料

(1)无铅汽油。含铅汽油是指铅含量大于 0.013 g·L^{-1}的汽油,其中含的铅燃烧后约 75 %排入大气环境中。1986—1995 年我国由燃烧含铅汽油排放的铅累计约有 151 813 t,对大气环境造成严重危害。国家环境保护总局于 1999 年批准发布了《车用汽油有害物质控制标准》(GWKB 1—1999),严格规定了车用汽油中可能产生有害气体的组分,符合此标准的汽油称之为清洁汽油或优质无铅汽油[4]。

(2)改善燃油品质。提高催化裂化汽油的质量;增加宽馏分重整汽油的比例;提高辛烷值组分生产装置的生产能力;有计划地对现有的燃油生产装置实施扩能改造和技术更新,研制适合我国国情的汽油[11];加强油料质量管理,防止严重污染的劣质油料上市。

(3)开发研究替代能源。天然气及液化石油气具有辛烷值高、价格低廉、对环境污染小、使用安全可靠等优点。电能,电动汽车是零排放车。氢气是辛烷值高、热值高且不会产生有害气体的气态能源。其来源丰富,但生产成本高、能量密度小且储运不便。液态氢技术难度大、成本高,目前处于基础研究阶段[4]。

7.3.2 机内净化

主要是控制空燃比:调节化油器或使用新型化油器,使用电子点火装置,燃料直喷技术,研制开发性能先进的新型内燃机[4]。

7.3.3 机外净化

利用单独的处理系统,在废气离开发动机后而未排入大气之前,去除其中的污染物[4]。汽油车(点燃式发动机)主要是安装热反应器、催化转化器、废气再循环装置等设备;柴油机(压燃式发动机)主要是安装微粒捕集器设备及使用氧化催化剂、柴油机稀燃氮氧化物催化剂等催化剂。

7.3.4 发展高效交通系统

加强对公路的养护,保证汽车在良好路况下行驶;加强汽车保养管理,保证汽车安全并减少和控制车辆有害气体的排放量;限制拖拉机、载重柴油车在市区道路上行驶;取消公路上各种关卡和收费站(以其他收费方式取代),减少车辆怠速状态;改善城市交叉口的通行条件和交通干道的通行条件[6]。

7.3.5 实施 I/M 体系 I/M(Inspect/Maintenance)制度

定期检查/强制维护制度。I/M 系统是通过对在用车废气排放进行定期的检测和随机抽查,对车辆进行严格的维修、保养,使车辆保持最佳的技术状态和出厂时的排放水平。对此应严格按照国家标准及检测技术规范对机动车进行污染排放检测,超标车辆应进行严格的维护保养,维护保养后仍不能达标的车辆予以淘汰[11]。

7.3.6 公路交通防污绿化

植物对颗粒物有很好的净化作用,大量的观测发现,种植树木、林带、绿篱或森林都能改变地表固有的不平度。地表的不平度是影响颗粒物扩散的一个重要因素,含有各种污染物的气流被高低不平的森林阻挡,污染物的扩散可缩小。在公路两旁种植树障或人工林带具有保护邻近地区免受污染或减轻邻近地区遭受污染危害的作用[4]。

7.3.7 发展公共交通

公共交通效率高、排放低,因此在城市加快以轨道交通为骨干的城市公共交通体系的建设;同时研究解决城市交通与城市对外交通的衔接,提高换乘效率,从整体上改善城市公交吸引力;再从城市规划角度为合理、周密的城市公共交通模式创造条件。

7.3.8 提高交通整体效率

随着机动车数量的增长,目前不少城市有混合交通现象,导致交通效率严重下降,研究适当的自行车交通设施,提高系统整体效率具有现实意义。

7.3.9 税费优化制度

由于新生产车的技术水平总是比老旧车要高,因而更新车辆后污染物排放就会减少,所以应该促进汽车更新。从理论上讲,征收汽车排放税是促进汽车更新的最理想的经济手段。尽管这种税制将引起难以解决的实践难题,但一旦实现,它必定能有效地鼓励车主购买清洁车,能督促车主较好地维护他们的汽车,使其保持清洁状态[12]。

8 系统应用与分析

8.1 现场环境状况

查询大气污染环境数据,如图 8-1 所示,先选择查询的路段——滨江南路和查询的时间——9:00—10:00,然后再选择查询的对象(如气态污染物源强、大气污染物浓度等),可以得出目标的大气污染物浓度值。如图 8-2 所示的 Message 窗口是打印输出系列值:交通量856.4 辆·h^{-1};小型车速度 42.75 km·h^{-1},中型车速度 30.25 km·h^{-1},大型车速度 26.5 km·h^{-1};气态污染物源强值 9.612 79 mg·(s·m)$^{-1}$;大气污染物浓度值 1.413 73 mg·m^{-3}。

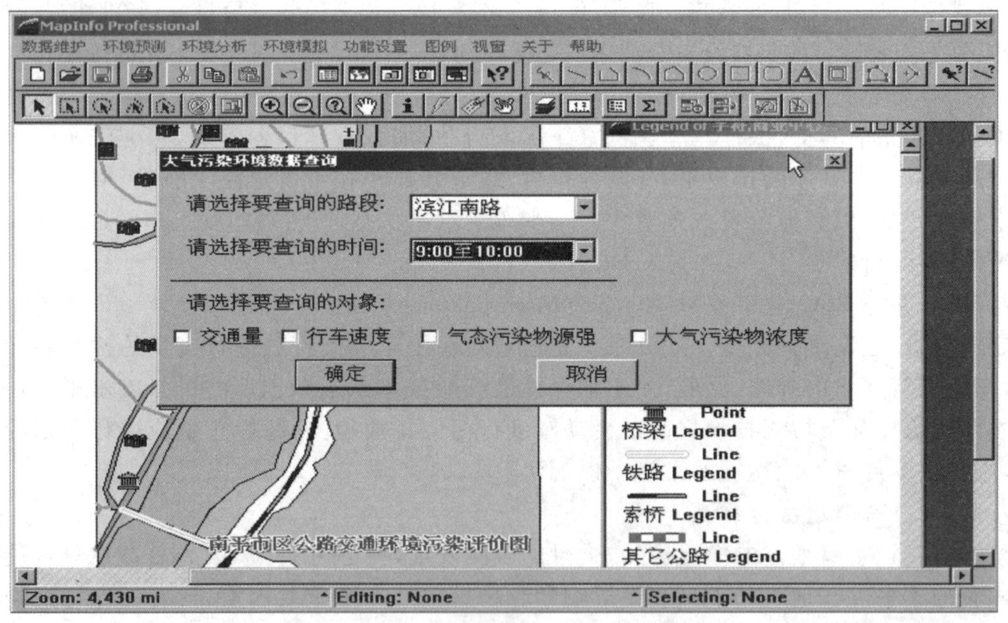

图 8-1 大气污染环境数据查询

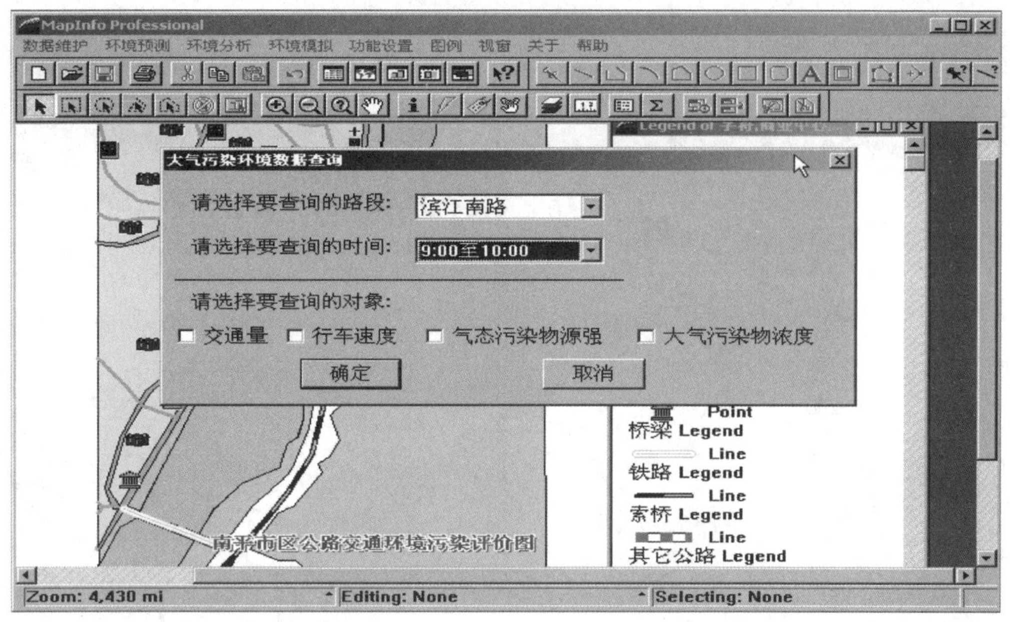

图 8-2 大气污染环境数据查询结果

8.2 污染环境优化

大气污染环境预测 如图 8-3 所示，先选择要查询的对象性质——医疗机构，再选择要查询的地点——市妇幼保健院，然后再选择要查询的时间——9：00—10：00，系统根据输入的查询数据所相对应的表元数据，调用大气污染物浓度函数得出查询结果，如图 8-4 所示：大气污染物浓度2.497 42 mg・m^{-3}。其中，有特殊明显标志的表示查询的目标，小“十”字表示目标到公路的最短距离的切点。

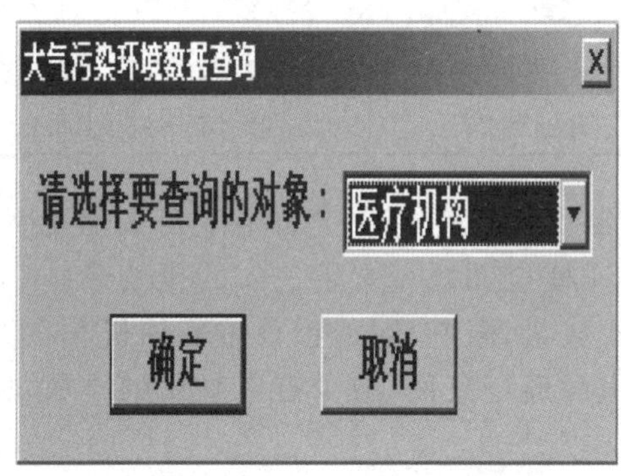

图 8-3 大气污染环境预测

8.3 部分成果举例

南平市区部分路段的交通大气污染情况如表 8-1。

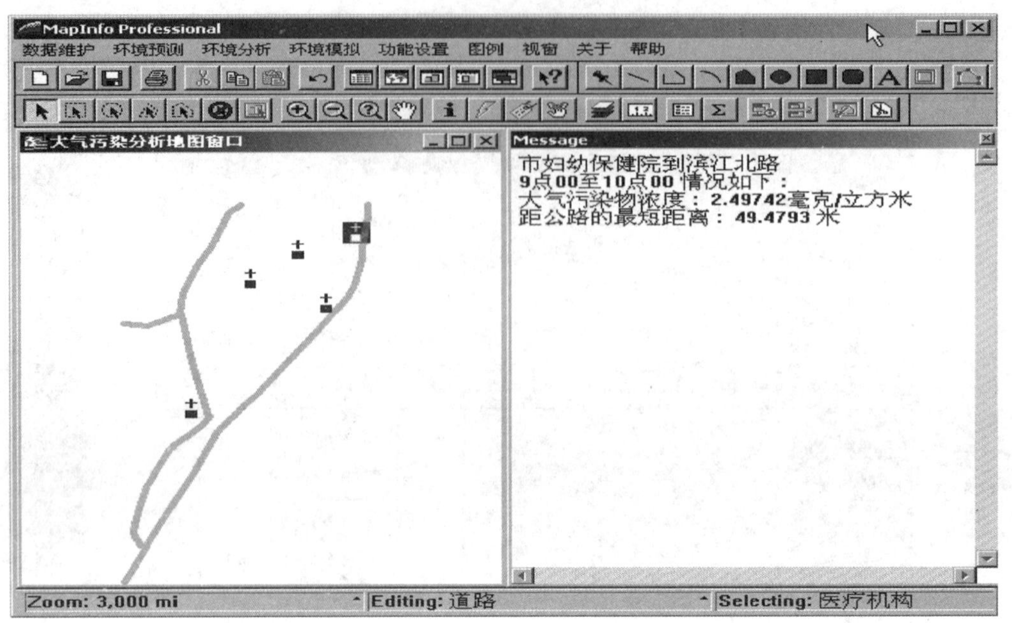

图 8-4 大气污染环境预测结果

表 8-1 相应路段的大气污染浓度值 /mg · m^{-3}(9:00—10:00)

路段	平均小时交通量			平均小时行车速度			风向与源强的夹角	平均风速	源强高度	预测点大气污染浓度值
	小型车	中型车	大型车	小型车	中型车	大型车				
滨江中路	1 101.71	425.55	154.74	35.30	29.50	21.40	45	3.27	0.5	5.674 06
中山路	737.76	122.35	122.35	27.00	26.50	32.00	90	3.27	0.5	2.276 23
滨江南路	466.86	230.56	123.07	42.75	30.25	26.50	0	3.27	0.5	1.413 73
滨江北路	1 101.71	425.55	154.74	42.75	30.25	26.50	80	3.27	0.5	3.497 42
八一路(1)	732.17	125.49	45.14	33.70	23.35	32.00	0	3.27	0.5	1.660 80
八一路(2)	838.99	161.87	57.13	33.70	23.35	32.00	90	3.27	0.5	2.603 29
三元路	392.53	80.40	80.40	34.30	25.80	24.90	45	3.27	0.5	2.285 29

因此对应采取措施：加强对公路的养护，使道路保持平整，保证汽车在良好的路况下行驶，减少排放有害气体；加强汽车保养管理，以保证汽车安全和减少有害气体的排放量；制定各种机动车辆的废气排放标准，控制机动车辆的废气排放量；限制拖拉机、载重柴油机车在城市市区道路上行驶；改善交叉口的通行条件和交通干道的通行条件，减少有害物质的排放；加强油料质量管理，防止产生严重污染的劣质油料上市。

严格执行 I/M 制度，严格按照国家标准及检测技术规范对机动车进行污染排放检测，超标车辆应进行严格的维护保养，维护保养后仍不能达标的车辆予以淘汰。

加强公路交通防污绿化。在公路两旁种植树障或人工林带保护邻近地区免受污染或减轻邻近地区遭受污染危害：种植防污绿化带共 3 排，前排为单行乔木，后排为一宽绿化带(6 m)，绿化带内植有草坪、绿篱、乔灌木，形成乔灌草三层立体结构；同时利用人工林带吸收有毒气体。

9 结论与建议

GIS系统可以很好地收集、处理、查询城市交通大气污染信息，利用GIS系统的叠置分析、缓冲区分析等空间分析功能，结合城市生态理论，利用地理信息系统二次开发语言集成开发，进行大气污染环境的优化决策，模拟城市交通大气污染对环境的影响，从而预测大气污染对将来城市交通建设的影响，这直接关系到公路交通建设期和营运期两个阶段的影响。研究大气污染对环境的影响方式，设计成决策支持系统，获取可靠的环境信息、正确的环境决策、有效的环境管理，为提高城市交通建设的效率和营运的科学性提供一个有效的系统工具，从经济上、生态上达到最佳的环境优化决策，既减轻了城市生态环境的压力，又克服了城市交通建设的盲目性，提高城市交通经营的综合效益，有利于实现城市交通智能管理和可持续发展。但是基于GIS的城市交通大气污染影响评价系统还属于刚开始研究阶段，存在不少缺陷，一些操作还不规范，有待进一步研究和完善，才能得出更合理的环境优化决策系统。[13]

参考文献：

[1] 王炜. 城市交通系统可持续发展规划框架研究[J]. 东南大学学报，2001，31(3)：1～6

[2] 鲁敏，李英杰，李萍. 城市生态学研究进展[J]. 山东建筑工程学院学报，2002，17(4)：42～48

[3] 张路，廖明生，孙利民等. 基于GIS和相关数学模型的城市环境空气质量评价系统[J]. 遥感技术与应用，2002，17(5)：235～239

[4] 赵剑强. 公路交通与环境保护[M]. 北京：人民交通出版社，2002. 100～185

[5] [英]埃尔森·德利克著. 烟雾警报——城市空气质量管理[M]. 北京：科学出版社，1999：155

[6] 刘朝晖，秦任杰. 公路环境与景观设计[M]. 北京：人民交通出版社，2003. 115～160

[7] 邱荣祖. 山地林道网对林地环境的影响[J]. 山地学报，2001，19(1)：38～43

[8] 程守洙，江之永. 普通物理学[M]. 高等教育出版社，1982. 186～227

[9] 阮善菊. 大气环境影响预测方法的研究[J]. 生存与发展，2000，3(20)：36

[10] 高速公路丛书编委会. 高速公路规划与设计[M]. 北京：人民交通出版社，1999(4)：139～155

[11] 黄键敏，王应红. 城市机动车尾气污染与控制[J]. 甘肃环境研究与监测，2002，15(2)：131～134

[12] 陈海波，毛保华. 中国城市交通污染的现状及其控制策略[J]. 长沙铁道学院学报，2003，21(4)：89～93

[13] 沈颖，陈荣生，谢实海. 飞机噪声评价体系研究[J]. 公路交通科技，2000，17(4)

导师评语：

汽车尾气污染是城市大气污染的主要污染源，论文选题扣紧实际问题，利用地理空间代数运算结合大气污染浓度预测高斯模式构建系统的应用模型，以MapInfo为开发平台，建立基于GIS的城市交通大气污染影响评价系统，有一定的应用价值，分析技术具有一定的先进性。

烤鱼片等温吸湿曲线的研究

集美大学生物工程学院食品科学与工程专业2000级　葛　玉
指导教师:集美大学　邱澄宇教授

摘要:本文研究烤鱼片在各种温度下的等温吸湿曲线的特点,通过计算机拟合相应的回归方程,并以此为数学模型编写插值程序。研究结果表明,该产品的水分活度符合安全贮藏的要求,其等温吸湿曲线特点有别于一般物料。用计算机拟合等温吸湿曲线的回归方程相关系数大,计算误差小;所编写的插值程序使用方便,计算快速、精确,对于产品的工艺开发、生产中的质量控制、包装材料的选择和储藏条件的确定等都有十分重要的指导意义。

关键词:烤鱼片　等温吸湿曲线　回归方程　插值

The Study on Moisture Sorption Isotherm of Roast Fish Fillet

Ge Yu
Speciality of Food Science and Engineering
School of Biotechnology Engineering, Jimei University
Teacher: Qiu Chengyu

Absract: This thesis studied the characteristics of moisture sorption isotherm of roast fish fillet under different temperature, and formulate the homologous regression equation by using the computer, and used it to compile interpolation programmer as the mathematics model。The result of investigation indicates, the Aw of the product is fit for safely storage. The characteristics of moisture sorption isotherm of this product are different from other products. The relative coefficient of the regression equation formulating by the computer will be bigger, and the error will be smaller. It is convenient and fast, accurate through the interpolation programmer. And it is also very significant for the technology develop of the product, quality control, selection of the package materials and the storage condition.

Key Words: Roast fish fillet, Moisture sorption isotherm, Regression equation, Interpolation

贮藏食品时,一般认为水分含量越低,食品贮藏期越长。但人们发现食品水分含量下降到相当于85%的相对蒸汽压以下可以防止微生物生长,相对湿度因此成为与微生物生长有关的重要参数,据此,食品的平衡湿度与水分的可利用度——水分活度 Aw(Water Activity)被提出并用于明确食品的水分活度与微生物生长的直接关系。实践证明,影响食品贮藏期的因素不仅限于水分含量,更重要的是水分活度的大小。不同种类的食品,即使被干燥到同一水分含量,也可以有不同的水分活度。同样,水分活度相同,其水分含量却并不一定相同。利用这一特性可根据不同要求，生产出不同含水量、具有合适口味、水分活度低而贮藏性好的干制食品。食品中发生的油脂氧化、酶促褐变、非酶促褐变、微生物的繁殖等系列反应的反应速度与水分活度之间也存在重要的相关性。人们把水分活度作为决定食品腐败变质快慢和保质期的重要参数之一来研究。食品的水分活度随着食品的含水量和温度的变化而变化的，换句话讲，在一定温度和一定含水量的条件下，食品的水分活度为一定值。根据水分活度的这一特性，人们用等温吸湿曲线来表示三者的关系。物料的等温吸湿曲线可用于指导实际生产加工。在干燥操作中，等温吸湿曲线可用于确定恰当的干燥终点和计算干燥时间；在包装操作中，等温吸湿曲线用于计算包装材料可容许的水蒸气渗透系数；在贮藏中等温吸湿曲线可用于确定安全贮藏含水量，控制贮藏的环境条件等。近年来，我国的水产品出口大幅度增长，干制品在其中的比例越来越大，种类也越来越多。早期的鱼干制品只能通过降低产品的含水量来阻止产品腐败，延长贮藏期；现代食品工业则可以采用更多的食品保藏的障碍技术来延长贮藏期。尤其是烤鱼片产品，它的成分中含有调味剂、品质改良剂等多种成分，而且生产中要经过高温烘烤工序[1]，鱼肉的质地已发生变化，该类产品的等温吸湿曲线特征有别于一般的鱼类干制品。这就决定了不能用一般的经验公式来拟合烤鱼片的等温吸湿曲线，必须通过试验求出。

经过上网查阅，获得 1984—2000 年份相关文献 20 多篇。发现目前国内在食品等温吸湿曲线研究方面多局限于蔬菜和谷类两大块，其中又以谷物为研究重点。早期在研究食品 Aw 时多采用康维皿蒸汽平衡法。该方法的测量时间极长，在相对湿度大的条件下物料在与环境达到平衡前就可能腐烂变质，难以精确测定相对湿度大的条件下的物料平衡水分。近年来随着微电子技术的飞速发展，国内已开始研究应用相对湿度传感器直接测量平衡相对湿度以建立等温吸湿曲线的方法，较常见的有 Novasina 水分活度仪法、Brady array 半导体水分活度仪法等。在仪器研究方面，上海水产大学的达式奎教授做得比较好，他自制的 Aw 测定仪测量精度可提高一倍，测量时间减少为原来的十分之一[2]；在应用计算机拟合曲线和方程方面走在前列的是华中农业大学的文友先和张家年教授，目前已发表相关论文 6 篇。[3~8] 但是，至今尚未发现有关于烤鱼片等温吸湿曲线的研究论文，也未见有人开发基于等温吸湿曲线的插值软件。本研究试图填补该项国内空白。

1 材料与方法

1.1 材料和仪器

1.1.1 实验材料 烤鱼片

表 1-1 产品简介

品　名：蜜汁鲜烤鳕鱼
配　料：鲜鱼肉
净含量：118 克
保质期：12 个月
生产日期：2003 年 11 月 26 日
产品标准号：SC/T 3302－2000
沪卫食字：(青)食卫字第 130793 号
生产商：上海赛林食品有限公司

1.1.2 实验仪器和设备

表 1-2 实验仪器设备清单

仪器名称	型号	数量	制造单位	购入时间	说明
温湿度指示控制仪	TH－802	1	厦门邦佳高科技企业有限公司制造	1993.07	R.H 范围：0～99% R.H 分辨率：1% R.H 精度：(2.5±1)% 温度范围：0 ℃～80 ℃ 温度分辨率：0.1 ℃ 温度精度：± 0.5 ℃
电子天平	FA1004	1	上海精密科学仪器有限公司制造	2001.11	称量范围：0～100 g 标尺分度值：0.0001 g 标准偏差：0.0002 g
电热恒温干燥箱	DH－JZX	1	厦门实验仪器厂	1986.05	温度范围：0～250 ℃ 波动：1 ℃ 电压：220 ×(1+10%)V
冰箱	海尔 217YB	1	海尔电器公司	2003.01	冷藏柜温度：0～8 ℃
数字万用表	DT－9208	1	深圳中佳滨江仪器仪表厂		交流电压(量程 750 V，分辨力 1 V) 温度(量程 40～4 000 ℃，分辨力 1 ℃)
玻璃干燥器		2			
称量瓶		3			盖瓶扣合良好
培养皿		6			无菌
有盖玻璃瓶		8			密封性优良

1.1.3 实验试剂

在校准温湿度指示控制仪时会用到 LiCl、$Mg(NO_3)_2$ 和 KCl 三种分析纯试剂[3]（见表 1-3）。

表 1-3 若干饱和盐溶液的 Aw 值[9]

盐的种类	Aw		
	20 ℃	25 ℃	30 ℃
LiCl	0.11	0.11	0.11
$Mg(NO_3)_2$	0.52	0.52	0.52
KCl	0.86	0.84*	0.84

1.2 方法

1.2.1 仪器的校准

1.2.1.1 温湿度指示控制仪的校准。打开仪器电源，预热 1 个小时左右。用一个小金属瓶盖装 1 g 左右的分析纯晶体，放入探头的密封容器中，置于 25 ℃恒温箱中平衡 3～12 个小时，最后通过显示器读出测量值。若测量值与标准值相符，说明仪器是精确的；若存在偏差，因为设备没有校准键，则求出相对误差或校正值，用于校正试验测量值。试验过程至少要对仪器校准 3 次：试验开始前 1 次，中间 1 次，试验结束后 1 次。

1.2.1.2　电子天平的校准。依照《FA/JA 电子天平使用说明书》上的方法进行。用自带的 100 g 自校标准砝码校准。天平每次使用都要有 180 min 的开机预热时间，但若常通电可不预热。

1.2.2　实验试样的制备

剪开原试样的包装袋后，迅速用干净的剪刀将烤鱼片剪成 15 mm×5 mm×(2～4)mm 规格的小块，然后装入玻璃瓶中密封储藏。本试验总共需制备 9 种不同含水量的试样，所以要对原试样进行吸附或解吸处理。吸附的原理是利用试样和环境的湿度差，步骤如下：先在干燥器的底部放上一碟蒸馏水，中间架上陶瓷支板，然后将剪好的原试样小块撒在培养皿内，再将培养皿放入干燥器，密封干燥器。培养皿内试样的质量事先已测量。每隔 1～5 小时用电子天平称重一次，记录质量的减少量。以含水量(水 g/干基 g)相差 3%取样，达到要求的试样取 10 g 左右分装到密封玻璃瓶中进行平衡。平衡时间要 24 个小时以上。密封玻璃瓶既是平衡瓶，又是试样贮藏瓶。

解吸处理的步骤与吸附的基本相同，将干燥器底部装的蒸馏水换成硅胶干燥剂。

1.2.3　烤鱼片含水量的测定

从试样瓶中取出已平衡好的试样。测定时，精确称量试样 2 g 左右，置于已干燥冷却并称至恒重的有盖称量瓶，移入 105 ℃常压烘箱中开盖烘烤 2～4 个小时取出，加盖放入干燥器内冷却 0.5 小时后称重。再烘 1 小时左右，冷却 0.5 小时后称重。重复此操作，直到前后两次重量差不超过 2 mg，即算恒重。干燥前后的重量损失除以烘干残留物重即是试样的干基含水量。[10]测定要平行 3 份，取平均值。

1.2.4　烤鱼片 Aw 的测定

将一定量(约 2 g)制备好的试样装入 BOKIN 温湿度测定仪安有探头的密封测量瓶(容量约 50 ml)中。将试样放入冰箱冷藏柜，在 5 ℃左右条件下平衡 3 小时，然后开始记录数据(相对湿度 RH、温度 T 和电压 U)。若在 1 个小时内，温度指示值的波动不大于±0.5 ℃、RH 指示值的波动不大于±1，则可认定样品与容器内部环境已达到平衡，记录数据，得该温度下的平衡相对湿度；然后将测量瓶从冰箱中取出，用烘箱升温至 20 ℃，测定该温度下试样的平衡相对湿度。依次提高温度，直到测完全部预定温度条件下的各个平衡相对湿度。更换试样，按同样的方法和步骤测定该种试样在各个温度条件下的平衡相对湿度，直到测试完所要求的各个不同含水量试样的平衡相对湿度。本试验计划内测量 5～80 ℃间五条等温吸湿曲线。

1.2.5　等温吸湿曲线的绘制及回归方程的拟合

应用 Microsoft Excel 2000 软件来处理和分析数据。先按顺序输入各个不同含水量试样在不同温度下的 Aw 值，以 Aw 值为 x 轴、以含水量为 y 轴作散点图。在作好的散点图上给数据的点添加趋势线(即回归曲线)。然后选择曲线类型，并要求显示回归公式和 R^2 值。就得到该烤鱼片产品在不同温度下的等温吸湿曲线及相应的曲线回归方程。R^2 曲线的相关系数的平方值，表示回归曲线与数据点的拟合程度。R^2 值在 0～1 之间，R^2 值越大，表示曲线和方程拟合得越好。

1.2.6　插值程序的编写

利用 Microsoft Excel 2000 软件编写。应用该插值程序，要获得烤鱼片的 Aw 值就无须再进行烦琐的试验测量，只需知道烤鱼片的温度、干基含水量和 Aw 中的任意两个量，就可以马上得出第三个量。插值程序以拟合的烤鱼片等温吸湿曲线的回归方程为基础，运用Microsoft Excel 2000 软件中的函数、单变量求解和宏命令等程序编写。

1.2.7　有关试验方法的讨论

(1)分析纯试剂的饱和盐溶液在某一温度下的 Aw 值是不变的，常作为标准值参照，用于校准 Aw 测定仪。常用到的药品有 BaCl、NaCl 和 $Mg(NO_3)_2$ 等。在试验中选择试剂的一般原则是其 Aw 值能够覆盖试验的研究范围，这样才能保证所有测量值的精确性。本试验选用的分析纯试剂是符合这一原则的。

(2)在制备不同含水量的试样时，称重的间隔时间并未设为一定值。因事先并不知道原试样吸附或解吸的速度，所以先每隔 2 小时称重一次，几次下来就可以估算出吸附或解吸的速度，再适当地延长或缩短称重间隔时间。

(3)刚刚经过吸附或解吸处理制得的试样，其内部的水分分布并不平均，如果马上就测量试样的 Aw，得到的可能只是表面或局部的 Aw 值。这就需要平衡的时间。水分梯度和温度梯度会促使物料内水分分布趋于平均。

(4)试样含水量的测定方法采用 GB 中烘干恒重法。GB 中恒重的定义是烘干前后质量差不超过 2 mg，而分析天平的精度一般是其最小测量值的 2 倍。如果分析天平的最小测量值是 1 mg，那测量精度就可能是 2 mg，这显然无法满足该实验的要求。本试验所用电子天平的最小测量值是 0.1 mg，精度为 0.2 mg，足够满足测量精度。

(5)本试验采用连续测定各个温度条件下一种试样的 Aw 值的新方法，而传统方法是将每条等温吸湿曲线分开测定。将两种方法加以比较，同样是作 5 条等温吸湿曲线，9 种不同含水量的试样要在 5 个温度下各取一个 Aw 值，传统方法要用试样 45 份，进行 45 次取样——装瓶操作；而新方法只需试样 9 份，45 次取样——装瓶操作 9 次即可。新方法可大大减少试验步骤，降低试验误差和偶然误差。

(6)在测量试样的 Aw 时必须从低温向高温进行。如果先测高温再测低温，就会造成温度下降，测量瓶内压减小，空气 RH 下降。这时再测量高含水量试样，瓶内空气中的水汽部分凝结析出，粘附在试样表面，这在下一个温度的测定试样 Aw 时就需要花费更多的平衡时间；或者测量低含水量试样，则可能发生倒吸现象(测量瓶并非绝对密封，内压减小，外界的高湿度空气就有可能渗透进来)，加上试样又疏松干燥，极易吸水，而含水量的轻微变化都会改变试样的 Aw 值。

(7)国外资料显示，在研究高蛋白食品的等温吸湿曲线方面，一般都把温度范围定在 5～50 ℃。考虑到烤鱼片产品在生产和销售过程中可能遇到的温度条件，把研究范围定在 5～80 ℃，绘制 5～8 条等温吸湿曲线，温度间隔 10～20 ℃。

(8)本试验采用了 Microsoft Excel 2000 软件来拟合等温吸湿曲线，软件中可供选择的回归分析类型不多。如果曲线是过原点的，就只有线性、多项式和指数三种曲线类型可选择，而线性和指数两种函数是无法拟合“反 S 型”曲线的，所以本试验最终选择用 x 阶多项式拟合等温吸湿曲线效果。一般来讲，多项式方程的阶数越高，拟合效果越好；但阶数选得太高，计算机为了提高 R^2 值就会牺牲等温吸湿曲线的线性，所以在拟合曲线时要在线性和拟合度之间寻求一个平衡点；同时还要尽量用相同类型的方程来拟合等温吸湿曲线，以便于插值计算。

2 实验部分

2.1 试样的制备

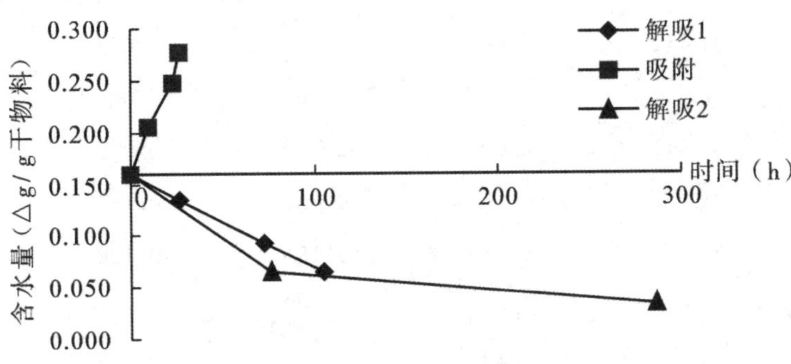

图 2-1 试样制备跟踪图

由上图可知,试样吸附的速度明显快于解吸的速度。在样品制备过程中,试样越靠近干燥器底部(干燥剂或蒸馏水)、结构越粉碎、质地越松软,其吸附和解吸的速度就越快。因此可以说,试样吸附和解吸速度主要跟环境 *RH* 和试样表面积有关。试样的表面积越大,水分梯度越大,吸附和解吸速度就越快。

表 2-1 样品制备及试验时间记录表

时间单位:小时

试样	制备时间	平衡时间	测 A*w*	测含水量
原试样	——	118	32.6	4
#1	26(解湿)	81.3	47.5	4
#2	72(解湿)	248	52.5	3.25
#3	9.25(吸湿)	72.3	43	5
#4	22.5(吸湿)	105	76.3	3.5
#5	26.5(吸湿)	177.3	42.6	4
#6	105(解湿)	267.3	22.5	2.5
#7	76(解湿)	91.6	89.3	4.6
#8	285(解湿)	30	26.5	4

上表中提到的"平衡时间"是指从试样装瓶到取出测 A*w* 这段时间。因为只有达到足够的平衡时间,物料内水分才能均匀扩散,否则测得的就可能是物料局部的 A*w*。含水量就不存在这个问题,所以样品平衡时间就以开始测 A*w* 的时间为准。

2.2 试样含水量和水分活度的测定

表 2-2 各样品含水量测定值

试样	含水量(水 g/干基 g)			平均值	标准偏差
	1	2	3		
#8	0.034	0.034	0.033	0.034	0.000 6
#6	0.064	0.064	0.063	0.064	0.000 7
#7	0.066	0.066	0.066	0.066	0.000 0
#2	0.092	0.091	0.092	0.092	0.000 7
#1	0.136	0.134	0.134	0.135	0.001 5
原试样	0.160	0.159	0.160	0.160	0.000 8
#3	0.203	0.208	0.202	0.204	0.003 0
#4	0.250	0.250	0.247	0.249	0.001 8
#5	0.276	0.272	0.279	0.276	0.003 3

表 2-3 5.0℃～80℃样品含水量和 Aw 的测量值

试样	含水量	Aw						
	(水 g/干基 g)	5.0 ℃	20 ℃	30 ℃	40 ℃	50 ℃	60 ℃	80 ℃
#8	0.034	0.09	0.20	0.22	0.25	0.26	0.23	0.17
#6	0.064	0.15	0.26	0.29	0.29	0.28	——	——
#7	0.066	0.16	0.31	0.30	0.29	0.28	0.27	0.25
#2	0.092	0.35	0.41	0.40	0.37	0.40	0.48	0.42
#1	0.135	0.52	0.53	0.52	0.50	0.48	——	——
原试样	0.160	0.59	0.60	0.58	0.55	0.54	0.57	0.50
#3	0.205	0.66	0.65	0.64	0.63	0.60	0.66	0.50
#4	0.249	0.72	0.71	0.69	0.68	0.65	0.55	0.50
#5	0.276	0.77	0.74	0.73	0.72	0.68	0.64	0.50

注：关于该表的几点说明：

1. 因为在 60 ℃和 80 ℃条件下测定试样 Aw 的试验是最后补做的，而当时 #1 和 #6 试样已用完，所以就缺少的两组数据。

2. 原试样、#3、#4 和 #5 在 80 ℃时 Aw 均为 0.50。80 ℃是温湿度指示仪安全监控的上限，可能仪器对在此温度条件下的物料 Aw 已无法精确测量。后将温度持续调整到 100 ℃，4 种试样的 Aw 几乎不再发生变化。

2.3 试样等温吸湿曲线的绘制和研究

打开 Microsoft Excel 2000，新建一个工作簿。在工作表 sheet1 中输入表 2-3 的内容。鼠标左键单击图表向导快捷键，弹出“图表类型”窗口，在图表类型一栏选择“XY 散点图”，在子图表类型一栏选择“散点图”，单击“下一步”；在“图表源数据”窗口添加一个系列，在“名称”一栏键入

"5.0 ℃",在 X 值一栏输入 5.0 ℃时所有 Aw 测量值所在单元格的地址,在 Y 值一栏输入所有对应试样含水量所在单元格的地址,然后再依次添加 20 ℃、30 ℃、40 ℃、50 ℃的数据系列,步骤相同,所有的完成之后单击"下一步";在"图标选项"窗口,键入图表、X 轴和 Y 轴的名称,选择合适的坐标轴、网格线、图例和数据标志,单击"完成"。这样"5.0 ℃下试样的等温吸湿散点图"就算完成了。然后在散点图上用鼠标左键选定数据点,单击右键,选择"添加趋势线",在"类型"一栏选择"多项式",阶数选"3",单击"确定"。这样,"5.0 ℃下试样的等温吸湿曲线"(见图 2-2)就绘制好了。拟合 20 ℃、30 ℃、40 ℃、50 ℃、60 ℃和 80 ℃下试样的等温吸湿曲线步骤同上。

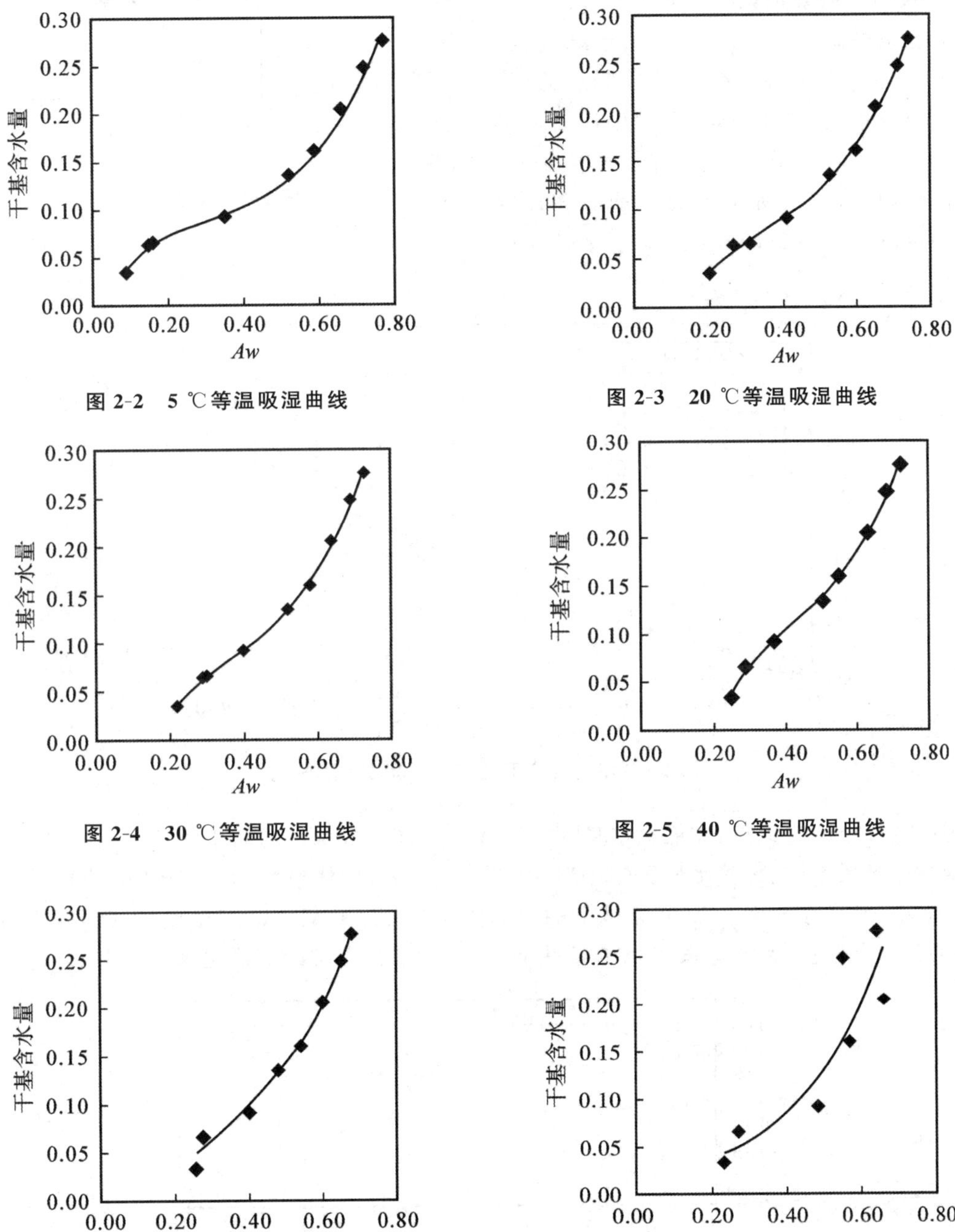

图 2-2　5 ℃等温吸湿曲线

图 2-3　20 ℃等温吸湿曲线

图 2-4　30 ℃等温吸湿曲线

图 2-5　40 ℃等温吸湿曲线

图 2-6　50 ℃等温吸湿曲线

图 2-7　60 ℃等温吸湿曲线

5 ℃试样的等温吸湿曲线呈明是“反 S 型”，随着温度的上升，等温吸湿曲线的“反 S 型”特性越加不明显；60 ℃和 80 ℃的拟合曲线是“指数”型的。60 ℃和 80 ℃条件下试样 Aw 测量点呈现不规则性，不符合常规的等温吸湿曲线特点，且曲线与数据点的拟合程度不高，所以就不再继续研究这两条等温吸湿曲线。

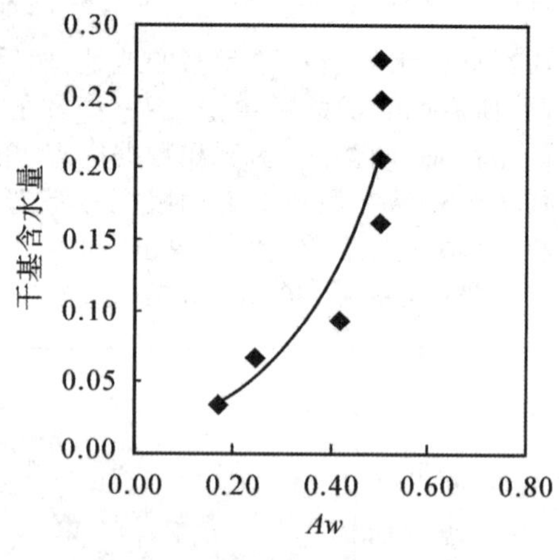

图 2-8　80 ℃等温吸湿曲线

下图(图 2-9)要把试样 5 ℃、20 ℃、30 ℃、40 ℃、50 ℃的五条等温吸湿曲线放在一起来研究。从理论上讲，物料的等温吸湿曲线都是过原点的(当含水量为 0 时，Aw 也为 0)，所以在下图中作者添加一个假设数据(0,0)，以期得到更为理想的等温吸湿曲线。这样作出来的曲线与原等温吸湿曲线相比只在低含水量区(0～0.05)有少许偏差。

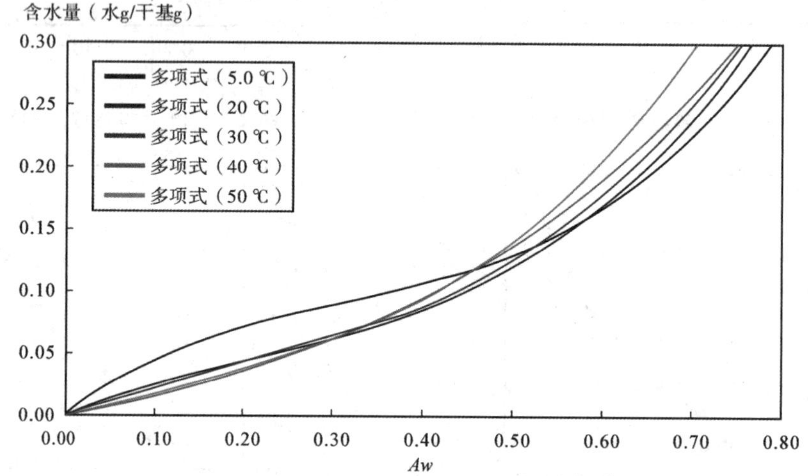

图 2-9　不同温度下烤鱼片的等温吸湿曲线

图中有 3 个的交叉点：在低含水量区(≤0.065)，同一含水量的烤鱼片，其水分活度随着温度的增高逐渐增大，在高含水量区(≥0.180)，同一含水量的烤鱼片，其水分活度随着温度的增高逐渐减小；试样在 5 ℃～50 ℃条件下的 Aw 值均在食品贮藏 Aw 安全点(0.60)[11]以下(见图 2-10)；在不超过食品贮藏安全点的条件下，产品干基含水量最高可达到 20.5%。

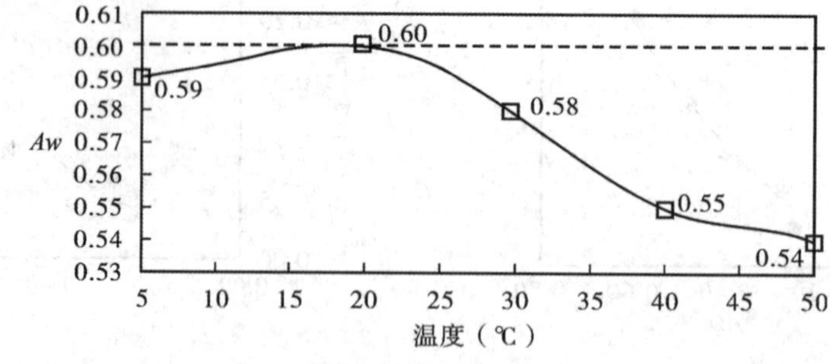

图 2-10　试样 Aw 值随温度变化曲线

2.4 等温吸湿曲线拟合方程的研究

打开 Microsoft Excel 2000，在做好的试样等温吸湿曲线图上用鼠标左键选定一条曲线，单击右键，选择“趋势线格式”；在“选项”窗口勾定“显示公式”和“显示 R 的平方值”两栏，按确定键。图上会显示该拟合曲线的回归方程和 R^2 值。用相同的步骤得到其他 4 条曲线的回归方程(见表 2-3)。在拟合等温吸湿曲线时发现，多项式超过 3 阶的回归拟合线线性下降，而 R^2 值变化幅度很小，为提高 R^2 值而牺牲曲线线性是不可取的。最终选择了 3 阶 $f(x)$ 函数来拟合等温吸湿曲线的回归方程。60 ℃和 80 ℃的测量点因为偏离线性太多，无法用 3 阶多项式拟合，在此不研究。

表 2-3 等温吸湿曲线的回归方程

温度(℃)	回归方程	R^2
5	$Y = 1.2214x^3 - 1.1536x^2 + 0.5310x + 0.0005$	0.996 6
20	$Y = 0.9213x^3 - 0.6001x^2 + 0.3129x - 0.0014$	0.996 2
30	$Y = 0.4052x^3 - 0.0036x^2 + 0.1763x - 0.0011$	0.996 9
40	$Y = 0.7432x^3 - 0.3634x^2 + 0.2508x - 0.0012$	0.994 9
50	$Y = 0.7826x^3 - 0.2422x^2 + 0.2080x - 0.0004$	0.993 5

2.5 插值程序的编写

程序一、已知烤鱼片的温度和 Aw，求其干基含水量：

打开 Microsoft Excel 2000，新建一个工作簿。在工作表 sheet1 中选定目标单元格 a1，输入自变量 x，即所测烤鱼片的 Aw 值；选定可变单元格 b1，输入函数 y，即某一温度等温吸湿曲线的回归方程，按下回车键，可变单元格 b1 就得出一结果，即该温度下对应所输入 Aw 值的物料干基含水量。

程序二、已知烤鱼片的温度和含水量，求其 Aw：

打开 Microsoft Excel 2000，新建一个工作簿。在工作表 sheet1 中选定目标单元格 a1，输入函数 y；在“编辑栏”的“工具”下拉菜单里选择“单变量求解”，在目标单元格一栏键入“a1”，在目标值一栏输入烤鱼片的含水量，可变单元格一栏键入“b1”，按下确定键，在 b1 单元格就得到一结果，即该温度下对应所输入含水量的物料的 Aw。

本论文所编写的插值程序只能进行一次插值，即只能在 5 ℃、20 ℃、30 ℃、40 ℃、50 ℃这 5 个温度下进行插值计算。如果要在 5～50 ℃范围内任意温度下都能进行插值计算，就要进行二次插值。

插值计算值和原始数据的相对误差：

表 2-4　程序一(已知 Aw 求干基含水量)

干基含水量	5 ℃	20 ℃	30 ℃	40 ℃	50 ℃
0.034	17.17%	31.02%	30.30%	44.36%	50.18%
0.064	8.88%	13.16%	7.66%	6.86%	12.45%
0.066	7.68%	0.95%	6.97%	9.69%	15.10%
0.092	5.87%	2.71%	3.76%	8.52%	2.32%
0.135	1.06%	1.46%	0.34%	1.33%	3.57%
0.160	1.92%	5.82%	4.39%	1.37%	2.83%
0.204	2.16%	1.25%	0.63%	2.87%	1.10%
0.248	2.95%	0.00%	2.02%	1.40%	0.25%
0.276	2.54%	0.41%	0.49%	0.29%	0.32%

表 2-5　程序二(已知干基含水量求 Aw)

干基含水量	5 ℃	20 ℃	30 ℃	40 ℃	50 ℃
0.034	19.17%	28.04%	24.15%	26.17%	30.45%
0.064	13.14%	16.95%	7.94%	5.00%	10.71%
0.066	10.81%	1.53%	7.10%	6.90%	13.80%
0.092	9.73%	2.01%	2.58%	6.01%	1.51%
0.135	0.49%	1.13%	0.01%	0.73%	2.07%
0.160	1.16%	2.73%	1.90%	0.64%	1.35%
0.204	1.37%	0.83%	0.01%	1.17%	0.23%
0.248	1.18%	0.00%	0.86%	0.64%	0.13%
0.276	1.09%	0.15%	0.26%	0.13%	0.02%

从表 2-4、表 2-5 可以看出，中高含水量区(≥0.135)通过插值程序得到的计算值相对误差较小，而低含水量区插值计算值与测量值偏差较大；两程序相比，程序二的计算值与测量值的吻合程度较高。

2.6　关于试验结果准确性的讨论

2.6.1　仪器校准的影响

校准试验缺少 LiCl 分析纯试剂。试验过程中温湿度指示仪前后共进行三次校准，校准结果完全相同，这说明该仪器的测量稳定性较高。

表 2-6　温湿度指示仪第一次校准记录

盐的种类	Aw标准值(25 ℃)	2 h时		12 h后	
		Aw测量值	相对误差	Aw测量值	相对误差
$Mg(NO_3)_2$	0.52	0.52	0%	0.49	5.77%
KCl	0.84	0.81	3.57%	0.84	0%

校准结果表明温湿度指示仪存在测量误差，属正偏差，但仪器本身的 *RH* 测量精度也只达到 2.5±1%。比较而言，测量误差并未超过仪器本身的测量精度，可以认为测量结果是可靠的，无须再设定校正值进行校准。

2.6.2　电源电压对仪器稳定性的影响

在整个试验过程中，记录每一个数据的同时也记录电压。所有的仪器设备均使用 220 V 交流电。一般电器的允许使用标准都是电压(220×1+10%)V，即在 198～242 V 范围内。实验室电源电压一天内不会出现较大的波动，其波动范围一般为(220±5)V。每天 8:00 之前、12:00—14:00、22:00 之后电压较高，其他时间电压都稳定在 220 V 左右。最初担心电压的波动可能会影响温湿度指示仪 A*w* 探头的测量精度(电阻式)，但大量的试样记录证明，在较短的试样平衡时间内，电源电压不会出现较大波动，不会影响 A*w* 的测量值；即 A*w* 测量值偶有变动，也是在仪器允许的波动范围内。如图 2-11 所示。

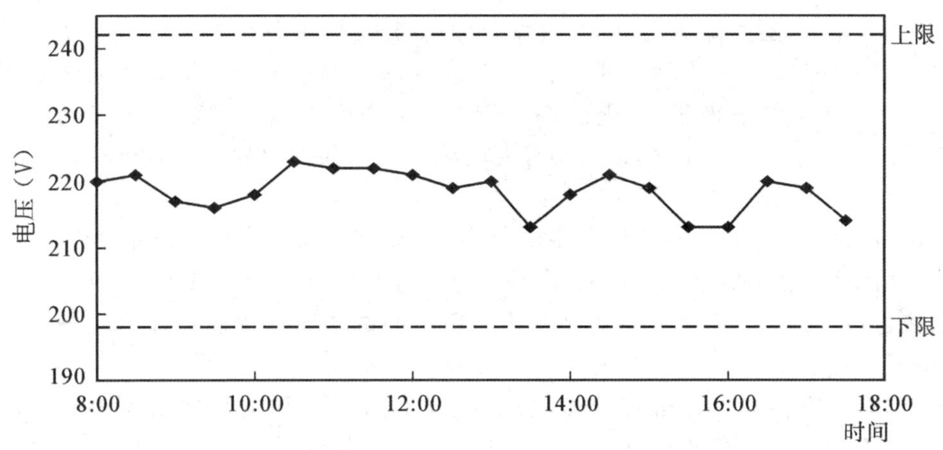

图 2-11　4 月 16 日测＃7 的电压记录

2.6.3　试样的影响

原试样质地不均：烤鱼片中间较厚(约 4 mm)，质松软，色浅黄；边缘部分较薄(约 2 mm)，质坚硬，呈焦黄色，部分呈现玻璃化。两种质地的 A*w* 存在较大差异。经过脱水处理制备的试样，碎屑较多。与较大块的试样相比，碎屑吸附能力更强，吸附速度更快。

2.6.4　试样质量的影响

测试样 A*w* 越少，测量所需平衡时间也就越短。但试样太少测量结果容易受到环境因素(空气 *RH*、体积等)的影响(见表 2-7)。试验中虽然没有对试样的质量进行精确称量，但每次试验都放 8～10 块试样，每块试样的尺寸都是标准规格，质量相差很小。所以试验中试样质量差异所造成的误差可以忽略不计。

表 2-7　4 月 6 日测＃6 的 A*w* 值

试样质量(g)	A*w* 测量值	电源电压(V)	温度(℃)
2	33	222	17.9
4	28	222	18.3

2.6.5 测量时间

资料显示，Aw测定仪测一个数据需要30～60 min[2]，而本试验测一个数据平均需要2～4小时。原因是所使用的恒温装置是以电热丝为热源的烘箱，加热稳定性差，无精确的温度设定键，调恒温时费时费力；而温度越高越难调准，所花时间也就越长，在高温的环境下试样中一些成分很可能发生相变，改变试样的Aw；有时无法在一天内测完一种试样，就要降温隔夜续测，这样也会对测量结果有影响。针对此，本试验中采取相应措施来减少调温的时间，如在探头和测量瓶外缠绕一些隔热材料以降低热惯性和热冲击，提高加热稳定性。

3 讨论

(1)有资料显示，温度每变化10 ℃，食品的Aw变化幅度为0.03～0.20。在本试验测量中，相隔10 ℃一些试样Aw的变化值往往只有0.01，甚至无变化，因此，在等温吸湿曲线图上显示出有些区段的曲线贴得很近，叠合部分较多。考虑到温湿度指示仪*RH*精度为2.5±1%，故该试验可将温度间隔扩大，以增强等温吸湿曲线组间的差异。这一点在以后的研究中应注意。

(2)虽然低含水量试样通过插值程序得到的计算值与测量值的相对误差较大，但在实际生产过程中，试样是不会经历这一区域的，产品本身的含水量也不会这么低，应用于生产中插值程序可以将这一段删去。原试样附近及含水量更高的试样区域的插值计算值相对误差都较小，该程序可以满足实际生产要求。

(3)本试验在拟合烤鱼片等温吸湿曲线、生成回归方程和编写插值程序时都使用Microsoft Excel 2000。该研究方法在以往的国内等温吸湿曲线研究领域中尚未使用过，为应用计算机指导食品工业生产提供了一种新方法。

(4)由试验获得的烤鱼片等温吸湿曲线可知，该烤鱼片产品在保证安全贮藏的前提下，其安全含水量仍存在一个很大的伸缩空间，该研究成果为企业以后的工艺改进、提高原料利用率、改变产品风味等方面提供了重要的数据支持。

(5)鉴于市面上出售的烤鱼片产品种类较多，且在原材料和加工工艺等方面存在差异，因此本论文的研究结果不一定适于其他烤鱼片产品，但对同类产品的生产控制和工艺改进仍具有一定的参考意义。

(6)尽管作者在试验中采取种种方法和措施减小测量误差，但如果能够采用恒温性能更好的恒温装置和测量精度更高、测量范围更大的Aw测定仪，能进一步提高结果的精确性，绘制出更理想的等温吸湿曲线。近年来很多专家喜欢使用Novasina水分活度仪(见附录)来研究物料的等温吸湿曲线特性，其工作原理和本试验所用的温湿度指示仪相同，性能上更先进，设计上也较为合理，在此作者予以推荐。

(7)今后研究的方向

因为试验条件和时间等方面的缘故，本试验存在一些问题。一些现象试验还得不到合理的解释，一些异常的试验结果还未找到原因，这些只能在以后的研究中再来解决。今后的研究方向有以下几点：

(1) 0 ℃以下或50 ℃以上烤鱼片的等温吸湿曲线特点；

(2)烤鱼片所含成分(添加剂、调味剂、脂肪等)在不同温度下的理化特性及对物料自身

Aw值的影响；

(3)更快速地测量烤鱼片 Aw 值的方法；

(4)编写可计算任意温度下烤鱼片 Aw 或含水量的插值程序。

4 结论

(1)烤鱼片在 5 ℃的等温吸湿曲线呈“反 S”型，随着温度的上升等温吸湿曲线的“反 S”特性逐渐减弱，超过 50 ℃曲线的形状更接近“指数型”；

(2)在低含水量区(干基含水量≤6.5%)，同一含水量的烤鱼片的水分活度随着温度的增加逐渐增大，在高含水量区(干基含水量≥20.5%)，同一含水量的烤鱼片的水分活度随着温度的增加逐渐减小；

(3)烤鱼片所设定的含水量标准在 5～50 ℃温度范围内都能满足安全贮藏的要求；

(4)利用 3 阶多项式拟合等温吸湿曲线的回归方程，R^2 值均在 0.99 以上；

(5)现有的试验条件下，烤鱼片等温吸湿曲线特性的研究范围以不超过 50 ℃为宜；

(6)试验所编写的插值程序计算速度快、准确度高、操作简单，可应用于烤鱼片加工生产工艺的研究。

致谢

导师邱澄宇教授对论文的选题、研究、撰写工作给予全力的支持、严格的要求和悉心的指导。邱教授渊博的学识、严谨的治学态度将使我终生受益。三个月来，邱教授热情关心和指导我的学习和研究，我所取得的每一进步都凝聚着导师的心血和汗水，在此表示衷心的感谢和敬意。

参考文献：

[1]吴成业，刘智禹.烤鱼片加工工艺探讨[J].食品工业，1998(6)：43～45

[2]曾庆祝，达式奎.食品水分活度的快速准确测定法[J].大连轻工业学报，1998，17(4)：21～24

[3]文有先，刘家年.稻谷吸附和解吸等温线研究[J].华中农业大学学报，1999，18(3)：286～289

[4]文有先，刘家年.稻谷吸附和解吸等温线的计算机拟合[J].农业机械学报，1998，29(3)：79～84

[5]文有先，刘家年.谷物吸附等温线试验方法模型及应用[J].粮食与饲料工业，1998(6)：14～16

[6]文有先，刘家年.水分活度仪测定稻谷吸附和解吸等温线[J].粮食与饲料工业，1998(2)：18～20

[7]文有先，陈小伟.谷物吸附能力分析系统软件的开发[J].粮食与饲料工业，1999(8)：15～16

[8]文有先，刘家年.稻谷吸附和解吸等温线软件研究初报[J].粮食与饲料工业，1998(7)：14～15

[9]达式奎.食品工程测试[M].上海交通大学出版社，1987.201

[10]GB/T 5009.3－1985，食品中水分的测定方法[S]

[11]王剑平.谷物等温解吸和吸湿平衡规律的快速测定[J].浙江农业大学学报，1996，22(3)：316～320

[12][日] 须山三千三，鸿巢章二编著，吴光红等译.水产食品学[M].上海科学技术出版社，1992.166～167

附录 Novasina水分活度仪

Novasina水分活度仪由温控箱和 Aw 测量仪表两部分组成（见图1），在温控箱中，三个装有传感器的试验仓可同时测量三个试样的水分活度值，温控箱内具有强制加热和冷却散热功能，可以加快试样温度与湿度传感器的温度的平衡速度，使试样温度在较短的时间内达到预定的温度。试验仓内的温度可由仪器面板上的数字拨盘设定，范围0～50 ℃，温控精度0.2 ℃。环境温度的变化对 Aw 传感器内部温度的影响小于0.04 ℃，相对湿度测量范围为0.0%～100%，温度波动±0.5 ℃时，相对湿度波动±0.01%。

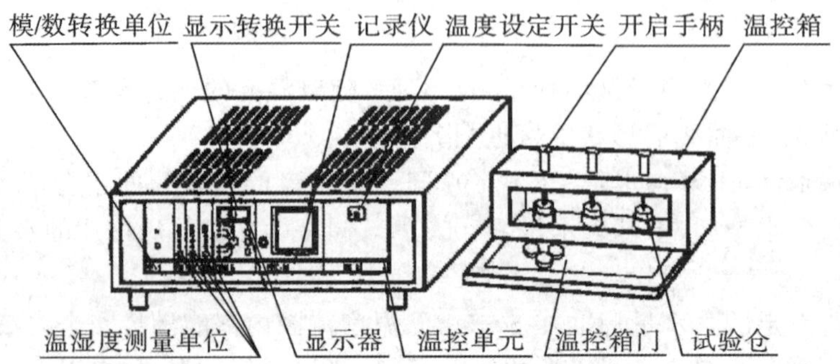

图1 Novasina水分活度仪组成示意图

Novasina水分活度仪的测量仪表包括REG－03型温控仪、温度和 Aw 值的显示与记录仪等。三个试验仓内样品的温度和相对湿度可由转换开关选择，通过LCD数字显示。Novasina水分活度仪可以自动显示和记录测量结果，校正简单，使用方便。

平衡相对湿度的测量步骤是将已知水分的待测谷物样品装入专用样品盒内，放入Novasina水分活度仪温控箱的试验仓内，压紧仓的上盖。通过仪器面板上的数字拨盘开关设置预定温度，由温控仪自动调节试验仓内的温度至预定温度。当显示器指示的温度值与预定的温度值相同，且指示的 Aw 值稳定不变后，记录 Aw 值，将 Aw 值乘以100，即得到该已知水分和温度条件下的谷物平衡相对湿度。

测试方法和步骤 将一组（三个）按上述解吸或吸湿方法制备的已知水分待测试样装入Novasina水分活度仪的试验仓，调节数字拨盘开关，将温控器的预定值设置为试验方案要求的最低平衡温度。当试样温度达到预定温度，且显示的 Aw 值稳定不变时，记录 Aw 值，将 Aw 值乘以100，即得该温度下的平衡相对湿度；然后保持试样不动，调节数字拨盘开关，将温控器的预定值设置为下一个较高的平衡温度，测定该温度下的平衡相对湿度，从低温到高温依次测定试验方案要求的全部温度条件下的平衡相对湿度后，再更换另一组已知水分的试样，按同样的方法和步骤测定该组试样在各个温度条件下的平衡相对湿度，直到测试了所要求的各个不同水分试样的平衡相对湿度，即可获得等温解吸或吸湿平衡曲线。

导师评语：

该篇论文对烤鱼片等温吸湿曲线的测试绘制、拟合回归方程和插值程序进行了比较深入的研究和编制。完成论文过程中查阅了大量的文献资料。在研究难度和工作量都较大的情况下比较出色地完成了任务。在研究烤鱼片等温吸湿曲线的特点方面有所创新。论文质量较高，编制说明概念清楚，推理论述都较为合理，文字通顺，能运用学过的理论知识对某些问题进行分析论述，表现出该生有较强的独立工作能力，有一定的分析研究能力和查阅运用国内外科技资料的能力。英文翻译量大，译文准确、通顺。

AIS 应用的研究

集美大学航海学院航海技术专业 2000 级　赵勇军
指导教师:集美大学　张杏谷教授

摘要:海上交通以航行安全和航运效率为目的。船舶自动识别系统(AIS)就是为了保证船舶航行安全、提高航行效率而发展起来的一种新型助航系统。AIS 运用先进的卫星导航技术和现代通信技术自动报告船舶位置及进行其他必要的短信息交流,使用户得到其他船舶精确的位置信息、识别信息及其他必要信息。使用 AIS 可以改善船舶避碰效果,可以获得准确详尽的船舶信息,可以作为 VTS 的支持系统,可以改进船舶报告方式,避免了传统的 VHF、雷达获取信息的局限性。AIS 的实施还有助于对海洋环境的保护。本文在 AIS 的系统组成、工作原理及基本功能和技术特点的基础上着重分析 AIS 的应用,尤其关注船舶航行安全方面的研究。同时也提示了 AIS 在实际应用中应注意的问题。

关键词:AIS 船舶　SOTDMA VHF

Research on Application of AIS

Zhao Yongjun
Navigation College,Jimei University
Teacher:Zhang Xinggu

Abstract:The maritime traffic is taking navigation safety and shipping efficiency as purpose . Automatic identify system (AIS) is a new navigational system that for improve shipping navigation safety and sailing efficiency. AIS use advanced satellite navigate technology and modern communication carry on shipping position report and other essential short message interchange automatically, thus make users receive the accurate position information of shipping , identity information and other essential information. AIS can help to avoid collision, and get accurate and exhaustive shipping information, can improve shipping report, and has avoided the limitation of traditional relying on the VHF and radar to obtain information. The implementation of AIS will improve security and efficiency of sailing, and the protection of the marine environment. Analyzed the application of AIS emphatically in the components of AIS, operation principle, basic function and technological characteristic, especially the study on navigation safety respect of shipping. Explained the question that AIS should be paid attention to in practical application at the same time.

Key Words:AIS ship,SOTDMA,VHF

随着全球一体化经济格局的形成，国际贸易迅速发展，海运量急剧扩大，海上航行的船舶数量和种类显著增加，船舶向大型化、高速化方向发展，造成海上交通密度高度集中，航行状态错综复杂，发生海上事故的概率越来越大。安全是航海永恒的话题，有效的通信导航工具是航海安全的保证。尽管随着科学技术的发展，VHF 通话、雷达、卫星等通信设备的应用给航海安全提供了有力的保障，但甚高频（VHF）无线电设备操作和船员语言交流等方面存在的问题导致的操作差错，雷达对遮蔽物后的目标无法探测及外界环境对雷达的干扰等仍然经常导致船舶碰撞事故的发生。

有两个方法可以解决这些问题，一个是培养高素质的航海人员，另一个是改善现行航行条件，配置高性能的航海设备。船舶自动识别系统（AIS）就是为了保证船舶航行安全、航行性能而发展起来的一种新型助航系统。AIS 系统的使用可以改善船舶避碰效果，可以获得准确详尽的船舶信息，可以作为 VTS 的支持系统，可以制定船舶报告计划，避免了依靠雷达、VHF 获取信息的局限性。

船舶自动识别系统诞生于 20 世纪 90 年代，由发达国家率先发起。通过多年的开发、研制，系统发展迅速，日趋成熟[1]。国际海事组织（IMO）和国际航标协会（IALA）经过调查研究和科学论证，已采纳了该系统，同时相应修改《海上人命安全标准公约》（SOLAS）的第五章改，规定自 2002 年 7 月 1 日起全面强制使用 AIS 设备，要求所有 300 总吨及以上从事国际航行的船舶、所有 500 总吨以上的船舶、客船必须配置 AIS。同时，国际电信联盟也为该系统制定了相应的技术规范。

AIS 已经在发达国家得到广泛应用。欧洲沿海已经建立了 AIS 岸台网。我国沿海、沿江 AIS 台站的建设也已逐步展开。

目前，船舶 AIS 设备已进入实质性的强制安装阶段。作为一种新型的船用助航设备，AIS 的迅速普及与应用必将在船舶导航、船舶避碰、船—船通信、船—岸通信中发挥出重要作用，必将极大地保证船舶航行安全。

1 AIS 的概况及其应用的必要性

1.1 船舶自动识别系统（AIS）产生的背景

海上交通是以航行安全和航运效率为目的的。航行中，船舶之间常需要掌握彼此动、静态信息。目前，航行的船舶，广泛地使用雷达作为观测其他船舶动态的手段。使用雷达虽然能够探测他船的存在和确定其位置，但无法识别其船名、国籍等信息。沟通和了解对方船舶的信息和操船意图主要依靠甚高频无线电话（VHF）。此通信方式依靠人工完成，效率不高，呼叫时机和语言交流上存在的问题常常造成沟通不及时，误解对方船舶信息和操船意图，导致碰撞事故，造成不应有的损失。

无论是船舶交通管理中的“船—岸”通信，还是通航密度较大水域中的“船—船”通信，都迫切需要船舶的标识信号。AIS 就是适应这些需要发展起来的。

国际海事组织（IMO）是这样定义船舶自动识别系统的：

（1）AIS 是船舶间改善避碰的方法；

(2)AIS 可作为 VTS 船—岸(交通管理)的工具;

(3)AIS 是船舶报告的一种方式。

1.2 AIS 应用的必要性

现代船舶朝着大型化、高速化方向发展,船舶数量与水域交通密度及危险货物装载量不断增加,海损事故时有发生,严重威胁船舶航行安全及海洋生态环境。人们在长期研究船舶航行安全保障技术中越来越深刻地认识到船—舶间、船—岸间相互交换信息及船舶识别的重要性,同时也深深感到相关的通信导航现状存在着诸多局限性。

船用雷达、ARPA 具备避碰功能,但提供的信息有限,不能识别船舶,不能告知船名、呼号、国籍与操船意图。其工作常常受到气象、海况及地形的影响,越是需要雷达、ARPA 发挥作用的狭水道、船舶密度大的水域以及遭遇恶劣气象、海况环境时,雷达、ARPA 越显得无能为力。

航行中相遇船舶间通信,用 VHF 无线电话,这种通信方式不能自动获得相遇船标识,不能及时了解对方操船意图,往往延误时间或不明对方操船意图而采取不相协调的避让动作。

在港口 VTS 中,目前利用 VHF—DF 及雷达观测进行人工船舶识别方式,操作费时,获取的信息有限,而且雷达对动态目标跟踪的精度、分辨率及可靠性均不尽如人意,这种目标信息源的缺陷和先进的计算机处理能力已越来越不相称,也不能适应现代港口 VTS 技术发展的需求,实际已成为 VTS 目前技术发展的瓶颈[2]。

AIS 弥补了雷达和 VHF 的不足,为船舶的航行安全提供了新型高效的手段。

2 AIS 的组成和基本工作原理

AIS 的基本功能是实现船舶有关航行信息和避碰信息的自动收发,在 VHF 频段使用 SOTDMA 通信技术实现船—船或船—岸间的信息传送[3]。AIS 原理框图如图 2-1 所示,由输入输出接口、信息处理器、键盘、显示器和收发机组成。各部分的作用如图 2-1 所示:

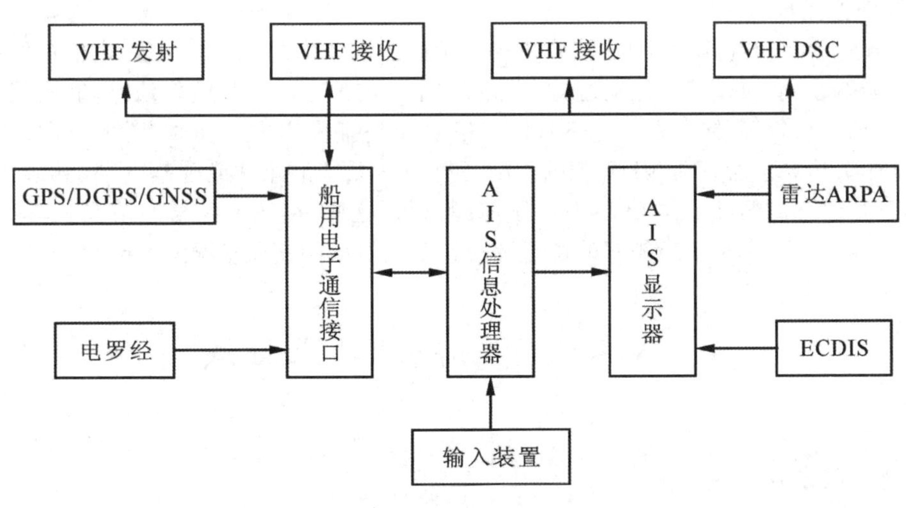

图 2-1 AIS 原理框图

2.1 电子通信接口

电子通信接口主要完成如下工作：

(1)实现 GPS/DGPS 与 AIS 的连接，完成实时船位和世界时的数据采集。

(2)通过键盘输入本船的 IMO 编码(如有)、呼号和船名、船的长度和宽度、船的类型、定位天线在船上的位置、船舶吃水、危险货物类型、目的港和预计到达时间、航行计划(选用项)、简明的安全信息等数据。

(3)采集船舶的航向、航速、车令、舵令、航行状态、转向率、横倾角(选用项)等航行信息和避碰信息。

(4)将接收到的信息送入显示器显示，并通过输出接口将数据传送到雷达、ARPA、ECDIS 等导航设备。

2.2 信息处理器

信息处理机是整个系统的核心，它主要完成以下操作：

(1)接收接口电路送来的数据，进行处理和存储。

(2)按指令要求对最新的船舶数据、航行信息进行编码送发射机。

(3)接收机接收数据，处理器对接收到的数据进行解码和存储并输出和显了解码后的数据。

(4)按 SOTDMA 通信方式协调控制系统的工作。

2.3 显示器

用于显示各种数据和状态信息，监视系统的运行状况。实际应用的信息显示器将可能和雷达 ARPA、ECDIS、IBS 等显示器一体化，成为多系统公共的综合信息显示终端。

2.4 VHF 收发机

由系统微处理器控制，用 CH87B、CH88B 两个国际专用频段自动发射和接收按规定通信协议的已调信号。已调信号中含有本船和他船的航行信息，发送信息的编码和接收信息的解码均由微处理器完成。

系统工作过程可以简述为：GPS 接收机提供精确的本船位置和导航信息，由信息处理器把这些信息与本船航速、航向以及事先通过键盘输入的本船的静态信息和航次信息(船的编号、船型、始发地、目的地与载货等)捆绑在一起，通过 VHF 数据链播发出去。同时，还可通过编制简短信息播发安全相关信息。所有在 VHF 范围内配备有 AIS 系统的船站或陆基站都能够接收并解读上述信息，且把信息数据显示在 ECDIS(电子海图)上。这样，在无人参与的情况下，构成水域的实时整体交通状态图，有利于船舶间的避碰及交管部门对船舶交通状况的准确掌握。

3 AIS 主要功能与技术特点

3.1 AIS 的主要功能

(1)系统可在无人工介入的情况下，主动连续地向具有适当配备的主要当局的岸台和其他船舶提供信息，包括船舶识别码、船型、船位、航向、航速、航行状态和其他与安全有关的信息。

(2)系统能接收、处理船位、航向、航速等传感信息，自动接收来自具有相同配备船舶、管理当局及其他来源的上述信息。

(3)以适当的更新速率提供船位和操纵信息以便于管理当局和其他船舶精确跟踪和监视船舶状态。自主模式下的信息更新率因船舶类型不同而不同。对高优先级别的以及有关安全的呼叫以最快的速率确定。

(4)与 AIS 岸台交换数据，以使主管部门指配工作模式，控制数据传输的时间和时隙，指配工作模式，使用广播式或受控应答式。

(5)系统有内设测试设备。

(6)系统提供国际海事标准界面，并有人工输入和输出数据的接口。

3.2 AIS 的性能要求及信息内容

(1)主动、连续向他船或岸台自动发送本船的静态和动态信息。

(2)能接收特定的轮询呼叫，传输附加的安全信息，进行处理。

(3)能在航行中或锚泊状下连续运行。

(4)船舶识别：应采用适当的海上移动业务识别码(MMSI)。

(5)静态信息：IMO 识别码、呼号和船名、船长与型宽、船舶类型、船舶吃水、船上定位天线位置。

(6)动态信息：世界协调时(UTC)、对地航向(COG)、对地航速(SOC)、航首向、转向率、航行状态。

(7)与航次相关的信息：装载物品以及性质；船舶行使的目的地、估计到达时间、航行计划、人员数量。

(8)与安全有关的短电文。

3.3 AIS 的关键性技术

如果每艘船都安装 AIS 系统，船舶就可对外发送本船的航行信息，接收他船发来的航行信息。但是，在两船或多船会遇时，如果没有建立一套协调通信制度，就必定会造成通信失败，因此，AIS 系统的实施最关键的问题是解决协调通信问题[4]。

自组织时分多址(SOTDMA)技术解决了多船舶间通信信道的竞争问题。系统实时动态地调整信道分配，船舶自主选择空闲时隙发送信息而不干扰其他船舶的信息，从而实现了多船舶间自主连续地进行动态信息交换，无须人为的干预。

SOTDMA 协议将每个 VHF 信道的时间划分成固定长度的时隙，1 min 为 1 帧，1 帧分成 2 250 个时隙，1 个时隙是 26.7 ms，可传输 256 b 的信息，一个位置报占用一个时隙，其他报文可根据需要占用 2～3 个时隙。AIS 设备按照 STDMA 协议，寻找空闲时隙发送本船信息，时隙分配根据通信链路的工作状态实时进行动态调整。

AIS 使用的 SOTDMA 技术，每分钟可以处理 2 000 个以上报告，数据每隔 2 s 更新一次。SOTDMA 的优点是用于船站在自主和连续模式下的操作，如果因用户增加或信息增多，AIS 超负荷时，自组织时分多路访问自身可减少 AIS 电台的数量，保证最近的船舶能够接收，该技术提供了一种无须控制站干涉情况下快速解决冲突的访问算法，可以自动解决本台与其他台的竞争问题，即使系统过载，通信仍能保持完好。

4 AIS的应用研究

4.1 AIS对船舶避碰的影响

导航雷达、ARPA在船舶避碰应用中作用重要，但雷达提供的信息有限，其工作易受气象、海况和地形的影响，恶劣的气象、海况下尤其无法确保检测信息的可靠性。ARPA具有避碰功能，但不能识别目标船，其自动跟踪功能存在误跟踪和丢失率高、精度与分辨率不高等局限性，ARPA难以适应紧急会遇局势和船舶交通密集情况下的船舶避碰的要求。船舶转向时，ARPA无法及时响应船舶航行状态的变化立即修正目标船动态信息，甚至出现误跟踪，从而影响避碰决策。1997年8月23日“YC”与“LH5”两轮在上海港31浮附近发生碰撞，造成“LH5”轮倾覆沉船，6名船员死亡。事故性质说明中记载：“突遭区域性雷暴雨的袭击，雷达屏上因暴雨干扰显示一片白点……”雷达无法正常显示造成该事故。

目前船舶间通信依靠VHF无线电话，这种通信方式频道拥挤，存在语言障碍，实际上难以在避让操船前达成避碰协议。例如：“星昌”轮2001年5月22日在台湾海峡航行(北上)，0230时能见度转差，视程约2 nmile，二副在ARPA雷达上用6海里档观察到本船前右舷有一目标，“并将其套住”，过一会ARPA发出警报，此时观察来船航向约240度，航速约12 kn，ARPA显示两船最小会遇距离(CPA)为0.3 nmile，最小会遇时间(TCPA)不到12 min，此时左正横前0.7 nmile和1.1 nmile有两条小渔船。当接近4 nmile时，二副用VHF16频道多次呼叫来船，经双方协商，来船要求和“星昌”轮过红灯，二副同意。此时“赣昌”也正在该水域航行(南下)，0235时雷达观测到“星昌”轮与本船有碰撞危险，即采取避让措施，由于用VHF联系错误，0244时两轮碰撞。“星昌”轮与“赣昌”轮碰撞的主要原因是在雾航中不能自动获得相遇船舶的识别，不能及时并准确沟通双方信息(如船位、航向、航速、航行状态等信息)；不能准确彼此掌握对方的操纵意图，虽然两船驾驶员采取了必要的雾航措施，也通过VHF16频道约定过红灯。“星昌”轮误认为与“赣昌”轮沟通过，实际上“星昌”轮是与另一条对驶船沟通过并约定过红灯。此次事故是一起典型的雾航碰撞事故，因延误了时间，采用了不相协调的避让动作而酿成碰撞事故。

如果上述船舶都装有AIS，事故将会避免。因为AIS能自主地、实时地进行船舶间的数字信息交换，信息内容丰富。本船通过AIS获取的目标船信息均由目标船自身的传感器设备提供，信息准确可靠。获得的目标船信息除上述的信息外，更包括船首向、转向速率、船长船宽、GPS船位等数据。利用这些数据，本船不仅能准确了解当前时刻的船舶动态，还可以推算以后一段时间内船舶的运动状态。由于了解船舶的实际尺寸，解算CPA、TCPA时，对船舶的描述将不再是一个点，而是实际的船舶形状。这些因素综合考虑，操船者做出避碰决策的准确性大大提高。

从船舶避碰的角度考虑，利用AIS设备能有效保证船舶的航行安全。AIS提供的船舶识别信息、动静态信息和可靠的通信手段将从根本上改变传统的船舶避碰方式。船舶通过信息交换了解对方船舶的位置、航向、航速、船首向、转向速率、目的港、ETA和计划航线，利用这些信息可以提早判定船舶间是否存在碰撞的可能。船舶间可以利用船舶AIS识别信息(MMSI)，以短文本定向或广播通信的方式进行避让操作的沟通、确认，不必等到面临紧急状况时才采取避让措施。这里,AIS提供了两个非常有意义的功能:一是船舶的识别信息,二是以定向或广播方式的短信息交互[5]。

4.2 AIS对VTS的影响

4.2.1 VTS应用AIS的必要性

VTS是为保障船舶交通安全、提高水上交通效率、保护水域环境、对船舶实施交通管制和其他救助行动,或应船舶及其所有人的请求提供相应服务的系统。它在一定程度上满足了船舶航行安全的要求,由于技术、硬件等多方面的限制,VTS日益暴露出一些不足之处。首先VTS系统对目标的定位跟踪主要是基于雷达跟踪处理。雷达对目标的探测是主动的,可以发现目标,测出目标的速度、航向、运动轨迹等动态数据和目标之间的相互关系。但雷达易受天气、海浪和视距的影响,恶劣天气条件、河道弯曲、他船或其他物体遮挡都可能无法准确探测目标。雷达定位的分辨力和精度取决于脉冲宽度和天线波辨宽度。随着目标距离的增加,雷达对目标的分辨力和定位精度都会下降。雷达可以发现覆盖范围内的绝大部分目标,但无法精确识别目标。其次,VHF通信是VTS中心与船舶之间互相沟通、实施船舶交通管理的基本手段,但是VHF通信存在局限性—增加了操作员的劳动强度。再次,VTS是以岸基设备为主的系统,为了保证VTS系统管理水域的覆盖,必须设置多个雷达站和VHF通信基站,通过微波等传输手段把雷达、VHF通信等信号送到VTS中心。VTS系统中心站的建设投资费用比较大。除此以外,我国现有的VTS系统还有着自身独特的缺点:我国早期建设的VTS系统(主要是20世纪80年代和90年代初期建设的台站)存在着技术落后、功能缺乏、设备陈旧、维修困难等问题。现有的VTS中心都是全套从国外引进,软件具有封闭性,系统硬件升级相当困难[6]。不同VTS中心无法联网,阻碍信息共享,也不能实现VTS中心信息的远程传输。

4.2.2 AIS能弥补现有VTS系统的不足

AIS技术有很强的技术可取性:(1)在工作连续性上。AIS使用两个独立的接收机相互备份,一个失灵时,另一个自动开启,工作不间断。(2)在精度上。AIS设备的定位精度一般为10米左右,甚至可小于3米。还能自动识别目标,大大优于现有雷达系统。(3)在通信方面。AIS使用自组织时分多址通讯技术,传输速率达9 600 bps,即使船舶均发送短信息(短信息一般限制在121个字符以内),在一秒钟之内也可完成多艘船舶的通信。这些优越性是现有系统所不可比拟的。

4.2.3 VTS应用AIS的效果展望

(1) 减少船舶的语言报告次数和报告量,改善VHF的通话环境。AIS可自动播送船舶相关动、静态信息及短信息。将大幅度减少语言通信次数,减少通话拥阻现象。明显改善VHF通话环境。

(2) 减轻VTS操作员的劳动强度。AIS设备通过多传感器信息融合处理,其信息可实时显示在屏幕上。由于AIS可自动识别船舶,物标稳定,不易丢失,大大减少了VTS操作员对物标判断、核实、录取的工作负担;它所提供船舶的对地航向、船首向、回转车等数据减轻了操作员对船舶动向预测、判断的工作量;AIS信息可直接读取并存人VTS的船舶数据处理计算机,减少了操作员对船舶资料录入的工作量。

(3) 提高VTS的识别精度,加大VTS监控的范围。AIS的精度远优于雷达,且AIS的定位精度不随作用距离和方位的改变而改变,使VTS对船舶定位、跟踪精度方面得到质的飞跃。VTS还可利用AIS扩大交通管理监控范围。

(4) 提高 VTS 对船舶的监控能力，便捷船岸沟通。由于 AIS 不受雷达盲区、遮蔽区及恶劣气象和不良海况的影响，只要在 VHF 的作用范围内它就能发挥作用，扩大了 VTS 的监控能力。另外，VTS 还可通过 AIS 发布航行计划、靠泊指令、航行警告、突发事件及水文气象等信息帮助船舶及时了解港内船舶航行情况。沟通不受语言、语音的限制，极大地便捷了船舶、船岸间的信息交流。

(5) 有助于 VTS 对联合行动的支持，提高海上搜救效率，同时也有助于海上证据的采集。VTS 通过掌握船舶位置及航行状态信息快速发现目标船舶并迅速通报给搜救中心，为搜救行动争取更多的时间和提供更多的信息。VTS 还可依其保存的航迹资料，对覆盖区内所发生的海事提供依据，有利于海事处理部门对海事的判断分析。

(6) 降低 VTS 工程造价。AIS 技术的介入使 VTS 所配备的雷达在性能选择上有更为充分的余地，不必再选用造价高昂的专用岸基雷达，可转向造价低廉、技术成熟的船用雷达；在 VTS 的选址上也有了更为充分的余地(当前大多 VTS 选址较为偏远)，可节省大量的土建投入；同时也节省了人员待遇、交通及设备维护方面的投入，减少了 VTS 后期的维护费用。

4.3 其他应用的分析

4.3.1 对灯浮漂移的监控

灯浮是容易漂移的航标，一旦漂移，容易造成船舶搁浅等航行事故。在 AIS 系统下可完全改变这一状况。AIS 状态下的电子航标是不会移位的，因灯浮漂移而造成的船舶交通事故也就可避免。如果在 AIS 系统情况下仍需要实物航标，只要在现有灯标体上安置一台 AIS 设备即可。灯标发生移位时，上面的 AIS 设备就能报告移动了的位置，船舶的航行安全就有充分的保障。AIS 系统的这种功能还有一个优点。它的电子航标完全可以取代灯浮，以往费时费力的灯浮改造，现在只要用鼠标轻点，改变设置即可。

目前沉船标的设置需要审批，周期比较长，沉船标显示的信息(如左侧标、独立碍航标等)内容也比较少。在 AIS 系统情况下，每一艘船舶都可以使用短消息等手段发布沉船消息，在船舶沉没到沉船标抛设期间，船舶管理部门可以设电子沉船标，电子沉船标有具体坐标位置，还有左侧标、独立碍航标等简单信息，而且还能标示一个具体的警告区域(面积)并备注有相关信息和危急等级的综合信息。当因潮流等因素沉船移位需要移动沉船标时，电子沉船标进行相应改动即可。

4.3.2 航行警告及通告的实时发布

现行的部分时效性比较强的航行警告、航行通告的内容，如超大型船舶的长距离拖带、沉船等将会被全新的 AIS 系统的船舶告知方法所取代。目前超大型船舶的长距离拖带，除了航行许可的审批外，还需要对超大型船舶长距离拖带的特殊性及何时出发，何时到达(经过)某地等可能需要他船进行协助避让的事项发布航行警告，以便接收到该航行警告的船舶估计相遇时间从而主动协助避让。AIS 实施以后，超大型船舶的长距离拖带的航行警告将被 AIS 标识有超大型船舶特殊信号的显示界面所取代。根据需要，这种超大型船舶特殊信号接近到一定的距离时可被设置为报警，提醒操纵者重视，其效果要远胜于现行发布航行警告。像大风警报、抢险救助等方面的航行警告，肯定会与现行的做法有较大的区别，其结果会大大提高工作效率，方便用户。

4.3.3 AIS 将成为船舶报告系统的一种支撑系统

无论是美国海岸警卫队的“AMVER”全球性自动化船舶报告系统，还是区域性的日本 JASREP、澳大利亚的 AUSREP，以及中国船舶报告系统，凡进入系统的船舶均应通过无线通信，定时按照规定格式向系统报告船舶动态信息。船舶装备了AIS后，广播式AIS可自动、连续发送船舶航行信息，或按查询要求插入船舶和航次信息，经无线—有线通信网，送入“报告站”，再转送入“计算中心”。计算中心按系统要求将所有船舶按规定时间、周期及所需的信息建立数据库，并结合“中心”拥有的船舶静态数据、电子海图及气象数据等，按用户要求进行分析、处理，为搜救部门提供船舶信息及搜救决策服务信息，为各船公司提供转发服务[7]。可见，AIS融入船舶报告系统，也可作为沿岸国获取船舶及其货物资料的一种手段。

4.3.4 AIS信息可使搜寻和救助更加及时有效

AIS能主动、连续向他船或岸台自动发送本船的静态和动态信息。一旦某船发生海事事故，其附近的船舶就能从AIS中得到遇难船的位置及需要的帮助，从而为快速搜寻和救助提供了帮助。

2003年2月20日凌晨，“仁和11”轮在东碇岛附近因大风浪沉没，因船员对我国沿海报警求助渠道不熟悉，不能直接报海上搜救分中心；在紧急情况下船员没有及时记录当时位置，船东在0640时报厦门海上搜救分中心：“仁和11”轮沉没，船上15名船员全部落水，要求厦门海上搜救分中心采取救助行动。搜救中心接报后立即通知救助站派船前往现场救助，为了争取时间，用VHF高频通知将出港的外轮“铁行渣华加勒比”(进港的一小油轮)前往出事现场，另由于不能明确掌握附近其他船舶的船名，只能采用中、英文广播式群呼，要求附近的船舶参与搜救行动。0840时“铁行渣华加勒比”抵达现场，0900时救起12人，1017时又救起一人，因其在水中时间过长体温过低而死亡，其后1130时发现另外两位船员漂浮在水面，但已死亡。专业救助船尽管以最快的速度赶到现场，但它和其他的救助船均因驾驶台较低，船长较短不及一个波浪长，加之海上风浪较大，船随波漂动，观察海面范围有限，漂浮在海面的人不易发现，搜寻效果不好。若当时有AIS的话，什么船遇到什么困难，需要何种援助，什么船距出事船最近，能给予援助的可能性，这些消息就可一目了然，搜救中心可直接指定搜救效果好的船舶参加，可争取更多的时间，效果也会更好。

4.3.5 为追查肇事船提供更多信息

近年来肇事逃逸有增无减，虽然海事部门加大了对肇事逃逸船舶的打击力度，建立了系统内的协查制度，对违犯法律的肇事逃逸责任人加大惩罚力度，但效果并不理想。尤其是渔船、商船发生碰撞后，往往由于渔船船毁、人亡，致使渔民不能提供可靠的、充足的线索；海上交通的特殊性，即使建立了VTS，若监控区域内船舶采取不报告，海事部门也无法知道船舶的名称和目的港等信息。海上交通流不像陆上交通密集，目击证人少，用传统的方法来追查肇事船很困难，能成功找到肇事船舶就更困难，这种情况鼓励部分船舶铤而走险，出事后逃离现场。2003年厦门海事局共接到渔船被撞，肇事船逃离现场要求协查肇事船5起。只有“闽漳渔6123”渔民能报出船籍港和船名的部分文字，协查成功，其他4起均因不能报出船名、船籍港或其他明显特征而无法追查。充分利用现有的网络，在我国的VTS中心和DSC站台安装AIS，则沿海大部分海域均能覆盖。如有报告某时某海域发生海事，肇事船舶逃逸，利用AIS的重放，立即能查到在当时过往该海域船舶船名、目的港等信息，缩小排查范围。进一步分析每一船舶的航向、航速的变化，判断重点嫌疑船舶，并请嫌疑船舶所到的目的港海事部门进行现场勘察、取样、调查，定能查找到肇事船舶。2003年5月28日22:00时左右，泉州围头外海域，“闽x”渔船与一大型集装箱船舶C轮擦碰，当即倾翻，随后沉没，9人落水，其中4人失踪。落水人员第二天中午报告厦门海事局，称有一国籍不明船舶，吨位在5 000吨以上，船体白色或银白色，船名系外文，自北而南，没有更多的信息。使用原来的方法仅仅凭这些信息追查肇事船舶，十有八九是查不到肇事船舶的，但事故现场在AIS覆盖范围内，通过VTS的重放，发现有一装有AIS的船舶航迹向有不正常的变化，2200时，该船持续2分钟大角度右舵，判断该轮当时有避让行动，通过其显示的IMO号码和目的港信息，海事调查人员立即赶到该轮的目的港，对其进行现场调查、勘测，在确凿的证据面前当事人只能承认碰撞事实。这是我国首次通过AIS提供的信息成功追查到肇事船舶的实例。AIS的应用将提高肇事船逃离协查的成功率，肇事船舶逃逸的现象将得到有效遏制，这对加强我国沿海的航政管理，进一步提升我国航运竞争力都是非常有益的。

4.3.6 为海事调查取证提供帮助

海事调查是为了查明原因，判明责任而依法对水上交通事故进行调查的一系列活动，要从人、船、环境和管理等不同方面运用有效的技术手段进行取证、分析，对事故原因的认定也要从技术上认定。从事故调查中得到的信息和证据是进行分析和推理的基础，信息和证据的真实性是关键，但调查人员搜集到的证据并非都能反映客观事实，相关的法律文书也可能出现与事实不相符的情况，证人证词更具有主观性。有的事故当事人为了推卸责任故意隐瞒或修改了部分事实，甚至有的船公司为了尽可能将责任推向对方或为将来顺利得到保险赔付，要求船舶必须使用两本航海日志，以便发生事故后修改部分事实。船舶发生海事后，调查人员不可能立即抵达现场，而且通航环境会发生变化，船舶实际运动轨迹瞬间即逝，事故现场可能会变动，相关的物件可能会变化、消失或变得难以提取，加上有相对充足的时间推敲进行修改有关事实记录，使得调查人员对信息、证据审查判断和鉴别真伪变得相当困难，若事故船舶安装有AIS并在VTS的AIS覆盖的范围内，调查人员可以通过VTS中心的AIS信息，对船舶在事件前后运动轨迹和显示的相关参数进行分析，可推断出当事船员采取了些什么措施避免事故的发生，结合“水上交通事故报告”，对事故报告的与AIS记录相差较大，或引发事故的主因作为重点拟定查询提纲或要点。通过AIS显示的船舶资料和目的港使得寻找第三方证人变得非常容易，有利于海事的准确处理。

5 AIS在实际应用中应注意的问题

任何系统和设备都有其局限性，AIS也不例外。AIS系统仅对配有AIS设备的船舶才“可见”，才能进行信息交换，对于未安装AIS设备的船舶就无能为力[8]。AIS技术尚处于推广应用的初期，其规定配备的还仅限于300总吨以上的船舶。一些小船，特别是港内的渔船和驳船，还不可能配备AIS设备，成为盲点。静止目标——礁石、浮筒等也无法使用AIS，仍然需要依靠雷达等设备。

AIS设备中的传感器信息来源于GPS/DGPS、陀螺罗经和计程仪等设备，这些设备的误差势必将会传递到AIS数据中。

现阶段AIS目标位置与雷达图像融合上还存在技术上问题，两者不能完全一致，在船舶密集区、港口和狭窄航道，船舶间相互较近时，可能造成跟踪的身份标识转移或交换到另一目标上。尽管AIS跟踪性能可以避免雷达盲区影响，但非常接近的建筑物和桥梁可能削弱AIS的接收效果，也会降低AIS信息的可信度[9]。

另外，我们还需要考虑到驾驶员如何正确理解通过AIS设备接收到的信息的问题。AIS的位置信息从GPS中获得，以WG84坐标系为参照给出目标经、纬度，使用者要注意海图坐标系是否与其一致，不一致时应进行修正。AIS信息虽然包括了很多数据，如真航向、真航速，但是用于避碰的相对运动的数据等，还是要依靠雷达的标绘或者通过 ARPA 计算得到。而且，如果 AIS 发出的信息有错误，或发生信息丢失时，驾驶员并不能直接从 AIS 显示设备上知道，还是要依靠雷达来确认 AIS 的正确性。因此单依靠 AIS 进行碰撞危险判定是不可靠的。所以，使用者只有对 AIS 有正确的认识，才能充分发挥其应有的作用。

6 结论

从上述的 AIS 的应用研究中，不难看出 AIS 对船舶航行安全的巨大功用。它提供的信息是现行各种船用导航设备之最，它能自动、连续地向具有适当配备的岸台和船台 AIS 提供和接收包括 MMSI、船型、船位、航向、航速、航行状态和其他与安全有关的信息。进一步讲，AIS 提供的船舶识别信息、动静态信息和可靠的通信手段将从根本上改变传统的船舶避碰方式。基于 AIS 的 VTS 系统可以提高目标的跟踪精度和跟踪可靠性，这将极大地促进船舶交通的安全和效率，并使 VTS 系统更加经济、更加有效。AIS 在航标中的应用，具有更高的精度、更好的通用性能及投入费用少、建设时间短等优点。AIS 还可以为海事搜寻和救助以及海事调查取证提供更多的信息。

因此，AIS 具有十分广阔的应用前景，它的实施将使船舶航行安全提升到一个新的阶段。

致谢

在本文编写过程中张杏谷老师给予了悉心的指导，在选题、构思以及资料的选择过程中，都倾注了张老师的大量心血。她严谨的治学态度、渊博的专业知识、敏锐的学术眼光和平易近人的为人都给学生留下了深刻的印象，使我在顺利完成该篇论文的同时，也受益匪浅。我谨在此对张老师严谨的治学态度表示崇高的敬意，并深切感谢她的大力支持和帮助。

参考文献：

[1] 王世远，许开宇. AIS 现状、前景及对策[J]. 航海技术，2001(5)

[2] 杨会明，李冬梅. AIS 简介及 VTS 应用 AIS 效果展望[J]. 珠江水运，2001(11)

[3] 邓红章. 船舶自动识别系统(AIS)[J]. 天津航海，2002(4)

[4] 郑佳春. 船载自动识别系统的原理和性能分析[J]. 船用导航雷达，2002(1)

[5] 鲍林. 浅谈船载自动识别系统(AIS)[J]. 广船科技，2002(4)

[6] 李开明. 引入 AIS 系统使 VTS 如虎添翼[J]. 科教兴航，2002(9)

[7] 柳邦声. AIS 的发展及其对航运界的影响[J]. 青岛远洋船员学院学报，2002(2)

[8] 陆林生. AIS——海事通信和导航的里程碑[J]. 上海造船，2003(1)

[9] 赵丽宁，赵德鹏，谷伟. AIS 与现代航海技术的关系及对未来航海的影响[J]. 大连海事大学学报，2002(4)

导师评语：

航船自动识别系统(AIS)是一种新型的船载设备，它应用先进的卫星导航技术和现代通信技术，自动地进行船舶位置及其他航行信息的播发，其应用必将极大地提高船舶航行安全。作者论述了 AIS 产生的背景及应用的必要性；AIS 的组成及基本工作原理、功能与技术特点。通过收集较多的实例，分析 AIS 在船舶避碰、船舶交通管理系统(VTS)、航标监测、搜寻救助、海事调查取证等方面的应用。同时也指出应用中应注意的问题:无装备 AIS 船舶的监控、传感器误差的影响、信息融合等。其结论具有一定的参考价值。论文反映作者能跟踪目前航海技术发展的前沿,能运用所学的专业理论知识分析实际问题,具有初步科研能力。论文结构合理、层次分明、文字通顺。

福建特色水仙的组培快繁

福建农林大学园艺学院园艺专业2000级　何玮毅*
指导教师：福建农林大学　陈晓静副教授

摘要：本实验以黄花水仙和南日岛水仙为材料，探索两个水仙新品种的组培技术。结果表明：以低温处理1个月带鳞茎盘基部的鳞片为外植体，接种于MS+BA 0.5 mg·L^{-1}+ 2,4—D 0.1 mg·L^{-1}培养基中，继代以MS+BA 1.0 mg·L^{-1}+ 2,4—D 1.0 mg·L^{-1}培养基诱导黄花水仙效果较好；南日岛则以MS+BA 0.5 mg·L^{-1}+NAA 2.0 mg·L^{-1}和MS+BA 1.0 mg·L^{-1}+2,4—D 0.5 mg·L^{-1}诱导效果较好。生根培养基为1/2 MS+NAA 0.05 mg·L^{-1}，组培苗移栽没有特殊要求，且成活率很高。

关键词：中国水仙　组织培养　快繁　成球率

Tissue Culture and Rapid Propagation of Peculiar Narcissus (Narcissus tazetta var. Chinensis Roem) from Fujian

He Weiyi
Specialty of Horticulture, College of Horticulture
Fujian Agriculture and Forestry University
Teacher: Chen Xiaojing

Abstract: The study focused on searching for the optimum explant, ways of sterilization, bulblets induction media, proliferation media, rooting induction media, and techniques of hardening, transplanting seedlings of Huanghua and Nanridao Narcissus. The bulbs were firstly pretreated under 4 ℃ and then divided into segments which were 8 mm long and 5 mm wide with basal scale and a portion of the plate as explants. MS elementary media supplemented with 0.5 mg·L^{-1} BA and 0.1 mg·L^{-1} 2,4—D were suitable for Huanghua and 0.5 mg·L^{-1} BA and 1.0 mg·L^{-1} NAA for Nanridao. The subcultured media were MS added by 1.0 mg·L^{-1} BA and 1.0 mg·L^{-1} 2,4—D for Huanghua or 0.5 mg·L^{-1} 2,4—D for Nanridao. The bulblets were transferred onto 1/2 MS containing 0.05 mg·L^{-1} NAA for rooting. After that, they were hardened under the indoor temperature in pots or plastic baskets with mud and transplanted into the field, the viability rate reached more than 97%. Through the analysis of the experimental result, 0.5 mg·L^{-1} BA with higher concentration NAA or 2,4—D can be tested furthermore.

Key Words: Narcissus tazetta var. Chinensis Roem, Tissue culture, Rapid propagation, Bulblets proliferation rate

---

* 作者现为福建农林大学园艺学院果树专业2004级硕士研究生。

中国水仙系石蒜科水仙属植物，是多花水仙类一种，在我国分布较广，四川、云南、上海、浙江、福建等地均有栽培，主要产地在上海崇明、浙江舟山、福建漳州，以漳州水仙最负盛名。其淡装素雅、品性高洁、容易造型，是我国十大名花之一，畅销海内外。

水仙花的生产一般采用子鳞茎繁殖，但其繁殖一代最多只能分离出4～5个子球(许荣义等，1992)，不仅速度有限，而且长期的无性繁殖容易积累大量的病毒，导致花数减少、花茎变小、品质下降、植株退化。国内外学者从20世纪70年代末便开始致力于寻找更高效的快繁技术。在此期间，李招文(1983)、叶银根等(1985)从国外引进水仙双鳞片切块的繁殖方法，该方法成本较低且繁殖率可提高15倍以上，但不能解水仙受病毒病危害的问题。陆春芳等人(2002)发现采用组培方法可以促进水仙花以级数倍(水仙组培苗年繁殖系数可达4.096×103)繁殖，而且该方法在脱除病毒和培育新品种等方面也有优势。

李招文等(1982，1983)的研究结果表明，低温预处理是提高福建漳州水仙外植体诱导率的有效方法，带鳞茎盘的基部鳞片培养效果最好。MS基本培养基适宜水仙鳞茎的培养，N6基本培养基则效果较差。宋为民等(1981)认为鳞茎盘及心芽诱导率为高，陆春芳等(2002)发现1/4鳞茎内心是崇明水仙组培的最佳外植体。谢嘉华(2002)提出了“无液处理”外植体的做法，认为“无液处理”的外植体污染率低(<5%)，且对外植体的诱导效果远远高于经消毒液处理过的。陈振光等(1982，1986)报道，N6或“中华”培养基附加BA 2.0 mg·L^{-1}和2，4－D 0.1 mg·L^{-1}激素组合，对水仙小鳞茎的诱导效率最高。小鳞茎可以不必诱导生根而直接移植于土壤中。顾亨森等(1987，1991)研究了植物激素对水仙鳞茎切块愈伤组织的诱导、保持和器官分化的影响，发现添加NAA 0.03 mg·L^{-1}的1/2 MS培养基最有利于水仙组培苗抽叶生根，并且不需炼苗，可直接移栽田间，极易成活。此外，还有人尝试使用花粉(陈振光等，1993)、花器(陈振光等，1982)、胚珠(吕柳新等，1988)等为外植体进行水仙花的组织培养。这些努力均有一定的参考价值，为水仙的工厂化育苗指明了新途径。

福建农林大学园艺学院果树遗传育种教研室近期选育出的南日岛和黄花水仙两个品种，其中三倍体黄花水仙花瓣黄色，副冠橙黄色(图版Ⅰ－2、3)，打破了普通水仙花瓣单一的白色调(图版Ⅰ－1)，极具市场前景。南日岛水仙的商品性状类似于漳州水仙，且因其不带病毒，可作为带毒漳州水仙的替代。考虑到不同品种各自的特异性，有必要重新研究个别优良水仙新品种的组培特性。本实验在前人宝贵经验的基础上，利用现有条件，摸索适合这两个水仙新品种组织培养最佳的外植体、消毒方法、初代培养基、继代培养基、生根培养基以及炼苗、移苗技术，为黄花水仙和南日岛水仙的迅速推广提供一套完整的组培快繁育苗技术措施。

1　材料与方法

1.1　材料

实验用的水仙花为福建农林大学园艺学院果树遗传育种教研室所提供的南日岛水仙和三倍体黄花水仙的2～3年生球茎。

1.2 方法

1.2.1 培养基的配制

采用 MS 基本培养基及大量元素减半的 1/2 MS 培养基，蔗糖 30g・L^{-1}、琼脂 7g・L^{-1} 及活性炭 3g・L^{-1}，并附加不同浓度 BA、NAA、2,4－D。培养基煮沸后将 pH 值调至 5.8，然后注入三角瓶中，封口后置于手提式高压锅中于 1.1 kg/cm^2下灭菌 20 min。

初代培养基(激素浓度单位:mg・L^{-1})：

①MS＋$NAA_{1.0}$
②MS＋$BA_{0.5}$＋$NAA_{1.0}$
③MS＋$BA_{0.5}$＋$NAA_{2.0}$
④MS＋$BA_{1.0}$＋$NAA_{1.0}$
⑤MS＋$BA_{1.0}$＋$NAA_{2.0}$
⑥MS＋$BA_{0.5}$＋2,4－$D_{0.1}$
⑦MS＋$BA_{1.0}$＋2,4－$D_{0.1}$
⑧MS＋$BA_{2.0}$＋2,4－$D_{0.1}$
⑨MS＋$BA_{1.0}$＋2,4－$D_{0.3}$
⑩MS＋$BA_{1.0}$＋2,4－$D_{0.5}$

继代增殖培养基(激素浓度单位:mg・L^{-1})：

①MS＋$BA_{1.0}$＋2,4－$D_{0.5}$
②MS＋$BA_{1.0}$＋2,4－$D_{1.0}$

生根培养基(激素浓度单位:mg・L^{-1})：

①1/2MS＋ $NAA_{0.03}$
②1/2MS＋$NAA_{0.05}$

壮苗培养基(激素浓度单位:mg・L^{-1})：

①MS＋$NAA_{0.1}$
②MS＋$NAA_{0.5}$

1.2.2 材料处理

(1)水仙球的预处理。水仙球于冰箱(4～10℃)中预处理一个月。取出后将鳞茎外部干枯的鳞片与根部去除。

(2)水仙球的消毒。将低温预处理过的水仙球用流水冲洗 30 min，置于 70%的乙醇中消毒 30 s，倒去酒精，转入 0.1%升汞溶液中进行消毒效果试验(升汞消毒时间分别为 8、10、12 min)，最后用无菌水冲洗数次。

(3)外植体的切取与接种。经消毒过的水仙球在无菌条件下剖开，切掉上端 3/4 的鳞片，仅留下 2～3 mm 的基部鳞片及鳞茎盘。然后将鳞茎盘放射状切成 8 mm×5 mm 左右的块状，每块鳞茎盘带 2～3 枚鳞片，于当年的 10—12 月份接种。前 15 d 每隔 3 d 观察一次，此后隔 7 d 观察一次，30 d 后统计并计算污染率(污染外植体总数/接种外植体总数)。

1.2.3 初代培养

接种后每隔 5 d 观察一次，记录外植体的变化和小鳞茎生长状况。70 d 后即当 2/3 以上的小鳞茎直径≥0.8 cm 时统计所有直径≥0.5 cm 的小鳞茎数目，并计算成球率(小鳞茎总数/接种外植体总数)。

1.2.4 继代增殖培养

在无菌条件下，将初代培养形成的小鳞茎(直径≥0.8 cm)切去上半部分，把带有鳞茎盘的下半部分切成两块，接入继代培养基。接种后每隔 3～5 d 观察一次，记录外植体、小鳞茎生长状况。培养 45 d 后即当 2/3 以上的小鳞茎直径≥0.5 cm 时统计所有小鳞茎数目，并计算成球率。

1.2.5 生根诱导与壮苗培养

将初代或继代培养形成的小鳞茎(直径≥0.8 cm)分离，接入生根培养基，30 d 后观察生根率(生根小鳞茎总数/接种小鳞茎总数)。

将长势较弱的小鳞茎切下,接入壮苗培养基,每隔 5 d 观察其生长状况。

1.2.6 培养条件

培养室温度 25 ℃(±2 ℃),光强为 1 000～1 500 lx,光照周期为 12～16 h·d^{-1}。

1.2.7 组培苗的移栽

选取已生根的小鳞茎,室内开瓶,通风炼苗 3 d 左右。然后用镊子轻轻夹出组培苗,用自来水冲去所附琼脂,移栽到盛有河泥的营养钵或塑料小筐中,室温下培养。待小苗成活后,按株行距 7 cm×10 cm 种植于肥沃疏松保水力强的土壤。种后覆盖稻草、塑料薄膜保温保湿,2～4 周后撤去,加强水肥管理,小苗即可茁壮成长。此期间每隔 3～5 d 观察其生长状况,60 d 后统计成活率(成活小鳞茎总数/移栽小鳞茎总数)。

2 结果与分析

2.1 升汞消毒时间对水仙无菌系建立的影响

外植体接种 3 d 后开始有零星细菌性污染,6 d 后真菌性污染出现,并且污染外植体数迅速增多,20 d 左右污染趋于稳定。观察发现,细菌性污染有时会伴随着褐变。

实验结果(表 2-1)表明:在相同的无菌操作条件下,0.1%升汞不同消毒时间的效果,12 min 明显高于 8 min 和 10 min,10 min 明显高于 8 min。故选用消毒时间为 12 min 最好。

表 2-1 0.1%升汞不同消毒时间效果比较

消毒时间(min)	接种数(个)	污染数(个)	污染率(%)
8	60	37	61.67
10	60	32	53.33
12	60	24	40.00

* 接种后 30 d 统计的数据。

2.2 初代培养基不同激素组合及浓度对两品种小鳞茎的诱导效果

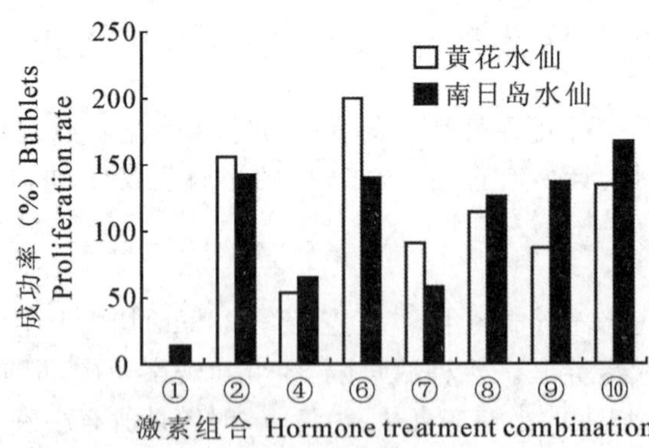

图 2-1 不同初代培养基激素组合对两品种成球率的诱导效果比较

2.2.1 不同初代培养基激素组合诱导两品种成球率及小鳞茎质量比较

外植体接入初代培养基 7 d 左右，鳞茎盘开始膨大，鳞片有所伸长并向外开张。一般 20 d 左右在鳞片之间会诱导出中空小球状体(简称露白，图版Ⅰ-7 箭头处)，再过 10 d 后可形成直径 0.5 cm 的小鳞茎(图版Ⅰ-6)。此时，有些小鳞茎会抽叶生根，时间不一。其中，激素组合⑥($BA_{0.5}$+2,4-$D_{0.1}$)16 d 便可诱导黄花水仙个别外植体露白，⑦($BA_{1.0}$+2,4-$D_{0.1}$)最慢，诱导两品种露白均需 65 d。激素组合⑥与③($BA_{0.5}$+$NAA_{2.0}$)分别对黄花水仙和南日岛成球率诱导效果最好，为 200.00%和 186.21%；而①(MS+$NAA_{1.0}$)效果最差，诱导南日岛水仙 12.5%成球率，且无法诱导黄花水仙成球。⑥和⑨($BA_{1.0}$+2,4-$D_{0.3}$)对两品种成球率诱导效果相差较大，前者对黄花水仙成球率诱导效果高于南日岛 60.71%，后者相反，使南日岛的成球率高于黄花水仙 48.62%。据统计，平均一块外植体能产生 1～2 个小鳞茎，除 $NAA_{1.0}$外，绝大部分的激素组合都形成 5～6 个小鳞茎的外植体，且多数来自带基部鳞茎盘的中、外层鳞片。激素组合③($BA_{0.5}$+$NAA_{2.0}$)和⑥诱导两品种形成的小鳞茎质量最好，在初代培养中约有 80%的小鳞茎直径≥0.8 cm。就生长素类物质与 BA 比值及两品种小鳞茎质量的关系而言，NAA/BA(1～4)与小鳞茎质量呈正相关，以 4 为最佳比值，而 2,4-D/BA 从 0.05 至 0.5，以 0.2 为宜。

2.2.2 不同激素组合对两品种小鳞茎的诱导效果

试验表明，BA0.5～2.0 mg·L^{-1}与 NAA1.0～2.0 mg·L^{-1}或 2,4-D0.1～0.5 mg·L^{-1}的组合能诱导小鳞茎形成，而仅加 NAA，不加 BA，无法诱导黄花水仙产生小鳞茎。经多重比较(附表 1)，黄花水仙初代培养基激素组合中，⑥与④、①之间有显著差异，⑥、②、⑩、⑧、⑦、⑨之间无显著差异，②、⑩、⑧、⑦、⑨、④之间无显著差异。②与④、①之间有显著差异，⑩、⑧、⑦、⑨、④之间无显著差异。所以可选用⑥、②的组合。

表 2-2 不同初代培养基激素组合对黄花水仙成球率的诱导效果比较*

激素组合(mg·L^{-1})	外植体数	小鳞茎总数	成球率 rate(%)	差异显著性 0.05	差异显著性 0.01
⑥MS +$BA_{0.5}$+2,4-$D_{0.1}$	28	56	200.00	a	A
②MS+$BA_{0.5}$+$NAA_{1.0}$	9	14	155.56	ab	AB
⑩MS+$BA_{1.0}$+2,4-$D_{0.5}$	26	35	134.62	abc	AB
⑧MS+$BA_{2.0}$+2,4-$D_{0.1}$	21	24	114.29	abc	ABC
⑦MS+$BA_{1.0}$+2,4-$D_{0.1}$	11	10	90.91	bc	ABC
⑨MS+$BA_{1.0}$+2,4-$D_{0.3}$	15	13	86.67	bc	ABC
④MS+$BA_{1.0}$+$NAA_{1.0}$	13	7	53.85	cd	BC
①MS+$NAA_{1.0}$	14	0	0.00	d	C

* 多重比较采用新复极差法，下同。

不同激素组合对南日岛水仙成球率的诱导效果与黄花水仙相似，唯一不同在于仅加 NAA，不加 BA，对南日岛水仙有 12.5%的诱导率。经多重比较(附表 2)，南日岛初代培养基激素组合中，③、⑩、⑤、②、⑥与④、⑦、①之间有显著差异，③、⑩、⑤、②、⑥、⑨、⑧之间无极显著差异，而⑨、⑧与④、⑦之间无显著差异。故可选用③、⑩、⑤、②、⑥的组合。

表 2-3 不同初代培养基激素组合对南日岛水仙成球率的诱导效果比较

激素组合($mg \cdot L^{-1}$)	外植体数	小鳞茎总数	成球率(%)	差异显著性 0.05	差异显著性 0.01
③$MS+BA_{0.5}+NAA_{2.0}$	29	54	186.21	a	A
⑩$MS+BA_{1.0}+2,4-D_{0.5}$	32	53	165.63	a	A
⑤$MS+BA_{1.0}+NAA_{2.0}$	27	39	144.44	a	A
②$MS+BA_{0.5}+NAA_{1.0}$	27	38	140.74	a	A
⑥$MS+BA_{0.5}+2,4-D_{0.1}$	28	39	139.29	a	A
⑨$MS+BA_{1.0}+2,4-D_{0.3}$	17	23	135.29	a	AB
⑧$MS+BA_{2.0}+2,4-D_{0.1}$	20	25	125.00	ab	AB
④$MS+BA_{1.0}+NAA_{1.0}$	14	9	64.29	bc	BC
⑦$MS+BA_{1.0}+2,4-D_{0.1}$	19	11	57.89	bc	BC
①$MS+NAA_{1.0}$	16	2	12.50	c	C

2.2.3 不同浓度 BA 对小鳞茎的诱导效果

在 2,4—D 浓度同为 0.1 $mg \cdot L^{-1}$的初代培养基中分别添加 BA0.5 $mg \cdot L^{-1}$、1.0 $mg \cdot L^{-1}$、2.0 $mg \cdot L^{-1}$三种不同浓度,并将两个品种接入其中,组成 6 种处理(品种×BA 浓度)。以成球率进行完全随机二因素试验方差分析,F 测验(附表 3)结果表明:不同 BA 浓度间对小鳞茎的诱导效果差异显著,而品种间、品种×BA 浓度间差异不显著。BA0.5 $mg \cdot L^{-1}$的诱导效果显著高于 BA1.0 $mg \cdot L^{-1}$。BA0.5 $mg \cdot L^{-1}$与 BA2.0 $mg \cdot L^{-1}$、BA2.0 $mg \cdot L^{-1}$与 BA1.0 $mg \cdot L^{-1}$之间无显著差异。

表 2-4 不同浓度 BA 对两品种成球率的诱导效果比较*

BA 浓度($mg \cdot L^{-1}$)	成球率(%)	差异显著性 0.05	差异显著性 0.01
0.5	169.64	a	A
2.0	119.51	ab	AB
1.0	70.00	b	B

* 2,4—D 浓度同为 0.1 $mg \cdot L^{-1}$。

以同样的方法,在 NAA 浓度同为 1.0 $mg \cdot L^{-1}$的初代培养基中分别添加 BA0 $mg \cdot L^{-1}$、0.5 $mg \cdot L^{-1}$、1.0 $mg \cdot L^{-1}$三种不同浓度,并将两个品种接入其中,组成 6 种处理(品种×BA 浓度)。以成球率进行完全随机二因素试验方差分析,F 测验(附表 4)结果表明:不同 BA 浓度间对小鳞茎的诱导效果差异显著,而品种间、品种×BA 浓度间差异不显著。BA0.5 $mg \cdot L^{-1}$的诱导效果显著高于 BA1.0 $mg \cdot L^{-1}$、0 $mg \cdot L^{-1}$,BA1.0 $mg \cdot L^{-1}$与 0 $mg \cdot L^{-1}$之间差异不显著。

表 2-5 不同浓度 BA 对两品种成球率的诱导效果比较*

BA 浓度($mg \cdot L^{-1}$)	成球率(%)	差异显著性 0.05	差异显著性 0.01
0.5	144.44	a	A
1.0	59.26	b	B
0.0	6.67	b	B

* NAA 浓度同为 1.0 $mg \cdot L^{-1}$。

实验中发现，在黄花水仙接入组合②($BA_{0.5}+NAA_{1.0}$)和⑥($BA_{0.5}+2,4-D_{0.1}$)初期，部分外植体的鳞茎盘和鳞片边缘会有毛状物产生。接种后 60 d 左右，除鳞片之间所产生的小鳞茎外，在毛状物表面还会长出直径为 0.8～1.0 mm 的不定芽，并伴有极短的小叶(图版Ⅱ-9 箭头处)。将这些小鳞茎切下，接入壮苗培养基($NAA_{0.5}$)，至今小鳞茎直径已有 5～6 mm。黄花水仙发生这种现象的外植体数分别占 22.22％和 25.00％，计算这些外植体各自的成球率分别为 400％和 300％，这也是上述两个组合总体成球率较高的主要原因。而且值得肯定的是，黄花水仙外植体接种于初代培养基配方⑥后，在相同的时期所形成的腋生小鳞茎直径大部分都在 1.0～1.2 cm，个别达可到 1.5 cm，并且成球率也达到 166.67％，仍不失为一个优良的组合。

2.2.4 不同浓度 2,4－D 对小鳞茎的诱导效果

在 BA 浓度同为 1.0 mg・L^{-1}的初代培养基中分别添加 2,4－D0.1 mg・L^{-1}、0.3 mg・L^{-1}、0.5 mg・L^{-1}三种不同浓度，并将两个品种接入其中，组成 6 种处理(品种×2,4－D 浓度)。以成球率进行完全随机二因素试验方差分析。F 测验(附表 5)结果表明：不同 2,4－D 浓度间对小鳞茎的诱导效果差异显著，而品种间、品种×2,4－D 浓度间差异不显著。2,4－D0.5 mg・L^{-1}的诱导效果显著高于 2,4－D0.1 mg・L^{-1}。2,4－D0.5 mg・L^{-1}与 0.3 mg・L^{-1}、0.3 mg・L^{-1}与 0.1 mg・L^{-1}之间无显著差异。成球率随 2,4－D/BA(0.1～0.5)值的增大而升高。

表 2-6 不同浓度 2,4－D 对两品种成球率的诱导效果比较*

2,4－D 浓度 (mg・L^{-1})	成球率 (％)	差异显著性 0.05
0.5	151.72	a
0.3	112.50	ab
0.1	70.00	b*

* BA 浓度同为 1.0 mg・L^{-1}。

2.2.5 不同浓度 NAA 对小鳞茎的诱导效果

将南日岛接种于 BA0.5 mg・L^{-1}和 1.0 mg・L^{-1}分别与 NAA1.0 mg・L^{-1}或 2.0 mg・L^{-1}所组成的 4 种初代培养基中(BA 浓度×NAA 浓度)。以成球率进行完全随机二因素试验方差分析，F 测验(附表 6)结果表明：不同 NAA 浓度间、BA 浓度间及 BA 浓度×NAA 浓度间对小鳞茎的诱导效果差异不显著。但 NAA2.0 mg・L^{-1}对两品种小鳞茎各自成球率以及平均成球率的诱导效果均明显高于 NAA1.0 mg・L^{-1}。

2.3 继代增殖培养基不同激素组和对小鳞茎的诱导效果

将初代培养形成的小鳞茎对半切开，接入继代培养基 3 d 后鳞片便开始萌动，10 d 左右露白，20 d 左右可以形成直径 0.5 cm 的小鳞茎(图版Ⅰ-5)。多数的外植体最里层鳞片开始由四周向中心愈合生长，形成一个新的小鳞茎。如果外植体够大，鳞片间也会有小鳞茎形成，甚至在最外层鳞片的基部外侧也会形成一个小鳞茎。但继代培养的成球率与小鳞茎质量明显不如初代小鳞茎。南日岛最多可形成 5 个小鳞茎，黄花水仙最多形成 3 个。

表 2-7　不同继代培养基激素组合对两品种成球率的诱导效果比较

品种	激素组合 BA	激素组合 2,4－D	外植体数	小鳞茎总数	成球率(%)
南日岛水仙	1.0	0.5	35	45	128.57
Nanridao Narcissus	1.0	1.0	44	54	122.73
黄花水仙	1.0	0.5	37	31	83.78
Huanghua Narcissus	1.0	1.0	29	28	96.55

在BA浓度同为1.0 mg·L^{-1}继代培养基中分别添加2,4－D0.5 mg·L^{-1}、1.0 mg·L^{-1}两种不同浓度,将两品种接入其中,组成4种处理(品种×2,4－D浓度)。以成球率进行完全随机二因素试验方差分析,F测验(附表7)结果表明:不同品种间成球率差异显著,而2,4－D浓度间、品种×2,4－D浓度间差异不显著。南日岛的成球率显著高于黄花水仙。BA1.0 mg·L^{-1}与2,4－D0.5 mg·L^{-1}的组合对南日岛成球率的诱导率较高,而适合于黄花水仙的继代培养基还需进一步筛选。

2.4　生根诱导与壮苗培养

接入生根培养基15 d后便有2～3条根原基形成,此时移栽可以提高成活率(金韵琴等,1989)。一般20 d可长至2～3 cm,直径为0.8 mm左右(图版Ⅱ-10、11)。发生于外植体鳞茎盘上的不定根较粗,而在新形成的小鳞茎鳞茎盘上长出的根则很细,直径可达0.5 mm。但无论哪种形态的根对移栽后小鳞茎的成活率均无很大影响。

表2-8说明,同一时期接种的不同品种,黄花水仙生根效果好于南日岛。12月30日进行小鳞茎生根诱导的效果明显好于2月20日。培养期间,小鳞茎会有所膨大,但个别叶片生长过旺,并且生根的速度、粗细也都不大一致。此外,1/2MS＋$NAA_{0.03}$生根速度慢、根细,生根率也低。

表 2-8　不同时间生根培养基的生根效果比较*

品种	接种日期	小鳞茎总数	生根小鳞茎总数	生根率(%)
南日岛水仙	12.30	8	6	75.00
Nanridao Narcissus	2.20	18	2	11.11
黄花水仙	12.30	14	12	85.71
Huanghua Narcissus	2.20	13	6	46.15

*生根培养基为1/2MS＋NAA0.05 mg·L^{-1}。

壮苗培养基中附加$NAA_{0.5}$促进小鳞茎膨大效果明显好于$NAA_{0.1}$。黄花水仙小鳞茎的膨大速度快于南日岛,所抽叶片较南日岛宽而厚,且叶脉明显。据观察,接种于$NAA_{0.5}$的壮苗培养基30 d后,小鳞茎直径比接种时增大1/3～1/2,并且有1/3左右的小鳞茎生根,但仍有个别叶片生长过旺的现象。

2.5 组培苗的移栽

小鳞茎接入生根培养基 20 d 左右可以移栽。按常规组培苗移栽步骤，先将其移植于营养钵或塑料小筐中(图版Ⅱ-12、13)，室温下培养，该过程注意保湿、遮阴。继续培养 30 d 左右可移栽至田间(图版Ⅱ-14)，此时除注意保湿、遮阴外，还应做好防寒保暖措施。12—翌年 2 月份，正值水仙的生长季节，移栽成活率达 97%以上(表 2-9)。

表 2-9 水仙花组培苗移栽成活率

品种	移栽小鳞茎总数	成活小鳞茎总数	成活率(%)
南日岛水仙 *Nanridao Narcissus*	38	37	97.37
黄花水仙 *Huanghua Narcissus*	28	28	100.00

移栽的南日岛水仙组培苗叶片于翌年的 5 月 20 日开始变黄、枯萎，一星期左右全部枯死。将其挖起，置于阴凉处通风并收藏。组培苗移栽成活后生长迅速，经一个生长季节可以从移栽时的 1.0 cm×0.8 cm 左右长大至 4.0 cm×2.0 cm(图版Ⅱ-15)。而黄花水仙组培苗的移栽成活率更高，长势更好，但叶片转黄较迟。这种现象与两品种成年植株表现是一致的。组培苗的开花尚需进一步的观察，据报道(顾亨森等，1991)需 4～5 年的时间。

3 讨论

3.1 外植体因素对小鳞茎成球率及质量的影响

3.1.1 外植体切法对小鳞茎质量的影响

水仙小鳞茎一般形成于鳞片之间，同一位置着生的小鳞茎以 1～2 个为宜(图版Ⅰ-4)，过多的小鳞茎同时着生在相同位置(图版Ⅱ-8)时会使每个小鳞茎的发育速度变缓，个别甚至停滞。因此，我们在外植体总体积不变的前提下，将水仙带鳞片的鳞茎盘沿放射状方向切得小一点(1.5～2.0 mm)，配合适当增加鳞片数(4～5 片)，以促进小鳞茎形成于不同位置茁壮成长，并保证较高成球率。这一做法前人尚未提及。

3.1.2 鳞片的位置对小鳞茎成球率及质量的影响

外植体上带有鳞茎盘的鳞片位置越靠外层成球率越高。由于小鳞茎的形成位置一般是在鳞片之间，越内层鳞片间间距越小，接种后会伸长弯曲生长，使形成小鳞茎的时间延长，且小鳞茎形状扁平、畸形。而外层鳞片间开张度较大，伸长量比较小，有利于小鳞茎的萌发。所以在切取外植体时，应充分利用外层鳞片。该发现与李招文等(1983)、叶银根等(1985)的看法一致，叶银根等认为这与所带鳞片的多少、大小、所含贮藏物质多少有关。但却与陆春芳等(2002)认为的 1/4 鳞茎内心是崇明水仙组培的最佳外植体不一致。这是否与不同品种各自的特异性乃至繁殖方法不同有关，值得进一步研究。

3.1.3　鳞片长短对小鳞茎成球率及质量的影响

如前所述，以水仙不同部位的鳞片为材料，其成球率与形成的小鳞茎质量差异明显。可以利用这一特点，有意识地将外层鳞片留得长一点。靠近内层的鳞片，尤其是主芽部位的鳞片，因其贮藏养分不足且会徒长，利用价值不大。结合采用 3.1.1 所提切法，将鳞片切成“外长内短”，可能会有更好的效果。

3.1.4　外植体大小对小鳞茎成球率及质量的影响

外植体的体积与成球率有一定的正比例关系。大量的报导（陈振光等，1982，1986；顾亨森等，1987；黄莺等，1990；李招文等，1982；陆春芳等，2002）均采用 4 mm×3 mm 左右大小的外植体。但我们发现这样大小的外植体比 8 mm×5 mm 左右大小的外植体露白时间推迟 15～20 d，成球率以及小鳞茎的质量也明显低于后者。由于小鳞茎的继代增殖呈几何级数增长，综合各方面的因素考虑，前期节约一点材料意义不大。

3.2　相对最佳的激素组合

不同品种、不同发育阶段和养分含量的外植体对激素种类、浓度、组合的要求不同，再加上实验条件和激素不稳定性的影响，研究者们对于水仙组培快繁最佳的激素配比并没有较一致的看法。如 MS(N_6)＋$BA_{2.0}$＋2，4－$D_{0.1}$（陈振光等，1982，1986；陆春芳等，2002）、MS＋$KT_{1.0}$＋$NAA_{1.0}$＋CH（或不加）（陆春芳等，2002）、MS＋$NAA_{2.0}$＋$IAA_{1.0}$（李招文等，1982）、MS＋$BA_{0.5}$＋$NAA_{1.0}$（黄莺等，1990）。我们的结论是 MS＋$BA_{0.5}$＋2，4－$D_{0.1}$与 MS＋$BA_{0.5}$＋$NAA_{2.0}$分别是黄花水仙和南日岛水仙的最佳培养基激素组合。因此在今后的实验中，应改进材料选取、预处理，激素的配制、添加以及高压灭菌和无菌操作技术这些看似普通但又极为关键的步骤，提高实验结果的准确性和可靠度。

3.3　快繁速度与小鳞茎质量的矛盾

通过愈伤组织形成不定芽无疑是提高水仙花繁殖系数的有效方法（陈振光等，1982；顾亨森等，1987，1991；宋为民等，1981；谢嘉华等，2002；袁学军等，1999），但其分化的小苗容易变异，这限制了这一方法在水仙良种推广方面的应用。实验过程中，我们也不可避免地遇到了这个问题。当黄花水仙接入组合⑥（MS＋$BA_{0.5}$＋2，4－$D_{0.1}$）和②（MS＋$BA_{0.5}$＋$NAA_{1.0}$）后，外植体逐渐形成一种类似脱分化的状态，虽不形成愈伤组织，但在一定的条件下会分化出 6～7 个细弱的不定芽。黄莺等（1990）也报道，NAA/BA 比值大有利于不定芽的诱导，从而影响成球率。其增殖率比腋生小鳞茎的方法翻了一番，与愈伤组织的途径相比，无须诱导培养基与分化培养基的区别，也不用遮光处理。但是部分小鳞茎的生长出现玻璃化现象，再加上壮苗继代培养的时间，这一途径的研究在生产上的意义有待探讨。

3.4　组培苗的移栽

组培苗移栽对环境条件、移栽技术大多有较高的要求（陈生良，1997；方少忠等，2003；丰锋，2001；金韵琴，朱鹿鸣，1989），但水仙组培苗的移栽步骤简单、效率高。我们将组培苗诱导生根后，按组培常规移栽方法炼苗、移栽入营养钵，一天后小鳞茎的叶片便由垂落状恢复至硬挺状态，待其成活后将其移入田间，成活率达 97%以上，生长健壮。陈振光等（1986）认为，组培苗无论长根或不长根，均可直接移植于田间。顾亨森等（1987，1991）、李招文等（1983）采用了同样的做法，成活率可达 90%以上。黄花水仙和南日岛水仙是否可以不经试管生根直接移栽，仍需进一步实验证实。

小　结

纵观其他草本植物的组织培养，水仙花的组织培养技术相对容易掌握，小鳞茎的形成较快，培养、移栽条件也无特殊要求，极具推广的潜力。通过实验，我们认为：水仙球先于冰箱(4～10 ℃)中预处理一个月，以带有最外层鳞片的鳞茎盘为最佳外植体，外植体大小 8 mm×5 mm 左右，消毒时间以 0.1% 升汞处理 12 min 为宜。黄花水仙的初代培养基中添加 BA0.5 mg·L^{-1}与 2,4－D0.1 mg·L^{-1}，继代培养基中添加 BA1.0 mg·L^{-1}与 2,4－D1.0 mg·L^{-1}诱导效果较好。南日岛的初代培养基中添加 BA0.5 mg·L^{-1}与 NAA2.0 mg·L^{-1}，继代培养基中添加 BA1.0 mg·L^{-1}与 2,4－D0.5 mg·L^{-1}，诱导效果较好。生根培养基为 1/2MS＋NAA0.05 mg·L^{-1}(两品种通用)。移栽方法按常规的组培苗移栽步骤。可以尝试以较高浓度的 2,4－D、NAA 与 BA0.5 mg·L^{-1}组合，进行进一步的比较实验。

由于材料短缺与技术水平和实验条件的限制，无法进行群体较大的正交试验，一些组培影响因素难免被忽视，这有待进一步完善。

致谢

本实验在陈晓静老师的悉心指导下完成，论文写作过程中得到陈老师的细心修改，在此表示衷心感谢。同时，感谢福建农林大学果树遗传育种教研室提供的水仙良种、陈祥檀同学的良好协助以及林允信老师在实验上给予的方便。此外，齐永鑫同学帮助拍摄了照片，林庆良老师给了不少指点，师兄孙奇、师姐申艳红对实验进程帮助不少，这些使实验得以更加顺利地开展，在这里向他们表示诚挚的谢意。

参考文献：

[1]陈生良.观赏草本植物组培试管苗出瓶移栽管理技术探讨[J].嘉兴农业，1997(3)：31～32

[2]陈振光.中国水仙组织培养快速繁殖研究初报[J].福建农学院学报，1982(1)：9～13

[3]陈振光，林庆良，刘群，林顺权.中国水仙花粉原生质体的分离与培养[J].福建农学院学报(自然科学版)，1993，22(2)：159～163

[4]陈振光，邱雪芝，林庆良，吴金寿.中国水仙试管育苗研究[J].福建农学院学报，1986，15(3)：204～210

[5]陈振光主编.园艺植物离体培养学[M].北京：中国农业出版社，1995

[6]方少忠等.试管苗移栽过渡的几个技术要领[J].福建农业科技，2003(1)：44～45

[7]丰锋.提高试管苗成活率的技术研究[J].中国南方果树，2001，30(4)：63～64

[8]顾亨森，高翠华.植物激素对水仙鳞茎切块愈伤组织的诱导、保持和器官分化的影响[J].园艺学报，1987，14(1)：53～56

[9]顾亨森，张家藻.鳞片愈伤组织繁殖的水仙在旱作条件下的性状[J].园艺学报，1991，18(4)：311～313

[10]顾亨森等.由水仙愈伤组织产生再生植株[J].植物学报，1987，28(3)：336～339

[11]黄莺等.水仙无毒试管苗繁殖[J].上海农业科技，1990，(5)：33～34

[12]金韵琴，朱鹿鸣.提高试管苗质量及其移栽成活率技术的研究[J].江苏林业科技，1989，16(3)：9～13

[13]李招文，唐道一.水仙组织培养的研究[J].园艺学报，1982，9(4)：65～68

[14]李招文等.水仙双鳞片繁殖的培养方法和条件研究[J].园艺学报，1983，10(1)：51～56

[15]陆春芳等.崇明水仙组织培养技术初探[J].上海农业科技，2002(6)：18～19

[16]吕柳新，朱秀英，欧静.多花水仙胚珠离体培养[J].福建农学院学报，1988，17(3)：216～218

[17]宋为民，陈为民.中国水仙愈伤组织的培养及植株分化试验[J].植物生理学通讯，1981(1)：55

[18]谭文澄，戴策刚主编. 观赏植物组织培养技术[M]. 北京：中国林业出版社，1998

[19]谢嘉华，袁建军. 中国水仙的组织培养[J]. 生物学杂志，2002，19(3)：30，36

[20]许荣义，李益民主编. 中国水仙[M]. 福州：福建美术出版社，1992

[21]叶银根，陈星球. 水仙双鳞茎切块繁殖的研究Ⅰ. 小鳞茎的形态发生和成苗过程[J]. 园艺学报，1985，12(2)：113～118

[22]余望. 植物激素对水仙愈伤组织形成及分化的影响[J]. 福建师专学报(自然科学版)，2001，21(5)：55～57

[23]袁学军等. 水仙脱毒快繁[J]. 植物杂志，1999(2)：28

缩写词对照

缩写词	英文全称	中文全称
2，4－D	2，4－dichlorophenoxyacetic acid	2，4－二氯苯氧乙酸
6－BA	6－benzyladenine	6－苄基腺嘌呤
CH	Casein hydrolysate	水解酪蛋白
IAA	Indole－3－acetic acid	吲哚乙酸
KT	Kinetin	激动素
NAA	α－naphthaleneacetic acid	萘乙酸

附表：

附表 1　不同初代培养基激素组合对黄花水仙成球率的诱导效果方差分析

变异来源	*DF*	*SS*	*MS*	*F*	$F_{0.05}$	$F_{0.01}$
激素组合(SSt)	7	77.362 9	11.051 8	7.786 2**	2.08	2.79
误差(SSe)	129	183.104 3	1.419 4	—	—	—
总变异(SST)	136	260.467 2	1.915 2	—	—	—

"*"、"**"分别表示差异显著性水平达到 $P=0.05$、$P=0.01$，下同。

附表 2　不同初代培养基激素组合对南日岛成球率的诱导效果方差分析

变异来源	*DF*	*SS*	*MS*	*F*	$F_{0.05}$	$F_{0.01}$
激素组合(SSt)	9	52.354 4	5.817 2	4.322 2**	1.93	2.50
误差(SSe)	219	294.759 1	1.345 9	—	—	—
总变异(SST)	228	347.113 5	1.522 4	—	—	—

附表 3　不同浓度 BA 对两品种成球率的诱导效果方差分析

变异来源	*DF*	*SS*	*MS*	*F*	$F_{0.05}$	$F_{0.01}$
处理组合(SSt)	5	26.089 2	5.217 8	3.212 3**	2.30	3.19
品种	1	4.585 1	4.585 1	2.822 8	3.93	6.85
BA 浓度	2	20.051 6	10.025 8	6.172 4**	3.08	4.79
品种×激素	2	1.452 5	0.726 3	＜1	—	—
误差(SSe)	121	196.540 7	1.624 3	—	—	—

注：2，4－D 浓度同为 0.1 $mg \cdot L^{-1}$。

附表 4 不同浓度 BA 对两品种成球率的诱导效果方差分析

变异来源	DF	SS	MS	F	$F_{0.05}$	$F_{0.01}$
处理组合(SSt)	5	32.376	6.475 2	4.988 2**	2.32	3.23
品种	1	0.338 3	0.383 3	<1	—	—
BA 浓度	2	32.037 7	16.018 9	12.340 3**	3.10	4.86
品种×激素	2	0	0	0	—	—
误差(SSe)	87	112.935 8	1.298 1	—	—	—

注:NAA 浓度同为 1.0 mg·L^{-1}。

附表 5 不同浓度 2,4—D 对两品种成球率的诱导效果方差分析

变异来源	DF	SS	MS	F	$F_{0.05}$	$F_{0.01}$
处理组合(SSt)	5	17.532	3.506 4	2.057 7	2.30	3.19
品种	1	0.792 8	0.792 8	<1	—	—
BA 浓度	2	13.508 9	6.754 5	3.963 9*	3.08	4.79
品种×激素	2	3.224 9	1.612 5	<1	—	—
误差(SSe)	114	194.259 7	1.704 0	—	—	—

注:BA 浓度同为 1.0 mg·L^{-1}。

附表 6 不同浓度 BA 与 NAA 对南日岛水仙成球率的诱导效果方差分析

变异来源	DF	SS	MS	F	$F_{0.05}$	$F_{0.01}$
处理组合(SSt)	3	14.090 3	4.696 8	2.142 8	2.71	4.01
BA 浓度	1	5.276 1	5.276 1	2.407 1	3.95	6.93
NAA 浓度	1	6.262 5	6.262 5	2.857 1	3.95	6.93
NAA	1	2.551 7	2.551 7	1.164 1	3.95	6.93
误差(SSe)	93	203.847 8	2.191 9	—	—	—

附表 7 不同浓度 2,4—D 对两品种继代培养成球率的诱导效果方差分析

变异来源	DF	SS	MS	F	$F_{0.05}$	$F_{0.01}$
处理组合(SSt)	3	4.9718	1.6573	2.2718	2.65	3.94
品种	1	4.6402	4.6402	6.3608*	3.90	6.81
BA 浓度 BA	1	0.1663	0.1663	<1	—	—
品种×BA	1	0.1653	0.1653	<1	—	—
误差(SSe)	141	102.8627	0.7295	—	—	—

注:BA 浓度同为 1.0 mg·L^{-1}。

导师评语:

该生根据不同水仙品种各自的特异性,在前人探索出优良培养基配方的基础上,筛选出更适合于这两个水仙新品种的组合,为其工厂化育苗提供了依据。该生科研态度严谨、思路清晰、工作扎实,具有较强的吃苦耐劳精神和进一步深造的潜力。

茶叶中微生物和重金属的残留动态和降解技术初探

福建农林大学园艺学院茶学专业 2000 级　李玲琴*
指导老师：福建农林大学　孙威江副教授

摘要：本文通过对绿茶的揉捻叶进行取样，采用不同烘温、不同时间处理，对烘叶在包装过程中进行取样，检测其中的微生物数量的残留变化，发现烘温和时间对微生物的降解有一定的影响。通过对茶树进行喷药处理，以白茶加工各工序的茶叶以及烘叶作为茶样，检测观察其降解情况，发现不同烘温、不同微波火力及时间都对重金属的降解无作用。

关键词：茶叶　微生物　重金属　残留　降解

The Initial Research on Residue Development and Degradation of Microorganismand Heavy Metal in Tea

Li Lingqin
Horticulture College, Fujian Agriculture and Forestry University
Teacher: Sun Weijiang

Abstract: This paper samples rolling green tea and roasted tea in the packaging process, using different temperature and time to detect rudimental change of microorganism. The result is: roasting temperature and time have some effect on degradation of microorganism. We also find that different temperature, different microwave's radiancy and different time have no effect on degradation of heavy metals by spraying pesticide on white tea, sampling working procedure, adopting different temperature and microwave's radiancy.

Key Words: Tea, Microorganism, Heavy metals, Rudimental, Degradation

茶叶作为世界三大饮料之一，消费量在不断增加，其保健作用逐渐被人们重视，随着人们生活水平的提高和健康意识的增强，消费者对茶叶的卫生质量要求也日趋严格。茶叶的卫生质量主要包括三个方面：农药残留、重金属和有害微生物。

目前关于有害微生物的检验项目和允许标准尚不完善，我国暂未将有害微生物列为茶叶标准中的强制性指标，但欧盟、美国和日本已作为试检项目。根据美国和日本对我国茶叶的检验结果，我国茶叶的微生物污染情况不容乐观[1]。另外，茶叶中重金属含量问题是近几年备受人们关注的新问题。我国现行茶叶卫生标准重金属项目只对铜、铅做出限量标准，其中铅的 MRL 标准为≤2 mg/kg，铜的 MRL 标准为≤60 mg/kg[2]。砷虽为一种非金属元素，但毒性

* 作者现为福建农林大学园艺学院 2004 级硕士研究生。

与某些重金属相似，其化合物多数使人、畜、禽致病、致畸、致突变和致肿瘤等。由于茶区环境污染加重，农业部于2003年制定了茶叶中砷含量的限制标准，规定我国范围内生产和销售做饮料用的茶叶砷含量不得超过2 mg/kg[3]。

近年来，茶叶研究工作者对铅的污染来源研究得较多，但对铜和砷的研究相对较少。据黄财标和董丽清研究结果得知，铜作揉捻机棱骨材料的金属增加量明显高于铝，而绿茶又高于乌龙茶[4]。据孙威江等研究得知，茶园重金属残留来源之一是肥料和农药[5]。最主要的是磷肥中含有的镉、铅加重重金属的污染[6]，而农药对重金属污染的影响还少有人研究。林秀云等人的实验结果认为微生物在加工中的污染情况也很严重，茶叶中受污染的微生物含量主要取决于茶叶制作工艺。闽南乌龙茶微生物含量比闽北乌龙茶高，因为闽南乌龙茶焙火温度低，而闽北乌龙茶焙火温度高[7]。

从其食品属性来看，茶叶应属于风险性最小的一类，因为茶叶属于干燥食品，而且所含蛋白质含量甚低，不具备提供微生物生长的条件，但在加工过程中也同样存在污染有害微生物的可能性，所以本实验只对加工后在包装过程中的茶叶取样，旨在分析其污染原因[8]。

本实验拟了解不同加工过程微生物和重金属含量的残留变化情况，通过对不同的取样材料采用不同的处理，试分析在处理过程中哪种处理会对微生物或重金属的降解产生影响。

1 材料与方法

1.1 试验材料

微生物的供试材料为福云六号品种的揉捻叶，各取250 g经过100 ℃7分钟、15分钟，120 ℃7分钟、15分钟，130 ℃7分钟这五个处理，直接烘叶、贴近地面的烘叶、包装袋子的面上茶和边上茶这四个样各250 g，重复三次。

重金属的供试材料为经过400倍稀释的苦参碱、扑虱灵和甲氰菊酯混合喷施后的福鼎大白茶品种的茶青2.5 kg、杀青叶1 kg、揉捻叶0.75 kg、烘干叶1.25 kg以及各取300 g烘叶经过中火、高火各1分钟、2分钟、4分钟处理，烘温80 ℃、110 ℃、140 ℃处理半小时后的茶样，重复两次。

1.2 试验方法

1.2.1 微生物

一般生菌、耐热菌：参照中华人民共和国国家标准GB 4789.2—94《食品卫生微生物学检验——菌落总数测定》。

真菌：参照中华人民共和国国家标准GB 4789.15—94《食品卫生微生物学检验——霉菌和酵母计数》。

1.2.2 重金属

铅的测定方法：称取约0.500 0 g茶样于50 ml聚四氟乙烯坩埚中，用少许水润湿，加入10 ml盐酸，在电热板上低温加热溶解2小时，然后加入15 ml硝酸继续加热，至溶解物余下约5 ml，加入5 ml氢氟酸并加热分解氧化硅及胶态硅酸盐，最后加入5 ml高氯酸加热蒸发至近干，再加入硝酸1 ml，加热溶解残渣，加入0.25 g硝酸镧溶解定容至25 ml，取试样清液用火焰原子吸收分光光度法测定。

铜的测定方法：参照中华人民共和国国家标准GB/T 17138—19《火焰原子吸收分光光度法》。

砷的测定方法：称取约 0.500 0 g 茶样置于 250 ml 三角烧瓶中，加入浓硝酸 10 ml、高氯酸 2 ml，摇匀，盖上表面皿，放置过夜。移到电热板上加热分解。当试样体积减少而发黑时，再补加硝酸 2 ml，继续加热，提高温度至 200 ℃，除去表面皿，蒸发除去全部高氯酸，残渣为灰白色。取下烧瓶稍冷，加入 6 mol/L 盐酸 4 ml，加热至沸，用定量滤纸过滤入 25 ml 容量瓶中，蒸馏水洗涤三角瓶及滤纸，加水定容。吸取一定量消解液用氢化物—非色散原子荧光法测定。

2 结果分析

2.1 微生物

微生物检测对象为一般生菌、真菌和耐热菌，其检测结果如表 2-1。

表 2-1 微生物检测原始数据

		一般生菌	真菌	耐热菌
100 ℃7′	Ⅰ	290	15	阴性
	Ⅱ	755	80	阴性
	Ⅲ	180	0	阴性
100 ℃15′	Ⅰ	120	0	阴性
	Ⅱ	135	0	阴性
	Ⅲ	65	0	阴性
120 ℃7′	Ⅰ	40	0	阴性
	Ⅱ	30	0	阴性
	Ⅲ	45	0	阴性
120 ℃15′	Ⅰ	0	0	阴性
	Ⅱ	20	5	阴性
	Ⅲ	5	0	阴性
130 ℃7′	Ⅰ	15	10	阴性
	Ⅱ	30	0	阴性
	Ⅲ	45	0	阴性
直接烘叶	Ⅰ	35	0	阴性
	Ⅱ	20	5	阴性
	Ⅲ	20	0	阴性
贴地烘叶	Ⅰ	40	15	阴性
	Ⅱ	870	40	阴性
	Ⅲ	475	80	阴性
袋子面上茶	Ⅰ	260	0	阴性
	Ⅱ	135	5	阴性
	Ⅲ	485	5	阴性
袋子边上茶	Ⅰ	185	5	阴性
	Ⅱ	150	10	阴性
	Ⅲ	165	0	阴性

从表 2-1 我们可以看出，耐热菌全部表现为阴性，说明这些茶样都比较干净，而真菌的数值

也较小，只有贴近地面处和 100 ℃7′处理的Ⅱ茶样的真菌含量较多，而 100 ℃7′处理的数值偏高的原因是 7′处理的茶样未完全烘干，导致在 100 ℃烘温下未被杀死的微生物在水分相对较高的情况下大量滋生。其他的茶样都较少，大都为零，故以下只对一般生菌数进行方差分析。

表 2-2　不同烘温处理的一般生菌数量(时间为 7 分钟)

烘温(℃)	观察值			T_i	$\bar{y}_i$
100	290	755	180	1225	408.3
120	40	30	45	115	38.3
130	15	30	45	90	30.0
				1430	158.9

表 2-3　不同烘温的方差分析表(时间为 7 分钟)

变异来源	DF	SS	MS	F	$F_{0.05}$	$F_{0.01}$
处理间	2	280 105.6	140 052.8	4.50	5.14	10.92
处理内	6	186 883.3	31 147.2			
总变异	8	466 988.9				

表 2-4　不同烘温处理的一般生菌数量(时间为 15 分钟)

烘温℃	观察值			T_i	$\bar{y}_i$
100	120	135	65	320	106.7
120	0	20	5	25	8.3
				345	57.5

表 2-5　不同烘温的方差分析表(时间为 15 分钟)

变异来源	DF	SS	MS	F	$F_{0.05}$	$F_{0.01}$
处理间	1	16 904.2	16 904.2	126.81	7.71	21.20
处理内	4	533.3	133.3			
总变异	5	17 437.5				

从表 2-2 至表 2-5 中可以看出，若处理时间为 7 分钟，则三个不同烘温处理间无显著差异，即微生物数量无多大变化；若处理时间为 15 分钟，则 100 ℃、120 ℃两个处理间有显著差异，即微生物数量发生明显变化。但从原始数据上看，处理时间同为 7 分钟的微生物数量从高到低的烘温顺序为 100 ℃、120 ℃、130 ℃，虽然无明显差异，但不同烘温处理还是有一定影响，特别是 100 ℃与 120 ℃之间的差异稍大，说明适当提高烘温对减少微生物数量有一定促进作用。

表 2-6　不同加工工序取样的一般生菌数量

烘温	观察值			T_i	$\bar{y}_i$
直接烘叶	35	20	20	75	25.00
贴地烘叶	40	870	475	1 385	461.67
面上茶	260	135	485	880	293.33
边上茶	185	150	165	550	166.67
				2 840	236.67

表 2-7 不同包装过程取样的方差分析表

变异来源	DF	SS	MS	F	$F_{0.05}$	$F_{0.01}$
处理间	3	308 766.67	102 922.22	2.01	4.07	7.59
处理内	8	410 250.00	51 281.25			
总变异	11	719 016.67				

从表 2-6、表 2-7 中可以看出，烘叶在包装的各工序所取的样中微生物数量无明显差异，但从表 2-1 中可以看出，微生物数量从高到低的顺序为贴近地面处的烘叶、袋子面上茶、袋子边上茶、直接烘叶。烘叶在包装的过程中掉在地上最易受污染。贴近地面的烘叶，由于与地面直接接触，不仅一般生菌数最多，而且真菌的数量也最多。袋子面上茶的微生物数量也大于袋子边上茶，说明敞口的袋子中面上茶接触微生物的机会更多，更易受污染。

2.2 重金属

重金属的检测结果中砷含量全部表现为未检出，说明该茶园的茶叶中砷含量较低，故以下只对铜、铅进行方差分析。

表 2-8 不同加工工序的茶样中铜含量的残留变化

不同工序取样	检测值		T_i	$\overline{y}_i$
茶青	2.782	2.744	5.526	2.763
杀青叶	3.709	1.745	5.454	2.727
揉捻叶	14.207	16.826	31.033	15.516
烘干叶	12.768	18.511	31.279	15.640
			73.292	9.615

表 2-9 不同加工工序的茶样中铜含量的方差分析表

变异来源	DF	SS	MS	F	$F_{0.05}$	$F_{0.01}$
处理间	3	233.465	77.822	14.248	6.59	16.69
处理内	4	21.850	5.462			
总变异	7	255.315				

表 2-10 不同加工工序的茶样中铜含量的差异显著性

不同工序取样	平均值	差异显著性	
		5%	1%
烘干叶	15.639 5	a	A
杀青叶	15.313 5	a	A
揉捻叶	2.763	b	B
烘干叶	2.727	b	B

从表 2-8 至表 2-10 中可以看出，茶青与杀青叶之间、揉捻叶与烘干叶之间铜含量无显著差异，但揉捻叶与杀青叶之间有明显差异，因为揉捻机的棱骨是由金属铜制成的，故杀青叶的铜含量在揉捻过程中会急剧增加。有关机具、贮器的重金属原材料、合金材料常含有铜、铅等成分，对茶叶污染有一定影响。

表 2-11　不同加工工序取样中的铅残留变化

不同工序取样	检测值		T_i	$\bar{y}_i$
茶青	0.081	0.290	0.371	0.186
杀青叶	0.898	0.271	1.169	0.584
揉捻叶	0.786	未检出	0.786	0.393
烘干叶	0.445	0.575	1.020	0.510
			3.346	0.418

表 2-12　不同加工工序取样中的铅含量方差分析表

变异来源	DF	SS	MS	F	$F_{0.05}$	$F_{0.01}$
处理间	3	0.182	0.061	0.13	6.59	16.59
处理内	4	1.935	0.484			
总变异	7	2.117				

从表 2-11、表 2-12 中可以看出，四个工序的不同取样中铅含量无明显差异，而从原始数据中可以看出茶青中的铅含量会稍低一些。

表 2-13　不同微波火力、时间处理后茶叶中铜的残留变化

火力	时间(分钟)			T_i	$\bar{y}_i$
	1	2	4		
中火	15.968	10.101	9.971		
	12.626	12.296	13.897	73.859	12.310
(小计)	28.594	22.397	22.868		
高火	17.737	9.096	15.432		
	12.286	17.937	11.866	84.354	14.118
(小计)	30.023	27.033	27.298		
总和 T_i	58.617	49.430	50.166	158.213	
平均值$\bar{y}_i$	14.654	12.358	12.542		13.185

表 2-14　不同微波火力、时间处理后茶叶中铅含量的方差分析表

变异来源	DF	SS	MS	F	$F_{0.05}$	$F_{0.01}$
处理组合间	5	23.820	4.764	0.355	4.39	8.75
火力	1	9.179	9.719	0.685	5.99	13.75
时间	2	13.030	6.515	0.486	5.14	10.92
火力 * 时间	2	1.611	0.806	0.060	5.14	10.92
试验误差	6	80.423	13.404			
总变异	11	104.243				

表 2-15　不同微波火力、时间处理后茶叶中铅含量的残留变化

火力	时间(分钟)			T_i	$\overline{y_i}$
	1	2	4		
中火	0.442	0.946	0.931		
	1.373	1.195	1.992	6.879	1.146
(小计)	1.185	2.141	2.923		
高火	未检出	0.068	0.687		
	1.323	0.770	0.705	3.553	0.592
(小计)	1.323	0.838	1.392		
总和 T_i	3.138	2.979	4.315	10.432	
平均值 $\overline{y_i}$	0.784	0.745	1.079		0.869

表 2-16　不同微波火力 、时间处理后茶叶中铅含量的方差分析表

变异来源	DF	SS	MS	F	$F_{0.05}$	$F_{0.01}$
处理组合间	5	1.337	0.267	0.746	4.39	8.75
火力	1	0.922	0.922	2.757	5.99	13.75
时间	2	0.266	0.133	0.372	5.14	10.92
火力 * 时间	2	0.149	0.074	0.207	5.14	10.92
试验误差	6	2.149	0.358			
总变异	11	3.486				

从表 2-13 至表 2-16 中可以看出，微波不同火力、时间处理后茶叶烘叶的铅、铜含量无明显变化，同一时间不同火力大小或是同一火力不同时间的处理之间都没有显著差异，这说明该处理不能对铅、铜含量的降解起促进作用。

表 2-17　不同烘温处理后的茶叶中铜的残留变化

烘温(℃)	检测值		T_i	$\overline{y_i}$
80	7.554	14.933	22.487	11.245
110	17.123	16.313	33.436	16.718
140	15.791	18.979	34.770	17.385
			90.693	15.116

表 2-18　不同烘温处理后的茶叶中铜含量的方差分析表

变异来源	DF	SS	MS	F	$F_{0.05}$	$F_{0.01}$
处理间	2	45.422	22.711	2.088	9.55	30.82
处理内	3	32.635	10.878			
总变异	5	78.057				

表 2-19　不同烘温处理后的茶叶中铅的残留变化

烘温(℃)	检测值		T_i	$\overline{y_i}$
80	2.022	0.720	2.742	1.371
110	1.146	2.575	3.903	1.952
140	0.738	1.800	2.538	1.269
			9.183	1.531

表 2-20　不同烘温处理后的茶叶中铜含量的方差分析表

变异来源	DF	SS	MS	F	$F_{0.05}$	$F_{0.01}$
处理间	2	0.543	0.272	0.470	9.55	30.82
处理内	3	1.738	0.579			
总变异	5	2.281				

从表 2-17 至表 2-20 中可以看出，不同烘温处理后铜、铅含量没有呈下降趋势，这说明烘温提高对重金属铜、铅的降解不起作用。

3　小结与讨论

从上述实验数据中可以得知：不同烘温对微生物数量有一定影响，故烘焙时在不影响茶叶品质的前提下可适当提高叶温，以减少微生物数量。从实验结果得知，120 ℃烘温对微生物的降解效果最好，故茶叶只需在 120 ℃条件下烘干即可。烘叶在包装过程中受污染也较严重，故应加强对初制厂的管理，茶叶在烘干后应让茶叶落在承接物上，而不应直接落在地上，视觉上给人感觉很干净的地面实际仍存在许多有害微生物，这些微生物在与茶叶接触时就吸附到茶叶上。重金属部分的实验结果表明用不同烘温处理与用不同微波火力、时间处理对重金属含量无多大影响，说明这些处理对重金属的降解不起显著作用。

对于茶叶微生物和重金属污染，我们应主要从生产源头、技术上解决问题，不应等到污染后再采取补救措施。在有害微生物的问题上，应加强对茶叶生产的卫生宣传，建立茶叶生产的卫生规范，在鲜叶及成茶的摊放地、茶厂的环境、工人的卫生状况和服装、包装器具和场所及茶叶仓储等方面均应有严格要求和管理，防止有害微生物进入茶中[1]。在重金属问题上，加强对茶叶生产者环保知识的宣传和教育，提高环保意识，在萌芽阶段有效控制污染[9]。一方面，肥料使用方面要遵照各种无公害茶园的生产规程和用肥标准选择肥料，做到合理施肥[10]。不施或少施含重金属的肥料与农药，对重金属残留量偏高的茶园，通过增施有机肥以增加土壤有机质对重金属的吸附固定[9]。另一方面，要控制肥料中可能存在的有害污染物质掺杂，以免有害物质随肥料污染土壤环境[10]，污染茶树。已受到重金属污染的土壤应及时采取治理措施，可以施用改良剂、农业措施和生物措施等[11]。

参考文献：

[1]罗淑华，曾跃辉，杨拥军．对我国茶叶卫生质量的几点思考[J]．中国茶叶，2003(5)：9～10

[2]陈銮．福建茶叶卫生质量状况与思考[J]．福建茶叶，2002(2)：33～35

[3]吴洵. 重视茶园砷污染[J]. 中国茶叶，2003(6)：11～12

[4]黄财标，董丽清. 福建茶叶铜含量现状及初制过程污染的探讨[J]. 福建茶叶，2001(1)：16～19

[5]孙威江，罗星火，陈志雄. 福建名优绿茶产地土壤环境质量现状评价[J]. 福建农业大学学报，1998，27(2)：172～176

[6]孙威江，林智，杨亨栋. 无公害茶叶[M]. 北京：中国农业大学出版社，2001

[7]林秀云，林剑素，王忠. 茶叶中微生物污染情况初探[J]. 茶叶科学技术，1996(1)：31～33

[8]陈宗懋. 我国茶叶卫生质量面临的问题和对策[J]. 福建茶叶，2001(3)：33～34

[9]陈宗懋，吴洵. 关于茶叶中的铅含量问题[J]. 中国茶叶，2000(5)：3～5

[10]杨文俪. 茶树栽培过程的污染防治技术[J]. 福建茶叶，2004(1)：28～29

[11]罗星火，孙威江. 福建茶园的清洁状况及污染防治[J]. 福建茶叶，1999(4)：16～17

导师评语：

该生选题正确，论文总体思路清晰，有一定的创新性。对于茶叶中微生物和重金属的残留动态和降解技术初步的探索，反映出作者具有较为扎实的专业基础知识以及较强的科研能力。本论文也从一个侧面反映出作者勤奋好学、严谨求实的良好学风。

褐牙鲆白化鱼苗体色恢复试验

集美大学水产学院水产养殖专业 2000 级　关　健*
指导教师:集美大学　常建波教授

摘要:2004 年 1 月—4 月,在漳州市漳浦县顺发海水养殖场褐牙鲆工厂化育苗中进行了白化鱼苗体色恢复试验。主要采用增强光照(完全自然光照)、池底铺沙以及通过向配合饲料中添加鱼油调整饲料中脂肪酸含量等技术措施。通过增强光照,各组白化鱼苗的体色都明显恢复。到试验结束时,从恢复比例来看,单纯光照组有约 35.6%的白化苗体色完全恢复正常;光照铺沙组有约 41.6%的白化鱼苗体色完全恢复正常;光照鱼油组有约 34.2%的白化鱼苗体色完全恢复正常,其他未完全恢复的鱼苗体色也发生了不同程度的恢复。从白化的类型来看,白化面积大的类型所占比例逐渐减少、白化面积小的类型所占比例逐渐增加这种趋势在试验组中表现得相当明显。

关键词:褐牙鲆　白化　体色恢复

The Experiment for the Skin Color Instauration of Albinism Paralichthy Olivaceus Fry

Guan Jian
Aquacutune Zishenies College
Jimei University
Teacher:Chang Jianbo

Abstract: A 40-days feeding trial was conducted for the skin color instauration of albinism left-eyed flounder fry was proceeded in the breeding artificially in Shunfa Marine Fishery, Zhangpu from January to April in 2004. In experiment we used three methods including increase light strength (nature light completely),spread some sand on the pond bottom and adjust the fatty acids content by add fish-oil to formula feeding. The skin color of every group recovered obviously by increasing the light strength. At the end of the experiment,there is about 35.6% (only nature light groups), 41.6% (nature light and spread sand groups) and 34.2%(nature light and add fish-oil group)fries recover completely, the other's skin color also recover in certain degree. Observe the albinism type, we can find out that there is a trend, the percentage of the type has large white area decrease and the percentage of the type has small white area increase. The trend is more obvious in the groups which use nature light and add spread sand on the bottom.

Key Words: Paralichthy Olivaceus,Albinism,Skin color instauration

---

* 作者现为中国海洋大学在读硕士研究生,主要从事海洋鱼类繁育发育生物学研究。

褐牙鲆属于鲽形目，鲽总科，鲆科，褐牙鲆属，俗称比目鱼、牙片、偏口。

褐牙鲆是海水冷水性底栖肉食性高级珍贵经济鱼类，也是适合海水工厂化、网箱、池塘养殖的优良品种之一。1999年引进福建后，育苗和养殖迅速产业化，为福建省海水养殖业带来巨大的经济效益。褐牙鲆肉质细嫩、味道鲜美、营养丰富，是名贵的海水鱼类，市场巨大。但褐牙鲆的育苗生产不稳定，许多厂家育出的鱼苗体色异常，白化率高达50%以上，目前尚无有效控制方法。褐牙鲆白化主要是因为皮肤中缺少色素，有眼侧白化，严重影响鱼苗和成品鱼的商品价值，若增殖放流则易受敌害捕食导致低成活率，许多厂家将白化的鱼苗直接排掉，造成很大的经济损失。

国内外对褐牙鲆有眼侧白化进行了大量的研究，认为决定褐牙鲆白化的时期是全长为6～10 mm时，这一时期褐牙鲆仔稚鱼培养过程中的营养成分及配比，特别是饵料中不饱和脂肪酸以及水溶性、脂溶性维生素的种类、含量、比例及摄食和饲料转换情况等，都是影响体色白化的重要因素。其他如光照强度、海水盐度、育苗池的池底池壁颜色、水温、换水率、饲育密度等各种环境理化因子等都对褐牙鲆的白化也有不同程度的影响。但就已经白化的鱼苗体色恢复的研究而言，国内外尚未见试验报道。参考集美大学水产学院2002届学生赵艳民的毕业论文《防止鲆鲽类（褐牙鲆）人工育苗体色异常技术的研究》（指导老师常建波，未发表）和集美大学水产学院2003届学生李小谦的毕业论文《光照对褐牙鲆鱼苗生长及体色的影响》（指导老师常建波，未发表）发现，光照强度对褐牙鲆育苗中鱼苗体色的影响很大，强光照能在一定程度上降低白化率，减少体色异常个体出现。有资料表明，褐牙鲆养殖中池底铺沙可使有眼侧体色变化，对于防止无眼侧黑化也有效，日本也曾报道过池底铺沙对防止白化有促进作用。

2004年1—4月，我们在漳浦顺发海水养殖场利用增强光照（自然光照，约3 000～15 000 lux）、池底铺沙以及在饵料中添加鱼油来调整饵料中脂肪酸含量的方法进行了白化鱼苗体色恢复试验。试验表明，在褐牙鲆幼鱼期间，以上措施能够有效保持其生长，促进体色恢复。现将试验情况报告如下，以期对褐牙鲆工厂化育苗中减少白化苗及提高褐牙鲆养殖生产经济效益有所帮助。

1 材料与方法

1.1 试验鱼

使用的褐牙鲆鱼卵是山东威海褐牙鲆亲鱼2003年12月20日自然产出的上浮受精卵，总数2.0 kg，孵化率60%。2003年12月21日布卵，次日孵化，12月25日开口，开口仔鱼计数为130万，2004年1月25日平均全长约18 mm时第一次分苗，计数为正常苗86万、白化苗57 000尾，总白化率6.22%，预备试验。

1.2 试验条件

1.2.1 养殖设施

试验用育苗池为2.5 m×8 m的长方形池，有效面积20 m^2，有效水深0.9 m，实用水体18 m^3。车间内水、气、暖配套，电力设施完备。正常育苗使用遮光率80%的黑网两层进行遮光，本次试验使用完全自然光照以增强试光照强度。备有照度仪一台用以测量光照强度。

1.2.2 育苗用水

育苗期间所用海水为沙滤池过滤的沙井水，海水盐度 28‰～32‰，pH 7.8～8.2。孵化水温 15～17 ℃，育苗水温 19～20 ℃。

1.2.3 饲育条件及常规管理

试验用育苗池共 6 个，循环流水，每天 11:30 时和 18:30 时停饲后大换水，排水约35 cm，每日换水率约 300%，每天上、下午用虹吸法各吸污一次。水温为自然水温，约 16～18℃。各池用气石 12 个充气，均匀分布，适量充气。适时分池。根据其生长情况适时转换配合饵料型号。

1.3 育苗饵料系列

以用小球藻强化过的褶皱臂尾轮虫为开口饵料，继之为卤虫无节幼体，人工饵料使用"海康"牌褐牙鲆专用配合饲料，其产品成分分析值见表 1-1。

表 1-1 "海康"牌褐牙鲆专用配合饲料产品成分分析保证值

型号	适用范围	产品分析保证值(%)								
		粗蛋白	粗脂肪	粗纤维	钙	总磷	水分	赖氨酸	粗灰分	食盐
S1－S5	仔稚鱼	≥48	≥12	≤2	≥1.5	≥1.5	≤11	≥2.5	≤15	≤4
S6－S8	稚幼鱼	≥50	≥12	≤2	≥1.5	≥1.5	≤11	≥2.5	≤15	≤4
P1－P2	幼鱼	≥48	≥10	≤3	≥1.5	≥1.5	≤11	≥2.5	≤15	≤4
P3－P4	幼鱼	≥45	≥8	≤4	≥1.5	≥1.5	≤11	≥2.5	≤15	≤4

1.4 试验鱼苗分组

试验用白化鱼苗在 1 月 25 日开始采用全自然光照，进行恢复试验。3 月 6 日(75 日龄)分苗分池后，计数为 56 200 尾，按其全长分为 3 个规格：小于 35 mm(共 19 200 尾)、35～45 mm(共 22 400 尾)，大于 4.5 mm(共 14 600 尾)。将每个规格鱼苗都平均分为两池，一为光照＋其他方法复合组，一为单纯光照对照组，共 6 池。因试验条件限制，未能设置弱光照对照组。具体见表 1-2。

表 1-2 试验鱼苗分组及育苗池的使用情况

规格	小于 3.5 cm	3.5～4.5 cm	大于 4.5 cm
试验方法	铺沙＋ 自然光照	自然光照＋ 饵料中添加鱼油	铺沙＋ 自然光照
养殖数量	9 600 尾	11 200 尾	7 300 尾
养殖密度	533 尾/m^3	622 尾/m^3	406 尾/m^3
单纯光照组	1#	2#	3#
光照及其他方法复合组	4#	5#	6#

1.5 试验方法

1.5.1 光照控制

采用自然光照，光照强度 3 000～15 000 lux，一般约 8 000～10 000 lux，测量时间为每日 9:00 时、16:00 时，阴天下雨时所测数据低于 3 000 lux。由于试验条件所限，未设置弱光对照组。

1.5.2 饵料的预处理方法

对于全长大于 4.5 cm 的光照添加鱼油组 6 号池白化鱼苗的饵料进行鱼油添加。所饲喂"海康"牌褐牙鲆专用配合饲料粗脂肪含量为 12%以上，所添加鱼油为福州"高龙"牌智利进口精制鱼油，添加量为 4%左右，搅拌均匀。每天清晨进行添加混合处理，保持饵料新鲜，不使用隔夜的鱼油添加饲料。

1.5.3 在育苗池底进行铺沙处理的方法

选择 4 号、5 号两口育苗池进行铺沙处理，另设 1 号池为 4 号池单纯光照组、2 号为 5 号池单纯光照组。所用沙为粒径约 0.2～0.3 mm 的海沙，使用前用高锰酸钾对沙粒进行消毒，消毒后用海水冲洗干净残余高锰酸钾。沙层厚约 5～8 cm，留排水口周围不铺，耙平沙层。

1.6 取样测定及分类

1.6.1 生长测定

实验进行期间每 10 d 从各池中随机抽样鱼苗 60 尾左右，对其生长情况进行测量，主要指标为全长(mm)，共取样测量 5 次。

1.6.2 体色恢复测定

3 月 6 日试验开始前随机抽样，进行白化类型及各型数量统计；试验结束时，对各组鱼苗进行白化类型及各型数量统计，比较两次抽样所得结果。每次随机抽样进行生长测定的同时统计样本中体色完全恢复的鱼苗的数量，共统计 5 次。

2 试验结果

2.1 白化类型、数量和白化率

2.1.1 褐牙鲆白化类型的分类

日本青海忠久[1][2]将褐牙鲆体色分为 9 个类型：Type1：正常个体；Type2：头部分白化，躯干部正常；Type3：头部完全白化，躯干部正常；Type4：头部正常，躯干部分白化；Type5：头部及躯干都部分白化；Type6：头部完全白化，躯干部分白化；Type7：头部正常，躯干完全白化；Type8：头部部分白化，躯干完全白化；Type9：完全白化。见图 2-1。

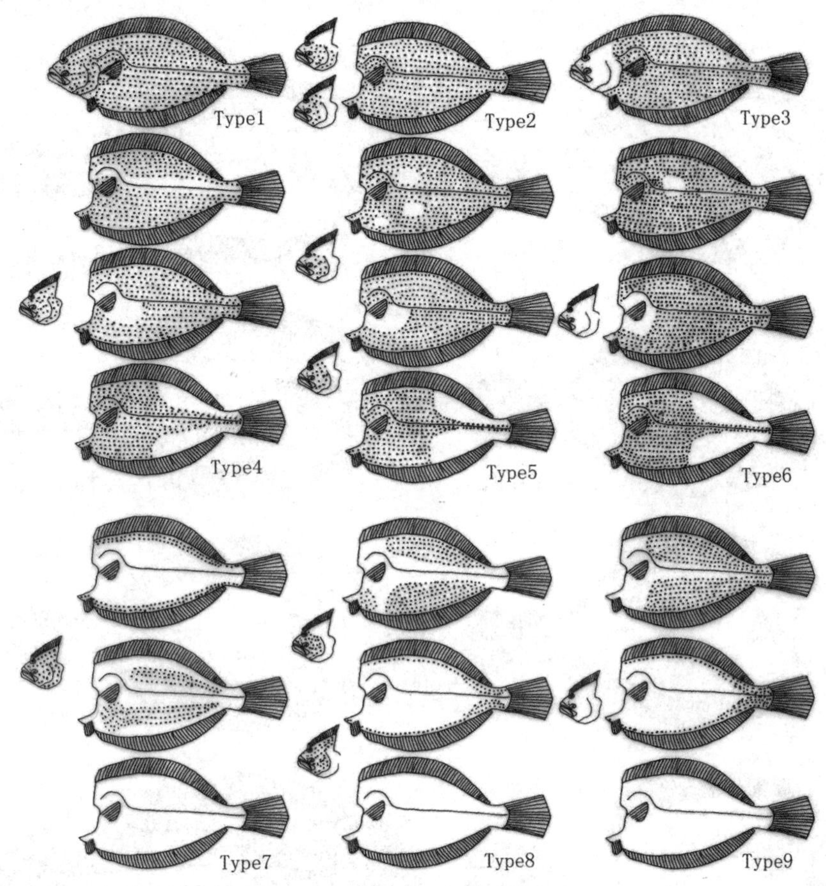

图 2-1　青海忠久对褐牙鲆白化类型的分类

2.1.2　本次试验中出现的褐牙鲆白化类型

本试验中出现的褐牙鲆白化的部位与青海忠久描述的略有差异，将其分为10个类型：TypeⅠ：头部正常，躯干完全白化；TypeⅡ：头部正常，躯干边缘正常，中间白化；TypeⅢ：头部部分白化，躯干正常；TypeⅣ：胸鳍周围区域呈梯形白化，其余正常；TypeⅤ：胸鳍周围及侧线周围白化，其余正常；TypeⅥ：侧线周围区域及其以上部分白化，其余正常；TypeⅦ：头部及尾柄处正常，其余躯干大部分白化；TypeⅧ：躯干中后部侧线周围区域呈梯形白化，其余正常；TypeⅨ：侧线中部偏尾一段的侧线周围区域白化，其余正常；TypeⅩ：鱼体全部白化。具体见图 2-2。

2.1.3　白化鱼苗白化类型的转变

试验开始时以及试验结束时，鱼苗白化的类型以及各种类型所占比例抽样统计结果见表 2-1、图 2-3。

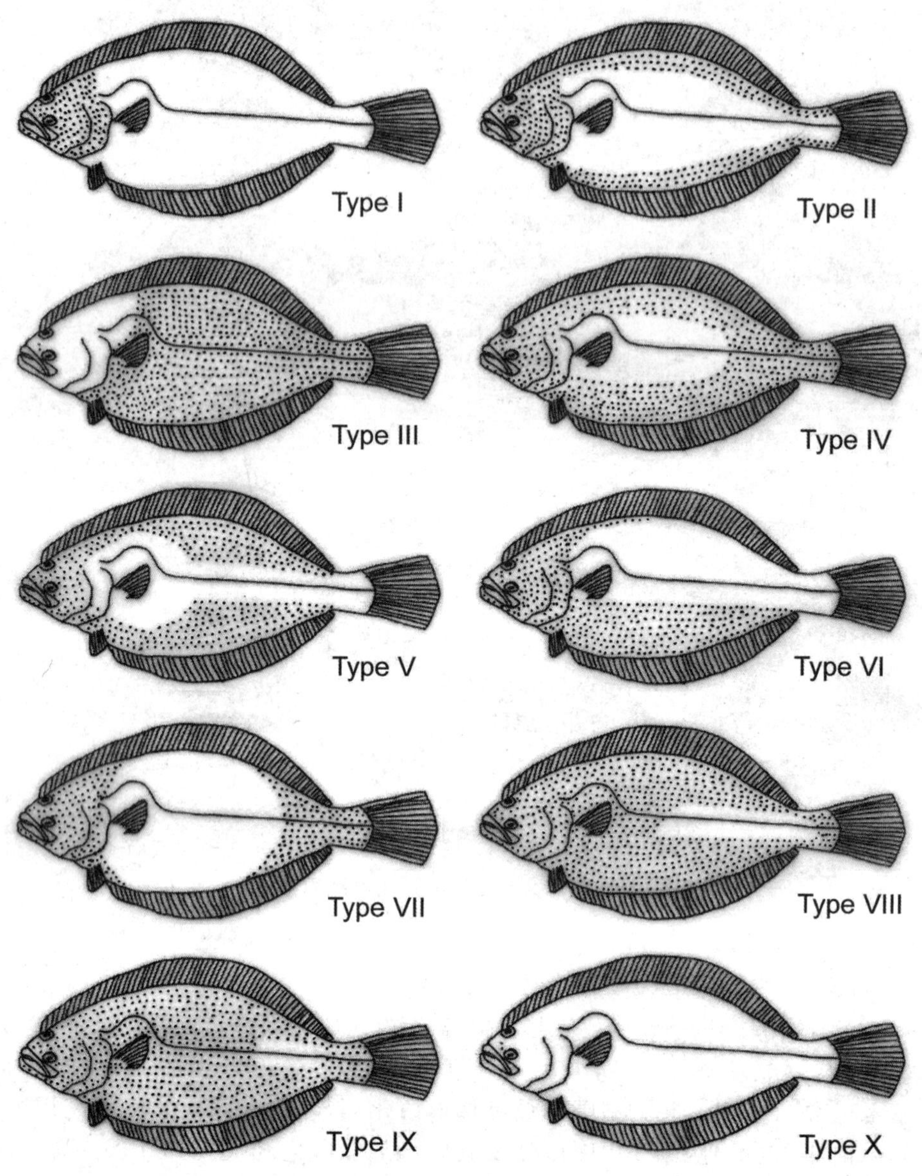

图 2-2 本试验中褐牙鲆白化类型的分类

表 2-1　白化类型以及各种类型所占比例

组别	全部鱼苗		单纯光照组		光照＋铺沙组		光照＋鱼油组	
时间	3月6日		4月15日		4月15日		4月15日	
抽样尾数	405尾		525尾		483尾		536尾	
白化类型	白化尾数（尾）	所占比例（%）	白化尾数（尾）	所占比例（%）	白化尾数（尾）	所占比例（%）	白化尾数（尾）	所占比例（%）
Ⅰ	62	15.3	34	6.5	31	6.4	40	7.5
Ⅱ	48	11.8	51	9.7	44	9.1	53	9.8
Ⅲ	26	6.4	46	8.8	50	10.4	61	11.3
Ⅳ	47	11.6	62	11.8	60	12.4	72	13.4
Ⅴ	70	17.2	41	7.8	27	5.6	33	6.2
Ⅵ	15	3.6	19	3.6	6	1.2	8	1.5
Ⅶ	28	6.9	28	5.3	14	2.9	20	3.8
Ⅷ	14	3.5	39	7.4	33	6.8	43	8.1
Ⅸ	1	0.2	17	3.2	17	3.5	23	4.2
Ⅹ	0	0.0	1	0.2	0	0.0	0	0.0
完全恢复	95	23.5	187	35.6	201	41.6	183	34.2

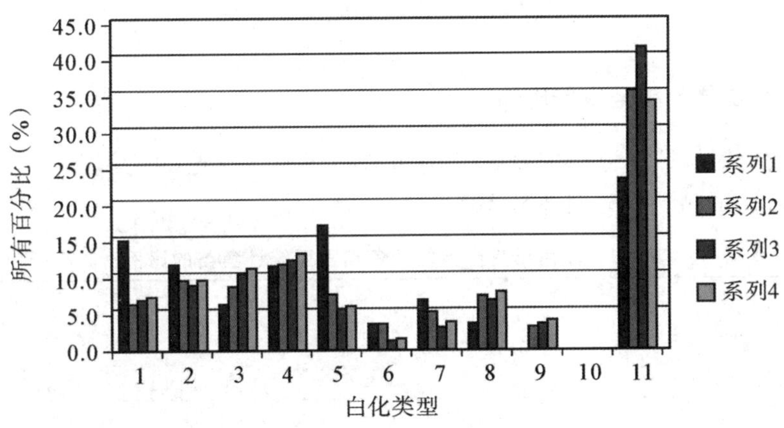

图 2-3　白化鱼苗白化类型所占比例的变化

2.2　生长测定

试验期间共分五次抽样测量鱼苗全长，结果见表 2-2 及图 2-4。

表 2-2　各池鱼苗生长情况抽样结果

全长（mm）＼池号 时间	1#	2#	3#	4#	5#	6#
3 月 6 日	37.75	49.90	57.05	36.85	50.25	55.30
3 月 16 日	46.70	56.74	76.09	44.90	55.96	66.93
3 月 25 日	57.35	67.10	80.66	49.61	66.13	73.36
4 月 5 日	67.34	79.74	96.44	62.56	77.62	87.70
4 月 15 日	78.13	91.18	105.96	71.84	84.36	98.62

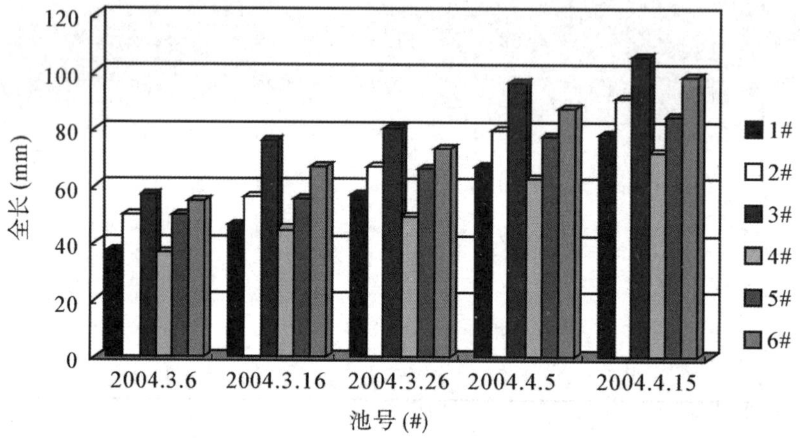

图 2-4　不同池鱼苗的生长情况

2.3　白化鱼苗体色完全恢复比例

体长测量的同时统计体色已完全恢复的鱼苗占所统计鱼苗的比例，结果见表 2-3。每组完全恢复率的对比情况图 2-5、图 2-6、图 2-7。

表 2-3　体色已完全恢复的鱼苗占所统计鱼苗的比例

比例（%）＼池号 时间	1#	2#	3#	4#	5#	6#
3 月 6 日	26.7	19.6	18.7	29.7	16.7	20.8
3 月 16 日	32.3	17.3	21.2	32.4	24.4	29.2
3 月 26 日	36.0	31.4	28.0	37.8	26.1	27.5
4 月 5 日	38.5	32.7	27.9	40.2	39.3	32.0
4 月 15 日	39.3	34.0	30.4	41.2	42.0	34.2

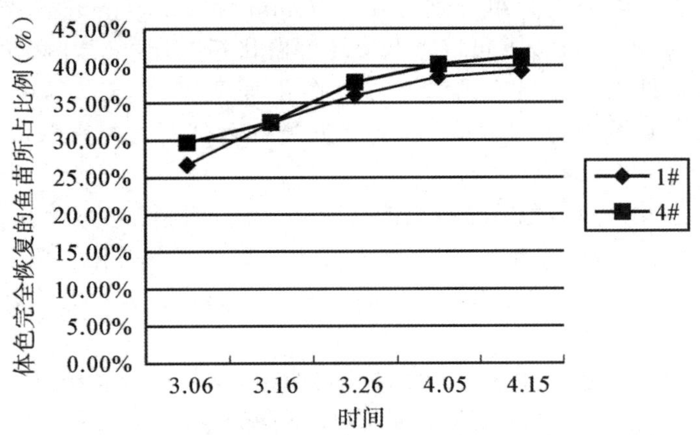

图 2-5　池底铺沙比较:试验组 4 号、对照组 1 号

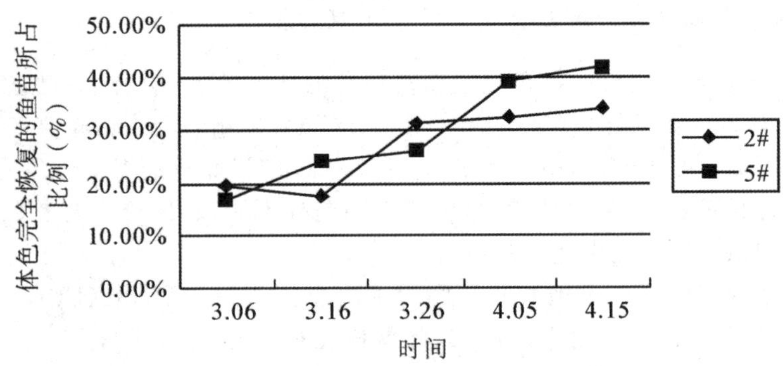

图 2-6　池底铺沙比较:试验组 5 号、对照组 2 号

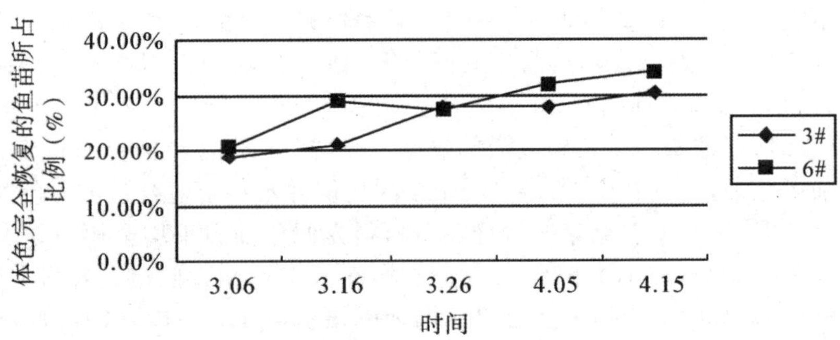

图 2-7　饲料中添加鱼油比较:试验组 6 号、对照组 3 号

3　讨论

3.1　光照对白化褐牙鲆鱼苗体色恢复的影响

李小谦(2003)使用人工光源增强光照,鱼苗的生长优于常规弱光培育的对照组,且白化率较低,23 日龄对照组的平均全长 4 个组分别为 12.22 mm、12.22 mm、11.44 mm 和

11.96 mm，而试验组平均全长 2 组分别为 12.96 mm 和 12.54 mm，差异较明显。张培军（1995）报道光照在 10 000 lux 以上可以降低褐牙鲆白化率，但对于已白化的鱼苗的体色恢复是否有积极作用尚未见报道。赵艳民（2002）对白化程度较轻、全长 15～18 mm 的鱼苗约 4 000尾进行体色恢复试验，采用 1 500 lux 光照并增加天然挠足类投喂量，20 d 后发现有约 1 360尾鱼苗体色恢复正常，恢复率 34.2%。

由表 2-3 可知，白化鱼苗体色完全恢复的比例都有较大提高，由试验开始的全部白化提高到结束时的 30.4%～42.0%，差异显著，其他未完全恢复鱼苗的白化类型也有相当的好转，而这 6 组鱼苗都是在自然或近自然光照下饲育的。由本次试验所统计出的数据可知，强光照对白化鱼苗体色恢复有积极作用。

由于试验条件限制，本次试验未设光照试验对照组，没有进行光照对照试验，无法进行对比。在以后的试验中，应尝试设置光照梯度，试验不同光照对褐牙鲆白化鱼苗体色恢复的影响，以期找到最适宜光照强度范围。

3.2 饵料添加鱼油对褐牙鲆白化鱼苗体色恢复的影响

表 2-3 显示，试验结束统计时体色完全恢复鱼苗的比例数据，饵料中添加鱼油的光照鱼油组恢复率为 34.2%，单纯光照组恢复率为 30.4%，光照鱼油组恢复率虽略高于单纯光照组，但并不明显。但由图 2-7 可知，在试验开始之后，历次抽样中光照鱼油组的体色完全恢复率基本都高于单纯光照组且较稳定，故可认为，虽然两者间差异不明显，但总体上来看，添加鱼油还是对白化鱼苗体色的恢复有一定促进作用的。

鱼苗体内不能合成的高度不饱和脂肪酸有亚麻酸、二十碳五烯酸（EPA）、二十二碳六烯酸（DHA），DHA 对鱼苗体内黑色素的形成、降低白化率的作用尤其明显。水溶性、脂溶性维生素也会影响白化率。有研究认为：褐牙鲆幼鱼体色异常是由所摄食饵料中缺乏其自身所不能合成的 n-3 高度不饱和脂肪酸和水溶性、脂溶性维生素所致。人工饲育下的褐牙鲆仔稚鱼与天然环境下不同，处于过食、偏食状态，易发生某种饵料成分的过多与不足，不过人工饲育条件下褐牙鲆仔稚鱼生长、成活良好，变态正常，说明影响白化的物质不是与生存和生长有关的主要饵料成分，而是微量饵料成分。刘镜恪认为，当海水比目鱼仔稚鱼饵料中 DHA 与 EPA 的比例约为 2∶1 时，仔稚鱼的生长和成活率较好。光照鱼油组体色恢复不明显的原因可能是虽在饵料中添加了鱼油，但饲料中 DHA 与 EPA 的比例并不一定适合鱼苗的色素细胞发育。

表 2-2 显示，4 月 15 日试验结束时抽样测量所得光照鱼油组平均全长为 98.62 mm，单纯光照组平均全长为 105.96 mm，光照鱼油组生长指标低于单纯光照组。有研究认为：虽然褐牙鲆对脂肪的利用率很高，但脂肪过多会引起褐牙鲆摄食减少，影响生长速度，且易造成肝脏脂肪积累过多，形成脂肪肝，从而降低褐牙鲆体内的解毒能力，影响成活率。本试验中饵料脂肪含量可能过高，影响了鱼苗的生长。在今后试验中，应该对比不同鱼油添加量对鱼苗的影响，化验鱼油中各种脂类成分及含量，找到合适的添加比例。

目前在育苗中可预防白化病的强化剂以含鱼卵油的产品最好，但价格昂贵，生产上不易推广，现在常采用进口乳化鱼油、乌贼肝油等产品。本次试验因试验鱼苗数量及条件所限，未能进行添加多种鱼油的对比试验，希望以后能够深入研究，找出效果好、价格合适的添加种类。

3.3 池底铺沙对白化褐牙鲆鱼苗体色恢复的影响

有资料表明褐牙鲆养殖中池底铺沙可使有眼侧体色发生变化，对于防止无眼侧黑化也有效，并且能提高饵料效率[3]。表 2-3 显示，试验结束统计体色完全恢复鱼苗比例，2 个光照铺沙组恢复率为41.2%、42.0%，2个单纯光照组恢复率为39.3%、34.0%，光照铺沙组恢复率高于单纯光照组。图2-5、图2-6显示，从整个试验看来，光照铺沙组的体色完全恢复率要高于单纯光照组。可能是因为池底铺沙后，鱼苗生活的环境颜色发生改变，产生生理刺激，促进白化鱼苗体色的恢复。

生长方面，2个光照铺沙组的生长略差于2个单纯光照组。自然界中褐牙鲆虽有潜沙的生活习性，但因前期育苗和仔稚鱼培养均是在无沙水池中进行的，因而初铺沙时会出现鱼苗全池均匀分布，潜沙不出、投饵时不能集群、摄食量减少的现象。铺沙后鱼苗未能及时驯化，影响了摄食和生长。5～7天后，鱼苗适应新生活环境，驯化完成，摄食恢复正常。

本试验所用沙为粒径约0.2～0.3 mm的海沙。初铺沙2～3 d，光照铺沙组鱼苗的死亡数量较大，4 d后恢复正常。其原因可能是未提前除去沙中掺杂的粉沙等小颗粒，水体中悬浮大量微小颗粒物质在鱼苗的鳃部发生沉积，导致鱼苗窒息死亡。今后试验应选择使用粒径较大的海沙，粒径最好在0.5 mm以上，并在试验开始前采取措施除去粉沙等微小颗粒，尽量避免试验前期鱼苗的大量死亡。

3.4 褐牙鲆白化鱼苗白化类型转变的规律

图2-2、表2-1、图2-3显示，褐牙鲆的白化类型的转化是有一定规律的，现阐述如下。试验开始时体表白化面积比例大的类型如Ⅰ、Ⅱ、Ⅴ、Ⅵ、Ⅶ，试验结束统计时，其比例均有不同程度降低。试验开始时体表白化面积比例小的类型如Ⅲ、Ⅳ、Ⅷ和Ⅸ，试验结束统计时，其比例均有不同程度提高。

体色完全白化的Ⅹ型，在整个试验的抽样中仅出现1尾，仅说明体色完全白化的个体数量极少。完全恢复个体比例由1月15日第一次分苗时的0.0%到3月5日试验分苗的23.5%，4月15日试验结束时的35.6%(单纯光照组)、41.6%(光照+铺沙组)、34.2%(光照+鱼油组)，有了很大的提高。

3.5 试验中其他因素对白化褐牙鲆鱼苗体色恢复的影响

3.5.1 盐度

王涵生[2]认为，较低盐度海水中仔稚鱼呈现较高的存活率和较低的白化率，盐度21‰～26‰可能是对于仔稚鱼存活率及白化率具有重大影响的盐度阶段。在低盐度环境下饲育褐牙鲆仔稚鱼，仔稚鱼的体色白化率可以大大减低。本次试验中，海水盐度一直在28‰～32‰之间，可能偏高，不利于褐牙鲆白化鱼苗体色的恢复。

3.5.2 试验时间长度

本次试验周期为40 d，相对褐牙鲆育苗、养殖的整个培养周期，还是相当短暂的。因而，试验所获得的数据还比较少、不够充分，对白化褐牙鲆鱼苗的观察也不够充分，希望在以后的试验中可以更深入研究。

3.6 白化机理研究

大量试验研究表明，鲆鲽类人工苗种体色白化的关键期为其全长6～10 mm时，特别是变态前后[4]。鲆鲽类鱼类皮肤中具有黑色素细胞、黄色素细胞、虹彩细胞，在皮肤中黑色素细胞较稳定并决定鱼体色。白化形成的深层机理尚未研究清楚，初步认为是由于视网膜杆状细胞开始形成时，视网膜内某种光敏物质缺乏所致。白化的形成是一个连续的过程，随着变态开始，其有眼侧全部或部分皮肤的黑色素细胞不能按正常规律逐渐增加，而是同无眼侧一样，体表[5]的幼体黑色素收缩为一点并逐渐溶解，成体黑色素细胞出现受阻，最终体色全部消失，形成白斑。随着发育进行，白化程度会逐渐加重。及时进行营养和饲育环境调控，该过程是否可逆，尚未见于报道。

人工饲育下的褐牙鲆仔稚鱼与天然环境下的不同，处于过食、偏食状态，易发生某种饵料成分的过多与不足，不过人工饲育条件下褐牙鲆仔稚鱼生长、成活良好，变态几乎正常，说明影响白化的物质不是与生存和生长有关的主要饵料成分，而是微量饵料成分[6]。所有试验都证明天然浮游动物对防止白化出现有显著效果，卤虫、轮虫和天然浮游动物混合投喂可防止白化。白化还与饵料中水溶性、脂溶性维生素以及 DHA 等高度不饱和脂肪酸的含量有关。

本次试验的试验鱼苗在整个试验期间全长的范围在 25～110 mm 之间，却仍然有相当大比例的鱼苗体色发生了不同程度的恢复，这说明不仅全长 6～10 mm 之间阶段是褐牙鲆鱼苗出现白化的关键时期，全长 10 mm 以上阶段饲料营养与环境条件的改变仍然对褐牙鲆苗种体色决定和恢复有重要影响。这大大扩展了以往对白化发生的认识，为今后的研究开辟了新的思路。

4　结论

试验结果表明，通过全自然光照增强褐牙鲆白化鱼苗培育的光照条件、在饵料中添加鱼油以调整营养水平，以及池底铺沙改变养殖环境等措施，在一定程度上可以促进白化苗体色的恢复。光照对于白化鱼苗的体色恢复有明显的影响作用，采用 3 000～15 000 lux 的自然光照培养白化鱼苗，使白化鱼苗体色发生了很大程度的恢复，完全恢复率达到了 30.4%～42.0%，其余体色未能完全恢复的鱼苗体色也有了很大程度的好转，取得了良好的效果，在国内外尚未见于报道。本试验还说明，不仅全长 6～10 mm 之间阶段是褐牙鲆鱼苗出现白化的关键时期，全长 10 mm 以上阶段饲料营养与环境条件的改变仍然对褐牙鲆苗种体色决定和恢复有重要影响。

致谢

本次试验得到了常建波教授的悉心指导，陈颖兴、罗洪昕、陈刘刘同学的大力帮助，以及福建省漳州市漳浦顺发海水养殖场全体员工的大力支持，在此表示诚挚的谢意！

参考文献：

[1][日]青海忠久. 异体类人工育苗中白化个体出现的机理研究[D]. 日本京都大学农学部博士学位论文，1989

[2]王涵生. 海水盐度对褐牙鲆仔稚鱼的生长、存活率以及白化的影响[J]. 海洋与湖沼，1997，28(4)：399～405

[3]常建波. 日本关于防止鲆鲽类人工苗种体色异常的研究[J]. 国外水产，1988(2)：7～11

[4]孙光. 日本褐牙鲆人工苗种体色异常的研究现状[J]. 水产学报，1988(2)：177～182

[5]黄冰，郭华荣，张士璀. 鱼类白化病的研究进展[J]. 海洋科学，2003，27(5)：11～14

[6][日]山本刚史著，陈波译. 褐牙鲆白化与饵料的影响[J]. 国外水产，1993(3)：25～29

导师评语：

该同学具有认真完成论文的刻苦学习精神。试验设计合理，试验数据可靠，计算正确。该同学在试验期间工作积极主动，动手能力强，试验成果突出，对于研究的问题在理论分析和讨论方面都比较深入，有独到的新见解，对于指导实际生产有现实的意义。论文结构合理，逻辑性强，文章层次分明，文字准确、流畅，并能按照规定要求完成外文翻译和其他各项工作。表明该同学很好地掌握了专业基础理论与专业知识。

姜黄素促鼻咽肿瘤NCE细胞凋亡作用机制的研究*

福建医科大学医学技术与工程学院检验系2000级　林晓岚
指导老师：福建医科大学　黄慧芳副教授

摘要：本文目的在于探讨姜黄素对人鼻咽癌细胞株NCE的体外促凋亡机制。通过AO/EB复合染色、TUNEL检测、电镜和DNA片段化分析等方法来分析姜黄素对NCE细胞凋亡的影响，并应用流式细胞术、Western blot、RT-PCR等方法探讨姜黄素对细胞线粒体膜电位（$\triangle\psi m$）、Caspase3酶活性、胞浆CytC、Fas mRNA及蛋白表达的影响。结果：(1)终浓度100 μmol/L的姜黄素可诱导NCE细胞凋亡；(2)姜黄素处理后NCE细胞$\triangle\psi m$下降，Caspase3酶活性增强，胞浆CytC含量显著增强、Fas mRNA及蛋白表达水平上升。结论：姜黄素能通过线粒体途径与死亡受体途径诱导NCE细胞凋亡。

关键词：姜黄素　鼻咽肿瘤　细胞凋亡

Induction of Apoptosis in Nasopharyngeal Carcinoma(NPC) Cell Line NCE by Curcumin and Its Molecular Mechanism

Lin Xiaolan
Department of the Clinical Lab, Fujian Medical University
Teacher: Huang Huifang

Abstract: Objective: To probe into the molecular mechanism underlying the apoptosis in NCE. Cell Line induced by curcumin. Methods: Apoptotic cells were detected using AO-EB staining, TdT-mediated dUTP nick end labeling(TUNEL), electron microscopy(TEM) and DNA fragmentation analysis. The effect of curcumin on the mitochondrial transmembrane potential and the expression of caspase-3, Cytochrome C, Fas protein and mRNA were studied by flow cytometry(FCM), Western blot and reverse transcription-polymerase chain reaction (RT-PCR). Results: (1) Curcumin could induce apoptosis in NCE cells; (2) After treated with curcumin, $\triangle\psi m$ was decreased, The expression of Cytochrome C, Fas protein and mRNA was increased and caspase-3 was rapidly activated, while the $\triangle\psi m$ was decreased in NCE cells. Conclusion: Curcumin may induce Mitochondria-dependent Apoptosis and death receptors pathway in NCE cells.

Key Words: Curcumin, Nasopharyngeal carcinoma, Apoptosis

---

* 本文荣获2005年福建医科大学本科优秀毕业论文一等奖。

鼻咽癌(nasopharyngeal carcinoma,NPC)是发生于鼻咽颈部和咽隐窝内的恶性肿瘤。我国是世界上鼻咽癌发病率最高的国家之一,而且有区域性特点,华南是好发病区。单纯放疗仅适合于早期鼻咽癌,大多数鼻咽癌患者就诊时多为晚期(Ⅲ+Ⅳ期约占85%),目前采用放化疗相结合的治疗手段来治疗中晚期或复发转移的患者。但由于年龄及本病的特点,患者往往不能耐受现有大剂量化疗和放疗。因此,迫切需要找到一种高效、低毒的抗肿瘤药物以提高中晚期患者的5年生存率和生活质量。姜黄素(curcumin,Cur)是从中药姜科植物姜黄根茎中提取的一种酚性色素,具有抗炎、抗氧化、抗突变、抗癌[1]等广泛的药理作用。目前已有大量研究表明,姜黄素能抑制体内外多种肿瘤细胞的生长,如姜黄素呈时间及浓度依赖性抑制肿瘤细胞HL-60[2]、K562[3]、CA46[4]的增殖,也可诱导人胃癌MGC80-3细胞[5]、肝癌Be17402细胞[6]凋亡,对小鼠S-180肉瘤及艾氏实体瘤等多种肿瘤细胞均具有明显的抑制作用。长期毒性试验[7]表明其具有安全、毒副作用小的特点。近来有学者报道[7],姜黄素对鼻咽癌细胞有明显的增殖抑制作用,且呈时间和浓度依赖性,但并未对其机制进行深入研究。本实验通过研究姜黄素诱导鼻咽癌NCE细胞株凋亡及分子机制为姜黄素运用于鼻咽癌的临床治疗提供理论基础。

1 材料与方法

1.1 细胞处理:将对数生长期的细胞以1×10^5/ml的活细胞密度接种于6孔培养板,待细胞贴壁后,与终浓度为100 μmol/L的姜黄素共孵育,置37 ℃、5%的CO_2饱和湿度的CO_2培养箱中,分别于12 h、24 h与48 h取一组细胞检测凋亡指标。

1.2 荧光显微镜下观察凋亡细胞。将细胞行AO/EB染色,步骤如下:(1)吖啶橙(AO)(Fluka进口分装)与溴化乙锭(EB)(华美公司)溶于PBS中,浓度均为100 μg/ml,4 ℃避光保存。(2)95 μl细胞悬液(10^7/ml)加5 μlAO/EB混合染液,混匀后吸1滴于洁净玻片上,立即在490 nm激发波长的荧光显微镜(Leica,DMLB)下观察。(3)结果判断:胞核及胞浆呈均匀黄绿色荧光者为正常细胞,胞核或胞浆呈致密浓染或碎片黄绿色荧光者为凋亡细胞,胞核呈红色荧光者为坏死细胞。

1.3 TdT酶介导的缺口末端标记法(TUNEL):采用DeadEndTM Colorimetric TUNEL System盒(Promega公司产品),按试剂盒说明书操作。简要步骤如下:(1)收集各组细胞涂片,空气干燥,4%副甲醛PBS溶液固定;(2)0.2%Triton X-100的PBS渗透;(3)平衡缓冲液平衡后,滴加TUNEL反应液于湿盒,37 ℃反应60 min;(4)2×SSC终止反应;(5)0.3% H_2O_2去除内源性过氧化物酶;(6)与过氧化物酶连接抗体反应;(7)DAB底物和显色剂反应;(8)光镜下观察,细胞核呈棕黄色颗粒者为凋亡细胞,计数1 000个细胞计算阳性率。

1.4 细胞透射电镜超微结构观察:离心沉淀细胞,迅速放入4 ℃预冷的2.5%戊二醛和1%多聚甲醛混合固定液中固定,1%锇酸后固定,环氧树脂618包埋,超薄切片,用醋酸钠和枸橼酸铜染色。日立HU-12A型透射电镜观察白血病细胞的超微结构。

1.5 DNA片段化检测细胞凋亡,参考文献[8],具体操作步骤如下:收集上述各组细胞约2×106个,PBS洗涤后离心,取细胞沉淀,加入细胞裂解缓冲液(200 mM Tris-Hcl,100 mM EDTA,1%SDS,50 μg/ml蛋白酶K)400 μl,混匀,37 ℃放置4小时。加入饱和酚200 μl,氯仿/异戊醇(24 :1)200 μl,12 000 g 4 ℃离心15分钟,收集水相,加5 M NaCl 15 μl,无水乙醇800 μl混匀,12 000 g 4 ℃离心15分钟,留沉淀干燥后加400 μl TNE缓冲液,再加RNA酶

20 μg,37 ℃放置 5 小时,加蛋白酶 K120 μg,37 ℃放置 5 小时,用酚、氯仿、异戊醇再抽取一次,收集水相加 5 M NaCl 15 μl, 无水乙醇 800 μl,12 000 g 4 ℃离心 15 分钟。留沉淀干燥后加适量 TNE 溶解,并在紫外分光光度计上测 OD_{260} 值定量,取 5 μg 在 1.2%琼脂糖凝胶上点样后 2 V/cm 下电泳 3～4 小时,紫外光下观察提取的 DNA 电泳情况。

1.6 细胞线粒体膜电位检测:采用 MitoCapture^{TM} Mitochondrial Apoptosis Detection Kit(Biovision 公司产品),按试剂盒说明书操作。简要步骤如下:(1)将 4 μl MitoCapture Reagent 加到 4 ml 37 ℃预热的孵育缓冲液中,涡旋震荡后 12 000 g 离心 2 分钟取上清备用;(2) 500 g 离心 5 分钟,分别收集各组细胞(>1×106 个/组),将细胞沉淀重悬于 1ml 预先制备好的 MitoCapture 溶液;(3)轻轻混匀后于 37 ℃、5% CO_2 条件下培养 15～20 分钟;(4)500 g 离心 5 分钟后弃上清;(5)细胞沉淀重悬于 1 ml 37 ℃预热的孵育缓冲液中;(6)立即在流式细胞仪(BD 公司)上用 PI 频道和 FITC 频道检测。细胞中出现绿色荧光者为凋亡细胞。

1.7 Caspase3 酶活性流式细胞仪检测:采用 CaspGLOWTM Fluorescein Active Caspase-3 Staining Kit(Biovision 公司产品),按试剂盒说明书操作。简要步骤如下:(1)计数细胞并使其聚集为 1×10^6 细胞/ml;(2)用 0.3 ml 细胞悬液加入 1 μl FITC-DEVD-FMK,37 ℃下暗处孵育 30～60 分钟;(3)洗涤 3 次,重悬后,立即在流式细胞仪(BD 公司)上用 FL－1 频道检测。

1.8 Western blot 检测胞浆 CytC 蛋白。参考文献[9],细胞经冰浴预冷的裂解液(250 mM Sucrose, 20 mM Hepes/KOH, Ph7.5, 10 mM KCl,1.5 mM $MgCl_2$,1 mM EDTA,1 mM DTT,0.1 mM PMSF)匀浆后,于 4 ℃,1000 g 离心 10 min ,2 次;取上清于 4 ℃,12 000 g 离心 15 min,取上清即为不含细胞核和线粒体的胞浆成分。上述裂解产物加入等体积的蛋白质电泳上样缓冲液(100 mM Tris－HCl pH6.8,200 mM DTT,4% SDS,0.2%溴酚兰,20%甘油)混匀,沸水浴 5 min,进行聚丙烯酰胺凝胶电泳。聚丙烯酰胺凝胶为 5%浓缩胶,12%分离胶。电泳缓冲液为 25 mMTris,192 mM 甘氨酸,0.1%SDS;浓缩胶电压为 8 V/cm,分离胶电压为 15 V/cm;分离的蛋白用半干电转移法转移到醋酸纤维素膜。滤膜用丽春红 S 染色 5 min,用铅笔标出标准蛋白质电泳位置。显色按 Protein DetectorTM LumiGLO Western Blot Kit (美国 KPL 公司)说明书进行操作。封闭液室温下封闭 1 小时,CytC 单克隆抗体(NEOMARKERS,15 kD)、β-actin 单克隆抗体(NEOMARKERS,43 kD)、用封闭液按 1∶1000 稀释,4 ℃孵育过夜;用 Wash Solution 洗 3 次;与 1∶1000 稀释的辣根过氧化物酶偶联的山羊抗小鼠 IgG 第二抗孵育 2 小时;用 Wash Solution 洗 3 次;NC 膜与 Chemiluminescent Substrate Solution 孵育 1 min;X 射线底片曝光 1～30 min。同时,把 β-actin 作为内参照,并于 Bio-Rad 公司的分子定量成像系统上采用 Molecular Analyst 软件获取图像,进行半定量分析。SDS－PAGE 次高分子量标准蛋白质购自上海西巴斯生物技术有限公司。

1.9 RT－PCR 检测姜黄素对 NCE 细胞 Fas mRNA 表达的影响

1.9.1 总 RNA 的提取与定量: 收集上述各种细胞,采用 TRIZol(Life Technology 公司产品)提取总 RNA,具体操作步骤如下:1×106 个细胞加入 1 ml TRIzol 重悬,待细胞溶解后加入 1/10 体积氯仿,剧烈振荡 15 秒钟后冰浴 5 分钟,12 000 g 4 ℃离心 15 分钟(JZ-21BEKMAN 公司),取水相加等体积异丙醇溶液混匀,冰浴 15 分钟,12 000 g 4 ℃离心 15 分钟,可见白色沉淀物附于 EP 管底部,弃上清液,用 75%乙醇 0.5 ml 小心漂洗,7 500 g 4 ℃离心 10 分钟,弃上清液,在室温下吹干沉淀,加适量灭菌无 RNase 的蒸馏水溶解,用紫外分光光度计(DU640 型,BEKMAN 公司)准确定量,要求 OD260∶OD280>1.8,取 1 μg 加适量溴酚蓝在含 EB (0.5 μg/ml)的 1%琼脂糖凝胶上点样，5 V/cm 电压下电泳 30 分钟，紫外光下显示明亮清晰的 18 s 与 28 s 两条 rRNA 带，说明提取的 RNA 完整。提取 RNA 所用的器具均为灭菌的一次性塑料制品，电泳槽用 0.1% DEPC(SIGMA 公司)浸泡 2 小时后用。

1.9.2 逆转录合成 cDNA：按逆转录试剂盒(Promega 公司)说明书进行。反应体系如下：总 RNA2 μg，随机引物 100 ng，RNasin(RNA 酶抑制剂)20 μ，10 mM dNTPs 2 μl，AMV 逆转录酶 15 μ，逆转录缓冲液(10×)2 μl，ddH_2O 加至 20 μl，置 25 ℃ 10 分钟，42 ℃ 60 分钟，99 ℃ 5 分钟。

1.9.3 聚合酶链反应：参考文献[10]，反应体系如下：cDNA2.0 μl，dNTPs0.2 mM，$MgCl_2$(25 mM)1.5 μl，上下游引物各 25 pmol，TaqDNA 聚合酶(Promega 公司)1 μ，ddH_2O 加至 25 μl，置 DNA 扩增仪(2400 型，PE 公司)进行扩增。所用引物为能扩增目的基因的特异性片段，同时选用 β—肌动蛋白(β-actin)的 mRNA 扩增为内参照。制备含 EB 的 2%琼脂糖凝胶，取 10 μl 反应产物加适量溴酚蓝点样电泳 10 分钟，凝胶图像分析仪(Gel Doc1000 型，Bio-Rad 公司)分析，比较各组扩增产物荧光强度。PCR 扩增的有关参数如下：94 ℃变性 5 分钟后进入下列循环：94 ℃ 30 秒，Tm 40 秒，72 ℃ 50 秒共 35 个循环(TGF-β1，25 个循环)，最后 72 ℃ 延伸 5 分钟，有关 PCR 引物的序列，扩增片段长度及退火温度见表 1-1。

表 1-1 PCR 的引物序列、扩增片段长度与退火温度

引物	序列	扩增片段长度(bp)	退火温度(℃)
β-actin a	5‘GGCATGGGTCAGAAGGATTCC3’	500	54
b	5‘ATGTCACGCACGATTTCCCGC3’		
Fas a	5‘GACTGACATCAACTCCAAG 3’	309	50
b	5‘TGTTGCTGGTGAGTGTG 3’		

注：a、b 分别代表上下游引物。

1.10 FCM 检测 Fas 蛋白。收集细胞用 PBS 洗涤后，用小鼠抗人单抗(COULTER)和 FITC 标记兔抗小鼠二抗(COULTER)处理后，在流式细胞仪(COULTER 公司)检测 Fas 蛋白表达。

2 结果

2.1 AO/EB 复合染色结果：对照组细胞大小、形态较均一，胞核及胞浆呈均匀黄绿色荧光，均为正常细胞；姜黄素处理后的前 12 h，细胞形态均无明显改变；12 h 后，细胞形态开始变化；随着时间延长，细胞大小、形态的不均一性逐渐明显；胞核呈致密浓染或碎片黄绿色荧光者，即凋亡细胞逐渐增加；同时出现胞核呈致密浓染或碎片红色荧光者，即凋亡晚期的坏死细胞。基于此实验结果，选择姜黄素处理后的 12 h、24 h、48 h 时间段的细胞行以下的凋亡指标观察。

2.2 TUNEL 检测结果：在任何时间段，对照组均未见或仅偶见阳性细胞。实验组 12 h、24 h、48 h 时间段的阳性率分别为 25.6 %、40.3%、54.5%。见图 2-1A、2-1B。

2.3 细胞透射电镜超微结构观察结果：对照组细胞为健康细胞，细胞体积较大，呈圆形，核浆比例大，常染色质丰富，可见核仁，细胞器正常(图 2-2A)；姜黄素处理后，出现凋亡细胞。图 2-2B 为早期凋亡细胞，核内染色质边集于核膜下；图 2-2C 的凋亡细胞，可见无核的凋亡小体。

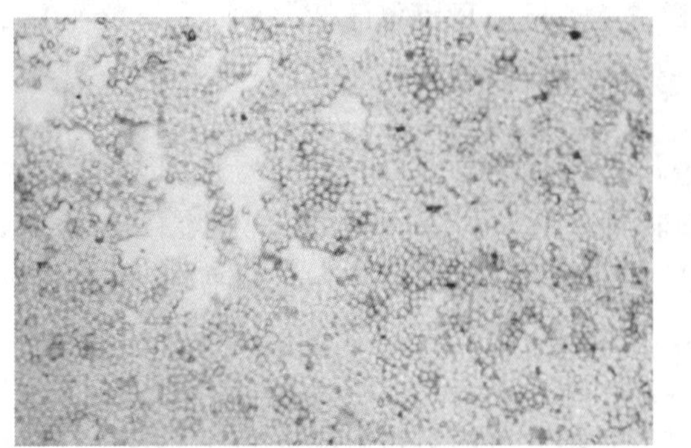

图 2-1A 对照组

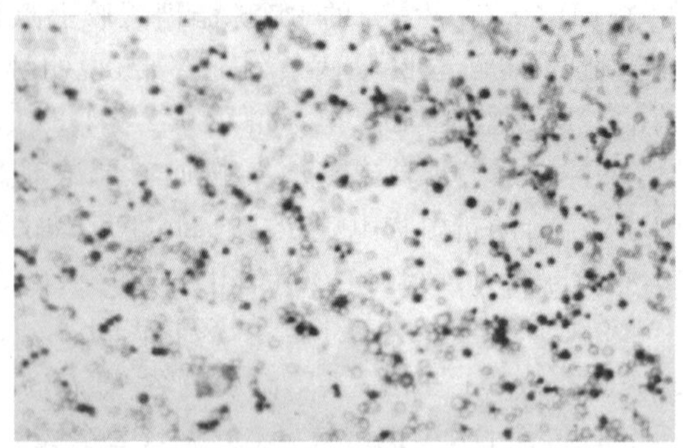

图 2-1B Cur 处理 48 h

图 2-1 NCE 细胞 TUNEL 检测结果

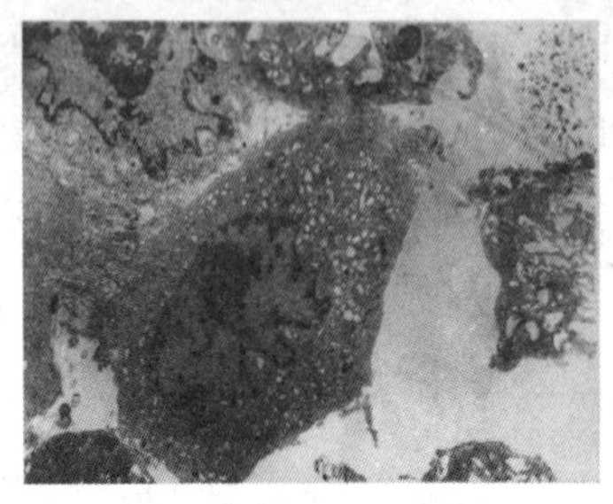

图 2-2A 对照组

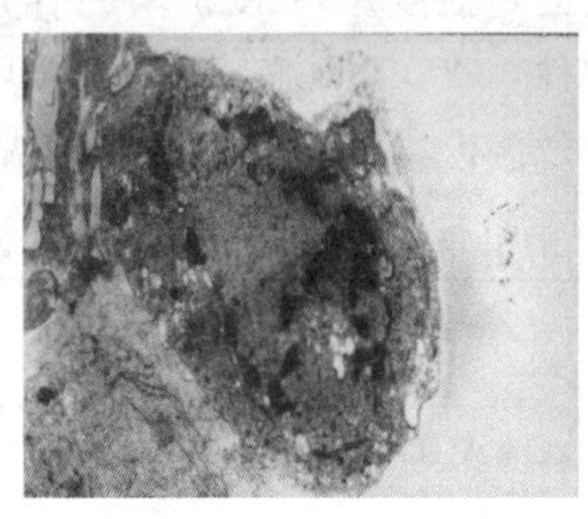

图 2-2B Cur 处理组

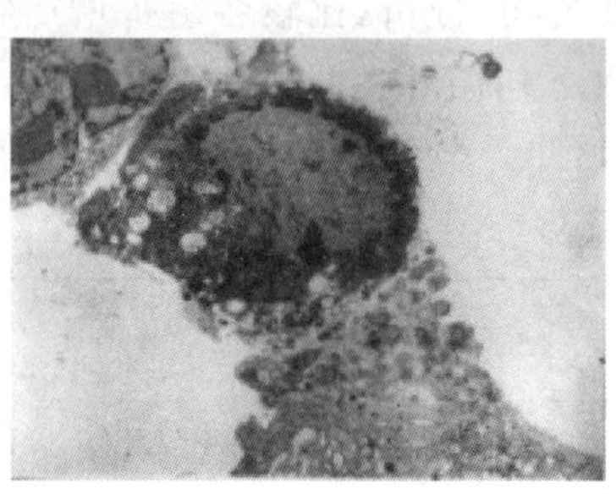

图 2-2C Cur 处理组

图 2-2 透射电镜下细胞超微结构特征

2.4 DNA 片段化检测细胞凋亡：在任何时间段，对照组均未出现 DNA 降解现象，而实验组均有凋亡特征的 DNA 改变，即呈典型的 DNA 降解"梯状"条带片段(图 2-3)。

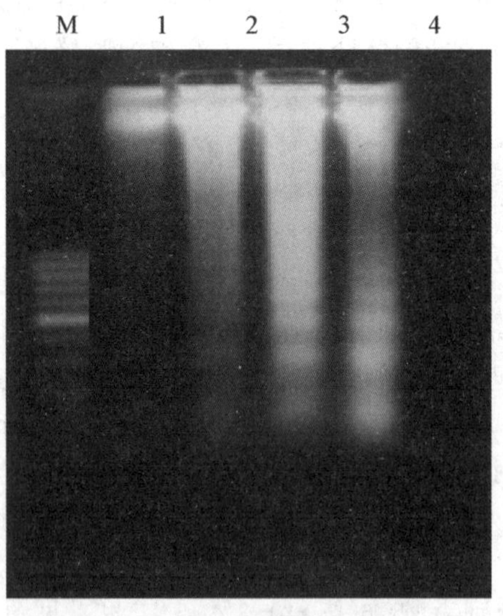

图 2-3 NCE 细胞 DNA 电泳结果

注：1：对照组；2：Cur 处理 12 h；3：Cur 处理 24 h；4：Cur 处理 48 h；

M：PUC 8 Mix Marker

2.5 细胞线粒体膜电位与 Caspase3 酶活性检测结果：在任何时间段，对照组的阳性率均≤1.0%，而实验组的阳性率则明显提高。姜黄素作用 12 h、24 h、48 h 后线粒体膜电位的阳性率分别为 26.8%、42.3%、68.2%；Caspase3 酶活性的阳性率分别为 80.5%、100%、100%。详见图 2-4。

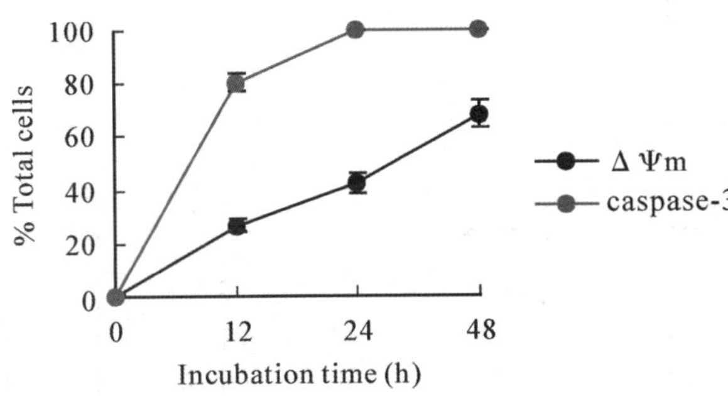

图 2-4 FCN 检测 ΔΨm 和 Caspase3 酶活性结果

2.6 Western Blot 检测姜黄素对胞浆 CytC 蛋白表达的影响

姜黄素作用后，胞浆 CytC 蛋白表达逐渐增强，48 h 达到峰值。详见图 2-5。

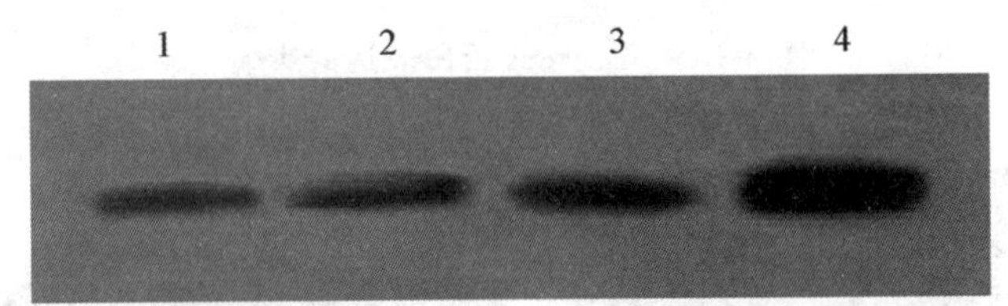

图 2-5 Westem Blot 检测 Cur 对胞浆 CytC 蛋白表达的影响

注：1：对照组；2：Cur 处理 12 h；3：Cur 处理 24 h；4：Cur 处理 48 h

2.7 姜黄素对 Fas mRNA 及蛋白表达的影响

姜黄素作用后，FCM 检测 Fas 蛋白表达逐渐增强，对照组阳性率为 33.6%，处理后 48 h 阳性率达到 89.9%。详见图 3-1。Cur 处理组 NCE 细胞 Fas mRNA 表达较对照组增强，并随 Cur 作用时间的延长表达上调，见图 3-2。

3 讨论

凋亡或程序性细胞死亡是机体在生长、发育、分化和病理过程中，为了维持自身的稳定，在基因精细调控下所采取的一种主动的、积极的死亡方式。它受到胞外和胞内多种信号系统的诱导和细胞内多种基因级联反应的调控，可被多种药物及理化因素诱发。目前较为明确的凋亡信号转导途径主要有两条：一条是线粒体途径，在射线、氧化剂、高浓度 Ca^{2+} 及 Bax 等作用下，早期即出现线粒体通透性改变，△φm 降低，细胞色素 C 及凋亡诱导因子（AIF）释放，引发 caspase9 及下游 caspase 级联反应。另一条是膜死亡受体 Fas、TNFR 途径，由它们相应的配体 FasL、TNFα 诱导，caspase8 和 caspase10 作为最上游的启动酶，接受信号并激活 caspase 级联反应[11,12]。这两条途径彼此不完全独立，而是最终都汇集到线粒体或与线粒体相关联的 CPP32 蛋白水解酶 3（Caspases）等的激活阶段，进而进入细胞凋亡的共同通道。其中线粒体

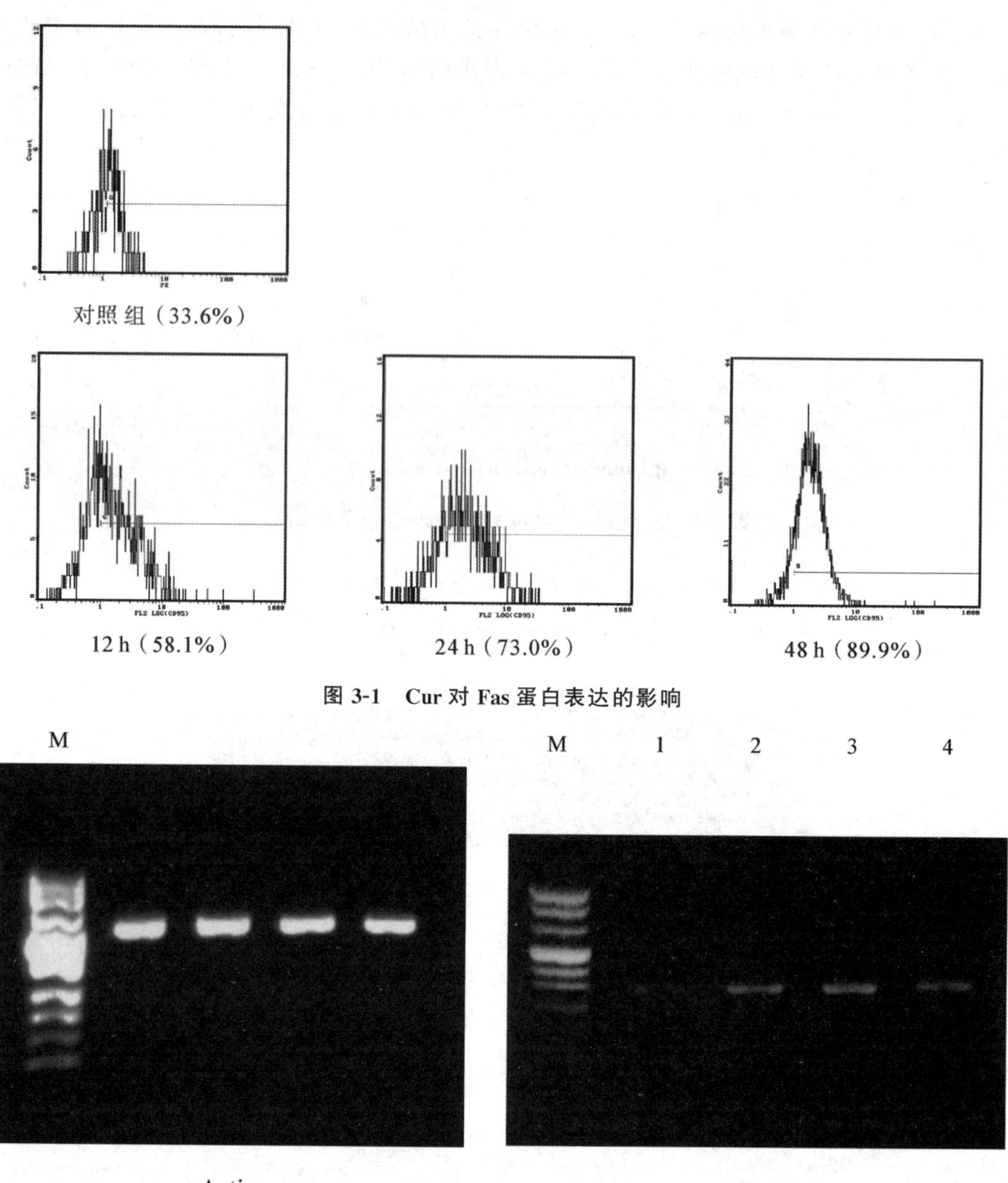

图 3-1 Cur 对 Fas 蛋白表达的影响

图 3-2 PT-PCR 检测 Cur 对 FasmRNA 表达的影响

注：1：对照组；2：Cur 处理 12 h；3：Cur 处理 24 h；4：Cur 处理 48 h

M：PUC 8 Mix Marker

是处于细胞凋亡信号转导的“交叉点”和细胞凋亡发展过程中的“决定”性阶段。

近年来，国内外许多学者都对姜黄素诱导肿瘤细胞凋亡作用进行了研究，Han[13]等发现姜黄素通过下调 egr-1、bcl-XL、c-myc、NF-κB 的表达而引起 B 淋巴细胞生长停滞。吴勇[4]等报道，姜黄素诱导 CA-46 细胞凋亡时，c-myc、bcl-2、突变型 P53 mRNA 表达下调，Fas 蛋白以及 Fas mRNA 表达显著增强。郑丽端[14]等的研究表明，姜黄素能显著抑制卵巢癌细胞的体外生长，上调 Caspase3、下调 NF-κB 蛋白表达。黄冬生等[15]发现姜黄素诱导肺癌细胞凋亡时，cAMP 浓度升高、Caspase-8 表达增高，可能是姜黄素诱导凋亡的主要机制之一。Bush[16]

等发现姜黄素可激活 caspase-8、3，通过 caspase-8、caspase-3 激活 BID 裂解、细胞色素 C 释放的线粒体途径来诱导凋亡。可见姜黄素诱导凋亡作用是多靶点、多途径的，本文首次报道姜黄素对鼻咽癌 NCE 细胞的作用机制。

本实验从 AO/EB 复合染色、TUNEL 检测、透射电镜、DNA 片段化检测四个不同层面证实姜黄素能诱导 NCE 细胞凋亡，并呈时间依赖性。进一步我们对其凋亡机制进行了深入研究，结果表明，姜黄素处理后的 NCE 细胞线粒体膜电位下降，线粒体释放 CytC 增多，导致细胞凋亡的级联反应，启动线粒体凋亡途径。同时，经姜黄素诱导后，NCE 细胞的 Fas 基因在转录与翻译水平上的表达均显著增强，提示姜黄素也可以通过 Fas 系统对鼻咽癌 NCE 细胞发挥作用。以后，我们将深入研究 Caspases8 在姜黄素诱导凋亡中的作用。

综上所述，姜黄素可诱导 NCE 细胞凋亡，其诱导机制可能与改变线粒体跨膜电位，释放 CytC，上调 Fas 基因表达，激活 Caspase3 酶有关。针对姜黄素能调控凋亡相关基因表达的这种特性以及姜黄素毒、副作用小的特点，我们相信它用于辅助临床治疗鼻咽癌方面具有广阔的发展前景。

参考文献：

[1]Ammon H P T，Wahl M A. Pharmacology of Curcuma longa. *Plan-ta Med*，1991，57(1)：1～7

[2]吴裕丹，陈燕，何静等. 姜黄素在急性髓性白血病 HL-60 细胞中对凋亡调控蛋白 Bax、Bak、Mcl-1 的影响[J]. 同济医科大学学报，2001，30(1)：25～27

[3]吴丽贤，许建华，吴国华等. 姜黄素对 K562 细胞增殖的影响及其与 P210bcr/abl 激活的 Ras 信号途径的关系[J]. 中国药理学通报，2003，19(1)：33～37

[4]吴勇，陈元仲，许建华等. 姜黄素对人类 Burkitt 淋巴瘤抗癌作用的研究[J]. 中华肿瘤杂志，2002，24(4)：348～351

[5]陈瑞川，苏金华，马胜平等. 光敏化姜黄素诱导胃癌细胞凋亡[J]. 癌症，2000，19(4)：321～324

[6]梁统，陈美，周克元等. 姜黄素诱导低分化鼻咽癌细胞株 CNE－2Z 的凋亡[J]. 癌症，2004(12)：1 651～1 654

[7]沃兴德，洪行秋，高承贤等. 姜黄素长期毒性试验[J]. 浙江中医学院学报，2000(1)：61～65

[8]Wu Y，Chen Y Z，Huang H F，et al. Recombinant fibronectin polypeptide antagonizes hepatic failure induced by endotixin in mice[J]. *Acta. Pharmacol Sin.*，2004，25(6)：283～288

[9]Yang J，Liu X，Bhalla K，et al. Prevention of apoptosis by Bcl-2：release of cytochrome c from mitochondria blocked[J]. *Science*，1997，275(2)：1 129～1 132

[10]Chen Y Z，Gu X F，Caen J P，et al. Interleukin-3 is an autocrine growth factor of human megakaryoblasts，the DAMI and NEG－O1 cells[J]. *Br. J. Haematol*，1994. 88：481～487

[11]Moragoda L，Jaszewski R，Majumdar A P. Curcumin induced modulation of cell cycle and apoptosis in gastric and colon cancer cells[J]. *Anticancer Res.*，2001，21(2A)：873～878

[12]Bush J A，Cheung KJ，Li G. Curcumin induces apoptosis in human melanoma cells through a Fas receptor/caspase-8 pathway independent of P53[J]. *Exp. Cell Res.*，2001，271(2)：305～314

[13]Han S S，Chung，S T，Robertson D A，et al. Curcumin causes the growth arrest and apoptosis of B cell lymphoma down-regulation of egr-1，c-myc，bcl-XL，NF-κB，and p73[J]. *Clin Lmmunol*，1999，93(2)：152～161

[14]郑丽端，章强松，吴翠环等. 姜黄素诱导人卵巢癌细胞株 A2780 凋亡及其分子机制的研究[J]. 癌症，2002，21(12)：1296～1300

[15]黄冬生，陈金和. 姜黄素诱导人肺癌细胞凋亡的作用机制初步研究[J]. 中国药理学通报，2003，19(8)：880～882

[16]Bush J A,Cheung K J Jr,Li G. Curcumin induces apoptosis in human melanoma cells through a Fas receptor/caspase-8 pathway independent of P53[J]. *Exp. Cell Res.*,2001,271(2):305～314

导师评语：

本文主要探讨姜黄素对人鼻咽癌细胞株 NCE 的体外促凋亡机制，通过 TUNEL 检测、DNA 片段化分析和电镜等方法来分析姜黄素对 NCE 细胞凋亡的影响，并应用流式细胞术、Western blot、RT-PCR 等方法探讨姜黄素对细胞线粒体膜电位、Caspase3 酶活性、胞浆 CytC、Fas mRNA 及蛋白表达的影响。得出姜黄素能通过线粒体途径与死亡受体途径诱导 NCE 细胞凋亡。论文设计合理，思路清晰，结果可靠，逻辑性强，为姜黄素辅助治疗鼻咽癌提供了实验依据，具有一定的意义。

酚妥拉明等阻断剂对胃电相位差的影响

福建中医学院药学系 2000 级　黄昱、吴水松
指导老师：厦门市医药研究所　欧阳守研究员、李世英助理研究员

摘要：本实验通过观察健康家兔的胃肌电的变化，探讨酚妥拉明等神经受体阻断剂对胃电相位差、频率、幅度等参数的效应，旨在寻找能使胃电相位差正常化以治疗功能性胃肠道疾病(FD)的药物。初步结果发现静脉注射酚妥拉明等阻断剂能改变上述参数，提示酚妥拉明等阻断剂用于治疗 FD 的可能。

关键词：胃电相位差　胃电频率　阻断剂　功能性胃肠道疾病

Influence of Inhibitors like Phentolamine on Gastric Myoelectrical Difference

Huang Yu，Wu Shuisong
Fujian University of Traditional Chinese Medicine
Teacher：Ouyang Shou，Li Shiying

Abstract：In order to find out drugs to cure functional gastrointestinal diseases (FD) through making gastric myoelectrical difference normality，we investigate the gastric motility movement of rabbits and try to explore the effect of inhibitors like phentolamine on gastric myoelectrical difference and the frequency and amplitude of the gastroelectrical activity. The preliminary result is applying inhibitors like phentolamine via vein can affect those above which indicates that inhibitors like phentolamine may use in curing FD.

Key Words：Gastric myoelectrical difference，Frequency of the gastroelectrical activity，Inhibitors，Functional gastrointestinal diseases

胃电相位差是胃电在传导过程中在胃的不同部位表现出的时间差值。胃体部大弯侧向头端上 1/3 至 1/4 处存在胃起步点(gastric pacemaker)，该处的电活动决定了整个胃的功能活动，胃起步点活动能被驱动并具跟随效应(driven effects and following effects or entrained)[1,10]。有实验发现胃的不同部位存在明显的相位差[2]，临床功能性胃肠道疾病患者胃电图(electrogastrograph，EGG)上也发现正常的 3 次/分的基本电节律(BER)，还发现由异位起步点引起的频率异常的电活动或逆向传导的相位差与患者腹胀、恶心、呕吐等症状相一致。本实验通过观察酚妥拉明(α-受体阻断药)及其他受体阻断药纳诺酮、普罗帕酮和阿托品等对兔胃肌电的相位差、频率、幅度等参数的影响，探讨药物调控胃电相位差等参数的可能性，为临床治疗功能性胃肠道疾病(FD)寻找一条新的途径。

1　材料与方法

1.1　实验动物

健康白色短毛家兔，雌雄不拘，体重 2.0±0.5 kg。

1.2　主要仪器及药品

仪器：记录采用 MP100WSW 十六导生物信号采集分析系统（美国 Biopac 公司），四导 DA100 锁相放大器，高频响应：10 Hz，低频响应：DC，放大倍数：1 000 倍；采集分析软件：Acqknowledge3.2，采样频率 2 Hz，数字滤波：低通 0.125 Hz，高通 0.01 Hz。刺激仪器采用 WD-5 型双路数显胃肠生物电治疗仪（自行研制），刺激频率：3、6、9 cpm，幅度：不大于 1 mA。

药品：甲磺酸酚妥拉明注射液 1 ml ∶10 mg——上海旭东海普药业有限公司；盐酸纳洛酮注射液（苏诺）1 ml ∶0.4 mg——军事医学科学院研制、北京四环医药科技有限公司生产；盐酸普罗帕酮注射液 10 ml ∶35 mg——广州明兴制药有限公司；硫酸阿托品注射液 1 ml ∶1 mg——西南药业股份有限公司或无锡市第七制药厂（1 ml ∶0.5 mg）。实验用量根据动物体重按比例给药。

1.3　实验步骤

1.3.1　动物准备

按要求事先常规饲养动物 2～3 日，术前禁食 24 小时，自由饮水。

1.3.2　麻醉

耳缘静脉注射 2%氯醛糖（40 mg/kg）与 20%乌拉坦（0.5 g/kg）混合液。（均以生理盐水配制）

1.3.3　手术

（1）剪毛，从剑突沿腹白线切开约 10 cm，尽量避开血管，钝性分离，暴露大部分胃。

（2）埋植电极：胃浆膜下植入双极电极，共埋五对（见图 1-1）。第一对：刺激电极（位于胃大弯侧上 1/3 处），用镍铬丝制；第二至第五对为记录电极，等距离安置，分别在胃体 1（位于胃大弯侧上 1/3 处下）、胃体 2、胃体 3、胃窦（角切迹处），电极材料 Ag-AgCl（直径：0.3 mm）。每对电极均缝两针给予固定，电极双极间距大约 3～5 mm。

（3）缝皮，部分行气管插管，耳缘静脉滴注生理盐水输液。

（4）术后切口覆以湿纱布，电热毯保温，温度控制在动物肛温 35～38 ℃。

1.3.4　记录

（1）让动物恢复 3～4 小时后才开始记录正常胃电 20～30 min。

（2）记录 15 分钟对照波形后分别给药或刺激胃起步点，观察胃电变化情况并记录 20～30 min；

（3）记录 15 分钟对照波形，然后接着通过电极 1 对胃起搏，观察胃电变化情况并记录20～30 min。

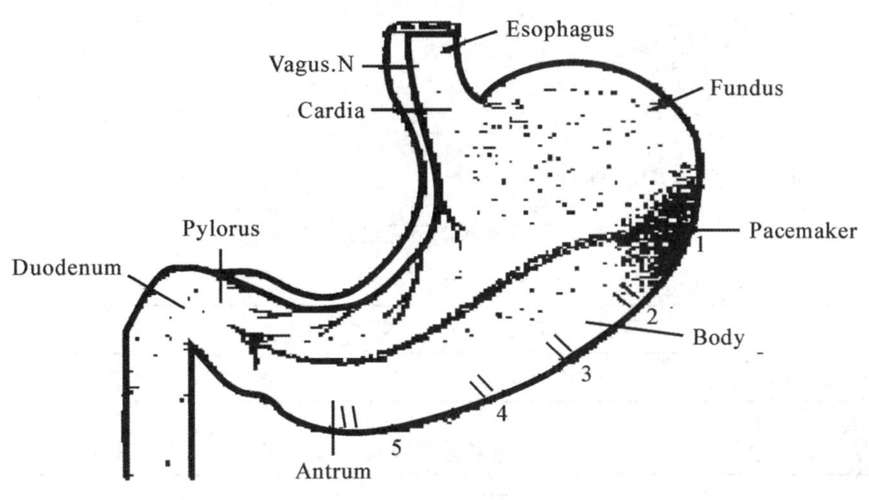

图 1-1　胃浆膜下电极植入位置

1.刺激部位　2.胃体 1　3.胃体 2　4.胃体 3　5.胃窦

1.4　观察指标

(1)平均频率及幅度:取稳定记录的 5～8 min 内波形的个数(约 20 个)计算。

(2)相位差:以胃体 1 的波形为参照,多导同时记录的胃肠道不同部位出现同一波形的时间差计算,单位:秒。若远端波形落后于胃体 1 者为正相位差(以波谷为准),先于胃体 1 者则为负相位差。(见图 1-2)

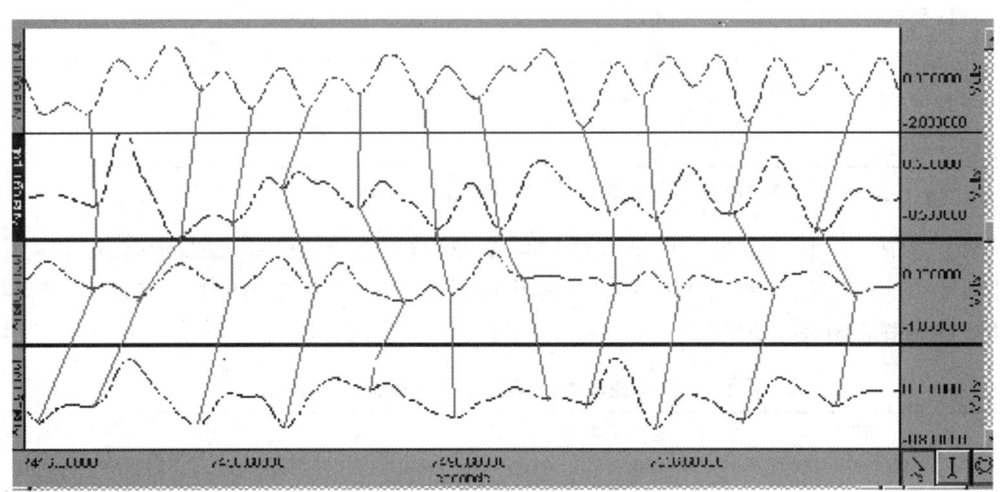

图 1-2　胃相位差示意图

No.16 健康家兔,2.3 kg,图中自上而下分别为胃体 1、胃体 2、胃体 3、胃窦的相位差示意图。

注:绿色线条向左偏斜表示负相位差,向右偏斜表示正相位差。

1.5　数据统计

采用 origin5.0 软件处理。

2 结 果

2.1 正常状态下胃电的表现

表 2-1 正常状态下胃电的相位差值

单位:sec

	胃体 2—体 1	胃体 3—体 1	胃窦—体 1
相位差	1.26±0.057	1.194±0.728	1.265±0.263

表 2-2 正常状态下胃电的幅度、频率

	胃体 1	胃体 2	胃体 3	胃窦
幅度(v)	0.089±0.134	0.085±0.029	0.082±0.62	0.086±0.32
频率(cpm)	3.449±0.337	3.177±0.172	3.334±0.158	3.241±0.195

2.2 酚妥拉明与其他阻断剂对胃相位差等参数的影响

表 2-3 几种阻断剂注射前后对相位差影响的差值的比较

单位:sec

iv 后相位差—iv 前的差值	胃体 2	胃体 3	胃窦
酚妥拉明	+0.3004±1.099	−0.264±1.005	+0.3047±0.853
纳洛酮	+4.678±0.677*	−0.534±0.593*	−0.171±0.853
普罗帕酮	+0.2537±0.737	−0.4482±0.972*	−0.054±0.868
阿托品	−0.434±0.966*	−0.056±1.030	−0.180±0.923

注:* 表示注射后相位差均值与注射前相位差均值相比 $P<0.05$。

从表 2-3 中可以看出酚妥拉明静注后胃体 2 和胃窦的相位差略增加,但却使胃体 3 的相位差略减小;而纳洛酮、普罗帕酮和阿托品静注后胃体 3 和胃窦的相位差均略减小,但胃体 2 的相位差除阿托品外均有增加。

表 2-4 几种阻断剂对频率(cpm)、幅度(v)的效应

	胃体 1		胃体 2		胃体 3		胃窦	
	△频率	△幅度	△频率	△幅度	△频率	△幅度	△频率	△幅度
酚妥拉明 iv.后	−0.447±0.232*	−0.017±0.216	−0.344±0.196*	−0.026±0.233	−0.2217±0.157*	+0.122±0.286*	−0.2980±0.234*	−0.032±0.179
纳洛酮 iv.后	+0.246±0.164*	+0.006±0.082	+0.237±0.159	+0.106±0.193*	+0.212±0.187*	+0.0663±0.422	+0.147±0.096*	+0.029±0.125
普罗帕酮 iv.后	+0.258±0.159*	−0.008±0.160	+0.156±0.086*	+0.025±0.079	+0.146±0.078	+0.405±0.679*	+0.169±0.098	+0.027±0.098
阿托品 iv.后	+0.608±0.219*	+0.059±0.236	+0.555±0.187	+0.158±0.349*	+0.607±0.212*	+0.049±0.362	+0.538±0.111*	+0.019±0.102

注:* 表示注射后频率(或幅度)均值与注射前频率(或幅度)均值相比 $P<0.05$。

从表 2-4 中可知酚妥拉明静注后可降低频率，且除胃体 3 外可降低幅度；而纳洛酮、普罗帕酮和阿托品静注后均可增加频率，除普罗帕酮胃体 1 外，其余静注后均可增加幅度。

2.3 静脉注射几种阻断剂后再起搏对胃电参数的效应

2.3.1 静注酚妥拉明、纳洛酮、普罗帕酮和阿托品前后对胃相位差、频率和幅度的效应见表 3、表 4。

2.3.2 18 例静注酚妥拉明后再起搏胃体 2－体 1 的平均相位差的差值为－0.2756±1.033($P<0.05$)，胃体 3－体 1 的平均相位差的差值为－0.218±1.002，胃窦－体 1 的平均相位差的差值为－0.2563±0.739；静注后再起搏对频率的效应为胃体 1＋0.236±0.334($P<0.05$)、胃体 2＋0.287±0.337、胃体 3＋0.203±0.227($P<0.05$)、胃体 4＋0.164±0.296。说明静注酚妥拉明后再起搏可增加胃电频率，相位差均略减小。

2.3.3 18 例静注纳洛酮后再起搏胃体 2－体 1 的相位差的差值为－3.435±0.438，胃体 3－体 1 的相位差值为＋0.376±0.332，胃窦－体 1 的相位差值为＋0.183±0.532($P<0.05$)；静注后再起搏对频率的效应为胃体 1－0.294±0.039($P<0.05$)、胃体 2－0.316±0.165、胃体 3－0.186±0.153($P<0.05$)、胃体 4－0.174±0.086($P<0.05$)。说明静注纳洛酮后再起搏，结果与单纯注射药物的效应正好相反。

2.3.4 12 例静注普罗帕酮后再起搏胃体 2－体 1 的相位差的差值为－0.258±0.436，其余各导的相位差的差值均为正值；静注后对频率和幅度的效应除胃体 1 的幅度为－0.348±0.213，其余各导的频率和幅度均仍为正值。说明静注普罗帕酮后再起搏除胃体 2 外可增加相位差，胃体 1 的幅度有所降低，其余各导的频率和幅度均略有增加。

2.3.5 18 例静注阿托品后再起搏其相位值的差值为正值，各导的频率和幅度亦为正值。说明静注阿托品后再起搏可增加相位差，各导的频率和幅度也均略有增加。

3 讨 论

胃电是胃动力的前提，在正常情况下其慢波系较稳定的类正弦波形，由其起步点细胞(ICC)发动，并向尾端扩布。人胃的基本电节律(BER)为每分钟 3 次。我们过去的实验已证明胃电与胃蠕动有良好的对应关系[3]，因此胃电能较好地反映胃运动状态。

3.1 关于相位差及其发生机制

胃电相位差是胃电在传导过程中在胃不同部位表现出的时间差值。胃电波形从头端向尾端扩布传导时需要一定的时间，也就是在正常情况下胃电相位差应为正，但较长时间的记录可见部分负相位出现(见图 1-2)，可能与胃正常的往复运动有关。当有异位起步点存在时，负相位会大大增加。相位差产生负值的原因，一般解释为胃电的逆向传导[4]。胃体起步点的电活动，由于扩布路线的迂回，不能抑制胃窦异位起步点的电活动而致胃电的逆向传导，在临床上将引起恶心、呕吐、腹痛等一系列症状，即相位差的改变与功能性胃肠道疾病密切相关[4]。

3.2 酚妥拉明等受体阻断剂及刺激效应对胃电的影响

酚妥拉明为 α-肾上腺素受体阻滞药。在本实验中，静注酚妥拉明后能减慢各导胃肌电频率，除胃体 3 外，胃体 1、胃体 2 和胃窦的幅度均略有减小，相位差除胃体 3 外其余各导均有增加。这可能是与胃肠道不同部位 α 受体的分布不同有关，还有待进一步探讨。

盐酸纳洛酮对阿片受体呈竞争性纯拮抗作用而无激动活性。本实验纳洛酮注射后胃频率增加，此结果可能是调控胃肠运动的其他神经通道共同作用的结果[5]。免疫组化研究表明[6~7]，胃肠道各处存在阿片类受体，阿片神经末梢在靠近肌细胞处分布，这些是其发挥神经肌肉效应的物质基础。纳洛酮可于中枢及外周起作用，翻转吗啡的抑制效应[8]。纳洛酮单独应用也可促进胃排空[9]，我们的结果与上述结论基本一致。

普罗帕酮又称心率平，是一种高效的抗心律失常药($β_2$ 受体阻断剂)。静注普罗帕酮后各导胃电频率都增加，除胃体 1 外，各导胃电幅度均亦略有增加，相位差除胃体 2 外，胃体 3 和胃窦均略有减小，说明其对胃电参数有一定的影响。

阿托品能竞争性地阻断 M 受体，是一种非选择性拮抗剂。有文献报道其对胃肠平滑肌具有双向调节作用。本实验中静注阿托品后虽然胃频率稍有增加，但胃相位差总体减小，说明其对胃运动存在效应。

当静注上述几种阻断剂后再对胃起步点起搏时，多能发现部分抵消药物的效应，这从另一侧面说明这些阻断剂能对起步点的功能活动产生一定的效应。因此，若能发现一类能直接作用于胃的功能运动单位(包括壁内神经系统、ICC 或平滑肌细胞)活动[1]，并能直接改变胃电传导相位差的药物，将是治疗功能性胃肠道疾病的一种新途径。

3.3 关于结果数据的分析

可能由于本实验时间紧迫，样本量较小，或者可能是由于两次给药时间间隔不够长，药物在体内的代谢不完全，药物间的互相干扰可能存在，若加大样本量继续研究或延长两次给药间隔时间应有进一步的结果。

4 结论

本实验主要观察了酚妥拉明、纳洛酮、普罗帕酮和阿托品四种阻断剂对胃相位差、胃电频率和幅度等胃电参数的效应，初步结果发现，正常状态下兔胃电确实存在相位差且酚妥拉明等阻断剂能部分改变相位差及其他胃电参数，且由于相位差的改变与功能性胃肠道疾病有关，说明从神经受体阻断剂方面寻找治疗功能性胃肠道疾病(FD)的方法是可行的。

感谢

感谢指导老师欧阳守研究员悉心教导，感谢李世英老师对实验技术与数据统计等方面的帮助及林向党技师在动物饲养管理上的协助。

参考文献：

[1]欧阳守. 胃肠起步点[J]. 科学(*Scientific American* 中文版)，1998，12(244)：56～59

[2] 欧阳守，曹友发. 胃电相位差及有关参数的体表记录分析[J]. 厦门医药，1997，26(2)：5

[3] 欧阳守，许冠荪. 刺激延脑内侧网状结构对猫胃电慢波影响的定位与猫胃电慢波的 FFT 分析[J]. 动物学报，1987，33(1)：27～34

[4] 张在保，李怀敏. 探讨双导胃电图诊断胃下垂[J]. 胃电研究，1992，101.

[5] 欧阳守，孙东，许冠荪. 电针及刺激延脑中缝大核对猫胃电的影响[J]. 生理学报，1983，35(1)：34～41

[6] Jiminez—M; Martinez—V; Gonalons—E, etc. :In vivo modulation of gastrointestinal motor activity by Met—enkephalin, morphine and enkephalin analogs in chickens. In: REGUL—PEPT. 44/1(71—83)1993

[7] Pollard—H; Moreau—J; Ronco—P; etc. :Immunoautoradiographic localisation of enkephalinase (EC3.4.24.11)in rat gastrointestinal tract. In: NEUROPEPTIDES. 19/3(169—178)1991

[8] 瞿颂义. 胃肠激素对胃肠运动的作用[J]. 胃肠动力学——基础与临床,1999(144)

[9] Asai—T; Power—I. :ANESTH—ANALG. Anesthesia—and—Analgesia. 1999;88/1 (204—208)

[10]欧阳守. 胃肠起搏[J]. 临床内科杂志,1999,16(2):70～72

导师评语:

本实验观察了酚妥拉明、纳洛酮、普罗帕酮和阿托品4种受体阻断剂对兔子胃相位差、胃电频率和幅度等电位参数的影响,证实在正常状态下,兔胃电存在相位差、被试药物能部分改变胃电参数。实验方法可行,数据可靠,为上述药物治疗胃运动功能提供了理论依据,也为寻找治疗胃功能紊乱的新药提供了方向。

会计信息自愿性披露初探

福州大学管理学院会计专业2002级　丁　汀
指导老师：福州大学　潘琰教授

摘要：本文在前人研究成果的基础上，结合我国国情讨论自愿性披露问题。全文分为五个部分：开篇是引言，阐明本文的研究背景、意义及内容要点；第一部分，自愿性披露概述，从自愿性披露内涵及与强制性披露的关系方面展开论述；第二部分，自愿性披露的动因、经济后果及影响因素的分析；第三部分论述我国自愿性披露现状，分析其原因，然后就提高我国自愿性披露水平的必要性、有效性和可能性进行探讨；最后，本文对自愿性披露在我国的发展，从理论指导、法律保护、改善投资环境等方面提出自己的对策。

关键词：会计信息　自愿性披露　上市公司

The Elementary Research on Voluntary Disclosure of Accounting Information

Ding Ting
Accounting, School of Managment
Fuzhou University
Teacher: Pan Yan

Abstract: This paper takes advantage of normative research on the basis of the prior scholars' findings and makes further research on voluntary disclosure in the combination of our national circumstances. The body is divided into five parts. The first part is a introduction and express the background, significance and points of the research. The second part is the summarization of voluntary disclosure from connotation and the relation of it and mandatory disclosure. The third part is the analysis of its factors, economic effects, and affective factors. The fourth one is to indicate the current condition in China and analysis the reasons on it, and further on research on the necessity, efficiency and possibility of improving China's voluntary disclosure level. The last part is about some suggestions to boost the development of our voluntary disclosure, including aspects of theory, law, invest circumstance and so on.

Key Words: Accounting information, Voluntary disclosure, Listed company

许多西方发达国家上市公司的信息披露方式正朝着强制性披露与自愿性披露相结合的方向发展。当然，这与其成熟的资本市场是密切相关的。在我国，随着资本市场的逐步发展，自愿性信息披露有着很大的发展空间，其重要性以及对上市公司和整个资本市场的发展所带来的影响将日趋显著。然而，目前我国对会计信息披露的研究，多着眼于强制性信息披露，而对自愿性信息披露的相关内容的研究和实务活动的开展还远远不够，这与我国目前资本市场不发达、会计理论和实践水平较低等现状有关。随着我国资本市场步入规范化、市场化、国际化的新一轮发展阶段，上市公司信息披露实践迫切需要新的理论引导，特别是需要能够解释中国资本市场独特性和解决其自身问题的理论。我国信息披露制度不完善，资本市场有效性不足是现在的一大国情。本文认为要改善我国信息披露及资本市场现状，提高自愿性披露水平势在必行。基于此，本文对公司自愿性披露问题展开研究讨论。

一、会计信息自愿披露概述

分析会计信息自愿披露，首先必须了解会计信息自愿披露的内涵，而会计信息自愿性披露与强制性披露的关系也是我们研究的关键。

（一）会计自愿性信息披露的内涵

会计信息披露是指在证券市场上借助各种金融工具向公众筹集资金的公司及其相关的个人依据法律规定以完整、及时、准确的方式向所有投资者及整个证券市场公开、公平、公正地披露与该筹资行为相关的信息[1]。一般将会计信息披露按披露方式划分为强制性披露与自愿性披露。强制性披露是指根据一国的公司法、证券法、会计准则和监管部门条例等法律法规的规定所进行的上市公司信息披露。自愿性披露是指除强制性披露之外，上市公司基于公司形象、投资者关系、回避诉讼风险等动机主动对外披露公司信息[2]。然而，笔者认为两者的划分应该从不同角度来看。从政府或法规准则角度，法规规定了哪些公司信息的内容要求强制性披露，用什么方式披露，而对自愿性披露则没有要求，此时自愿性与强制性的划分应该是按方式和内容来分。而从公司自身来看，只有当披露收益大于披露成本时，公司才有足够的动机去进行自愿性披露，所以从公司角度说，自愿性与强制性的划分应该是按动机来分。

2001 年，美国财务会计准则委员会(FASB) 在《改进财务报告：增加自愿性信息披露》的报告中给自愿性会计信息披露下了一个更为专业的定义，即上市公司主动披露的，而非公认会计准则和证券监管部门明确要求的基本财务信息之外的信息。从上述定义中我们不难看出自愿性披露有“自我服务”的显著特性。国外相关研究也表明自愿性信息披露存在明显的“自我服务”意图，上市公司会策略性地选择不同的披露时间、内容和方式来实现公司或者管理者的目的。

（二）自愿性披露与强制性披露的关系

自愿性披露从一提出就与强制性披露有着剪不断，理还乱的关系。因此研究这两者的关系对自愿性披露的研究有很大的帮助。我们可从三个方面来研究自愿性披露与强制性披露的关系。

1. 信息披露的发展历程

美国是全球所有国家中上市公司信息披露发展最早也最好的一个国家，可以说其信息披露的发展历程代表了信息披露发展的整个历史。1929 年以前，美国以自愿性信息披露为主。在 1929 年爆发的经济危机造成了纽约证券交易所大恐慌的背景下，美国国会成立了专门的监管机构 SEC(美国证券交易委员会)，SEC 的成立也标志着美国强制性信息披露制度的建立，从此信息披露方式向强制性披露转变。20 世纪 60 年代末，一些学者认为证券法即强制性披露并没有起到提高上市公司信息披露质量的作用，于是，开始要求减弱市场管制和减少强制性信息披露，增加自愿性信息披露。随着证券市场的发展和公司生存环境的变化，机构投资者和证券分析师队伍发展壮大，投资者和其他利益相关者群体对环境保护、社会责任等方面信息的需求不断增加，上市公司自愿披露信息的动机不断增强并付诸实践[3]。因此，许多上市公司的信息披露开始朝着强制性披露和自愿性披露相结合的方向发展。信息披露的发展历程证明，自愿性与强制性的关系并非完全对立的，两者的相互结合能更好地促进资本市场的发展。

2.现有研究的分析

国外许多学者已对自愿性与强制性的关系做了许多研究，主要可分为两种。第一种观点是强制性披露水平与自愿性披露水平呈正相关关系。一些学者研究表明，随着强制披露的信息质量的提高，自愿披露的信息质量也会相应提高。第二种观点是强制性披露水平与自愿性披露水平呈负相关关系。持此类观点的学者有两类：一类认为强制性信息披露会抑制自愿性信息披露；另一类则认为当强制性披露质量高时会减少自愿披露，而当强制性披露的质量低时自愿性披露的信息就会多。

本文更加赞同第一种观点。原因在于：首先，强制性披露是政府保护广大投资者，监督上市公司行为的一种措施，只要披露内容能满足保护投资者安全的需要就足够，侧重于过去的信息；而自愿性披露是公司管理者为了达到特殊目的的一种手段，披露内容更多与自身发展有关，更侧重于未来信息，故两者在内容上并无冲突，是互补的。其次，当强制披露的信息质量不高时，投资者不信任市场信息，使得自愿披露信息引起的市场反映并不明显，此时进行自愿披露的动机也会相应下降。谢志华、崔学刚的实证研究表明我国在提高强制披露水平时，并没有“挤压”自愿披露，两者保持同步稳定增长的态势[4]。因此，两者关系是相互促进并共同推进整体信息披露水平的提高。

3.自愿性披露和强制性披露关系的实质

通过上述分析可以发现自愿性披露与强制性披露并非如它们的定义那样完全对立的。自愿性披露和强制性披露有紧密的内在联系，自愿性披露和强制性披露都以提高会计信息质量为目标。两者相互促进，共同推进整体信息披露质量的发展。

二、自愿性披露的理论分析

许多国家越来越重视自愿性披露，这是市场经济对会计信息透明化的必然要求。以下分析自愿性披露的动因及经济后果，揭示其受重视的原因，继而分析其影响因素。

（一）自愿性披露的动因分析

当前学者们经常用代理理论和信号理论来解释自愿性披露的动因，笔者在此基础上还借助寻租理论和成本效益理论，这样会使动因解释更加充分。

1.代理理论

该理论解释了公司管理者为什么向所有者报告信息。在代理理论中，所有者和管理层两者都是经济理性人，所有者（委托人）追求的是投资收益最大化或者公司整体利润最大化，而管理者（代理人）追求自身报酬最大化或者公司的眼前或局部利润，可以肯定代理人不会总以委托人的最大利益行动，而更可能的是利用其信息优势实现自身利益最大化，甚至不惜牺牲委托人的利益，这造成了两者的利益冲突。基于此冲突，他们事先确定一种报酬机制：代理人的收入依赖于企业的剩余，这样使得双方之间的冲突最小化，将双方的利益最大限度地结合起来。必要时委托人对代理人执行契约的情况进行监督，而监督产生代理成本(代理成本包括委托人的监督支出、代理人的保证支出和剩余损失之和)。代理理论认为，这些成本可能会降低管理层的奖金和其他报酬。因此，管理层就有了不与所有者发生冲突从而保持低成本的动机，而自愿信息披露是管理层降低代理成本的一种手段。这一动机促使管理层做出自愿性信息披露的举动[5](pp539～550)。

2.信号理论和资本市场的竞争性

信号理论和资本市场的竞争性解释了企业在更大范围内自愿向资本市场披露企业信息的动因。根据信号理论，自愿性信息披露可以提供企业经营质量的信息。信号理论认为好的企业更容易给出信号，也更愿意给出信号，从而在一定程度上消除信息不对称，使得市场上的投资者对该企业有更大的信心[5]。该理论解释了企业自愿向资本市场进行披露的动机：企业相互争夺资本市场上的投资者。当企业进行自愿性披露并因此获得投资者的信任时，企业就获得了好声誉，并保持投资者对企业的持续兴趣，筹集资本的能力就会提高。而企业自愿地披露那些可信且能减少外部人士对企业未来前景不确定性担忧的有关信息时，公司的价值也得到被提升。

3.寻租理论

寻租理论认为：寻租者可凭借寻租获取的垄断地位和主导的垄断价格轻易获得高额利润。在公司管理者和投资者的博弈中，可看出公司管理者占据信息优势，凭借此优势，他可以获取信息租金(即高额利润)。追逐信息租金是资本市场信息披露最本质的特征。信息租金有两种表现形式：直接和间接。间接信息租金具体表现为自愿性披露的五大动机：(1)资本市场交易动机；(2)控制权竞争动机；(3)股票报酬动机；(4)诉讼成本动机；(5)管理能力信号动机[6]。在信息租金的框架下，我们可以这样解释信息披露：对直接信息租金的追逐导致了投资者对信息的需求，对间接租金的追逐诱发了经营者对信息的自愿供给，政府对整个社会福利的考虑介入信息披露形成了信息的强制供给。

4.成本效益分析

该理论将经济学的理性经济人假定运用于管理者对自愿性信息披露决策的行为分析。如果自愿披露给管理者带来的效益大于自愿性披露的成本，那么管理者就会进行自愿披露，反之，则不会进行。自愿性披露的效益和成本在各个国家、各个时期都各有不同。然而，历史证明，随着资本市场的发展，效益大于成本将是一种必然趋势。

因此，从理论上来讲，不管存不存在强制性披露，英明的公司管理者无论从自身利益还是公司发展考虑都会选择自愿性披露。

(二)自愿性披露的经济后果分析

信息披露具有经济后果，使得公司管理层有可能为了特殊利益而进行有选择的披露。这在强制性信息披露上表现为信息披露方式与时间的选择，而自愿性披露的自由度更大，选择性更强，所以研究自愿性披露的经济后果是必需的，以下试做分析。

1.自愿性披露经济后果：正面影响

第一，提高股票流动性；第二，降低资本成本，自愿性披露能降低风险进而达到降低资本成本的目的；第三，提高公司的声誉和形象，提升公司价值；第四，改善上市公司和投资者的关系；

第五，规避诉讼风险；第六，当企业在国际证券市场上发行证券时，详细披露能够增强国外投资者对会计信息的理解，克服因不同会计准则之间的差异而造成的理解障碍。

2. 自愿性披露经济后果：负面影响

第一，增加了公司的报告成本；第二，含有商业机密的信息的披露可能会使公司的竞争对手了解更多的公司信息，削弱竞争优势；第三，可能成为一些不良公司发布含有虚假成分的信息来掩饰自己的经营不善的手段；第四，当上市公司赢利不好时，如果自愿披露的信息含有更大的利空消息，可能会使投资者抛售其手中持有的股票；第五，上市公司向投资者预示风险时，可能影响现有的和潜在的投资者的投资决策，而使公司的财务进一步恶化。

对经济后果的分析表明，自愿性披露虽有一些负面影响，但与强制性披露相比，持续的自愿性披露有着提高股票流动性、改善上市公司和投资者的关系等优势，对强制性披露的作用起了补充和强化。

（三）自愿性披露的影响因素

影响自愿性披露的因素可分为两类：第一，公司外部的影响因素。如强制性信息披露制度的完善程度，国家经济、政治、文化，资本市场的发达程度、审计意见类型等。第二，公司内部的影响因素。如公司规模、行业性质、公司业绩、治理结构、海外上市和国际化程度、公司价值等。笔者认为对公司的自愿性披露的影响主要来自以下六个方面。

1. 资本市场的发达程度

资本市场的发达程度直接关系到进行自愿性披露后的市场上的反映。公司是出于披露的效益即披露后获得收益会大于成本这一目的而进行披露的，披露的收益仰仗于市场对之的良性反应，即吸引更多投资。资本市场欠发达时，投资者对公司信息的披露的关注不足，导致公司自愿披露的无效性，使得公司丧失披露的动机。从某种意义上说，资本市场的发达程度是公司进行自愿性披露最重要的前提。

2. 公司规模

公司规模是影响自愿性信息披露的重要因素。由于身处更大的市场和需要更多外部资金，规模较大的公司有意愿披露更多的信息以吸引投资者，从而降低资本成本。此外，规模大的公司更加注重自身的社会形象和信誉，通过自愿性披露与投资者进行沟通，可以有效塑造大公司良好的社会形象和改善公司信誉。许多学者对两者关系进行研究发现，两者之间存在显著的正相关性，即公司规模越大，自愿性披露的质量就越高。

3. 行业性质

由于行业之间的差异性，自愿性披露的信息有很大的区别。如一般认为，传统公司较少自愿披露能为公司带来巨大价值的人力资本信息；而高科技、高成长公司自愿披露人力资本信息已司空见惯；重工业较少披露与环境有关的信息；公用事业与金融业为了维护自身的垄断地位，自愿披露的动机也不强烈；相对来说，制造业比其他行业会自愿披露较多的信息[3]。

4. 公司业绩

在市场信号传递有效时，自愿性披露的程度与公司业绩呈正相关。当公司业绩好时，其自愿性信息披露的意愿就高；相反，当公司业绩下滑或亏损时，就会尽量拖延或者隐瞒不报。业绩好的公司，对信息的自愿性披露可以很大地提高公司的声望，使得投资者对之产生较大兴趣，公司筹资等更容易，从而形成由公司—投资者—公司的良性循环。业绩差的则相反。

5. 治理结构

目前的一些研究表明，对公司自愿性披露产生影响的公司治理结构因素大致有董事长是否兼任总经理、审计委员会是否存在、所有权分散或集中的程度等。如 Forker 研究发现董事会中独立董事的比例和审计委员会的存在与股票期权信息披露程度呈正相关关系。Simon、Gray 等人对香港和新加坡的公司的研究发现，董事会中家庭成员的比例越高则披露程度越低，外部所有权结构的比例与自愿披露程度呈正相关，同时，在“内部人控制”或家庭控制的公司中，自愿性信息披露会少。殷枫对这方面的研究显示，对于我国上市公司而言，董事长是否兼任总经理是影响上市公司自愿性披露程度的重要因素[2]。

6. 海外上市和国际化程度

公司是否在海外上市以及它的国际化程度高低，直接关系到其受到国外法律法规和交易所交易制度的影响程度，从而影响了公司自愿披露的动机。由于身处国际资本市场的大环境，面临的竞争不再是国内所能比拟的，为了树立良好的公司形象及获得更好的竞争优势，跨国公司有较高的意愿主动披露一些信息，以满足当地投资者的信息需求。

三、我国自愿性披露的现状及其分析

通过自愿性披露的理论分析，可以得知自愿性披露对上市公司来说并非只是一种跟风行为，而是有其渊源的。而每个国家的情况各有不同，这也导致每个国家在自愿性披露方面的表现各不相同。对我国自愿性披露的现状的分析也就显得至关重要。

(一)我国自愿性披露的现状

我国目前主要采用的是对上市公司信息的强制性披露，自愿性信息披露则刚刚起步。在现实中，我国上市公司自愿性信息披露的内容和质量都远远不能满足监管部门、证券专业人士以及投资者的要求。乔旭东(2003)对上市公司的自愿披露行为的研究表明：

(1)我国上市公司自愿披露的数量偏少，自愿揭示指数只有 0.31(自愿揭示指数＝实际披露项目数/最佳披露项目数)，距离最佳还有很大距离。

(2)自愿披露项目信息含量偏低，对于自愿披露的项目，上市公司多数选择定性的、边缘的、外围的、表面的，而回避那些核心的、关键的、定量的信息，大大削弱了所披露信息的相关性[7]。

此外，笔者通过调查还发现，我国上市公司的自愿性披露主要集中在业绩预警公告(即赢利预测和亏损预测)上。笔者认为这可能是因为赢利预测曾一度属于强制性披露的内容，现在虽改为自愿性披露，但对公司来说，此行为也可能只是一种惯性。2003—2005 年预警公告的统计，如表 3-1 所示。

表 3-1　2003—2005 年上市公司预警公告调查

年度	2003	2004	2005
披露数量	1 051	1 711	1 820

注：数据来源为“证券之星网”。

由表 3-1 我们发现 2003 年后我国上市公司的预警公告的数量呈逐年上升的趋势，但其他关于自愿性披露依旧很少，说明自愿披露的内容过于单一。这些分析说明我国的自愿性披露仍然处在起步阶段，上市公司自愿性披露信息质量不高，有效性不足。

(二)我国上市公司自愿性披露水平的原因分析

导致我国自愿性信息披露水平不高的原因错综复杂，究其根源在于我国正处于市场经济的转轨时期，发展不平衡与不完善。本文将从经济方面及文化方面进行研究。

1.我国经济方面的影响

经济的发展程度决定着其他社会领域的发展。我国经济的迅速发展必然出现一些问题，这也是我国自愿性披露水平低最主要的一个原因。一个国家的信息披露总体水平主要受资本市场的发达程度、企业的组织形式和主要筹资渠道三个方面的影响[1]。下面，笔者将从这三方面来结合我国国情分析其对自愿性披露水平的影响。

首先，就资本市场而言。我国资本市场还属于弱式有效市场，主要问题是：(1)上市公司整体质量不高，公司赢利能力差，投资回报较少，投资者更倾向于短期投机，并不过多地关注公司长远发展方面的信息。而从国际上来看，自愿性信息披露的内容恰恰都是关于企业长期发展战略方面的信息。(2)投资者整体素质不高，缺乏分析财务报告的能力，市场只对财务报表的名义利润做出反应，而不关注公司与自愿性信息披露的程度和质量。(3)散户投资者过多，一方面分散了对信息披露的需求，另一方面降低了市场对信息处理、判断的总体能力[8]。

其次，就企业的组织形式而言。本文企业组织形式针对的是公司股权结构和公司内部治理结构。虽然我国的上市公司都实行股份制，但是大多数公司由国企改制而成。这就造成目前我国上市公司内部治理结构存在严重的缺陷，主要表现为国有股权“一股独大”和“内部人控制”。一方面，国有股股权主体(即委托人)缺位，使得公司管理者无须面对来自所有者的强大压力，在其报酬由绩效决定且缺少监督机制的情况下，存在盈余操纵的潜在利益冲突和有力机会；另一方面，社会公众受制于持股比例的限制及存在“搭便车”的心理，即使提出全面披露信息的要求，影响力也十分有限。两方博弈的结果是，上市公司只会选择按照有关规定进行强制性信息披露，而尽量避免自愿性信息披露[8]。

最后，就主要筹资渠道而言。债券市场不发达，企业的资金主要来源于借贷资本。其理财方法通常倾向于保守和稳健，以迎合债权人的偏好。因此，企业比较重视强制性信息的披露，对自愿性信息披露采取保留的态度。另外，我国国有企业的资金来源有一大部分是财政拨款或者政策性贷款。

从这三个方面不难看出，我国现阶段的信息披露水平低是有根可寻的。

2.我国文化方面的影响

中国传统文化深深地影响着中国老百姓的思维方式、处世方式，从而间接地影响到我国的自愿性披露的水平。下面我将从文化对人的影响的角度来分析文化对我国信息披露水平的影响。

首先，文化对普通老百姓的影响。自古以来，中国人信奉“有备无患”、“凡事预则立，不欲则废”等观念，稳健及规避风险的意识较强，从而表现出了他国难以望之项背的高储蓄率[9]。高储蓄率导致上流动资金不足，人们对风险的过度回避，使得我国的资本市场不够活跃，上市公司的披露行为得不到理想中的反应，披露的动机也大大降低了。

其次，文化对公司管理者的影响。公司管理者偏于稳健，对风险规避意识更强，对商业秘密保护的意识会远远强于披露所带来效益的动机。中国公司管理层的人情关系网十分复杂，公司的一些重要信息对有较大权利的利益相关者来说是不言而喻的，而他们刚好也是信息的主要需求者。另外，由于受到家长制的影响，我国的公司中董事长与总经理经常是同一人兼任的，这样使得剩余索取权和管理经营权纠结在一起，公司老总无须向其他人披露信息。

(三)提高我国自愿性披露水平的“三性”分析

了解了我国自愿性披露的现状及原因，接下来有个重要的问题就是提高我国的自愿性披露水平是否有必要、是否有效及提高的可能？

1.必要性分析

首先，我国经济的迅猛发展需要配套的信息披露制度，然而我国信息披露的现状表明我国信息披露制度并没有与经济发展相适应，目前重强制性披露轻自愿性披露的状况亟须改善。

其次，加入 WTO 后，大量外资进入国内证券市场，这使得国内上市公司对投资者的竞争更加激烈，自愿披露是提高公司竞争力的一把利器，如果国内上市公司不果断地拿起这把武器，那它们极可能变得毫无竞争力；虽然现在还没有国外公司入户我国的证券市场，但一旦出现这种情况，我国上市公司仅凭强制性披露的信息是完全斗不过经验丰富的国外公司的。

最后，自从出现银广夏、郑百文、琼民源等虚假披露信息案件后，我国资本市场上一直存在着投资者对信息的广泛不信任。其中一个重要的原因就是信息披露制度不完善。只有提高自愿披露的水平，改善信息严重不对称的情况，才能有效抑制虚假披露的继续发生，改善上市公司与投资者的关系。

2.有效性分析

为了了解自愿性披露水平的提高是否真的能改善我国信息披露的现状及资本市场的有效性，笔者通过对近几个月有自愿性披露公告的公司信息披露后股价走势的分析，发现自愿性披露可以有效地防止过度投机及避免投资者盲目乐观或悲观，使投资者能清晰地认识到公司的价值，从而做出正确的投资策略。如 600115 东方航空，由于国内外航油价格居高不下，造成运营成本大幅增加等原因，东方航空投资者对该公司的投资热情减少。从 4 月 18 日的股票开盘价 2.58 元到 4 月 24 日的收盘价 2.29 元，短短 6 天大跌 10.35％。① 而随后在 26 日公司自愿披露预亏警告后，使投资者真正认识公司的经营情况，避免投资者因盲目悲观而抛售公司股票。在经过 26 日当日股价短暂下跌后，随后的几天时间内，股价不但没有继续下滑，反而出现上涨的局面，在恢复原先股价后还创出了 3.04 元——该股自 2005 年 7 月份以来的新高。

3.可能性分析

首先，我国证券市场有了较大的发展，教育水平的提高也使得投资者的数量有了显著增加，质量有了显著提高，证券市场中介机构的队伍不断壮大，机构投资者和专业证券分析师的数量在不断增长，都为自愿性披露水平的提高奠定了基础。

其次，上市公司治理结构和管理体系的不断完善，有效的制衡机制的逐步发展，国内职业经理人市场的出现，对公司经营管理者起到了一定程度的约束作用，他们出于自身利益的考虑，必然会倾向于自愿披露。

通过上述分析可看出提高我国的自愿性披露水平不仅是必要的、有效的，而且是可能的。

---

① 数据来源于广发证券。

四、我国自愿性披露的对策思考

根据上述的研究分析，要建立符合我国国情的信息披露制度，仍需促进强制性与自愿性披露相结合。我国目前对强制性披露的研究及实践已经上了轨道，而自愿性披露研究相对薄弱。如何改善这一现状？以下是笔者的思考。

(一)构建上市公司信息披露理论框架

我国目前对信息披露的理论研究大都缘于实践中出现的问题，是对其中经验和教训的总结，只停留在就事论事阶段。构建一个理论框架，可以同时为理论研究和实践提供指导，并由此形成“比较全面、比较详细和有一定前瞻性的信息披露制度”。笔者认为毛洪涛等提出的上市公司信息披露理论框架可资借鉴。该设想的基本思路是由三个层次组成信息披露制度：第一层次，以资本市场为理论研究的基础回答上市公司信息披露是什么(what)这一问题；第二层次，分别从资本市场的市场有效性、市场失灵及市场公平三个假设前提出发研究为什么(why)披露的问题；第三层次，解释和预测上市公司信息披露行为，从而回答披露如何(how)进行的问题[10]。另外，笔者认为，通过构建理论框架，可以发挥以下作用：一是可以纠正学者们在研究过程中出现的认识分歧或理解的错误，二是可以对完善信息披露制度起指导作用，三是可以解决我国在不同经济发展时期的信息披露制度的变化遇到的难题。

(二)完善会计准则中鼓励并保护自愿披露的内容

在会计准则和披露规则中加入鼓励上市公司自愿披露信息的内容，列明鼓励自愿性信息披露的种类以解决政策法规落后于公司实践的矛盾。同时，为了避免公司管理层面临不应有的诉讼风险和其他问题，监管部门还需研究制定相关的政策对公司的自愿披露信息行为加以保护，以防上市公司自愿披露的积极性下降。笔者认为，美国的“安全港规则”为我们提供了较好的借鉴。

(三)加大信息披露的违规成本

在美国，民事赔偿为提高上市公司信息披露的质量，制止虚假信息等做了很大贡献。美国上市公司惧怕民事纠纷甚于行政处罚，因披露虚假信息或没有预先警告投资者风险等而遇到民事纠纷时，可能陷入没完没了的官司中，不仅使公司管理者丧失了用来管理公司的时间和精力，还可能因为民事赔偿而导致公司破产。我国可以学习美国，加强投资者权益的维护力度，从而提高投资者对信息披露的关注，有力地促进市场的有效性，进而促使上市公司提高对自愿信息披露的重视。另外，还可制定反欺诈条款，对恶意借自愿性信息披露之机误导投资者的上市公司给予处罚。

(四)加强 CPA 审核，建立信息披露评价体系

实践中，一些公司披露的赢利预测信息与实际的业绩相去甚远，误导投资者造成的损失是不可忽视的。随着自愿性披露信息的普及，加强自愿披露信息的审核必不可少。然而由于自愿性信息披露的内容不像财务报表那样固定，无疑给注册会计师的审核提出了许多新的问题。

笔者认为在建立评价体系方面，应由注协或证监会组织提供这方面的指南，注册会计师根据其对公司自愿披露的内容提出审核意见，警示投资者可能面临的风险。

（五）调整产权结构，优化公司治理结构

由于历史的原因，我国上市公司产权、公司治理结构不尽合理。只有优化公司治理结构，才能从制度上保证管理者将其信息传递给投资者。调整公司产权结构、优化公司治理，就现实情况看，需要做好以下工作：一是解决"一股独大"的股权结构问题，形成以财产所有权分散化为前提的多元化所有权的产权结构及形成剩余索取权与控制管理权相分离的产权结构。二是解决"内部人控制"的治理结构问题，扩大董事会的职权范围，加强董事会对经理层的监督，建立健全独立董事制度及相应的责任制度，扩充监事会的权力，强化监事会的职权。

（六）改善投资环境，提高投资者素质

首先，投资者应加强自身专业素养的培养，多关注公司核心竞争能力、预测性信息等自愿性披露的信息，一旦遭到严重的投资损失，能够冷静分析，借助法律武器保护自己的利益。其次，监管部门应对证券专业分析人士的分析实务进行规范，防止分析师与上市公司私下串通，利用幕后交易攫取不正当的超额利润，以致侵害投资者的利益。再次，建立一套全社会的会计诚信体系，有不良信用的行为记录的公司在工商注册、银行贷款等方面应受到限制。最后，完善对机构投资者的管理，建立针对不法分析师或投资机构的市场退出机制，一旦发现机构投资者有重大的不正当行为，永远不准其再踏足该行业。

综上，本文既对会计信息自愿性披露进行了理论分析，也针对国内信息披露现状，提出了自己的思考和看法。通过文章的分析，发现自愿性披露水平的提高对改善我国信息披露的现状将有很大帮助。基于自愿性披露在资本市场及上市公司中作用的日益显现，笔者在文章第四部分提出六个方面的建议，包括构建上市公司信息披露理论框架、完善会计准则中鼓励并保护自愿披露的内容、加大信息披露违规成本、加强 CPA 审核和建立信息披露评价体系、调整产权结构和优化公司治理结构、改善投资环境和提高投资者素质，希望对提高我国的自愿性披露水平有所助益。

然而，由于自愿性披露研究在国内外学术界均处于探索阶段，以及笔者的知识水平及完成论文的时间和资料等方面的局限，本文尚未对该领域中的一些问题，如自愿性披露的监管、自愿性披露和强制性披露结合的契合点、自愿性披露建设的指导框架等展开更为深入的探讨，这些也是未来可进一步研究的方向。

谢辞

一分耕耘，一分收获，能够顺利完成我的毕业论文，首先要感谢我的导师潘琰教授。在繁忙的工作中，她对我的论文给予了精心的指导。潘老师严谨治学的态度、诲人不倦的风范，使我深受鼓舞，她对我们的严格要求，也让我受益匪浅。在此，我对潘老师深表诚挚的谢意！

我还要感谢林兢老师、黄莲琴老师、邓丽君老师、张志雄老师、郑声锵老师，四年里，他们给了我极大的帮助，让我无法忘怀。我还要感谢我的家人，他们对我学业上的支持和期望激励着我不断前进。

参考文献：

[1] 王雄元.上市公司信息披露与商业秘密保护[J].财会月刊会计版,2006(4)

[2] 殷枫.公司治理结构和自愿性信息披露关系的实证研究.审计与经济研究,2006(3)

[3] 闫化海.自愿性信息披露问题研究及其新进展[J].外国经济与管理,2004(10)

[4] 谢志华,崔学刚.信息披露水平:市场推动与政府管制[J].审计研究,2005(4)

[5] 平狄克,鲁宾费尔德.微观经济学[M].第4版.北京:中国人民大学出版社,2000

[6] 王雄元.自愿性信息披露:信息租金与管制[J].会计研究,2005(4)

[7] 乔旭东.上市公司年度报告自愿披露行为的实证研究[J].当代经济科学,2003(3)

[8] 殷红.优化我国上市公司自愿性信息披露管见[J].财会月刊,2004(6)

[9] 陈艳.会计信息披露方式的经济学思考[J].会计研究,2004(8)

[10] 毛洪涛,吉利.我国上市公司信息披露理论研究评估[J].会计研究,2005(9)

[11] 钱翎.会计信息的强制性与自愿性研究[J].财会月刊(会计),2002(4)

[12] 王雄元,王永.上市公司信息披露策略的理论基础[J].审计与经济研究,2006(3)

[13] 丁爱琴.自愿披露的根本性动机——基于成本效益的分析[J].现代会计,2004(2)

[14] 唐鸿英.我国证券市场会计信息披露存在的问题与对策[J].财会研究,2006(3)

[15] Wilur G. Lewellen, Taewoo Park, Byung T. Self-serving behavior in manager's diacretionary information disclosure decisions[J]. *Journal of Accounting and Economics* ,1996,21:227～251

[16] Joshua Ronen, Varda (Lewinstein) Yaari. Incentives for voluntary disclosure[J]. *Journal of Financial Markets*,2001,4: 309～357

导师评语：

会计信息自愿性披露问题近几年受到会计理论界、实务界和监管部门的共同关注。综观目前的研究,大家的目光主要集中在强制性披露方面,自愿性披露的研究相对薄弱,所以开展自愿性披露的理论研究十分必要,该选题有重要的理论意义和现实意义。文章采用规范研究的方法,梳理和阐述了自愿性披露的相关理论,结合我国企业自愿性披露的实践展开讨论,文章既讨论了会计信息自愿性披露的内涵与强制性披露的关系,自愿性披露的动因、经济后果及影响因素,又分析了我国自愿性披露的现状,并在此基础上提出改善自愿性披露的对策。文章主要观点明确,能够对问题进行多视角的分析和论证,结构合理,文句通顺,达到学士学位论文的要求。

从肯德基在中国看跨文化营销

厦门大学企业管理系工商管理专业2001级　黄　河*
指导教师:厦门大学　林志扬教授

摘要:2004年肯德基在中国开设了第1 200家店,把竞争对手麦当劳远远抛在后面,在中国赢得了顾客的广泛好评和极高的受欢迎度,击败了众多的挑战者。本文站在跨文化角度分析肯德基在中国的营销策略,提出值得跨国餐饮公司借鉴的建议。

关键字:肯德基　餐饮　跨文化　营销

Cross-cultural Marketing From the Case of KFC in China

Huang He
School of Business Administration,Xiamen University
Teacher:Lin Zhiyang

Abstract: KFC draw 1 200th shop in China, throw rival McDonald behind far 2004, have won the customer's extensive favorable comment and extremely high popular degree in China, and has defeated one and another challenger. This text is to analyze KFC, the American fast food chain store marketing tactics in China from cross-cultural angle, attempt to give beverage suggestion that Company draw lessons from to put forward from this.

Key Words: KFC,Food,Cross-cultural,Marketing

肯德基隶属全球最大的餐饮连锁集团——百胜集团,其成功的跨文化营销行为一直为学者津津乐道。肯德基的门店遍布中国大中城市的每一个角落,其作为美国公司在中国取得如此巨大的成功,引起笔者深思。笔者也试图通过本文挖掘餐饮行业和跨文化营销的更为深刻的内涵,站在跨文化观点上来阐述营销观念。

一、文献综述

(一)民族文化维度理论

(1)权力距离(power distance)。即在一个组织当中,权力的集中程度和领导的独裁程度以及一个社会在多大的程度上可以接受组织当中这种权力分配的不平等,在企业当中可以理

* 作者已保送华南理工大学工商管理学院企业管理专业国际企业管理方向硕士研究生。

解为管理者和员工之间的社会距离。一种文化究竟是大的权力距离还是小的权力距离,必然会反映在这一社会内成员的价值观中。如果领导的集权和专断深植在员工的头脑中,成为一种理所当然的现象,那么权力分配的不公平不会影响到组织的稳定。

(2)不确定性避免(uncertainty avoidance index)。在任何一个社会中,不确定的、含糊的、前途未卜的情境,都会让人感到是一种威胁,从而倾向于防止。防止的方法很多,例如提供更大的职业稳定性,订立更多的条令,不允许出现越轨的思想和行为等等。不同文化,防止不确定性的迫切程度不一样。相对而言,在不确定性避免程度低的社会当中,人们普遍有安全感,倾向于放松的生活态度和鼓励冒险的倾向。而在不确定性避免程度高的社会当中,人们普遍有一种高度的紧迫感和进取心,因而易形成努力工作的内心冲动。

(3)个人主义与集体主义(individualism versus collectivism)。"个人主义"是一种结合松散的社会组织结构,其中每个人重视自身的价值与需要,依靠个人的努力来为自己谋取利益。"集体主义"则是一种结合紧密的社会组织,其中所有的人往往以"在群体之内"和"在群体之外"来区分,他们期望得到"群体之内"的人员的照顾,但同时也以对该群体保持绝对的忠诚作为回报。

(4)男性度与女性度(masculinity versus femininity)。即社会上居于统治地位的价值标准。对于男性社会而言,居于统治地位的是男性气概,如自信武断、进取好胜,对于金钱的索取,执著而坦然,而女性社会则完全与之相反。

通过分析上述文化四维度调查数据,霍夫斯坦特证实了不同民族的文化之间确实存在很大的差异性,他认为这种差异性根植在人们的头脑中,很难改变[1]。

普遍的观点认为,中国属于权力距离较大、不确定性避免程度较高、集体主义感很强、中度男性化的社会。

(二)科特勒的4P理论

(1)产品或服务策略(product)。科特勒教授的定义是"能够为购买者带来满足感或利益的,有形的、服务性的和象征性的东西",这一定义又被他简化为"产品是被视为能够满足需求的东西"。

(2)价格策略(price)。近年来,价格已经被进一步发展为价格战略,其中包括溢价、季节定价或每日定价等内容。

(3)渠道策略(place)。它涵盖了企业的产品和服务如何接近潜在的消费者或客户,其中包括分销、物流系统和网络服务系统。

(4)促销策略(promotion)。它包含的活动更多,在过去的30年中经历了爆炸式的发展。其中包括促销沟通、个人销售、广告推广、直销推广、销售推广、公共关系等内容。

4P营销组合认为,在影响企业经营的诸因素中,市场营销环境是企业不可控制的因素,而产品、分销、促销、价格等因素是企业可以控制的,企业应综合运用这四个可以控制的变量来组成一个有效的营销系统以进入企业的目标市场[2](pp312~315)。

(三)营销的定义和跨文化营销的定义

科特勒把市场营销定义为:营销是个人和群体通过创造并同他人交换产品和价值,以满足需求和欲望的一种社会和管理过程。[2]参照这个定义,笔者把跨文化营销定义为:在全球化背景下,来自不同文化背景的个人和群体通过在不同文化的市场中创造并同他人交换产品和价值,以满足不同文化背景的需求和欲望的一种社会和管理过程。

二、肯德基的成功案例及其在中国的现状

1987 年，肯德基进入具有悠久饮食文化的古都北京，开始了它的中国发展史。1987 年 11 月 12 日，肯德基在中国的第一家分店在北京前门的繁华地带正式开业。以此为起点，肯德基开始摸索，不断了解和适应中国社会和市场，逐步形成了具有中国特色的管理模式。1992 年肯德基在中国的分店总数只有 10 家，到 1995 年，发展到 71 家。1996 年 6 月 25 日，中国肯德基第 100 家店在北京开设，这是一个里程碑，标志着中国肯德基进入了一个更加稳步发展的阶段。同时成长的是肯德基在中国广大消费者心目中的形象。全球著名的 AC 尼尔森调研公司 1999 年在中国 30 个城市发放的 16 677 份问卷调查显示，最早进入中国市场的西式快餐——肯德基，因其独有的美味和品质，被中国消费者公认为“顾客最常惠顾的”品牌，名列中国前十个国际著名品牌的榜首。

随着肯德基管理经验的逐渐丰富、员工队伍的不断壮大和经营体系的日趋完善，2000 年以后的中国肯德基加速发展。2000 年 11 月，肯德基在中国连锁餐饮企业中第一个突破 400 家餐厅的规模。2001 年 10 月发展到 500 家，2002 年 2 月达到 600 家，11 个月以后的总数为 800 家。至今中国肯德基已在 200 多个城市开设了 1 000 多家餐厅，在中国餐饮业遥遥领先。不仅如此，中国肯德基还一直保持着良好的经济业绩。肯德基的中国总部“中国百胜餐饮集团”连续三年居全中国餐饮百强之首，2002 年的营业额达到 71 亿元。其中绝大部分来自肯德基。其餐厅数量成长如下图[3]：

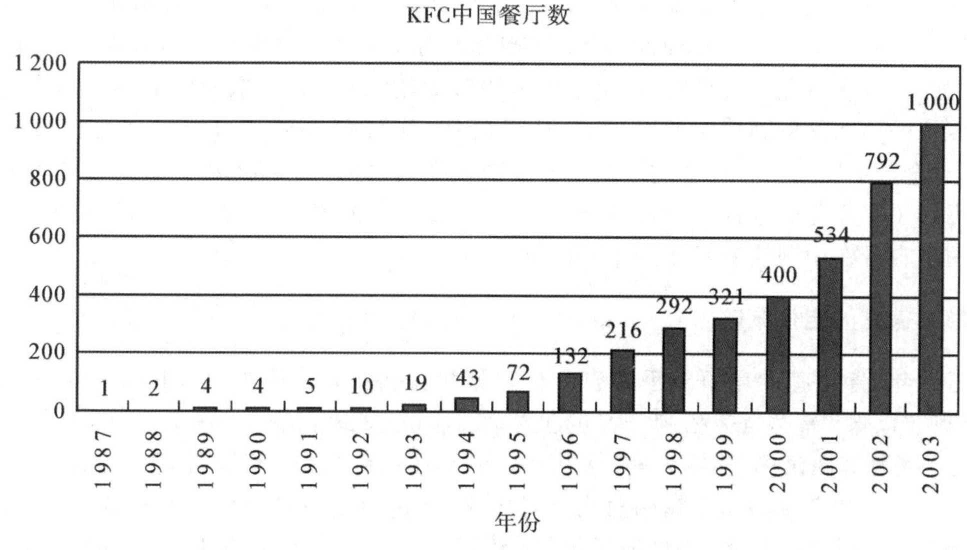

图 2-1　KFC 中国餐厅数量成长图

鉴于肯德基在中国市场发展过程中取得的良好业绩，本文接下来将使用跨文化理论从产品创新、定价策略、渠道和公关四个方面具体分析肯德基的营销策略。

(一)肯德基的产品创新策略

2002 年 6 月，肯德基“墨西哥鸡肉卷”上市，据肯德基中国网站称：“墨西哥鸡肉卷”选用墨西哥薄面饼、鲜脆的生菜、现场腌制和烹调的多汁嫩鸡腿肉，放入由营养丰富的番茄、红椒、洋葱等多种蔬菜配制而成的墨西哥特有的调料“莎莎酱”，配以提味的黑胡椒蛋黄酱，用饼皮紧紧“卷”起来，口感独特、吃法新奇，与吃汉堡有不同的新感受。只要一口，就让消费者尝到脆、嫩、酸、微辣的多重美味。

“墨西哥鸡肉卷”被认为是颠覆汉堡吃法的一种新快餐潮流，在中国市场上取得了巨大成功。

2003 年 2 月，“老北京鸡肉卷”在中国上市，据肯德基中国网站称：“老北京鸡肉卷”使用与“墨西哥鸡肉卷”同样的面饼，内有烹炸的鸡腿肉条、爽脆的黄瓜条、京葱段，浇上浓郁的甜面酱和汉堡酱。这样的配料，完全与北京烤鸭的风味相同。“老北京鸡肉卷”既结合了快餐的“边走边吃”，也满足了本土消费者的口味。

“老北京鸡肉卷”在中国市场也取得了巨大成功，2003 年 10 月，肯德基中国南京公司高层人士曾对《江南时报》记者说：“‘老北京鸡肉卷’除了部分消费者抱怨京葱段偏粗以外，市场销量一路上升。”[4]

为什么肯德基能在市场竞争激烈的中国快餐业里独占鳌头呢？笔者认为，这和肯德基的产品创新分不开。中国是一个中等男性化的社会，人们普遍对新鲜事物有好奇心理，针对这种好奇心理，肯德基以比竞争对手更快的速度推出新产品，赢得了更多的新客户；中国也是一个集体主义倾向较浓的社会，人们对中国传统的文化和食品有很高的认同感，通过这种认同感，用西方吃法的“皮”包住中国传统餐饮文化的“心”，体现了肯德基跨文化营销在产品创新方面的成功策略。从颠覆汉堡的“墨西哥鸡肉卷”到饱含中国特色的“老北京鸡肉卷”，从消费者热衷的“香辣鸡翅”到行业内首推的“新奥尔良烤翅”，从经典的“香辣鸡腿堡”到不辣的“劲脆鸡腿堡”，从传统的鸡肉汉堡到猪肉的“照烧猪排堡”，从“炸”的“香辣鸡腿堡”和“劲脆鸡腿堡”到“烤”的“黄金烤鸡腿堡”，肯德基的产品不断在结合中国文化特色的基础上进行突破和创新，为消费者提供了多样化的选择，也给快餐行业带来了多元化的竞争，肯德基在这种竞争中逐步扩大并巩固了自身在中国快餐行业的领先地位。

(二)肯德基的定价策略

最近两年，肯德基的竞争对手麦当劳行动频频：2003 年 5 月 28 日，北京地区“巨无霸”、“麦香猪柳蛋汉堡”等麦当劳招牌产品的价格都不同程度地上涨。“巨无霸”由 10 元涨到了 10.40 元；“麦辣鸡腿汉堡”化零为整，从 9.9 元调到 10 元；“麦香猪柳蛋”则小涨 4 角，由 9.5 元变成 9.9 元。奶昔则略微上扬两角钱。同样，最早在中国亮相的麦当劳招牌店——深圳东门光华楼门店经理告诉记者：深圳地区的“巨无霸”已由 10.50 元上调到 10.80 元，部分早餐套餐的价格则有所回落，其调整幅度为 0.1～0.7 元。来自厦门的消息显示，厦门麦当劳的“派”涨了 0.5 元，为现在的 3.5 元。以往 16.8 元套餐现在均以 17 元论价，而“朱古力奶昔”则上浮了 0.7 元。这次涨价之后肯德基明确表示，不跟风涨价[5]。

2004 年 2 月 27 日，麦当劳在全国推出一项“超值惊喜、不过 5 元”的促销活动。共有近 10 款食品价格降到了 5 元以内，“双层吉士汉堡”、“麦香鱼汉堡”的价格从 10 元左右直线降至 5 元，原价六七元的鸡翅、新地等产品一律降到 5 元[6]。

针对这次降价，肯德基同样表示，肯德基不会跟风降价。在中国市场上，麦当劳比较多地使用了价格策略，而肯德基更多地使用了新产品策略，价格水平一直是维持不动的。为什么会这样呢？从跨文化的角度来分析，中国是一个权力距离较大的社会，人们很看重消费场所的价格与个人形象之间的关系。肯德基维持不变的价格，有利于保持其在消费者心目中的形象，不会随着价格的波动而波动；作为一种西式快餐，肯德基考虑到中国人的集体主义倾向的消费习惯，通过推出“外带全家桶”这样的方式进行促销也收到了很好的效果，而非麦当劳那样进行单品促销。

（三）肯德基的分销策略

2005 年 3 月，沸沸扬扬的“苏丹红”事件给如日中天的肯德基一个沉重的打击。在肯德基良好的危机公关下该事件得以迅速告一段落，但是，这个事件很好地诠释了跨文化营销中跨国公司的分销渠道和公关活动。本文将深入分析这一事件。

“苏丹红”事件中有一个很有意思的插曲：2005 年 3 月 16 日下午，中国百胜餐饮集团公开声明：肯德基新奥尔良烤翅和新奥尔良烤鸡腿堡调料中发现含有“苏丹红一号”，国内所有肯德基餐厅已停止出售这两种产品。声明还说：“我们虽然多次要求百胜的相关供应商确保其产品不含‘苏丹红一号’成分并获得了他们的书面保证。但是非常遗憾，昨天在肯德基新奥尔良烤翅和新奥尔良烤鸡腿堡调料中还是发现了‘苏丹红一号’成分。”肯德基声称从 16 日起将在全国所有的肯德基分店停止出售新奥尔良烤翅和新奥尔良烤鸡腿堡，同时销毁所有剩余调料。安排重新生产不含苏丹红成分的调料，预计在一周内可恢复新奥尔良烤翅的销售。肯德基将严格追查相关供应商在调料中违规使用“苏丹红一号”的责任，同时就此次食品安全事件向公众致歉。

事隔三天后，3 月 19 日，北京市有关部门在食品专项执法检查中，从朝阳区某肯德基餐厅抽取的原料“辣腌泡粉”中又检测出“苏丹红一号”。这种“辣腌泡粉”用在“香辣鸡腿堡”、“辣鸡翅”、“劲爆鸡米花”三种产品上。北京食品安全办、北京出入境检验检疫局紧急约见了北京肯德基有限公司的法定代表人，责令全市肯德基餐厅立即停止销售上述三种食品，调整配方、重新检测后方可上市。加上此前涉“红”的“新奥尔良烤翅”和“新奥尔良烤鸡腿堡”，肯德基已有 5 种产品被检出“苏丹红”而停售[7]。

短短的三天时间，肯德基还没来得及算清楚“供应商责任”的“旧账”，自家又有三款产品在北京被查出含有苏丹红。

两次“苏丹红事件”发生的区域范围不一样，第一次是全国性的，未采取任何措施前的苏丹红在肯德基产品中蔓延。第二次只发生在北京（上海、兰州、沈阳等地的肯德基均声明不涉及第二次苏丹红），以肯德基连锁统一采购配送的运营方式，导致单一地（北京）的产品中出现苏丹红，最大的可能是，含苏丹红的原料采购于公开声明发布后仍然在回收过程中“畅通无阻”。这些原料原本当回收，由于管理上的漏洞和执行上的混乱，流入北京肯德基。

肯德基在中国的供应链一向是肯德基的自豪：2004 年的禽流感让众多以鸡类食品为招牌菜的中餐馆门可罗雀，肯德基因为要求所有鸡肉供应商必须提供由当地检疫部门签发的检验证明而赢得消费者信任。肯德基的网站上明白陈述肯德基的供应商战略：肯德基通过供应商的本地化、扶持性培训和星级系统评估三大策略以实现与供应商的战略合作伙伴关系。

(1)供应商的本地化。目前肯德基采用的鸡肉原料 100％全都来自国内，85％的食品包装原料都由国内的供应商提供。肯德基的供应源本地化主要通过两个途径实现：第一是国内供应商的规模化，第二是国外供应商的本地化。

(2)供应商的星级评估系统。肯德基的 Star System 是一项专门针对供应商管理的全球评估体系,从 1996 年开始对中国的供应商全面实施。Star System 的评估内容非常细节化而且可操作性很强,这为保证供应商的高质量水准提供了坚实的基础。

(3)供应商的支持性培训。肯德基公司的技术部和采购部也针对供应商的弱点和不足进行相应的培训,技术部主要负责技术转移;采购部则经常拜访供应商以及积极举办交流会,从而把餐饮业的国际标准质量要求传递给肯德基的供应商。

肯德基相关负责人曾介绍,他们不仅要求自己,甚至要求供应商达到全球食品行业 GMP 标准,并要求其具备完整的 HACCP(危害分析与关键点控制)系统以确保食品的安全。物流系统的 GMP 标准是可实现"产品标识与可追溯性"。订单、发货都必须有详细的记录,配送的过程中送给谁了,谁接手的,生产质量部门是谁,都有基于批号的文件记录。一旦产品出现异常,可通过记录跟踪每一起货源。这些声明表明,肯德基应能够根据文件记录完全回收来自"基快富食品有限公司"的含苏丹红的原料。

那么,这个看似完善的系统为什么没有发挥效用呢?1952 年肯德基的创始人山得士上校总结肯德基的成功经验:"无论什么时间,什么地点,全世界的标准是一样的。"那么为什么在英国一经发现就成功回收的"苏丹红"在中国却成了漏网之鱼呢[8]?

问题可能出现在很多地方:原料的批号记录不完整、出错;未能遵循原料先进先出的原则,导致漏查;公开信后回收的工作滞后……但归根到底实际上是一个问题:连锁的管理执行不到位。笔者认为从跨文化营销的角度来分析,抛开肯德基本身可能存在的流程设计上的缺陷不谈,由于中国较大的权力距离和男性化倾向,中国的员工普遍存在一种浮躁的倾向,难以踏实认真地去完成一些看起来很细微很琐碎的事情,对于食品业而言,这一点是致命的。沸沸扬扬的肯德基事件背后的根源,其实是小小的广州田洋公司的一批不起眼的原料。如果细致认真地从源头上真正把关,"苏丹红"不会流入肯德基,更加不可能再次出现。这也给在中国的跨国企业一个教训:如何真正地把很好的制度贯彻到企业中的关键,并不在于高管如何卖力,而在于基层的素质如何。也就是说,跨国公司成功的关键在于在一个普遍存在浮躁倾向的国家招聘使用那些沉稳耐心而且细心的员工。

(四)肯德基的公关策略

然而,在反思肯德基的供应链管理没有起到应有的效果时,笔者也发现,肯德基的危机公关有很多值得国内企业学习的地方。面对"苏丹红事件",肯德基除了主动向全国媒体通报、回收及销毁剩余的所有调料外,还做出对消费者健康负责的承诺,配合政府对其他食品的抽样调查,同时严格追查供应商的法律责任,并提出多项改进措施,以确保不再发生类似事件。经过危机公关,肯德基的客流量在短短一周后便有回升。为弥补经营损失、凝聚人气,肯德基对几款"退红产品"进行打折销售,同时加快新产品研发速度,在全国同时推出一款新口味食品,从而吸引了更多消费者,显示出国际品牌老辣、纯熟的市场驾驭能力。

在这次危机公关中,笔者发现肯德基主要采取了四种危机公关的解决方式,而每种方式都包含了一定的跨文化营销的内涵。

(1)充分利用媒介资源,使用"首脑公关"。危机公关是指当企业遇上信任、形象危机或者某项工作产生了失误时,企业通过一系列的活动来获得社会公众的原谅和理解,进而挽回影响的工作。社会公众受媒体的影响很大,因此,危机公关在很大程度上就应该针对媒体。此次"苏丹红事件"中,肯德基数次召开记者招待会,连一向低调的中国百胜餐饮集团总裁苏敬轼也特地赶赴北京，亲自到肯德基餐厅就餐。在权力距离较大的中国采用这种办法，就是给消费者吃“定心丸”，对恢复消费者的信心有很大作用[9]。

(2)寻找源头，满足消费者的知情欲。和萌芽状态时的危机处理一样，当危机已经如火如荼的时候，办法仍然是从寻找源头开始，因为寻找源头的过程就是解决问题的过程。在这次事件中，肯德基一方面检讨自身的供应链管理，另一方面协助国家相关部门逐步追查，最后成功找到了“苏丹红”的源头。尽管仍然被质疑为“推卸责任”，但是事情既然已经真相大白，消费者的情绪就会平静许多。在中国这样一个男性化倾向明显的社会，人们都喜欢寻根究底，既然找到了并且不是肯德基自身的问题，人们也就把矛头更多地指向了肯德基的供应商而不是肯德基了。

(3)敢于剖析自己，承认错误，利用权威部门的证明。3 月 22 日，肯德基在全国发出通告，称对“苏丹红”的调查已全面完成，有问题的调料都已排除，并得到妥善处理，经检验不含“苏丹红”的替代调料也已准备就绪。新奥尔良烤翅将从 3 月 23 日起在各城市陆续恢复销售，短期促销产品新奥尔良烤鸡腿堡将停止售卖。同时，肯德基再次强调，“所有相关产品都已送交国家认可专业机构进行全面检测，化验结果确认所有产品都不含‘苏丹红’成分。请广大消费者放心食用”。肯德基的一再认错把消费者的火气降下来不少，为其成功渡过危机奠定了基础。在不确定性避免高的中国人心中，使用国家相关部门的证明和报告说服消费者是最直接有效的办法，也最能迅速让消费者安心[10]。

(4)疏导并转移注意力，营造平静的气氛。在召开记者招待会宣布所有产品不“含红”之后，肯德基提出了索赔方案，并在合肥市消协和孙卫东律师的推动调解下，中国百胜集团苏皖市场公共事务部两名负责人就销售“含红”食品一事，当面向“安徽苏丹红索赔第一人”吴忠琪致歉。同时，肯德基迅速在中国各地推出公关活动：在石家庄推出“欢乐娃娃‘肯德基’杯首届幼儿基础体操电视大赛”；在大连推出“肯德基汉堡吃得快擂台赛”；4 月 4 日，肯德基的一款新式甜品——“泰妃椰奶蛋挞”在全国市场同时上柜出售。肯德基通过一系列新闻迅速转移了消费者的注意力，营业额迅速恢复。在集体主义感强的中国社会里营造这样一种平静气氛和积极担负社会责任的态度，很大程度上也软化了消费者的对立情绪。

三、结论和建议

中国本土快餐和洋快餐的竞争已经是一个老话题了，但是中国大陆为什么一直无法出现像菲律宾的快乐蜂那样成功在本土击退洋快餐的本土快餐店。原因很多，笔者从跨文化营销的角度出发认为中国本土快餐应该向成功的肯德基学习以下几点：

(一)正确地进行品牌定位

肯德基进入中国走的是“身边的洋快餐”的路线，营造的是一个中低档的朋友聚会、休闲的气氛。肯德基一方面强调自身对鸡类食品的专注——不否认自身作为“洋快餐”的特点，另一方面又强调自己着力于“中西结合”——既满足了消费者尝试新产品的欲望，又照顾到消费者的爱国情绪，所以得到了广泛的认可。中国的本土快餐在中国能否也强调自己的“中国味”呢？如果有一天扩展到美国，能否也在强调自己“中国味”的同时，推出中西结合的产品来迎合美国消费者呢？笔者拭目以待。

(二)及时推出适合国人口味的新产品

肯德基推出新品的速度其实比麦当劳快不了多少,但是为什么每次肯德基的新品都让人印象深刻呢?这与其对国人口味的了解是分不开的。中国是一个集体主义倾向的国家,中国人都有很强的爱国心理,对于自己国家口味的东西往往分外钟情,也就是当"墨西哥鸡肉卷"走向"老北京鸡肉卷"的时候人们如此关注,而同一时期的麦当劳推出的"粟米汤"却应者寥寥的原因。中国的本土快餐是否也能够像肯德基一样在新产品新口味上下功夫呢?

(三)恰当的营销渠道和公关活动

在渠道建设方面,肯德基在选取门市店地址上很下了一番功夫,其店面的选取分了好几个步骤:收集这个地区的资料、根据这些资料划分商圈、考察这个商圈内最主要的聚客点、确定人流线路,这和很多中式快餐店随便选址绝对不同;同时其在产品供应链上的控制也很有一套,这个也是很多专家对中式快餐的诟病——无法做到供应链的标准化,也就无法做到产品的标准化。

至于公关活动,曾败在肯德基手下的中国本土快餐"荣华鸡"的公关活动与肯德基比较就显得相形见绌了。"荣华鸡"对其产品的描述是:"色泽金黄,皮脆脱骨,肉嫩鲜滑,香味浓郁",并以"荣华鸡,香喷喷"作为促销用语;在食品的配套上是"灵活多样";在销售上是"价格低廉";"荣华鸡"喊出了"荣我中华"的口号,并声称"和洋快餐叫板"、"洋快餐走到哪儿我就开到哪儿"。"荣华鸡"的公关资料中,笔者只看到了"口号性"的东西,看不到值得称道的细节。公关活动的高下,在细节上体现得淋漓尽致[11](pp47~53)。

综上所述,笔者认为,中式快餐要学习肯德基做好跨文化的营销,首先要从本土做起。菲律宾的快乐蜂做到了,相信有一天中国的本土快餐也能做到!

致谢

在论文完成之际,笔者也即将告别熟悉的厦门大学校园,回到广州的华南理工大学继续研究生的求学生活。本文得到了指导老师林志扬教授的悉心指导,老师在百忙之中抽出时间认真审阅我的论文并且进行了字斟句酌的修改,在此再次对老师的指导表示由衷的感谢。

同时也要感谢对本文有直接帮助的朋友:广州的赵尚节,他用丰富的企业管理经验给笔者提供了宝贵的意见;厦门大学新闻系的徐文艳,她用敏锐的视角发现了肯德基苏丹红事件的价值,并给了笔者很多新的想法。

参考文献:

[1]Hofstede G,Bond M H. The confucius connection:from cultural roots to economic growth [J]. *Organizational Dynamics*, Spring 1998,12~13

[2] [美]菲利普·科特勒. 科特勒市场营销教程[M]. 北京:华夏出版社,2004

[3] 肯德基中国网站. www.kfc.com.cn

[4] 艾枚. 肯德基"八大菜系"蚕食市场[N]. 江南时报,2003-10-25

[5] 忻建一. 麦当劳全国涨价十天 肯德基按兵不动不跟进[N]. 新华日报. 2003-06-11

[6] 杨华. 麦当劳十种产品全国大降价 肯德基表示不会跟风[N]. 新快报. 2004-02-27

[7] 杨滨. 北京肯德基再现苏丹红 辣鸡腿堡等 3 种食品停售[N]. 北京晚报. 2005-03-19

[8] 谢扬林. 物流中心失职 肯德基身陷"苏丹红" 危机[N]. 中国经营报. 2005-03-28

[9] 胡笑红. 百胜餐饮总裁苏敬轼现身肯德基危机公关前线[N]. 京华时报. 2005-03-29

[10] 夏天.危机公关考验跨国公司智慧[N].新民晚报.2005-03-28
[11] 汪中求.细节决定成败[M].北京:新华出版社.2004

导师评语:

跨文化营销问题虽然是一个比较老的问题,但是本文的作者在写作过程中巧妙地引用了社会心理学中关于社会文化结构维度的相关理论,通过学科的交叉,使得一个原本"过时"的问题重新焕发了的活力。在行文过程中,作者比较好地从营销基本理论出发,运用社会文化结构维度理论分析了肯德基的跨文化营销的成功经验,并对我国相关企业在进入海外市场时应注意的问题提出了简单的意见和建议。总的来说,这是一篇切入点比较好的文章,但是作者对于某些具体材料和问题的分析还停留在一个较浅的层次,对于更深层次的问题的分析还有待进一步提高。论文的结论部分也略显单薄。

旨在强化竞争优势的营销资源培育与配置问题探讨

华侨大学工商管理学院市场营销专业2002级　程晗*
指导教师：华侨大学　曾路教授

摘要：目前，营销资源问题还是一个较新的课题。本文以资源的稀缺性与企业资源的异质性为研究假设，对营销资源的定义、内涵、性质、构成等属性问题进行了较为全面的阐述；并提出，应遵循正确认知、适当取舍、充分挖掘、优化整合、有效培育与配置的总体思路对营销资源进行培育与配置，依据营销资源的基于竞争优势相关度的构成分析，对如何强化企业竞争优势的具体策略方法进行深入探索。

关键词：营销资源　竞争优势　培育与配置

A Probe into How to Cultivate and Distribute Marketing Resources, Aimed at Strengthening the Competitive Advantage

Cheng Han
Marketing department, College of business administration
Huaqiao University
Teacher: Zeng Lu

Abstract: So far, the problem of marketing resources is still a new academic subject. In this article, the scarcity of resources and the differentia of business enterprise resources are supposed at first; then, according to the competitive advantage theory, the article elaborates on the definition, content, property, classification of the marketing resources and continues with a line of how to cultivate and distribute marketing resources and how to choose the strategies and methods.

Key Words: Marketing Resources, Competitive Advantage, Cultivate and Distribute

一、营销资源与资源、企业资源的关系

资源在经济学中的意义是能够满足需要的经济品(economic goods)，其最突出的特点是稀缺性(scarcity)，因此要以有效率(efficiency)的方式加以利用。1933年，经济学家Chamber-

* 作者现为华侨大学工商管理学院企业管理专业2006级硕士。

lin 与 Robinson 对企业拥有的特定资源的重要性进行了研究，提出了特殊的资源或匹配的能力是保证企业在非完全垄断竞争状态下获取经济回报的关键要素。在经济学中，企业拥有的“特定资源”始终是稀缺的。

资源基础学派将经济学中对资源的定义引用到企业理论中，对企业资源进行了深入的阐述。1984 年，资源基础理论的奠基人 Wernerfelt 把企业资源定义为，“任何可以被认为是一个给定企业的力量或弱点的东西。更正式地说，一个企业的资源可以被定义为企业所永久性拥有的(有形和无形的)资产。资源的例子是品牌、内部的技术知识、高技能的雇员、贸易联系、机器、高效的程序、资本等等”[1]。Barney(1991)把企业资源定义为“一个企业所控制的并使其能够制定和执行改进效率和效能之战略的所有的资产、能力、组织过程、企业特性、信息、知识等等”[2]。Peteraf(1993)认为资源的异质性体现在资源的供给有限，至少其供给不可能快速扩大，所以这些企业可以因拥有对这些资源的“垄断”而获得超过平均利润的租金(rent)[3]。Ol-ive(1997)认为企业内部稀缺的生产流程、商誉、专利、专有技术以及和客户、社区乃至政府这样的制度参与者形成的制度资本都是资源的体现[4]。Helfat 和 Raubitschek(2000)进一步扩大了资源概念范畴，他将对知识的管理作为企业战略性资源，认为导致企业竞争优劣差异的根本源泉是企业的组织能力与企业特定资产互动过程中积累的核心知识，企业中具有内生性的知识和能力与企业的产品发展都处在一个共同演进(co-evolution)的模型之中[5]。总的来说，资源基础学派认为，企业资源除了土地、资本和人力资源等有形的资源以外，还有知识资源、管理资源和形象资源三大类。无论企业拥有多少类型的资源，其拥有资源的数量都是有限的。

相比于经济学中对资源的研究和资源基础学派对企业资源的研究，管理学界对企业营销资源的研究要晚很多，在理论体系的建构上也不甚完善。Kotler 在《营销管理》一书中提出“营销资源”，但并未给出确切的定义，而是建立起销售方程式 $Q = f(P, k, c, M)$，其中，Q 是销售数量，P 是单价，k 是单位折让，c 是单位变动成本，M 是营销费用，$f()$是销售反应函数。Kotler 提出，在利润最大化的目标下，建立销售反应函数 $f()$，求出合理的营销费用 M、单价 P、单位折让 k、单位变动成本 c，由此实现营销资源有效配置。在此，营销资源配置问题简略成营销费用的分配问题。

目前，国内学者对营销资源的研究分化为两个方向：一个方向沿袭了 Kotler 关于营销资源分配的模型，探讨营销费用中各项目的分配问题，以此来优化配置营销资源。王爱玲等人将企业总营销资源分为公司(E)、区域(A)和客户(H)三个问题，然后根据客户和区域利润贡献率的指标确定其权重，再将总营销资源分解至各客户和各区域[6](pp174~184)。田志龙等建立产品的需求模型，分析探讨了广告促销和推销工作对企业赢利水平的影响，进而进行最佳广告预算和销售人员数量决策[7](pp95~97)。另一个方向是结合经济学上资源的稀缺性和资源基础学派关于企业资源的理论，从属性出发探索营销资源有效配置的方法。例如，唐玉生“根据资源和能力的一般性质及其关系，把营销资源界定为能被营销机构控制和利用以实现营销目标的一切经营性要素的总和”[8]。袁泽沛认为，“营销资源主要是指在市场营销实践中对市场营销起基础性作用的某些资源形式。这些要素可以说体现了最基本的生产关系，同时也是营销实践得以发展的基本推动力”[9](pp7~10)。周晓敏等人把营销资源定义为“在一定的市场环境中，为发掘和说服消费者，并充分满足之需要，引导物品及劳务从生产者流通至消费者或使用者，并最终实现企业目标的企业活动而投入的资财消耗”[10](pp37~38)。

就目前对企业营销资源的研究看来，总的来说，还停留在初步阶段。具体来说，有以下几个特点:第一,尚未提出较被认可的企业营销资源的定义。目前较一致的是企业营销资源与营销目标的相关性,而营销资源指代的范围大小不一,差异明显。第二,尚未深入探讨营销资源的内涵和性质。比如说,某些学者简单地将营销资源分为人力资源、物力资源和财力资源,这既难以体现出营销资源与企业其他资源的差异性,又不能作为深入探讨营销资源如何有效配置问题的前提。第三,尚未形成较被认可的研究企业营销资源的科学方法体系或建立理论模型。波特在研究企业竞争战略前首先建立起五种竞争力模型,在此基础上设计出三种有针对性的竞争战略。而目前,研究企业营销资源的主要方法有:其一,先分类然后对各类营销资源的利用方法进行概述,不免有宽泛之疑;其二,结合企业绩效或企业能力,设计出某一战略。这些研究方法都是各成一家,形成多种视角。其四,对企业营销资源如何有效配置的研究尚不能运用于实践,缺乏可操作性。这一点与第三点是顺延的。

综上,研究企业营销资源的培育与配置问题既与经济学中资源理论和战略管理学中企业资源理论一脉相承,又具有重要的学术意义。

二、营销资源的定义、性质及构成

(一)营销资源的定义和内涵

从广义上来说,营销资源可以定义为,企业能控制或利用的以实现营销目标的一切资源的总称。此处的资源的概念较宽泛。具体来说,营销资源既包括企业拥有的基础设施、产品、服务、资金、营销人员、分销渠道、营销信息、组织架构、客户关系、公共关系、专有技术、企业家才能、品牌等资源,同时,还可以包括以下资源:其一,某些不完全从属于企业但能被企业控制的资源,如消费者的需求、战略伙伴的渠道或专有技术等;其二,某些外部的能被企业利用的资源,如便利的地理区位条件、有利的人口密度或结构、扶持性的政策、良好的经济环境。企业外部营销资源呈现出多样性、发展性、共享性等特点。

本文将营销资源的范围限制在企业内部营销资源,与经济学中的资源概念与资源基础学派认可的企业资源概念一脉相承。首先,本文所指的营销资源均是稀缺的。这是因为,本文限于篇幅和研究的深度,暂将营销资源局限于企业内部资源,因此必然是具有稀缺性的。企业为拥有营销资源投入的人力、物力、财力必然是有限的,产出即获得的营销资源也是有限的。而企业出于经营的需要对营销资源的需求是无限的,是不可完全被满足的。因此,相比于企业的无限需求,企业所能获得有限的营销资源显然是稀缺的。其次,营销资源中天然包含一部分具有异质性的资源。这是由于资源的稀缺性、企业为形成或保持竞争优势的需要等。这也是探索如何有效培育与配置营销资源的重要原因。基于以上理解和界定,我们可以对营销资源做出狭义上的定义。

从狭义上来定义,营销资源是指企业为达成营销目标所实际拥有的、来源于过去营销活动的结果或从外部获得且能被以后的营销活动所用,可评估其价值的实物或非实物。

这个概念有以下内涵:第一,营销资源是“企业实际拥有的”,而不是企业看似拥有的或者将要拥有的。这说明,企业所处的外部环境,比如说,充足的人口带来足够大的市场这样的人口环境,或者,有利的政治—法律环境,都不是这一定义里的营销资源。第二,营销资源“来源于企业过去营销活动的结果或从外部获得且能被以后的营销活动所用”。因此，营销资源中必然有一部分来自企业过去种种营销努力的成果，另一部分是从市场上购买或交换所得，并且，这些资源能为企业以后的营销活动所用，从而创造出更多的利润。例如，企业的品牌资源就可鲜明地表现这一内涵。第三，营销资源可以是实物也可以是非实物。实物的营销资源如资金资源、营销人员资源、分销渠道资源，非实物的有品牌资源、客户关系资源等。第四，营销资源无论是实物形态或是非实物形态，都可评估其价值。营销资源中起基础性作用的具有完全实物形态的资源，其价值较容易被评估，如资金资源和基础设施资源。较少具有实物形态的营销资源，如服务、品牌资源，随着一些媒体和机构的介入，也可以建立一系列指标体系进行估价。例如，国际品牌公司建立起以领导力、稳定性、销售状况、地理能力、支持、保护等为计量标准的品牌优势评价体系，成功地对可口可乐、微软等品牌进行估价[14]。但是，仍旧有一部分营销资源似乎难以评估其价值，例如客户关系资源、分销渠道资源、专有技术资源、企业家才能资源等。这些资源可以通过市场交易价格或转化为实际成果的价值等来等价评估。

（二）营销资源的性质

从定义引申，营销资源具有四个特点：目的性，非宽泛性；专有性，非共享性；价值性，非不可交易性；双重性，非单一性。

具体来说，营销资源具有目的性，企业拥有营销资源的目的是达成营销目标，是有选择、有取舍的，而不是漫无目的地占有尽可能多的资源。在实际中，企业宽泛地占有与营销有关的资源往往会造成资源的浪费。

营销资源的专有性是指企业对其营销资源享有全部的所有权与使用权，企业可以在营销目标的指导下，制定营销计划对其所有的营销资源进行培育或配置，而不需要等待外部的时机、考虑外部环境因素或与另一方协商。在一定条件下，企业会做出转让部分营销资源所有权或使用权的决策。营销资源的专有性是本文对营销资源的狭义定义下的必然推论，但在广义定义下，该性质不一定存在。

营销资源具有价值性，是可以交易的。首先，在经济学上，资源都是稀缺的，在需求和供给平衡的条件下，资源可以通过市场价格机制实现其价值；其次，获得营销资源的过程本身就是一个“投入—产出”的过程，其价值可以通过投入和产出经过一定比例换算得到；再次，在现代的投资市场上，即便是无形资源也有价值，也可以用来交易，比如说专有技术、客户数据库、营销信息等，在交易中形成的价格就是某资源的市场价值。

营销资源具有双重性，而非单一维度。这表现在，营销资源既可以指基础性的资源，又可以指异质性的资源。这也是营销资源目的性的一个必然结论。因为要实现企业的营销目标，基础性的资源，如基础设施、基本的营销人员显然必不可少，但更重要的是能创造出与其他竞争企业不同的竞争优势的具有差异性的那部分资源。

（三）营销资源的构成

对营销资源的构成进行分析，是探讨有效开发与配置营销资源的基础。在此，以波特的竞争优势理论和资源基础学派的理论为基点进行分类。

资源基础学派的代表学者 Barney(1991)认为，对于企业来说，作为竞争优势的资源需具备有价值(valuable)、稀缺(rare)、难以仿制(isolated from imitation)和其他资源不可替代等特点[2]。在构成企业竞争优势的营销资源中，稀缺是资源的固有属性，有价值是在营销资源定义中已明确的特性，因此，难以仿制和不可替代这两个特点可以作为衡量营销资源对形成企业竞争优势的影响程度的双标准。由此，可以分辨出哪些是与竞争优势相关的资源，哪些是与形成竞争优势非相关的资源。

波特在《竞争优势》中指出，竞争是企业成败的关键，在今天蓬勃扩张和繁荣的竞争性市场中，竞争优势的重要性前所未有。因此，企业应当致力于创造和保持竞争优势。波特认为，竞争优势归根结底来源于企业为客户创造的超过其成本的价值，可以表现为两种基本形式：成本领先和差异化。成本领先来自规模经济、专有技术、优惠的原材料及其他，而差异化则建立在产品本身、销售交货体系、分销渠道及其他因素的基础上。根据波特关于竞争优势两种基本形式的理论，可以界定清楚各项营销资源分别与哪种竞争优势相关，然后再选择基于强化该竞争优势的培育与配置营销资源的策略与方法。

因此，在竞争优势理论的基础上，结合资源基础学派的理论，本人认为，以难以仿制和不可替代作为一级标准，以能否构成成本领先和差异化竞争优势为二级标准，对营销资源进行筛选和分类，可以快速地提炼出与强化企业竞争优势相关的营销资源。以二维标准将营销资源划分为三个等级，分别是竞争低相关度营销资源、竞争中相关度营销资源、竞争高相关度营销资源。

第一，竞争低相关度营销资源是指易于被仿制且容易找到替代资源的一类资源，显然，这类资源大部分具有同质性，因此不具有差异化优势。所以，这类营销资源可再分为Ⅰ、Ⅱ两类：Ⅰ类是不具有低成本优势的营销资源，比如说促销中使用的低值易耗品；Ⅱ类是具有低成本优势的营销资源，如已具规模的基础性营销资源。

第二，竞争中相关度营销资源是指不容易被仿制也不能被轻易替代的一类资源，但经过一定努力，可以被仿制或替代。如一些客户数据库资源，建立起来不容易，但可以通过购买或交换获得。这些资源与形成企业竞争优势有关，但相关度不高，其最主要特点是兼具低成本优势与差异化优势。按二级标准再分类，这类营销资源可以分为Ⅰ、Ⅱ、Ⅲ三类：Ⅰ类是低成本优势和差异化优势兼备且较平均的营销资源，如服务资源；Ⅱ类是低成本优势占主导地位的营销资源，如低端专有技术资源；Ⅲ类是差异化优势占主导地位的营销资源，如分销渠道资源。

第三，竞争高相关度营销资源是指那些对形成企业竞争优势起关键作用的资源，难以仿制且不可替代。获得这类资源需要付出极大代价或经过长时期的营销努力，但一旦获得，将使企业赢得较持久的竞争优势，得到溢价收益。因此，这类营销资源也是众商家最希望拥有的资源。按二级标准再分类，这类营销资源可分为Ⅰ、Ⅱ两类：Ⅰ类是低成本优势和差异化优势兼备且较平均的营销资源，如较高端的专有技术资源；Ⅱ类是差异化优势占主导地位的营销资源，如企业家才能资源。一般情况下，这类资源不具有低成本优势占主导地位的营销资源。具体分类如图 2-1 所示。

三、旨在强化竞争优势的营销资源培育与配置

(一)营销资源有效培育与配置的总体思路

经济学中，假设资源具有稀缺性。按照资源基础学派的观点，企业的差异性资源是企业获得竞争优势的源泉。而在本文的界定中，营销资源既包括实现企业经营目标的基础性

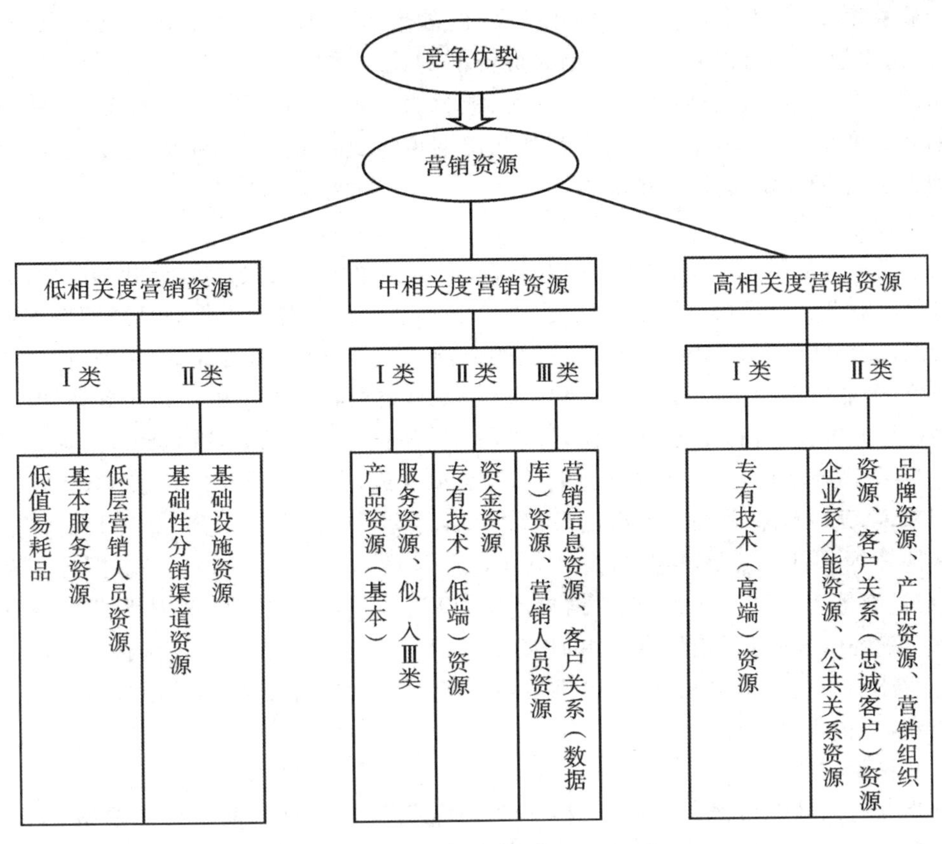

图 2-1 营销资源构成解析图

资源,即上文所述竞争低相关度营销资源,又包括企业在竞争性市场中决胜的关键性资源,即竞争中、高相关度营销资源。竞争低相关度营销资源易于获得,易被替代和淘汰,要实现企业经营目标,这些资源必不可少;而竞争中、高相关度营销资源需要企业经过一定时期的营销努力才能获得,是企业赢得竞争的关键资源。显然,无论是竞争低相关度营销资源还是竞争中、高相关度营销资源都需要企业探索如何对其进行有效培育与配置。因此,本文在对营销资源的内涵与性质进行界定的基础上,着力探索如何有效培育与配置营销资源以强化企业的竞争优势。

要有效培育与配置营销资源,企业应按照正确认知、适当取舍、充分挖掘、优化整合、有效培育与配置的总体思路来进行。这五点思路一脉相承,环环相扣,缺一不可;前一点为后一点的前提,后一点为前一点的发展;最终目的是达成营销资源的有效利用。

1. 正确认知

这是企业对营销资源进行培育与配置的所有活动的前提,要实现这一点需要企业具备两个条件:

第一,企业对营销资源的内涵及性质有准确的了解,即如上所述,营销资源的四点内涵和目的性、专有性、价值性、双重性等四个性质,以区分哪些是营销资源,哪些是非营销资源。在此基础上,企业在认知营销资源时,就不会犯界定不明、归类不清的错误。

第二,要求企业对营销资源的性质、数量等属性进行记录。这一点就要求企业具备以下文件:一是有形营销资源的账目或盘点记录,比如说低值易耗品库存记录、进出库账目,基础性设施的资产核算表；二是无形营销资源的相关文件，如专有技术资源的专利证书或电子文档、书面文件，分销渠道资源的相关文件、营销人员资源的记录等。该项活动的输出结果是，对企业营销资源的来源、性质、表现形式、用途、种类、数目、价值、使用期限、所有权形式、使用记录等有准确的认识和记录，并由专门的人员管理和定期审核这些记录，制作成简报，定期交呈高层营销管理人员，便于他们进行营销决策。

2.适当取舍

企业还需以大局观来看待营销资源，从经济性、与竞争优势相关程度、转化为收益的能力、发展潜力等角度对营销资源进行评价，对已失去价值或基本不能转化为收益且预期发展潜力很小的营销资源，应果断舍弃，以免产生现实持续的或预期的负支出；而对那些与竞争优势高相关度的营销资源，企业应继续或加大投入。具体来说，就是要对各项营销资源在正确认知的基础上，决定哪些是与竞争优势相关的营销资源，哪些是与竞争优势非相关的营销资源，进而决定各项营销资源中，哪些需要增加投入，哪些需要更新、强化或改进，哪些要予以淘汰、变卖、转让等。

举例来说，某饮料企业在上一次的反馈式促销活动中，积累了部分客户资料，包括个人信息和口味偏好等，形成了营销信息资源。在下一年度的营销计划中，该企业看好冰爽茶行业的发展，决定扩充冰爽茶产品线、加大营销投入，并以逐步形成行业领导地位为营销目标。在这种情况下，该企业必然对营销信息资源加大投入，建立起较为完善的客户资料数据库。而如果该企业认为冰爽茶行业前途灰暗，决定推出该市场，那么，企业就会转让这些营销信息资源，或者直接舍弃，不再投入资金维护。

3.充分挖掘

对企业拥有的营销资源进行充分、科学的挖掘，既可以有效地防止资源浪费，又可以对资源进行再创造，完全符合企业利益。在对营销资源进行了正确的认识、适当的取舍后，余下的部分是符合经济性、与竞争优势高相关度、可以转化为收益或具有发展潜力的要求。但是，有时因为管理者的能力、外部客观因素、企业的战略决策等使某些营销资源未得到充分的挖掘。这就要求管理者具备长远的眼光，在战略制定上兼顾长远利益，杜绝“营销近视”对营销资源的浪费。对未充分挖掘的营销资源，企业可以通过增加投入、更新、改进、强化、补充、发现新用途等方法对资源进行再创造；另外，如果由于企业的资金、人员有限，暂时无法对所有未充分挖掘的营销资源进行再创造，企业就应组织相关人员进行评审，评定各项营销资源的优先发展迫切性，然后集中有限的力量投入最迫切需要挖掘的营销资源中。这些内容要纳入企业的长期或年度、季度等短期营销计划中予以执行。

比如说，上例中的饮料企业，经过对营销资源认知后，认识到目前拥有营销资源主要有基础设施资源、产品资源(饮料口味独特)、资金资源(较大营销投入)、营销人员资源(特设冰爽茶产品部)、分销渠道资源(共享已建渠道)、营销信息资源(较少)、客户关系资源(较少)、公共关系资源(共享)、专有技术资源(独特口味的配方)、企业家才能、品牌资源(共享)，取舍后，需要企业进一步挖掘的营销资源有：产品资源(扩充产品线)、营销信息资源(完善)、客户关系资源(推广)、品牌资源(建立联系)。此时，企业做出加大冰爽茶营销投入的决策，那么这些充足的资金资源就可以投入到需要进一步挖掘的营销资源中。

4.优化整合

优化整合企业的营销资源有时可以极大地促进低成本优势和差异化优势的形成。在形成低成本优势方面，波特指出，“整合可以以若干种方式降低成本。它可以避免利用市场的成本，如采购和运输费用等。整合可以使企业回避拥有较强讨价还价能力的供应商或买方，它也可以带来联合作业的经济性”。IBM公司前CEO郭士纳1993年刚上任时,IBM亏损160亿美元,这家超大型公司“一只脚已经迈进了坟墓”。郭士纳敏锐地认识到未来的信息技术行业将是服务主导,他将公司的服务资源、客户关系资源、分销渠道资源和组织架构资源重新整合,组建“全球服务部”,设计出强有力的服务模式。基于这样的整合,IBM为客户创造了差异化的价值,重获生机,并赢得了行业的竞争优势。

对营销资源的优化整合来自对其的正确认识、对行业发展趋势的把握和对低成本优势或差异化优势的取舍。如果是致力于降低成本,那么应当进行纵向整合,以削减不必要的支出;如果是致力于形成差异化,那么应当站在战略的高度,分析不同营销资源间的联系,整合企业的优质营销资源,以使企业获得行业优势地位。

5. 有效培育与配置

对营销资源进行有效培育与配置是以上四点的最终目的。其中,培育是建立在企业对某些营销资源的长期规划上,比如说,企业要建立较为完善的客户数据库,加大营销信息资源加大投入,这就需要长时间的积累和定期的维护;而企业营销人员资源也需要针对不同职位的营销人员制定不同的招聘计划和培训计划。而配置则是一个短期计划概念,主要是根据营销计划,适当分配企业现有的营销资源。

要实现营销资源的有效培育与配置需要在正确认识各项营销资源的基础上,舍弃不符合企业利益的营销资源,充分挖掘能为企业带来长远利益的营销资源,建立与行业发展趋势一致的、能形成竞争优势的优化整合营销资源的企业战略和策略,在企业营销目标指导下,制定合理的年度或季度营销计划,合理使用、分配营销资源。同时,完善营销资源使用核查制度,每项营销计划完成后,及时评估所使用的、新获得的营销资源。严格审查从外部购买的营销资源和关于营销资源的交易活动,防止浪费和低估价值。有竞争优势的营销资源要纳入企业的战略管理中,建立专门的管理制度,有计划地在长远利益的基础上进行利用。

(二)旨在强化竞争优势的营销资源培育与配置

对营销资源的培育与配置过程始终以能否强化企业的竞争优势为准绳。

波特认为,“成本优势的战略性价值取决于其持久性。如果企业成本优势的来源对于竞争者来说是难以复制或模仿,其持久性就会存在”。他进一步提出,如果企业具有比竞争对手更大的规模、与相关的业务单元有更匹配的合作关系、各部门之间或供应商和销售渠道之间的协调更顺畅、不断学习、具有专有产品和技术等,企业就更容易获得持久性的低成本优势。

波特同时指出,差异化优势来自独特性和持久性。他认为,企业选择的提供的产品特点和性能、提供的服务、进行某项活动的强度、从事一项活动时所采用的技术、采购货物的质量、行动程序、销售渠道、是否最先开始某项活动、地理区位、学习和模仿、一体化程度、规模等都会对形成独特性和持久性具有驱动作用。

具体来说,营销资源的培育与配置过程需要有层次、有步骤地进行。

首先,在准确理解和把握营销资源的内涵和性质的基础上,对营销资源进行正确认知、适当取舍、充分挖掘、优化整合。

然后,根据各项营销资源与竞争优势的相关程度的三个等级,以强化企业竞争优势为目的,对营销资源进行有效培育与配置。这可以从两个方面入手:一是强化低成本优势。策略与方法有:实行完善的成本核算制度、采取措施提高生产率、形成规模经济、不断学习。二是强化差异化优势。策略与方法有:开发并不断更新产品资源和服务资源、强化公共关系资源与营销信息资源、培训与储备营销人员资源、不断开发专有技术资源、对品牌资源持续投入、培养忠诚客户等。各项营销资源根据与强化竞争优势的相关度分类后，选择策略与方法参考表 3-1：

表 3-1　基于营销资源构成的策略与方法参照表

分类＼策略与方法		低成本优势←→差异化优势						
		成本核算制度	提高生产率	规模经济	组织不断学习	不断开发、更新	强化、维护、持续投入	培训、储备
竞争低相关度营销资源	Ⅰ类	√		√				
	Ⅱ类	√	√	√	√			
竞争中相关度营销资源	Ⅰ类	√	√	√	√	√		
	Ⅱ类		√	√	√	√		
	Ⅲ类				√		√	√
竞争高相关度营销资源	Ⅰ类			√	√	√		
	Ⅱ类						√	√

(1)对于竞争低相关度的营销资源，企业应以强化低成本优势为目的，维持该优势的持久性。具体来说，有以下两个方面：

第一，竞争低相关度营销资源的Ⅰ类，即不具有低成本优势的营销资源，企业只要做到制定完善的成本核算制度，对实物资源的出入库进行记录、定期盘点；对低层营销人员资源的培训投入与营销费用，同样进行成本核算，尽量精简费用支出。

第二，对竞争低相关度营销资源的Ⅱ类，即具有低成本优势的营销资源，企业既要为之制定完善的成本核算制度，同时也要根据实际需要和条件，采取措施，提高生产率、形成规模经济及保持组织不断学习，以不断降低企业成本，获得竞争优势。

(2)对于竞争中相关度的营销资源，企业应以兼顾强化低成本优势与差异化优势为目的，既要维持前者的持久性，又要维持后者的独特性与持久性。这部分营销资源虽然经过一定努力后可以获得，但在实际中，往往是企业营销运作的中坚力量，支撑起企业各项营销活动。因此，在对这些营销资源进行培育与配置时，要同时加强低成本优势与差异化优势，双管齐下，不可偏颇一方。

(3)对于竞争高相关度的营销资源，企业应着力于差异化优势的强化，持续投入人力、物力、财力维护这些营销资源，使这部分营销资源始终处于行业领先地位。对这些营销资源，重在培育，应予以长期规划，定期维护与更新，保持企业差异化优势的独特性与持久性。

四、结论

营销资源是指企业为达成营销目标所实际拥有的、来源于过去营销活动的结果或从外部获得且能被以后的营销活动所用，可评估其价值的实物或非实物。它具有目的性、专有性、价值性、双重性等四个性质。本人认为，探索如何培育与配置营销资源需要遵循正确认知、适当取舍、充分挖掘、优化整合、有效培育与配置的总体思路，以强化企业竞争优势为准绳，对各项营销资源按其与形成或强化竞争优势的相关度高、中、低等各程度选择不同策略和方法。最终目的是通过有效培育与配置营销资源，使企业获得持久的竞争优势。

营销资源是一个较新的学术论题，学术界不断尝试从新的角度来深入研究营销资源。本文受篇幅所限，从强化竞争优势的角度对营销资源的培育与配置问题进行了探索。该论题的完善还有待更多的学者从不同的角度进一步进行研究。

参考文献：

[1]Wernerfelt B. A resource-based view of the firm[J]. *Strategic Management Journal*, 1984,5(2):170～180

[2] Barney J B. Firm resources and sustained competitive advantage[J]. *Journal of Managemnet*, 1991,17:99～120

[3] Peteraf M A. The cornerstones of competitive advantage: A resource-based view[J]. *Strategic Management Journal*,1993,14(3):179～191

[4] Oliver C. Sustainable competitive advantage:Combining institutional and resource-based views[J]. *Strategic Management Journal*,1997,18(8):697～713

[5] Helfat C E, Raubitschek R S. Product sequencing:Co-evolution of knowledge, capabilities and products [J]. *Strategic Management Journal*,2000,21(10—11):961～979

[6]王爱玲，王丽梅，吕刚.优化企业营销资源配置的方法[J].经济师，2002(11)

[7]田志龙，蔡希贤.市场营销资源优化配置模型应用研究[J]. 华中理工大学学报(哲社版)，1995(2)

[8]唐玉生.基于资源与能力的营销战略——营销战略框架构件与营销战略优势确立[J].改革与战略 2005(3)

[9]袁泽沛.市场营销资源探析[J].湖北商业高等专科学校校报，2002(6)

[10]周晓敏，胡悦，边洪波.论企业营销资源的优化配置[J].技术经济，2004(4)

导师评语：

该论文选题新颖，从营销资源的角度讨论竞争力提升问题的研究和文章还不多，这的确是一个很有意义的研究角度。对于一名本科生来说，这个题目很有挑战性。从这点来看，该生的论文就很值得肯定。该论文结构合理，逻辑性强，观点鲜明，并有自己的思考和独到见解，说明作者的专业基础知识较为扎实；论文论据充分，较有说服力；该论文也在一定程度上体现了作者查阅、收集、整理、分析文献资料的能力及论理能力。该论文是一篇具有一定理论意义和现实指导意义的论文。

浅谈目标管理在知识型员工应用中的改进

集美大学工商管理学院工商管理专业2000级　叶喆喆*

指导教师：集美大学　蒋晓惠教授

摘要：知识经济时代来临，知识型员工的创造力和积极性是企业提升核心竞争力的宝贵资源，绩效评估作为人力资源管理的核心措施，能够帮助企业形成持久的竞争优势，在对知识型员工的绩效评估中，目标管理方式遇到了许多挑战。本文首先明确界定目标管理的概念，然后阐释知识型员工的定义，重点论述如何在知识型员工身上更好地运用目标管理，最后提出具体的改进意见。

关键词：知识型员工　目标管理　应用　改进

Improvement in Knowledge Type Staff Who Are Managed by the MBO

Ye Zhezhe

School of Business Administration, Jimei University

Teacher: Jiang Xiaohui

Abstract: In the era of knowledge economy, the human resources' performance and creativity are the core measure of enhancing company's competition. The employee's performance evaluation, as the core measure of evaluating human resources, can help a company to obtain durable competitive strength. During the evaluating process, the aim of administer meet a lot of challenges. Business enterprise formation hold out for long time, in to knowledge type. This text first manages to explain the aim administer's concept, features, strengths and weakness. And then it analysis the definition and the characteristics of the human resources with knowledge. Then, it focuses on how to make the best use of the human resources with knowledge in the MBO. At last, according to his specialty and his understanding, the author put forward his point of view about how to enhance the human resources' quality in the execution of the MBO.

Key Words: MBO, Knowledge type staff, Application improvement

目标管理于20世纪50年代中期出现于美国，以泰罗的科学管理和行为科学理论（特别是其中的参与管理）为基础形成了一套管理制度。这种制度鼓励员工参与制定工作目标，进行自我管理。员工的工作成果由于有明确的目标为考核标准，受到的评价和奖励就能更客观、更合

* 作者现为福州大学公共管理学院管理科学与工程2004级研究生。

理，这大大激发员工为完成企业目标而努力，该管理模式尤其适用于主管人员的管理，所以被称为“管理中的管理”。这种管理模式广泛地应用在对知识型员工的绩效管理中，微软、华为对其研发人员和管理人员就普遍实行目标管理。

一、目标管理的基本概念

(一)目标管理的含义

目标管理是一种程序或过程，指企业中的上级和下级一起协商，根据企业的使命确定一定时期内企业的总目标，由此决定上、下级的责任和分目标，并把这些目标作为企业经营、评估和奖励每个单位和个人贡献的标准。

目标管理的历史并不长，1954年，管理专家德鲁克(Peter Drucker)在其名著《管理实践》中最先提出了“目标管理”的概念，其后他又主张“目标管理和自我控制”。德鲁克认为，并不是有了工作才有目标，而是相反，有了目标才能确定每个人的工作。所以“企业的使命和任务，必须转化为目标”，如果一个领域没有目标，这个领域的工作必然被忽视。因此管理者应该通过目标对下级进行管理，企业最高层管理者确定了企业目标后，必须对其进行有效分解，使其转变成部门、个人的分目标，管理者根据分目标的完成情况对下级进行考核、评价和奖惩[1](p37)。

目标管理提出以后，便在美国迅速流传。时值第二次世界大战后西方经济由恢复转向迅速发展的时期，企业急需新的方法调动员工积极性以提高竞争能力，目标管理应运而生并被广泛应用，很快为日本、西欧国家的企业仿效。

(二)目标管理的特点

目标管理以Y理论为基础，Y理论的主要观点是：一般人本性不厌恶工作，如果给予适当机会，人们喜欢工作，并渴望发挥其才能；多数人愿意对工作负责，寻求发挥能力的机会；能力的限制和惩罚不是促使人为企业目标而努力的唯一办法；激励在需要的各个层次上都起作用；想像力和创造力是人类广泛具有的。因此，人是“自动人”。激励的办法是：扩大工作范围；尽可能把职工工作安排得富有意义并具挑战性；工作之后引起自豪，满足其自尊和自我实现的需要；使职工达到自己激励。只要启发内因，实行自我控制和自我指导，在条件适合的情况下就能实现企业目标与个人需要统一起来的最理想状态[2](p119)。它与传统管理方式相比有鲜明的特点，可概括为下列三点。

(1)重视人的因素。目标管理是一种参与的、民主的、自我控制的管理制度，也是一种把个人需求与企业目标结合起来的管理制度。在这一制度下，上级与下级的关系是平等、尊重、依赖、支持，下级在承诺目标和被授权之后是自觉、自主和自治的。

(2)建立目标锁链与目标体系。目标管理通过专门设计的过程，逐级分解企业的整体目标，将其转换为各单位、各员工的分目标。从企业目标到经营单位目标，再到部门目标，最后到个人目标。在目标分解过程中明确权、责、利三者，使其相互对称。这些目标方向一致、环环相扣、相互配合，形成协调统一的目标体系。每个员工完成自己的分目标，整个企业的总目标才有完成的希望。

(3)重视成果。目标管理以制定目标为起点，以目标完成情况的考核为终结。工作成果是评定目标完成程度的标准,也是人事考核和奖评的依据,目标完成情况成为评价管理工作绩效的唯一标准。完成目标的具体过程、途径和方法,上级并不过多干预。所以,在目标管理制度下,监督的成分很少,而控制目标实现的动力很强。

二、目标管理的优缺点分析

(一)目标管理的优点

(1)目标管理会给企业内易于度量和分解的目标带来良好的绩效。技术上具有可分性的工作,由于责任、任务明确,使用目标管理常常会起到立竿见影的效果,技术不可分的团队工作(TNE)则难以实施目标管理。

(2)目标管理有助于改进企业结构的职责分工。由于企业目标的成果和责任力图划归一个职位或部门,容易导致授权不足与职责不清等问题。

(3)目标管理启发了自觉,调动了职工的主动性、积极性、创造性。由于强调自我控制、自我调节,将个人利益和企业利益紧密联系起来,因而提高了士气。

(4)目标管理促进意见交流和相互了解,改善人际关系。

(二)目标管理的缺陷

(1)说服管理目标接受目标管理比较困难:企业设置目标时总是以企业总目标为中心,将其分解,下放到员工头上,很少考虑员工个人的目标需求和偏好。层层分解的目标也无法全面和准确反映总目标的思路,员工无法清楚知晓企业的总体发展方向,只能被动接受目标,难以产生心理认可。

(2)目标管理容易倾向短期目标:分解出来的目标经常要考核,迫于短期目标的压力,知识型员工会减低风险承担精神,这将大大削弱他们的创新能力。员工容易为短期目标而牺牲长期目标。如分企业经理为达到短期财务指标进行短期投机;研发技术人员追求短平快项目,忽视重点难点攻关项目;营销部门进行压价抢单,忽略企业整体市场规划。

(3)目标管理使员工和评价者的注意力集中在目标上,忽视达成目标的过程和行为。

(4)目标管理经常使用量化考核,设立大量可测量指标,这些指标虽然有利于改善员工的工作行为,使绩效评价客观化,但是过多的指标会约束知识型员工的手脚,减少他们的权限。如在新产品的开发过程中,技术人员常常不能按照企业的固定程序行事。

三、知识型员工的工作特点分析

根据彼得·德鲁克的定义:知识型员工是指那些掌握和运用符号与概念,利用知识和信息工作的人。开始是指经理或执行经理,现在扩展到大多数白领和技术工作者(如企业技术开发部的工程师、中高层管理者、律师、会计师等等),知识型员工是具有知识资本产权并以知识为载体实现价值增值的人。知识型员工的工作具有以下四个特点。

(1)自主性。知识型员工具自己的专业特长,在某一领域是专家,自主性强,在工作中强调自我引导，不喜欢上级领导的遥控指挥。工作的顺利进行完全有赖于知识型员工发挥自主性，他们容易将个人目标与企业目标结合起来，注重发挥自己的专业特长，成就自己的事业。

(2)创新性。创新是知识型员工工作的最重要特征，知识型员工从事的不是简单的重复性工作，而是在复杂多变的环境下依靠自己的知识、经验和灵感进行的挑战性工作，他们要应对各种可能发生的情况，推动技术的进步，不断更新产品和服务。

(3)流动性。知识型员工对企业的依赖性低，企业与员工是一种相互需要的关系。知识型员工大都清醒地知道他们的专业能力对他们未来的职业发展程度取决定性的作用，他们对专业的忠诚往往多于对企业的忠诚。他们一旦有了更高的追求而企业又忽视或不能满足这种需求时，就会跳离原企业。因此只有在共同价值观的基础下，紧密联合企业的发展规划同其个人职业发展，才能有效地激发他们对企业的忠诚[3](p26)。

(4)复杂性。知识型员工的工作过程难以观察，他们的工作主要是思维性活动，劳动过程以无形为主，可以发生在任何场所，工作也没有确定的流程和步骤，其他人很难知道应该怎样去做，因此对劳动过程的监督没有意义也不可能。知识型员工的工作牵涉面广，多以团队形式出现，劳动成果是集体智慧的结晶，个人成绩难以分割，不同部门的工作性质也有很大差别。知识型员工劳动成果复杂，成果本身很难度量，比如，分企业经理的业绩就很难量化，原因不仅是财务指标难以真实、全面地反映其经营状况，也在于影响经营因数的多样性[4](p17)。

四、目标管理对知识型员工的应用

(一)强调自我控制，将责任和权利交给知识型员工

将责任和权利交给知识型员工，充分发挥知识型员工参与管理企业的积极性，让知识型员工从“管理者要我干”转变为“我要干”，实现自我控制。彻底改变知识型员工被动接受管理的状态，唤起知识型员工的团体意识，使其意识到自己在企业中的价值，从而鼓励他们在各自的领域里创造性地工作，有效地促进目标的实现。

实行自我控制能激发蕴藏在知识型员工中的积极性，使他们积极主动地实现分解出来的目标，并以此指导自己的行动。实行自我控制还能促进知识型员工研究和解决目标实施中出现的各种问题，提出并实践切合实际的富有创造性的建议，从而推动目标管理不断深入发展。

管理者要提醒知识型员工在积极实现目标的过程中注意以下几方面问题：

(1)经常比较自己实施目标的情况与目标要求，及时总结现有成果并研究发展问题。

(2)了解与别人的差距，请教别人。

(3)注意自己工作的进度和质量，与其他部门协调。

(4)经常地、定期地与上级取得联系，避免盲目性[5](p44)。

(二)让知识型员工参与决策

目标管理是激发员工超越现状的创造过程。企业目标的层层展开，实际上是一个集思广益、改革创新的过程，把员工的智慧和创造力凝聚到企业总目标上，这其中极为重要的一点便是让员工积极参与决策过程。让知识型员工参与决策和目标制定时，要注意以下四个方面：

(1)整个企业的目的与其组成部分的目的，即使不能遍及所有企业成员及企业受益者，也必须与大多数人的各自要求和愿望充分协调。

(2)企业中各个成员的目标及其所占的比例，必须“采用能够高度激发动机的方法来确定，以便使当事人能得以完成”。

(3)为了完成在经本人同意基础上制定的目标，企业及其下属企业所采用的方法和手续必须能够高度激发企业成员的动机，必须是能够充分发挥企业成员所拥有的潜力的方式。

(4)企业采用的工资、奖金、红利、利息等“报酬制度”，必须让知识型员工感到是足以公正地补偿他们所做努力和贡献的代价。

管理者必须调动知识型员工参与决策的积极性，只有得到知识型员工的充分参与，目标才具有说服力，由于知识型员工的积极参与，许多管理者根本预想不到的目标也会被提出并得以肯定，这些目标往往能够给企业带来现实的利润[6](p173)。

(三)细分目标，不断为知识型员工提供发展机会

管理者必须摈弃那些日薄西山的经营内容，不断寻找新的事业机会。要不断地细分目标，为知识型员工创造新的职位、新的职业发展机会，这将促使知识型员工对企业产生更加深厚的感情。最大限度地细分目标和随目标而来的工作将给知识型员工创造新的个人发展机会，这是对知识型员工的最有效的激励。新的事业机会的出现、企业中新的职任空缺，这些都是有上进心的知识型员工梦寐以求的，管理者可以根据知识型员工对这些新事业、新职位的渴望和热情程度，判断他们是否积极，是否骄傲自满。细分出来的工作还会促进知识型员工展开竞争，促使他们全力工作以得到新的发展机会，这无形中增强了企业的活力[7](p86)。

(四)打破固定工作，让知识型员工自己挑选项目

现代企业中已经没有通常意义上的企业结构，企业的管理体制、企业结构比过去富有弹性。在目标管理体制下建立一种通过开发项目的领导人和知识型员工的自由挑选，打破固定工作的界定，让知识型员工在不同的项目上自由施展多方面的才能[8]。

五、目标管理在知识型员工应用中的改进

(一)适当制定分段目标，增强员工信心

企业应该有一个指引未来发展方向的大目标，这对于企业的长远发展至关重要。但这个大目标往往与当前的工作距离太远，员工在工作中根本把握不住，看不见它的影响，这就需要制定分段目标。通过各个阶段的目标的实现，最终实现总目标。

企业实力的增长、规模的扩大不可能一蹴而就，如果没有分段目标来评定经营成果，员工容易因目标太遥远而失去信心。企业要经历组建、发展、壮大、稳定的各个阶段，每一个大的阶段中又可以细致地分许多阶段，每个阶段都应该有一个目标，没有分段目标和分段目标的实现，企业总的发展目标就只是空想。分段目标让知识型员工有所适从，因此可以产生更高的积极性，也更容易让知识型员工在较短时间内看到成果，这对他们来说是最好的鼓励[9](p156)。

(二)用目标激励取代相互竞争

自我激励对企业和员工的益处并不只表现在这种员工相互间的心理状态上，更重要的是自我激励促使员工尽力实现目标。对知识型员工而言，自我激励十分必要。自我激励源于期

望。当人们有了某种需要，就会引发人们用行动去实现目标，以满足需要，当目标还没有实现的时候，这种需要就成为一种期望。期望本身就是一种激励力量，推动其行为向着能满足这种需要的目标努力。但是，只有当人们认识到所要追求的目标是有价值的，并且觉得经过努力能够达到这个目标时，才会促使他们去实现目标。因此，目标激励力量的大小，取决于效价和期望概率两个因素。公式为：

激励力量＝效价×期望概率

管理者应当认真研究目标价值(效价)，与知识型员工一起为他设置合理目标。通过合理设置目标，诱发其动机，促使其将需要、动机和行为与企业目标联系起来，以调动和激发积极性。

(三)从关注目标实现的程度转为关注成长

评估的目的会影响评估的过程和员工的行为，如果过于关注目标的实现，评价者容易犯近因性错误，忽视员工努力的过程，也会促使员工急功近利。知识型员工提供的是创造性劳动，每一时间阶段工作的性质或环境状况都有所不同，知识型员工善于在过程中学习，注重自身的成长，他们在专业领域的中遭受的失败的经验和总结也是实现下一个目标的宝贵财富。如果因员工一两次目标业绩不佳，就将其调离岗位或阻止其继续进行该项目的开发，这将大大打击他们的积极性，也影响继任者的信心。因此对他们绩效评估不能只确定为优、良、中或实现目标、未实现目标的单纯的分数值，而是注重他们的努力对目标实现的贡献以及在当前目标实现过程中所获得的能力对下一个目标实现可能会具有的价值。

因此在目标的制定过程中要注重目标内容的连续性和发展性，在目标业绩评价中要选定参照体系；通常有上期业绩、同行业业绩、企业内部其他人业绩、预算业绩、固定基数标准等；根据不同参照体系自身的特点，选择适用不同的领域。通过业绩的参照比较，来确定知识型员工职业的进一步发展规划，例如培训学习、职位升迁、工作轮换等，并由此来构建企业的人才梯队。

(四)通过反馈和指导来培养能力和提高满意度

在实际工作中，知识型员工更重视企业对绩效评估的反馈和指导。这种反馈和指导有双重作用。首先，它能培养和提高员工的能力。经研究发现，及时的和具有建设性的反馈和指导往往是帮助员工达成目标的最有效的方式。因为大部分的评价者或管理者曾经是这一行业最出色的人员，他们也是整个目标项目的总体规划者，对外界环境的变化掌握得更为全面。通过阶段性的评价反馈，来帮助接受者了解什么是好的以及需要进行什么改进。平等、开放、活跃的反馈性讨论也有助于激发知识型员工的内在潜力和灵感。其次，它可以提高满意度。反馈和指导是管理层与知识型员工之间最重要的沟通方式，通过阶段性的反馈，员工可以了解企业对他们的真实期望，知道实际目标与企业所要求的目标的符合程度，来自彼此双方对绩效的反馈可以让评价者与员工对工作中遇到的困难达成共识，提高双方相互理解的层次，提高员工对评价结果的接受程度。

反馈和指导有正式的和非正式的。正式的反馈有定期召开小组会，与员工共同讨论他们工作和完成目标的情况，当出现问题时，根据员工的要求进行专门性的研讨，以及定期的书面报告来往。非正式的反馈和指导则存在于任何时候，如经常的走动，了解情况并同每位员工的聊天，对工作进展的看法等等。通过不断的评价和反馈，形成一种循环的系统性的目标管理方式。根据以上分析，可对这种循环的系统性目标管理设计以下的模型(图 5-1)：

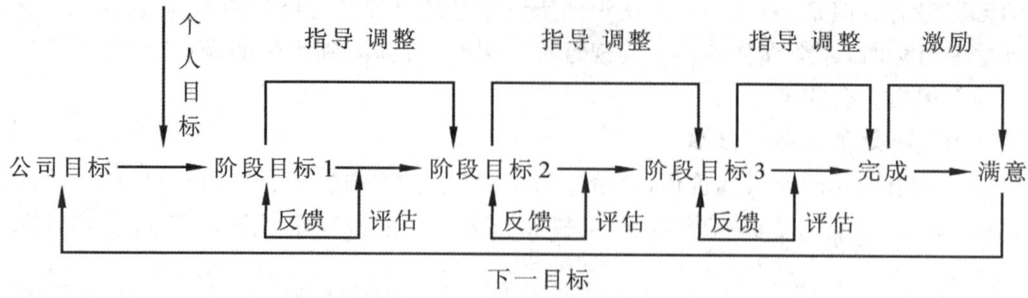

图 5-1 系统性目标管理循环示意图

六、总结

随着知识经济的发展，知识型员工的涌现，不断给传统的管理理论和方式带来挑战，人力资本的作用日益大于物质资本的作用，通过管理来激发知识型员工的创造欲和发展他们的创新能力显得尤为重要。知识型员工的工作努力与价值创造受到其自身特点和需求的影响，要实现目标，就必须使目标管理变得更为人性化和柔性化，同时这也是现代管理理论和方式的发展方向。

致谢语

值此毕业论文完成之际，首先要感谢的是蒋晓蕙院长对本人毕业论文耐心而又详尽的指导。身为院长的她，虽然公务繁忙，却时刻惦记着学生的论文写作进度，并要求我及时与她沟通和交流。蒋院长以其渊博的知识，严谨的治学态度以及诲人不倦的精神，从研究思路、论文结构和语言表述等方面进行了详细的指导，使我的论文不断完善和提高。在此，也向蒋院长表示最衷心的感谢！

参考文献：

[1][美]德鲁克. 管理的实践[M]. 台北：台湾中天出版社，1999

[2]周三多主编. 管理学[M]. 北京：高等教育出版社，2002

[3]王玉芹，叶仁荪. 高科技企业员工离职模型[J]. 中国人力资源开发，2001(10)

[4]李剑，叶向峰等. 员工考核与薪酬管理[M]. 修订版. 北京：企业管理出版社，2002

[5]巫成功著. 目标管理[M]. 北京：中国商业出版社，2002.10

[6]郑晓明编著. 现代企业人力资源管理导论[M]. 北京：机械工业出版社，2002

[7]周朝琦等编著. 目标成本管理[M]. 北京：经济管理出版社，2000.10

[8]张向前，黄种杰，蒙少东. 信息经济时代企业知识型员工的管理[J]. 经济管理，2002(2)

[9]王忠宗主编. 目标管理与绩效考核[M]. 广州：广东经济出版社，2002

导师评语：

该论文以目标管理为题，并界定其对知识型员工应用及其改进，选题不但有现实意义，也具有一定的理论研究价值。

论文中心论点明确，对目标管理的优缺点进行分析，重点论述目标管理如何应用到知识型员工及其改进中。论文结构合理，层次清楚，分析较深入，其中提到的用目标激励取代竞争、创业目标与个人目标一致等观点有自己的见解。论文专业用语规范、文笔流畅，引用文献资料均能准确注明出处。

前　言

1951 年 9 月，原中央人民政府出版总署公布了《标点符号用法》，同年 10 月，原政务院下达指示，要求全国遵照使用。40 年来，文字书写和书刊排印已由直行改为横行，标点符号用法也有了发展变化，因此，1990 年 3 月，国家语言文字工作委员会和中华人民共和国新闻出版总署重新发布了修订后的《标点符号用法》。本标准就是在新颁《标点符号用法》的基础上制定的。

本标准参考了国内外标点符号用法的文献，广泛听取了语文学界、新闻界、出版界、教育界的意见。

本标准规定和说明了汉语书面语中常见的标点符号用法，目的在于帮助人们正确掌握标点符号用法，以准确表达文意，推动汉语书面语言的规范化。

本标准从 1996 年 6 月 1 日起实施，从实施之日起，原《标点符号用法》即行废止。

本标准由国家语言文字工作委员会提出。

本标准由国家语委语言文字应用研究所《标点符号用法》课题组负责起草。

本标准主要起草人：龚千炎、刘一玲。

中华人民共和国国家标准

标点符号用法

Use of Punctustion Marks

1　范围

本标准规定了标点符号的名称、形式和用法。本标准对汉语书写规范有重要的辅助作用。

本标准适用于汉语书面语。外语界和科技界也可参考使用。

2　定义

本标准采用下列定义。

句子　sentence

前后都有停顿，并带有一定的句调，表示相对完整意义的语言单位。

陈述句　declarative sentence

用来说明事实的句子。

祈使句　imperative sentence

用来要求听话人做某件事情的句子。

疑问句　interrogative sentence

用来提出问题的句子。

感叹句　exclamatory sentence

用来抒发某种强烈感情的句子。

复句、分句　complex sentence，clause

意思上有密切联系的小句子组织在一起构成一个大句子。这样的大句子叫复句，复句中的每个小句子叫分句。

词语　expression

词和短语（词组）。词，即最小的能独立运用的语言单位。短语，即由两个或两个以上的词按一定的语法规则组成的表达一定意义的语言单位，也叫词组。

3　基本规则

3.1　标点符号是辅助文字记录语言的符号，是书面语的有机组成部分，用来表示停顿、语气以及词语的性质和作用。

3.2　常用的标点符号有 16 种，分点号和标号两大类。

点号的作用在于点断，主要表示说话时的停顿和语气。点号又分为句末点号和句内点号。句末点号用在句末，有句号、问号、叹号 3 种，表示句末的停顿，同时表示句子的语气。句内点号用在句内，有逗号、顿号、分号、冒号4种，表示句内的各种不同性质的停顿。

标号的作用在于标明，主要标明语句的性质和作用。常用的标号有9种，即：引号、括号、破折号、省略号、着重号、连接号、间隔号、书名号和专名号。

4 用法说明

4.1 句号

4.1.1 句号的形式为“。”。句号还有一种形式，即一个小圆点“.”，一般在科技文献中使用。

4.1.2 陈述句末尾的停顿，用句号。例如：

a)北京是中华人民共和国的首都。

b)虚心使人进步，骄傲使人落后。

c)亚洲地域广阔，跨寒、温、热三带，又因各地地形和距离海洋远近不同，气候复杂多样。

4.1.3 语气舒缓的祈使句末尾，也用句号。例如：

请您稍等一下。

4.2 问号

4.2.1 问号的形式为“?”。

4.2.2 疑问句末尾的停顿，用问号。例如：

a)您见过金丝猴吗?

b)他叫什么名字?

c)去好呢，还是不去好?

4.2.3 反问句的末尾，也用问号。例如：

a)难道您还不了解我吗?

b)您怎么能这么说呢?

4.3 叹号

4.3.1 叹号的形式为“!”。

4.3.2 感叹句末尾的停顿，用叹号。

a)为祖国的繁荣昌盛而奋斗!

b)我多么想看看他老人家呀!

4.3.3 语气强烈的祈使句末尾，也用叹号。例如：

a)您给我出去!

b)停止射击!

4.3.4 语气强烈的反问句末尾，也用叹号。例如：

我哪里比得上他呀!

4.4 逗号

4.4.1 逗号的形式为“，”。

4.4.2 句子内部主语与谓语之间如需停顿，用逗号。例如：

我们看得见的星星，绝大多数是恒星。

4.4.3 句子内部动词与宾语之间如需停顿，用逗号。例如：

应该看到，科学需要一个人贡献出毕生的精力。

4.4.4 句子内部状语后边如需停顿，用逗号。例如：

对于这个城市，他并不陌生。

4.4.5 复句内各分句之间的停顿,除了有时要用分号外,都要用逗号。例如:

据说苏州园林有一百多处,我到过的不过十多处。

4.5 顿号

4.5.1 顿号的形式为“、”。

4.5.2 句子内部并列词语之间的停顿,用顿号。例如:

a)亚马逊河、尼罗河、密西西比河和长江是世界四大河流。

b)正方形是四边相等、四角均为直角的四边形.

4.6 分号

4.6.1 分号的形式为“;”。

4.6.2 复句内部并列分句之间的停顿,用分号。例如:

a)语言,人们用来抒情达意;文字,人们用来记言记事。

b)在长江上游,瞿塘峡像一道闸门,峡口险阻;巫峡像一条迂回曲折的画廊,每一曲,每一折,都像一幅绝好的风景画,神奇而秀美;西陵峡水势险恶,处处是急流,处处是险滩。

4.6.3 非并列关系(如转折关系、因果关系等)的多重复句,第一层的前后两部分之间,也用分号。例如:

我国年满十八周岁的公民,不分民族、种族、性别、职业、家庭出身、宗教信仰、教育程度、财产状况、居住期限,都有选举权和被选举权;但是依照法律被剥夺政治权利的人除外。

4.6.4 分行列举的各项之间,也可以用分号。例如:

中华人民共和国的行政区域划分如下:

(一)全国分为省、自治区、直辖市;

(二)省、自治区分为自治州、县、自治县、市;

(三)县、自治县分为乡、民族乡、镇。

4.7 冒号

4.7.1 冒号的形式为“:”。

4.7.2 用在称呼语后边,表示提起下文。例如:

同志们,朋友们:

　　现在开会了……

4.7.3 用在“说、想、是、证明、宣布、指出、透露、例如、如下”等词语后边,表示提起下文。例如:

他十分惊讶地说:“啊,原来是您!”

4.7.4 用在总说性话语的后边,表示引起下文的分说。例如:

北京紫禁城有四座城门:午门、神武门、东华门和西华门。

4.7.5 用在需要解释的词语后边,表示引出解释或说明。例如:

外文图书展销会

日期:10 月 20 日至 11 月 10 日

时间:上午 8 时至下午 4 时

地点:北京朝阳区工体东路 16 号

主办单位:中国图书进出口总公司

4.7.6 总括性话语的前边,也可以用冒号,以总结上文。例如:

张华考上了北京大学，在化学系学习；李萍进了中等技术学校，读机械制造专业；我在百货公司当售货员：我们都有光明的前途。

4.8　引号

4.8.1　引号的形式为双引号““””和单引号“‘’”。

4.8.2　行文中直接引用的话，用引号标示。例如：

a)爱因斯坦说：“想像力比知识更重要，因为知识是有限的，而想像力概括着世界上的一切，推动着进步，并且是知识进化的源泉。”

b)“满招损，谦受益”这句格言，流传到今天至少有两千年了。

c)现代画家徐悲鸿笔下的马，正如有的评论家所说的那样，“神形兼备，充满生机”。

4.8.3　需要着重论述的对象，用引号标示。例如：

古人对于写文章有个基本要求，叫做“有物有序”。“有物”就是要有内容，“有序”就是要有条理。

4.8.4　具有特殊含义的词语，也用引号标示。例如：

a)从山脚向上望，只见火把排成许多“之”字形，一直连到天上，跟星光接起来，分不出是火把还是星星。

b)这样的“聪明人”还是少一点好。

4.8.5　引号里面还要用引号时，外面一层用双引号，里面一层用单引号。例如：

他站起来问：“老师，‘有条不紊’的‘紊’是什么意思？”

4.9　括号

4.9.1　括号常用的形式是圆括号“()”。此外还有方括号“[]”、六角括号“〔〕”和方头括号“【】”。

4.9.2　行文中注释性的文字，用括号标明。注释句子里某些词语的，括注紧贴在被注释词语之后；注释整个句子的，括注放在句末标点之后。例如：

a)中国猿人(全名为“中国猿人北京种”，或简称“北京人”)在我国的发现，是对古人类学的一个重大贡献。

b)写研究性文章跟文学创作不同，不能摊开稿纸搞“即兴”。(其实文学创作也要有素养才能有“即兴”。)

4.10　破折号

4.10.1　破折号的形式为“——”。

4.10.2　行文中解释说明的语句，用破折号标明。例如：

a)迈进金黄色的大门，穿过宽阔的风门厅和衣帽厅，就到了大会堂建筑的枢纽部分——中央大厅。

b)为了全国人民——当然也包括自己在内——的幸福，我们每一个人都要兢兢业业，努力工作。

4.10.3　话题突然转变，用破折号标明。例如：

“今天好热啊！——您什么时候去上海？”张强对刚刚进门的小王说。

4.10.4　声音延长，象声词后用破折号。例如：

“呜——”火车开动了。

4.10.5　事项列举分承，各项之前用破折号。例如：

根据研究对象的不同，环境物理学分为以下五个分支学科：

——环境声学；

——环境光学；

——环境热学；

——环境电磁学；

——环境空气动力学。

4.11 省略号

4.11.1 省略号的形式为“……”，六个小圆点，占两个字的位置。如果是整段文章或诗行的省略，可以使用十二个小圆点来表示。

4.11.2 引文的省略，用省略号标明。例如：

她轻轻地哼起了《摇篮曲》：“月儿明，风儿静，树叶儿遮窗棂啊……”

4.11.3 列举的省略，用省略号标明。例如：

在广州的花市上，牡丹、吊钟、水仙、梅花、菊花、山茶、墨兰……春秋冬三季的鲜花都挤在一起啦！

4.11.4 说话断断续续，可以用省略号标示。例如：

“我……对不起……大家，我……没有……完成……任务。”

4.12 着重号

4.12.1 着重号的形式为“.”。

4.12.2 要求读者特别注意的字、词、句，用着重号标明。例如：

事业是干出来的，不是吹出来的。

4.13 连接号

4.13.1 重连接号的形式为“—”，占一个字的位置。连接号还有另外三种形式，即长横“——”（占两个字的位置）、半字线“-”（占半个字的位置）和浪纹“～”（占一个字的位置）。

4.13.2 两个相关的名词构成一个意义单位，中间用连接号。例如：

a)我国秦岭—淮河以北地区属于温带季风气候区，夏季高温多雨，冬季寒冷干燥。

b)复方氯化钠注射液，也称任—洛二氏溶液（Ringer-Locke solution），用于医疗和哺乳动物生理学实验。

4.13.3 相关的时间、地点或数目之间用连接号，表示起止。例如：

a)鲁迅（1881—1936），中国现代伟大的文学家、思想家和革命家。原名周树人，字豫才，浙江绍兴人。

b)“北京——广州”直达快车

c)梨园乡种植的巨峰葡萄今年已经进入了丰产期，亩产1 000千克～1 500千克。

4.13.4 相关的字母、阿拉伯数字等之间，用连接号，表示产品型号。例如：

在太平洋地区，除了已建成投入使用的HAW—4和TPC—3海底光缆之外，又有TPC—4海底光缆投入运营。

4.13.5 几个相关的项目表示递进式发展，中间用连接号。例如：

人类的发展可以分为古猿—猿人—古人—新人这四个阶段。

4.14 间隔号

4.14.1 间隔号的形式为“.”。

4.14.2 外国人和某些少数民族人名内各部分的分界，用间隔号标示。例如：

列奥纳多·达·芬奇

爱新觉罗·努尔哈赤

4.14.3 书名与篇(章、卷)名之间的分界,用间隔号标示。例如:

《中国大百科全书·物理学》

《三国志·蜀志·诸葛亮传》

4.15 书名号

4.15.1 书名号的形式为双书名号“《》”和单书名号“〈〉”。

4.15.2 书名、篇句、报纸名、刊物名等,用书名号标示。例如:

a)《红楼梦》的作者是曹雪芹。

b)您读过鲁迅的《孔乙己》吗?

c)他的文章在《人民日报》上发表了。

d)桌上放着一本《中国语文》。

4.15.3 书名号里边还要用书名号时,外面一层用双书名号,里边一层用单书名号。例如:

《〈中国工人〉发刊词》发表于1940年2月7日。

4.16 专名号

4.16.1 专名号的形式为“____”。

4.16.2 人名、地名、朝代名等专名下面,用专名号标示。例如:

司马相如者,汉蜀郡成都人也,字长卿。

4.16.3 专名号只用在古籍或某些文史著作里面。为了跟专名号配合,这类著作里的书名号可以用浪线“﹏﹏”。例如:

屈原放逐,乃赋离骚,左丘失明,厥有国语。

5 标点符号的位置

5.1 句号、问号、叹号、逗号、顿号、分号和冒号一般占一个字的位置,居左偏下,不出现在一行之首。

5.2 引号、括号、书名号的前一半不出现在一行之末,后一半不出现在一行之首。

5.3 破折号和省略号都占两个字的位置,中间不能断开。连接号和间隔号一般占一个字的位置。这四种符号上下居中。

5.4 着重号、专名号和浪线式书名号标在字的下边,可以随字移行。

6 直行文稿与横行文稿使用标点符号的不同

6.1 句号、问号、叹号、逗号、顿号、分号和冒号放在字下偏右。

6.2 破折号、省略号、连接号和间隔号放在字下居中。

6.3 引号改用双引号“『』”和单引号“「」”。

6.4 着重号标在字的右侧,专名号和浪线式书名号标在字的左侧。

(国家技术监督局1995-12-13发布)

附录二

前　言

本标准是在国家语言文字工作委员会、原国家出版局、原国家标准局等中央七部门1987年1月1日颁布的《关于出版物上数字用法的试行规定》的基础上制定的。国家技术监督局在技监局标函[1993]390号复函中建议:“鉴于该规定涉及面很广,各种出版物发行国内外,数量和范围都很大,为了使全国各行业都按此规定执行,建议将该规定内容制定为国家标准。”

本标准借鉴了国内多家有影响的出版社和报社的成功经验,参考了英国、前苏联、日本、新加坡的有关资料,多次召开座谈会,征求首都新闻界、出版界、教育界、科技界专家的意见,特别是新华社、广播电影电视部、人民日报、解放军报、人民出版社、商务印书馆、科学出版社、人民教育出版社和中国大百科全书出版社等单位的意见。

阿拉伯数字笔画简单、结构科学、形象清晰、组数简短,所以被广泛应用。本标准的宗旨在于:对汉字数字和阿拉伯数字这两种数字的书写系统在使用上作比较科学的、比较明确的分工,使中文出版物上的数字用法趋于统一规范。

本标准从1996年6月1日起实施,从实施之日起,《关于出版物上数字用法的试行规定》即行废止。

本标准由国家语言文字工作委员会提出并归口。

本标准起草单位:国家语言文字工作委员会语言文字应用研究所。

本标准主要起草人:王均、厉兵。

中华人民共和国国家标准

出版物上数字用法的规定
General Rules for Writing Numerals in Publications

1　范围

本标准规定了出版物在涉及数字(表示时间、长度、质量、面积、容积等量值和数字代码)时使用汉字和阿拉伯数字的体例。

本标准适用于各级新闻报刊、普及性读物和专业性社会人文科学出版物。

自然科学和工程技术出版物亦应使用本标准,并可制定专业性细则。

本标准不适用于文学书刊和重排古籍。

2　引用标准

下列标准所包含的条文,通过在本标准中引用而构成为本标准的条文。本标准出版时,所示版本均为有效。所有标准都会被修订,使用本标准的各方应探讨使用下列标准最新版本的可能性。

GB/T 7408—94　数据元和交换格式　信息交换　日期和时间表示法

GB 3100—93　国际单位制及其应用

GB 3101—93　有关量、单位和符号的一般原则

GB 7713—87　科学技术报告、学位论文和学术论文的编写格式

GB 8170—87　数值修约规则

3　定义

本标准采用下列定义。

物理量　physical quantity

用于定量地描述物理现象的量,即科学技术领域里使用的表示长度、质量、时间、电流、热力学温度、物质的量和发光强度的量。使用的单位应是法定计量单位。

非物理量　non-physical quantity

日常生活中使用的量,使用的是一般量词。如 30 元、45 天、67 根等。

4　一般原则

4.1　使用阿拉伯数字或是汉字数字,有的情形选择是唯一而确定的。

4.1.1　统计表中的数值,如正负整数、小数、百分比、分数、比例等,必须使用阿拉伯数字。

示例:48　302　−125.03　34.05%　63%～68%　1/4　2/5　1∶500

4.1.2 定型的词、词组、成语、惯用语、缩略语或具有修辞色彩的词语中作为语素的数字，必须使用汉字。

示例：一律　一方面　十滴水　二倍体　三叶虫　星期五　四氧化三铁　一〇五九（农药内吸磷）　八国联军　二〇九师　二万五千里长征　四书五经　五四运动　九三学社　十月十七日　同盟　路易十六　十月革命　“八五”计划　五省一市　五局三胜制　二八年华　二十挂零　零点方案　零岁教育　白发三千丈　七上八下　不管三七二十一　相差十万八千里　第一书记　第二轻工业局　一机部三所　第三季度　第四方面军　十三届四中全会

4.2 使用阿拉伯数字或是汉字数字，有的情形，如年月日、物理量、非物理量、代码、代号中的数字，目前体例尚不统一。对这种情形，要求凡是可以使用阿拉伯数字而且又很得体的地方，特别是当所表示的数目比较精确时，均应使用阿拉伯数字。遇特殊情形，或者为避免歧解，可以灵活变通，但全篇体例应相对统一。

5　时间（世纪、年代、年、月、日、时刻）

5.1 要求使用阿拉伯数字的情况

5.1.1 公历世纪、年代、年、月、日

示例：公元前8世纪　20世纪80年代　公元前440年　公元7年　1994年10月1日

5.1.1.1 年份一般不用简写。如：1990年不应简作“九〇年”或“90年”。

5.1.1.2 引文著录、行文注释、表格、索引、年表等，年月日的标记可按GB/T 7408—94的5.2.1.1中的扩展格式。如：1994年9月30日和1994年10月1日可分别写作1994-09-30和1994-10-01，仍读作1994年9月30日、1994年10月1日。年月日之间使用半字线“-”。当月和日是个位数时，在十位上加“0”。

5.1.2 时、分、秒

示例：4时　15时40分（下午3点40分）　14时12分36秒

注：必要时，可按GB/T 7408—94的5.3.1.1中的扩展格式。该格式采用每日24小时计时制，时、分、秒的分隔符为冒号“:”。

示例：04:00（4时）　15:40（15时40分）　14:12:36（14时12分36秒）

5.2 要求使用汉字的情况

5.2.1 中国干支纪年和夏历月日

示例：丙寅年十月十五日　腊月二十三日　正月初五　八月十五中秋节

5.2.2 中国清代和清代以前的历史纪年、各民族的非公历纪年这类纪年不应与公历月日混用，并应采用阿拉伯数字括注公历。

示例：秦文公四十四年（公元前722年）　太平天国庚申十年九月二十四日（清咸丰十年九月二十日，公元1860年11月2日）　藏历阳木龙年八月二十六日（1964年10月1日）　日本庆应三年（1867年）

5.2.3 含有月日简称表示事件、节日和其他意义的词组如果涉及一月、十一月、十二月，应用间隔号“·”将表示月和日的数字隔开，并外加引号，避免歧义。涉及其他月份时，不用间隔号，是否使用引号，视事件的知名度而定。

示例1：“一·二八”事变（1月28日）　“一二·九”运动（12月9日）　“一·一七”批示（1月17日）　“一一·一〇”案件（11月10日）

示例2：五四运动　五卅运动　七七事变　五一国际劳动节　“五二〇”声明　“九一三”事件

6 物理量

物理量量值必须用阿拉伯数字，并正确使用法定计量单位。小学和初中教科书、非专业性科技书刊的计量单位可使用中文符号。

示例：8 736.80 km(8 736.80 千米)　600 g(600 克)　100 kg～150 kg(100 千克～150 千克)　12.5 m²(12.5 平方米)　外形尺寸是 400 mm×200mm×300 mm(400 毫米×200 毫米×300 毫米)　34 ℃～39 ℃(34 摄氏度～39 摄氏度)　0.59 A(0.59 安[培])

7 非物理量

7.1 一般情况下应使用阿拉伯数字。

示例：21.35 元　45.6 万元　270 美元　290 亿英镑　48 岁　11 个月　1 480 人　4.6 万册　600 幅　550 名

7.2 整数一至十，如果不是出现在具有统计意义的一组数字中，可以用汉字，但要照顾到上下文，求得局部体例上的一致。

示例 1：一个人　三本书　四种产品　六条意见　读了十遍　五个百分点

示例 2：截至 1984 年 9 月，我国高等学校有新闻系 6 个，新闻专业 7 个，新闻班 1 个，新闻教育专职教员 274 人，在校学生 1 561 人。

8 多位整数与小数

8.1 阿拉伯数字书写的多位整数和小数的分节

8.1.1 专业性科技出版物的分节法：从小数点起，向左和向右每三位数字一组，组间空四分之一个汉字(二分之一个阿拉伯数字)的位置。

示例：2 748 456　3.141 592 65

8.1.2 非专业性科技出版物如排版留四分空有困难，可仍采用传统的以千分撇“,”分节的办法。小数部分不分节。四位以内的整数也可以不分节。

示例：2,748,456　3.14159265 8703

8.2 阿拉伯数字书写的纯小数必须写出小数点前定位的“0”。小数点是齐底线的黑圆点“.”。

示例：0.46 不得写成.46 和 0·46

8.3 尾数有多个“0”的整数数值的写法

8.3.1 专业性科技出版物根据 GB 8170—87 关于数值修约的规则处理。

8.3.2 非科技出版物中的数值一般可以“万”、“亿”作单位。

示例：三亿四千五百万可写成 345,000,000，也可写成 34,500 万或 3.45 亿，但一般不得写作 3 亿 4 千 5 百万。

8.4 数值巨大的精确数字，为了便于定位读数或移行，作为特例可以同时使用“亿、万”作单位。

示例：我国 1982 年人口普查人数为 10 亿 817 万 5 288 人，1990 年人口普查人数为 11 亿 3 368 万 2 501 人。

8.5 一个用阿拉伯数字书写的数值应避免断开移行。

8.6 阿拉伯数字书写的数值在表示数值的范围时，使用浪纹式连接号“～”。

示例：150 千米～200 千米　—36℃～—8℃　2 500 元～3 000 元

9 概数和约数

9.1 相邻的两个数字并列连用表示概数，必须使用汉字，连用的两个数字之间不得用顿号"、"隔开。

示例：二三米　一两个小时　三五天　三四个月　十三四吨　一二十个　四十五六岁　七八十种　二三百架次　一千七八百元　五六万套

9.2 带有"几"字的数字表示约数，必须使用汉字。

示例：几千年　十几天　一百几十次　几十万分之一

9.3 用"多""余""左右""上下""约"等表示的约数一般用汉字。如果文中出现一组具有统计和比较意义的数字，其中既有精确数字，也有用"多""余"等表示的约数时，为保持局部体例上的一致，其约数也可以使用阿拉伯数字。

示例1：这个协会举行全国性评奖十余次，获奖作品有一千多件。协会吸收了约三千名会员，其中三分之二是有成就的中青年。另外，在三十个省、自治区、直辖市还设有分会。

示例2：该省从机动财力中拿出1 900万元，调拨钢材3 000多吨、水泥2万多吨、柴油1 400吨，用于农田水利建设。

10 代号、代码和序号

部队番号、文件编号、证件号码和其他序号，用阿拉伯数字。序数词即使是多位数也不能分节。

示例：84062部队　国家标准GB 2312—80　国办发[1987]9号文件　总3147号　国内统一刊号　CN 11-1399　21/22次特别快车　HP-3000型电子计算机　85号汽油　维生素B_{12}

11 引文标注

引文标注中版次、卷次、页码，除古籍应与所据版本一致外，一般均使用阿拉伯数字。

示例1：列宁：《新生的中国》，见《列宁全集》，中文2版，第22卷，208页，北京，人民出版社，1990。

示例2：刘少奇：《论共产党员的修养》，修订2版，76页，北京，人民出版社，1962。

示例3：李四光：《地壳构造与地壳运动》，载《中国科学》，1973(4)，400～429页。

示例4：许慎：《说文解字》，影印陈昌治本，126页，北京，中华书局，1963。

示例5：许慎：《说文解字》，四部丛刊本，卷六上，九页。

12 横排标题中的数字

横排标题涉及数字时，可以根据版面的实际需要和可能作恰当的处理。

13 竖排文章中的数字

提倡横排。如文中多处涉及物理量，更应横排。竖排文字中涉及的数字除必须保留的阿拉伯数字外，应一律用汉字。必须保留的阿拉伯数字、外文字母和符号均按顺时针方向转90度。

示例一：

雪花牌 BCD188型
家用电冰箱容量是一百
八十八升，功率为一百
二十五瓦，市场售价两
千零五十元，返修率仅
为百分之零点一五。

示例二：

海军 J12号打捞救
生船在太平洋上航行了
十三天，于一九九〇年
八月六日零时三十分返
回基地。

14 字体

出版物中的阿拉伯数字，一般应使用正体二分字身，即占半个汉字位置。

（国家技术监督局 1995-12-13 发布）

附录三

中华人民共和国专业标准

校对符号及其用法

The Proofreader's Marks and Their Application

本标准规定的符号及用法，适用于出版印刷业中文(包括少数民族文字)各类校样的校对工作				
编号	符号形态	符号作用	符号在文中和页边用法示例	说　明
一、字符的改动				
1		改正	增高出版物质量	
2		删除	提高出版物物质质量	
3		增补	要搞好校工作	增补的字符较多、圈起来有困难时，可用线画清增补的范围。
4		换损污字	坏字和模糊的字要调换。	
5		改正上下角	16＝42 H_2SO4 尼古拉. 费欣 0. 25＋0. 25＝0・5 举例：2×3＝6 X：Y＝1：2	
二、字符方向位置的移动				
6		转正	字符颠要转正。	
7		对调	认真经验总结。 认真经结总验。	
8		转移	校对工作，提高出 版物质质量要重视	
9		接排	要重视校对工作 提高出版物质量。	

续表

10		另段起	完成了任务。明年……	
11	或	上下移	序号 名称 数量 01 ××× 2	字符上移到缺口左右水平线处。 字符下移到箭头所指的短线处。
12	或	左右移	要重视校对工作，提高出版物质量。 3 4 5 6 5 欢呼 歌 唱	字符左移到箭头所指的短线处。 字符左移到缺口上下垂直线处。 符号画得太小时，要在页边重标。
13		排齐	校对工作 常 非 重要 必须提高印刷质量，缩短印刷周期。	
14		排阶梯形	R_{H_2}	
15		正图		符号横线表示水平位置，竖线表示垂直位置，箭头表示上方。
三、字符间空距的改动				
16	∨ >	加大空距	一、校对程序 校对胶印读物、影印书刊的注意事项：	表示适当加大空距
17	∧ <	减小空距	二、校对程 序 校对胶印读物、影印书刊的注意事项：	表示适当减小空距。 横式文字画在字头和行头之间。

续表

<table>
<tr><td>18</td><td>#
ǂ
ǂ
ǂ</td><td>空 1 字距
空 1/2 字距
空 1/3 字距
空 1/4 字距</td><td>第一章校对职责和方法</td><td></td></tr>
<tr><td>19</td><td>Y</td><td>分开</td><td>Good morning</td><td>用于外文</td></tr>
<tr><td colspan="5">四、其他</td></tr>
<tr><td>20</td><td>△</td><td>保留</td><td>认真搞好校对工作</td><td>除在原删除的字符下画△外，并在原删除的号上画两竖线。</td></tr>
<tr><td>21</td><td>○＝</td><td>代替</td><td>机器由许多另件组成，有的另件是铸出来的，有的另件是锻出来的，有的另件是……
○＝零</td><td>同页内，要改正许多相同的字符，用此代号要在页边注明：○＝零</td></tr>
<tr><td>22</td><td>。。。</td><td>说明</td><td>第一章　校对的职责</td><td>说明或指令性文字不要圈起来，在其字下面圈，表示不作为改正的文字。</td></tr>
</table>

校对符号应用实例

（参考件）

〔例〕今用伏安计法测一线圈的卌感。当接入 36 伏直流电源时，的过流电流为 6 安；当插入 220 伏、50 赫的交流电源时，流过的电流为 22 安。算计线圈的电感。

〔解〕在直流电路中电感不起作用，即 $\lambda L = 2\pi f = 0$（直流电也可看成是频率 $f = 0$ 的交流电）。由此可算　出线圈的电阻为

$$R = \frac{U}{I} = \frac{36}{6} = 6 \text{ 欧}$$

接在交流电源上，线圈的阴抗为

$$Z = \frac{U}{I}\frac{220}{22} = 10 \text{ 欧}$$

线圈的感抗为 $X_L = \sqrt{Z^2 - R^2} = \sqrt{10^2 - 62} = 8$ 欧

故线圈的电感为

$$L = \frac{X_L}{2\pi f} = \frac{8}{2\pi \times 50} = 0.025 \text{ 亨} = {}_{25} \text{ 毫亨}$$

第七节　电容电路

电容器接在直流电源上，如图 3-13 甲所示，电路呈断路状态。若把它接在交流电源上，情况就不一样。电容器板上的电荷与其两端电压的关系为 $q = Cu$。当电压 uc 升高时，极板上

使用要求：

1. 校样中的校对引线不可交叉。初、二、三校样中的校对引线，要从行间画出。
2. 校样上改正的字符要书写清楚。校改外文，要用印刷体。
3. 校对校样，应根据校次分别采用红、纯蓝、绿三种不同色笔（墨水笔或圆珠笔）书写校对符号。
4. 作译者改动校样所用笔的颜色，要与校样上已使用的颜色有所区别，但不可用铅笔。

附加说明：

本标准由中国印刷科学技术研究所提出。

本标准由中国印刷科学技术研究所负责起草。

本标准主要起草人张振威。

（国家出版事业管理局 1981 年 12 月 20 日发布，1982 年 1 月 1 日试行）

附录四

中华人民共和国国家标准

科学技术报告、学位论文和学术论文的编写格式

Presentation of Scientific and Technical Reports, Dissertations and Scientific Papers

1 引言

1.1 制订本标准的目的是为了统一科学技术报告、学位论文和学术论文(以下简称报告、论文)的撰写和编辑的格式,便利信息系统的收集、存储、处理、加工、检索、利用、交流、传播。

1.2 本标准适用于报告、论文的编写格式,包括形式构成和题录著录,及其撰写、编辑、印刷、出版等。

本标准所指报告、论文可以是手稿,包括手抄本和打字本及其复制品;也可以是印刷本,包括发表在期刊或会议录上的论文及其预印本、抽印本和变异本;作为书中一部分或独立成书的专著;缩微复制品和其他形式。

1.3 本标准全部或部分适用于其他科技文件,如年报、便览、备忘录等,也适用于技术档案。

2 定义

2.1 科学技术报告

科学技术报告是描述一项科学技术研究的结果或进展或一项技术研制试验和评价的结果,或是论述某项科学技术问题的现状和发展的文件。

科学技术报告是为了呈送科学技术工作主管机构或科学基金会等组织或主持研究的人等。科学技术报告中一般应该提供系统的或按工作进程的充分信息,可以包括正反两方面的结果和经验,以便有关人员和读者判断和评价,以及对报告中的结论和建议提出修正意见。

2.2 学位论文

学位论文是表明作者从事科学研究取得创造性的结果或有了新的见解,并以此为内容撰写而成、作为提出申请授予相应的学位时评审用的学术论文。

学士论文应能表明作者确已较好地掌握了本门学科的基础理论、专门知识和基本技能,并从事科学研究工作或独立担负专门技术工作的初步能力。

硕士论文应能表明作者确已在本门学科上掌握了坚实的基础理论和系统的专门知识,并对研究课题有新的见解,有从事科学研究工作或担负专门技术工作的能力。

博士论文应能表明作者确已在本门学科上掌握了坚实宽广的基础理论和系统深入的专门知识,并具有独立从事科学研究工作的能力,在科学或专门技术上做出了创造性的成果。

2.3 学术论文

学术论文是某一学术课题在实验性、理论性或观测性上具有新的科学研究成果或创新见解和知识的科学记录;或是某种已知原理应用于实际中取得新进展的科学总结,用以提供学术会议上宣读、交流或讨论;或在学术刊物上发表;或作其他用途的书面文件。

学术论文应提供新的科技信息，其内容应有所发现、有所发明、有所创造、有所前进，而不是重复、模仿、抄袭前人的工作。

3　编写要求

报告、论文的中文稿必须用白色稿纸单面缮写或打字；外文稿必须用打字。可以用不褪色的复制本。

报告、论文宜用 Al(210 mm×297 mm)标准大小的白纸，应便于阅读、复制和拍摄缩微制品。

报告、论文在书写、打字或印刷时，要求纸的四周留足空白边缘，以便装订、复制和读者批注。

每一面的上方(天头)和左侧(订口)应分别留边 25 mm 以上，下方(地脚)和右侧(切口)应分别留边 20 mm 以上。

4　编写格式

4.1　报告、论文章、条、款、项的编号参照国家标准 GB 1.1—81《标准化工作导则　编写标准的一般规定》第 6 章“标准章、条、款、项的划分、编号和排列格式”的有关规定，采用阿拉伯数字分级编号。

4.2　报告、论文的构成

前置部分
- 封面、封二(见 5.1，5.2 学术论文　不必要)
- 题名页(见 5.3)
- 序或前言(见 5.6　必要时)
- 摘要(见 5.7)
- 关键词(见 5.8)
- 目次页(见 5.9　必要时)
- 符号、标志、缩略词、首字母缩写、单位、术语、名词等注释表(见 5.11　必要时)

(章)(条)(款)(项)

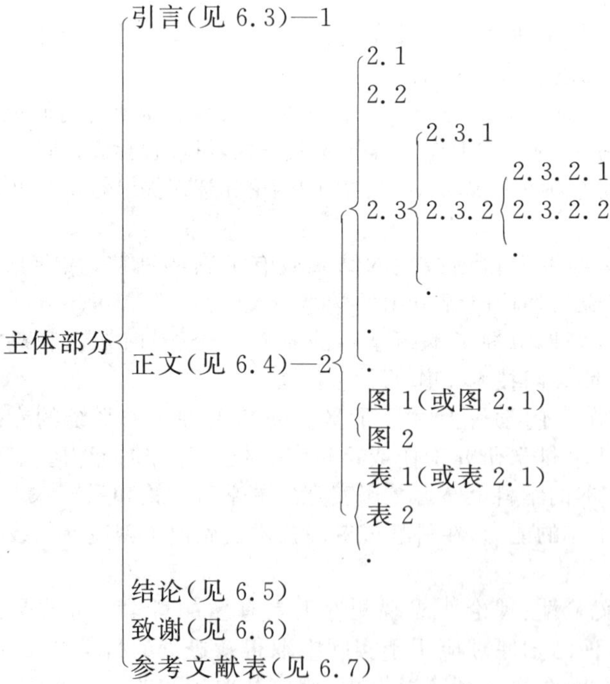

附录部分（见7　必要时）
- 附录A
- 附录B
  - B.1
    - B.1.1
    - B.1.2—B.1.2.1
  - 图B1
  - 表B1

结尾部分g（见8　必要时）
- 可供参考的文献题录
- 索引
- 封三、封底

5　前置部分

5.1　封面

5.1.1　封面是报告、论文的外表面，提供应有的信息，并起保护作用。

封面不是必不可少的。学术论文如作为期刊、书或其他出版物的一部分，无需封面；如作为预印本、抽印本等单行本时，可以有封面。

5.1.2　封面上可包括下列内容：

a.分类号　在左上角注明分类号，便于信息交换和处理。一般应注明《中国图书资料分类法》的类号，同时应尽可能注明《国际十进分类法UDC》的类号。

b.本单位编号　一般标注在右上角。学术论文无必要。

c.密级　报告、论文的内容，按国家规定的保密条例，在右上角注明密级。如系公开发行，不注密级。

d.题名和副题名或分册题名　用大号字标注于明显地位。

e.卷、分册、篇的序号和名称　如系全一册，无需此项。

f.版本　如草案、初稿、修订版等。如系初版，无需此项。

g.责任者姓名　责任者包括报告、论文的作者，学位论文的导师、评阅人、答辩委员会主席，以及学位授予单位等。必要时可注明个人责任者的职务、职称、学位、所在单位名称及地址；如责任者系单位、团体或小组，应写明全称和地址。

在封面和题名页上，或学术论文的正文前署名的个人作者，只限于那些对于选定研究课题和制订研究方案、直接参加全部或主要部分研究工作并做出主要贡献，以及参加撰写论文并能对内容负责的人，按其贡献大小排列名称。至于参加部分工作的合作者、按研究计划分工负责具体小项的工作者、某一项测试的承担者，以及接受委托进行分析检验和观察的辅助人员等，均不列入。这些人可以作为参加工作的人员一一列入致谢部分，或排于脚注。

如责任者姓名有必要附注汉语拼音时，必须遵照国家规定，即姓在名前，名连成一词，不加连字符，不缩写。

h.申请学位级别　应按《中华人民共和国学位条例暂行实施办法》所规定的名称进行标注。

i.专业名称　系指学位论文作者主修专业的名称。

j.工作完成日期　包括报告、论文提交日期，学位论文的答辩日期，学位的授予日期，出版部门收到日期（必要时）。

k.出版项　出版地及出版者名称，出版年、月、日（必要时）。

5.1.3 报告和论文的封面格式参见附录A。

5.2 封二

报告的封二可标注送发方式,包括免费赠送或价购,以及送发单位和个人;版权规定;其他应注明事项。

5.3 题名页

题名页是对报告、论文进行著录的依据。

学术论文无需题名页。

题名页置于封二和衬页之后,成为另页的右页。

报告、论文如分装两册以上,每一分册均应各有其题名页。在题名页上注明分册名称和序号。

题名页除5.1规定封面应有的内容并取得一致外,还应包括下列各项:

单位名称和地址,在封面上未列出的责任者职务、职称、学位、单位名称和地址,参加部分工作的合作者姓名。

5.4 变异本

报告、论文有时适应某种需要,除正式的全文正本以外,要求有某种变异本,如:节本、摘录本、为送请评审用的详细摘要本、为摘取所需内容的改写本等。

变异本的封面上必须标明"节本、摘录本或改写本"字样,其余应注明项目,参见5.1的规定执行。

5.5 题名

5.5.1 题名是以最恰当、最简明的词语反映报告、论文中最重要的特定内容的逻辑组合。题名所用每一词语必须考虑到有助于选定关键词和编制题录、索引等二次文献可以提供检索的特定实用信息。

题名应该避免使用不常见的缩略词、首字母缩写字、字符、代号和公式等。

题名一般不宜超过20字。

报告、论文用作国际交流,应有外文(多用英文)题名。外文题名一般不宜超过10个实词。

5.5.2 下列情况可以有副题名:

题名语意未尽,用副题名补充说明报告论文中的特定内容;报告、论文分册出版,或是一系列工作分几篇报道,或是分阶段的研究结果,各用不同副题名区别其特定内容;

其他有必要用副题名作为引申或说明者。

5.5.3 题名在整本报告、论文中不同地方出现时,应完全相同,但眉题可以省略。

5.6 序或前言

序并非必要。报告、论文的序,一般是作者或他人对本篇基本特征的简介,如说明研究工作缘起、背景、主旨、目的、意义、编写体例,以及资助、支持、协作经过等;也可以评述和对相关问题研究阐发。这些内容也可以在正文引言中说明。

5.7 摘要

5.7.1 摘要是报告、论文的内容不加注释和评论的简短陈述。

5.7.2 报告、论文一般均应有摘要,为了国际交流,还应有外文(多用英文)摘要。

5.7.3 摘要应具有独立性和自含性,即不阅读报告、论文的全文,就能获得必要的信息。摘要中有数据、有结论,是一篇完整的短文,可以独立使用,可以引用,可以用于工艺推广。

摘要的内容应包含与报告、论文同等量的主要信息，供读者确定有无必要阅读全文，也供文摘等二次文献采用。摘要一般应说明研究工作目的、实验方法、结果和最终结论等，而重点是结果和结论。

5.7.4 中文摘要一般不宜超过200～300字，外文摘要不宜超过250个实词。如遇特殊需要字数可以略多。

5.7.5 除了实在无变通办法可用以外，摘要中不用图、表、化学结构式、非公知公用的符号和术语。

5.7.6 报告、论文的摘要可以用另页置于题名页之后，学术论文的摘要一般置于题名和作者之后、正文之前。

5.7.7 学位论文为了评审，学术论文为了参加学术会议，可按要求写成变异本式的摘要，不受字数规定的限制。

5.8 关键词

关键词是为了文献标引工作从报告、论文中选取出来用以表示全文主题内容信息款目的单词或术语。

每篇报告、论文选取3～8个词作为关键词，以显著的字符另起一行，排在摘要的左下方。如有可能，尽量用《汉语主题词表》等词表提供的规范词。

为了国际交流，应标注与中文对应的英文关键词。

5.9 目次页

长篇报告、论文可以有目次页，短文无需目次页。

目次页由报告、论文的篇、章、条、款、项、附录、题录等的序号、名称和页码组成，另页排在序之后。

整套报告、论文分卷编制时，每一分卷均应有全部报告、论文内容的目次页。

5.10 插图和附表清单

报告、论文中如图表较多，可以分别列出清单置于目次页之后。

图的清单应有序号、图题和页码。表的清单应有序号、表题和页码。

5.11 符号、标志、缩略词、首字母缩写、计量单位、名词、术语等的注释表。

符号、标志、缩略词、首字母缩写、计量单位、名词、术语等的注释说明汇集表，应置于图表清单之后。

6 主体部分

6.1 格式

主体部分的编写格式可由作者自定，但一般由引言（或绪论）开始，以结论或讨论结束。

主体部分必须由另页右页开始，每一篇（或部分）必须另页起。如报告、论文印成书刊等出版物，则按书刊编排格式的规定。

全部报告、论文的每一章、条、款、项的格式和版面安排，要求划一，层次清楚。

6.2 序号

6.2.1 如报告、论文在一个总题下装为两卷（或分册）以上，或分为两篇（或部分）以上，各卷或篇应有序号。可以写成：第一卷、第二分册；第一篇、第二部分等。用外文撰写的报告、论文，其卷（分册）和篇（部分）序号，用罗马数字编码。

6.2.2 报告、论文中的图、表、附注、参考文献、公式、算式等，一律用阿拉伯数字分别依序连续编排序号，序号可以就全篇报告、论文统一按出现先后顺序编码，对长篇报告、论文也可以分章依序编码。其标注形式应便于互相区别，可以分别为：图 1、图 2,1；表 2、表 3.2；附注 1)；文献[4]；式(5)、式(3.5)等。

6.2.3 报告、论文一律用阿拉伯数字连续编排页码。页码由书写、打字或印刷的首页开始，作为第 1 页，并为右页另页。封面、封二、封三和封底不编入页码。可以将题名页、序、目次页等前置部分单独编排页码。页码必须标注在每页的相同位置，便于识别。

力求不出空白页，如有，仍应以右页作为单页页码。

如在一个总题下装成两册以上，应连续编页码。如各册有其副题名，则可分别独立编页码。

6.2.4 报告、论文的附录依序用大写正体 A,B,C……编序号，如：附录 A。

附录中的图、表、式、参考文献等另行编序号，与正文分开，也一律用阿拉伯数字编码，但在数码前冠以附录序码，如：图 A1、表 B2、式(B3)、文献[A5]等。

6.3 引言(或绪论)

引言(或绪论)简要说明研究工作的目的、范围、相关领域的前人工作和知识空白、理论基础分析、研究设想、研究方法和实验设计、预期结果和意义等。应言简意赅，不要与摘要雷同，不要成为摘要的注释。一般教科书中有的知识，在引言中不必赘述。

比较短的论文可以只用小段文字起着引言的效用。

学位论文为了需要反映出作者确已掌握了坚实的基础理论和系统的专门知识，具有开阔的科学视野，对研究方案作了充分论证，因此，有关历史回顾和前人工作的综合评述，以及理论分析等，可以单独成章，用足够的文字叙述。

6.4 正文

报告、论文的正文是核心部分，占主要篇幅，可以包括：调查对象、实验和观测方法、仪器设备、材料原料、实验和观测结果、计算方法和编程原理、数据资料、经过加工整理的图表、形成的论点和导出的结论等。

由于研究工作涉及的学科、选题、研究方法、工作进程、结果表达方式等有很大的差异，对正文内容不能作统一的规定。但是，必须实事求是，客观真切，准确完备，合乎逻辑，层次分明，简练可读。

6.4.1 图

图包括曲线图、构造图、示意图、图解、框图、流程图、记录图、布置图、地图、照片、图版等。

图应具有"自明性"，即只看图、图题和图例，不阅读正文，就可理解图意。

图应编排序号(见 6.2.2)。

每一图应有简短确切的题名，连同图号置于图下。必要时，应将图上的符号、标记、代码，以及实验条件等，用最简练的文字，横排于图题下方，作为图例说明。

曲线图的纵横坐标必须标注"量、标准规定符号、单位"。此三者只有在不必要标明(如无量纲等)的情况下方可省略。坐标上标注的量的符号和缩略词必须与正文中一致。

照片图要求主题和主要显示部分的轮廓鲜明，便于制版。如用放大缩小的复制品，必须清晰，反差适中，照片上应该有表示目的物尺寸的标度。

6.4.2 表

表的编排，一般是内容和测试项目由左至右横读，数据依序竖排。表应有自明性。

表应编排序号(见 6.2.2)。

每一表应有简短确切的题名，连同表号置于表上。必要时，应将表中的符号、标记、代码，以及需要说明事项，以最简练的文字，横排于表题下，作为表注，也可以附注于表下。附注序号的编排，见 6.2.2。表内附注的序号宜用小号阿拉伯数字并加圆括号置于被标注对象的右上角，如：×××(1)，不宜用星号“*”，以免与数学上共轭和物质转移的符号相混。

表的各栏均应标明“量或测试项目、标准规定符号、单位”。

只有在无必要标注的情况下方可省略。表中的缩略词和符号，必须与正文中一致。

表内同一栏的数字必须上下对齐。表内不宜用“同上”、“同左”、“””和类似词，一律填入具体数字或文字。表内“空白”代表未测或无此项，“—”或“…”(因“—”可能与代表阴性反应相混)代表未发现，“0”代表实测结果确为零。

如数据已绘成曲线图，可不再列表。

6.4.3 数学、物理和化学式

正文中的公式、算式或方程式等应编排序号(见 6.2.2)，序号标注于该式所在行(当有续行时，应标注于最后一行)的最右边。

较长的式，另行居中横排。如式必须转行时，只能在＋，－，×，÷，＜，＞处转行。上下式尽可能在等号“＝”处对齐。

示例 1：$\mathrm{W}(\mathrm{N}_1)=\mathrm{H}_{0.1}+\int_{\tau^{-1}}^{-\tau+1} \mathrm{L}_\alpha^\tau e^{-2\pi ia\mathrm{N}_1}\,da$

$$=\mathrm{R}(\mathrm{N}_0)+\int_{\tau^{-1}}^{-\tau^{-1}+1} \mathrm{L}_\alpha^\tau e^{-2\pi ia\mathrm{N}_1}\,da+\mathrm{O}(\mathrm{P}^{r-n-c}) \cdots\cdots\cdots\cdots \quad (1)$$

示例 2：$f(x,y)=f(0,0)+\frac{1}{1!}(x\frac{\partial}{\partial x}+y\frac{\partial}{\partial y})f(0,0)+\frac{1}{2!}(x\frac{\partial}{\partial x}+y\frac{\partial}{\partial y})^2 f(0,0)+\cdots\cdots+$

$$\frac{1}{n!}(x\frac{\partial}{\partial x}+y\frac{\partial}{\partial y})^n f(0,0)+ \quad \cdots\cdots\cdots\cdots \quad (2)$$

示例 3：$-\frac{8\mu}{\mathrm{N}z}\frac{\partial}{\partial \mathrm{S}}\mathrm{InQ}=-\left[(1+\sum_1^4 z_v)-\frac{2\mu}{z}\right]\mathrm{In}\,\frac{\theta_\alpha(1-\theta_\beta)}{\theta_\beta(1-\theta_\alpha)}+\mathrm{In}\,\frac{\lambda_\alpha}{\lambda_\beta}-$

$$z_1\,\mathrm{In}\,\frac{\varepsilon_1}{\xi_1}+\sum z_v\mathrm{In}\,\frac{\varepsilon_v}{\xi_v}=0 \quad \cdots\cdots\cdots\cdots \quad (3)$$

小数点用“·”表示。大于 999 的整数和多于三位数的小数，一律用半个阿拉伯数字符的小间隔分开，不用千位撇。小于 1 的数应将 0 列于小数点之前。

示例：应该写成 94 625.023 567；0.314 325

不应写成 94,652.023,567；0.314,325

应注意区别各种字符，如：拉丁文、希腊文、俄文、德文花体、草体，罗马数字和阿拉伯数字，字符的正斜体、黑白体、大小写、上下角标(特别是多层次，如“三踏步”)、上下偏差等。

示例：Ⅰ,I,l,i；C,c；K,k,κ；O,o,0,°(度)；S,s,5；Z,z,2；B,β；W,w,ω。

6.4.4 计量单位

报告、论文必须采用 1984 年 2 月 27 日国务院发布的《中华人民共和国法定计量单位》，并遵照《中华人民共和国法定计量单位使用方法》执行。使用各种量、单位和符号，必须遵循附录 B“参考标准”所列国家标准的规定执行。单位名称和符号的书写方式一律采用国际通用符号。

6.4.5 符号和缩略词

符号和缩略词应遵照国家标准的有关规定执行。如无标准可循，可采纳本学科或本专业的权威性机构或学术团体所公布的规定；也可以采用全国自然科学名词审定委员会编印的各学科词汇的用词，如不得不引用某些不是公知公用的，且又不易为同行读者所理解的，或系作者自定的符号、记号、缩略词、首字母缩写字等时，均应一一在第一次出现时加以说明，给以明确的定义。

6.5 结论

报告、论文的结论是最终的、总体的结论，不是正文中各段的小结的简单重复。结论应该准确、完整、明确、精练。

如果不可能导出应有的结论，也可以没有结论而进行必要的讨论。

可以在结论或讨论中提出建议、研究设想、仪器设备改进意见、尚待解决的问题等。

6.6 致谢

可以在正文后对下列方面致谢：

国家科学基金，资助研究工作的奖学金基金，合同单位，资助或支持的企业、组织或个人；

协助完成研究工作和提供便利条件的组织或个人；

在研究工作中提出建议和提供帮助的人；

给予转载和引用权的资料、图片、文献、研究思想和设想的所有者；

其他应感谢的组织和人。

6.7 参考文献

按照 GB 7714—87《文后参考文献著录规则》的规定执行。

7 附录

附录是作为报告、论文主体的补充项目，并不是必需的。

7.1 下列内容可以作为附录编于报告、论文后，也可以另编成册：

a. 为了整篇报告、论文材料的完整，但编入正文又有损于编排的条理和逻辑性，这一类材料包括比正文更为详尽的信息、研究方法和技术更深入的叙述，建议可以阅读的参考文献题录，对了解正文内容有用的补充信息等；

b. 由于篇幅过大或取材于复制品而不便于编入正文的材料；

c. 不便于编入正文的罕见珍贵资料；

d. 对一般读者并非必要阅读，但对本专业同行有参考价值的资料；

e. 某些重要的原始数据、数学推导、计算程序、框图、结构图、注释、统计表、计算机打印输出件等。

7.2 附录下正文连续编页码。每一附录的各种序号的编排见 4.2。

7.3 每一附录均另页起。如报告、论文分装几册，凡属于某一册的附录应置于各该册正文之后。

8 结尾部分(必要时)

为了将报告、论文迅速存储入电子计算机，可以提供有关的输入数据。

可以编排分类索引、著者索引、关键词索引等。

封三和封底(包括版权页)。

参考文献

周淑敏编著.学术论文写作.北京:中国建材工业出版社,1997

叶振东,贾恭惠主编.毕业论文的撰写与答辩.杭州大学出版社,1995

欧阳周等编著.毕业论文和毕业设计说明书写作指南.长沙:中南工业大学出版社,1996

欧阳周等编著.实用学术论文写作.北京:中国水利出版社,1998

张念宏编.毕业论文写作指导.北京:能源出版社,1986

欧阳振中主编.怎样做毕业设计和毕业论文.长沙:中南工业大学出版社,1989

高瑞卿.学术论文写作.长春:吉林文史出版社,1991

李福林,朱若茜.论文写作导论.北京:海洋出版社,1993

姚衍春,赵文智.论文写作基础.北京:中共中央党校出版社,1995

李焰平,吕发成.写作规律与论文写作.北京:中共中央党校出版社,1992

李维国,梁邻德.文科毕业论文写作指导.桂林:广西师范大学出版社,1988

张继缅,索立歌,李颖明编著.论文写作指要.北京:教育科学出版社,1987

刘锡庆主编.毕业论文指南.北京:中国广播电视出版社,1987

胡欣,游凤荷.现代科技文章写作.合肥:安徽人民出版社,1997

郭传杰,李士主编.维护科学尊严.长沙:湖南教育出版社,1996

何绵山,卢少辉主编.毕业论文指导.北京:中国经济出版社,1993

黄乃霖,王爱惠,黄美玲主编.毕业设计指导.北京:中国建材工业出版社,1994

闻国政主编.毕业论文写作导引.北京:经济管理出版社,1998

孟繁华等编.电大业大毕业生论文选评.北京十月文艺出版社,1986

梁锡昌,肖鸥东主编.发明创造学.北京:中国科学技术出版社,1992

洪国珍,高京敏主编.怎样撰写科技论文.北京:中国铁道出版社,1997

王力,朱光潜等.怎样写学术论文.北京大学出版社,1998

王连山.怎样写毕业论文.沈阳:辽宁大学出版社,1986

戴陵江等编著.科学研究指南.成都科技大学出版社,1991

陈妙云.学术论文写作.广州:广东人民出版社,1998

曲继方,庞海波著.学位论文写作.北京:国防工业出版社,2005

后　记

为了适应高等教育改革与发展的要求，进一步加强毕业论文(设计)这一教学环节，帮助大学生培养实践能力和创新精神，作者萌发了编写本书的愿望。

本书下篇选编了较多的优秀范文，以便于读者的借鉴与参考。这些范文选自厦门大学、华侨大学、福州大学、福建师范大学、福建医科大学、福建中医学院、福建农林大学、集美大学、漳州师范学院等9所本科高校2004—2006届毕业生优秀毕业论文，其中不少论文被评为校级优秀论文，有的还荣获校级优秀论文一、二等奖，范文充分体现了高等教育毕业论文(设计)的特点。这些优秀范文作者中有不少已在攻读硕士学位研究生，正向新的科学高峰冲击，这与他们在完成本科毕业论文(设计)过程中所打下的良好基础不无直接的关系。本书选取的范文涉及学科门类广泛，有经济学、法学、教育学、文学、历史学、理学、工学、农学、医学、管理学等10个学科门类。编排上以学科为序，方便不同专业的读者查阅。内容方面尽量满足选题立意较高，论述构思新颖，素材选用有一定的特色，有较大的读者适应面，并具有较大的学习价值。

本书编写过程中，作者先后征求了许多高校分管教学领导、教务处同仁、院系朋友以及在美国Maryland大学攻读博士学位研究生的李思同学的意见，厦门大学管理学院副院长、博导林志扬教授，厦门大学法学院博导齐树洁教授，集美大学工商管理学院院长蒋晓惠教授等赐信作者，对于本书的出版表示极大的关注与赞赏。荣获高等学校省级、国家级教学名师奖的厦门大学沈明山教授、华侨大学曾路教授、福州大学阮奇教授、福州大学潘球教授在优秀范文的遴选与指导上付出了辛勤的劳动，厦门大学出版社宋文艳编审在本书的构思方面提出很好的建议、王鹭鹏编辑对本书的编辑做了大量的工作，在本书付梓面世之际，一并致以诚挚的谢意！倘若此书出版能对读者有更多一点新的启发和帮助，作者将感到十分欣慰。由于水平有限，书中缺点再所难免，恳切地希望读者批评指正。

李炎清

2006年6月18日